Prophetie und Vermittlung

Europäische Hochschulschriften

Publications Universitaires Européennes
European University Papers

Reihe XXIII

Theologie

Série XXIII   Series XXIII

Théologie
Theology

Bd./Vol. 120

PETER D. LANG
Frankfurt am Main · Bern · Cirencester/U.K.

Günter Bartczek

Prophetie und Vermittlung

Zur literarischen Analyse und theologischen Interpretation der Visionsberichte des Amos

PETER D. LANG
Frankfurt am Main · Bern · Cirencester/U.K.

CIP-Kurztitelaufnahme der Deutschen Bibliothek

Bartczek, Günter

Prophetie und Vermittlung: zur literar. Analyse u. theol.
Interpretation d. Visionsberichte d. Amos / Günter Bartczek.
– Frankfurt am Main, Bern, Las Vegas: Lang, 1980
(Europäische Hochschulschriften: Reihe 23,
Theologie; Bd. 120)
ISBN 3-8204-6506-5

ISBN 3-8204-6506-5

Druck: Fotokop Wilhelm Weihert KG, Darmstadt
Titelsatz: Fotosatz Aragall GmbH, Wolfsgangstraße 92, Frankfurt am Main.

Meiner Mutter und meiner Frau
in Dankbarkeit und Liebe gewidmet

INHALTSVERZEICHNIS

VORWORT

Das vorliegende Buch wurde im Wintersemester 1977/78 unter dem Titel "Die Visionsberichte des Amos - Literarische Analyse und theologische Interpretation -" vom Fachbereich Katholische Theologie der Westfälischen Wilhelms-Universität in Münster/Westf. als Dissertation angenommen. Für die Veröffentlichung liegt eine überarbeitete und zum Teil erweiterte Fassung vor, die die Vermittlungsweise von Visionsberichten noch schärfer herauszuarbeiten sucht. Allen, die direkt oder indirekt am Zustandekommen des Buches mitgewirkt haben, sei an dieser Stelle herzlich gedankt. Die Umschrift erfolgte im Anschluß an Jenni/Westermann, THAT.

Münster-Albachten, den 20.12.1978

I DAS PROBLEM DER VISIONSBERICHTE IN DER ALTTESTAMENTLICHEN PROPHETIE

Propheten und Visionen, so scheint es landläufig, gehören aufs engste zusammen. Nicht nur in der klassischen Schriftprophetie, auch schon für die Zeit der vorklassischen Prophetie, ja, bis zurück in die aus Mari bekanntgewordene Prophetie ist von Visionsberichten die Rede, und sie werden immer und ausschließlich mit Propheten in Zusammenhang gebracht. Eine Untersuchung der Visionsberichte läßt also nicht nur etwas über die Klärung einer literarischen Gattung erwarten, sondern darüberhinaus auch noch einen Beitrag zur genaueren Chrakterisierung der prophetischen Literatur und insbesondere auch der Prophetengestalten selbst. Gerade im Hinblick auf Visionsberichte wird die vorgefundene prophetische Äußerung doch häufig sehr stark personalisiert bis hin zu psychologischen Überlegungen um das Visionsgeschehen und die Haltung des jeweiligen Propheten darin.

Andrerseits ist aber die Schwierigkeit zu beachten, daß Visionsberichte nicht ohne weiteres - wie es vielleicht mit einer anderen prophetischen Äußerung möglich ist - aus ihrem Kontext verstanden werden können; sie sind zumeist in ihrer Eigenständigkeit selbst einen solchen Zusammenhang erst konstituierende literarische Gebilde, an ihnen läßt sich die Tendenz einer prophetischen Botschaft erst ablesen, so etwa die Botschaft vom Ende Israels, die ihren Niederschlag im vierten Visionsbericht des Amos gefunden hat; damit ist noch völlig ungeklärt, was z. B. diese Botschaft impliziert, weil sie ja erstmals hier ihren Ausdruck gefunden hat. Visionsberichte verbürgen also den Anspruch von Originalität; deshalb wird in ihnen einerseits zu Recht die Möglichkeit eines besonders nahe an die Prophetenpersönlichkeit heranführenden Verständnisses vermutet, andrerseits aber auch die Gefahr einer willkürlichen, von eigenen gedanklichen Voraussetzungen geprägten Interpretation heraufbeschworen; letztere kann auch in das vorgängige Verständnis eines jeweiligen Propheten oder gar der Propheten insgesamt einfließen und von dorther auf sehr indirekte Weise das Visionsverständnis chrakterisieren.

In ihrer Arbeit über Propheteninterpretation (1) zeigen Markert/Wanke ja doch auf sehr eindringliche Weise die "tiefgreifende Diskrepanz in den Auffassungen der einzelnen Gelehrten... bis hin zu einem unverein-

(1) vgl. Markert,L. /Wanke,G. , Die Propheteninterpretation, Anfragen und Überlegungen, KuD 22,1976,S. 191-220

baren Gegensatz der Meinungen" (2) schon in der Frage nach Funktion und Bedeutung der Prophetie. Dabei werden als Extrempositionen das Verständnis G. Fohrers und das W. H. Schmidts auf ihre Grundlagen hin analysiert und einander gegenübergestellt. Danach sieht Fohrer (3) in der Prophetie den wichtigsten Impuls der israelitischen Religion als die Initiierung des Übergangs von der Früh- zur Hochreligion und zugleich von der Volks- zur Weltreligion. Ausgangspunkt prophetischer Wirksamkeit ist das Berufungserlebnis, Quelle der Verkündigung ist eine geheime Erfahrung; in ihr ereignet sich ein neues Verstehen Jahwes, das zur Auseinandersetzung mit der gewöhnlichen menschlichen, die Verweigerung des Vertrauens auf Jahwe implizierenden Daseinshaltung führt und die Drohung des Strafgerichts Gottes und den Aufruf zur Entscheidung nach sich zieht. Thema prophetischer Verkündigung ist folglich die mögliche Rettung angesichts eigentlich dem Tode verfallenen Daseins. Wege zur Rettung sind Umkehr und Erlösung, und dementsprechend ist das Ziel der prophetischen Verkündigung die Wandlung des Menschen. Die Begründung der prophetischen Forderung besteht darin, daß der Wille Jahwes nicht das Gericht ist, sondern der den Willen Jahwes erfüllende Mensch. Im einzelnen wird die Geschichte als Entscheidungsgeschichte der falschen Entscheidungen (Abfallgeschichte), der Kult als sinnlich-magisches Sicherungsmittel, die Rechtspraxis als äußerlich oder das Recht mißachtend und Staat und Politik als Durchsetzung des menschlichen gegen Jahwes Willen kritisiert; die Verhaftung in bestimmten Traditionen wird als nicht bestimmend für die prophetische Daseinshaltung angesehen.

Demgegenüber - so die Darstellung Markert/Wankes (4) - setzt Schmidt bei einer gleichermaßen Berücksichtigung der Heils- und Unheilspropheten durch die Beschreibung ihrer Botschaft an. Als Erarbeitungsgrundlage prophetischer Unheilsankündigung dient Amos: Danach wird die Unheilsprophetie zunächst erschlossen als unbestimmte, unbegründete Gewißheit unabwendbaren, kommenden Unheils gegen das Volksganze. Die darin angekündigte unheilvolle Zukunft ist aktuell bedrängend und unmittelbar bevorstehend. Die Ankündigung selbst ist allein von der Sache her und nicht aus biographischen, psychischen o. ä. Daten erhebbar. Es gibt keine Möglichkeit der Wende und damit keine Wahl der Entscheidungsmöglichkeit. Die Zukunftsgewißheit besitzt Vorrang vor der Gegenwartskritik, was seine Bestätigung in der Diskrepanz zwischen der Unheilsankündigung (Zukunftsansage als Gotteswort gegen das Volksganze) und ihrer Begründung (Prophetenwort, das gegen einzelne vorgeht) findet; daher wird die Gegenwartsanalyse durch die Zukunftsgewißheit veranlaßt

---

(2) Markert, L. /Wanke, G., a. a. O., S. 191

(3) vgl. Markert, L. /Wanke, G., a. a. O., S. 192/193

(4) vgl. Markert, L. /Wanke, G., a. a. O., S. 193-195

und nicht umgekehrt. Das in der Zukunftsgewißheit erfahrene Unheil ist Strafe für Schuld (Verantwortlichkeit des Menschen), es ist von Gott veranlaßt, und Heil ist nur im Durchgang durch dieses Unheil als neue Tat Gottes vorstellbar; die spätere Heilsprophetie steht ihrerseits im Widerspruch zu ihrer unheilvollen Zeit.

Die kritische Rekonstruktion des Ansatzes Fohrers ergibt (5), daß sein theologischer Ansatz durch eine im wesentlichen mit Hilfe existentialphilosophischer Kategorien erstellte Interpretation gekennzeichnet ist. Diese Voraussetzung bleibt bei Fohrer unreflektiert, so daß die als genuin prophetisch beschriebenen Sachverhalte von hier aus einer erneuten Kritik zu unterziehen wären, die diese Verständnisvoraussetzungen in Rechnung stellt. Ebenso verhält es sich mit der Konzeption W. H. Schmidts, dessen Rekonstruktion seiner Verständnisbedingungen (6) ergibt, daß er seine Prämissen weitgehend aus lutherisch geprägter Theologie entnimmt, in denen die Verhältnisbestimmung von Werk Gottes/Werk des Menschen, sowie die ausgeschlossene Mitwirkung des Menschen zu seinem Heil, die Bestreitung der Wahlfreiheit bezüglich Heil und Unheil, das Verständnis vom Heil nur im Gericht und die geringe Ansetzung von Ethik und Tradition aus den Prinzipien der sola fide und sola gratia herleitbar sind; auch dieses Vorverständnis bleibt unreflektiert.

Um dieser Gefahr nicht reflektierter Voraussetzungen gleich zu begegnen, schlagen Markert/Wanke einen Weg vor, der die eigenen, sowie auch die Voraussetzungen des Textes kritisch zu rekonstruieren sucht (7). Über die Klärung der Voraussetzungen, mit denen ein prophetischer Text konfrontiert und mit denen - umgekehrt - auch einem prophetischen Text von seiten des Exegeten begegnet werden kann, gelangen sie zu Betrachtungen über die Sprache und der in diesem Zusammenhang zu beachtenden Faktoren, die die Auslegung beeinflussen können (Semantik, Syntax, Stil, geprägtes Gut); es wird dann fortgefahren mit Überlegungen zur Kommunikation und Verschriftung; schließlich kommt es zur Frage der Strategie, mit der an den Einzeltext herangegangen werden kann. Sie läßt sich in zehn Punkten als schrittweises Erfassen eines Textes und seines Sinnes im vorliegenden Kontext und im Zusammenhang der Prophetenliteratur bzw. deren Relevanz für die christliche Theologie verständlich machen.

---

(5) vgl. Markert,L. /Wanke,G. , a.a.O. , S. 195-204

(6) vgl. Markert,L. /Wanke,G. , a.a.O. , S. 204-212

(7) vgl. Markert,L. /Wanke,G. , a.a.O. , S. 214-220; vgl. aber schon zuvor: Fohrer,G. /Hoffmann,H.W. /Huber,F. /Markert,L. /Wanke,G. , Exegese des Alten Testaments, Einführung in die Methodik, Heidelberg 1973, insbes. S. 156ff

Obwohl diese Überlegungen Markert/Wankes eine grundsätzliche Schwierigkeit der Propheteninterpretation gerade am Beispiel der aufgezeigten Extrempositionen deutlich machen können und sie m. E. völlig zu Recht auf deren ungeklärt eingebrachtes Vorverständnis zurückführen, läßt ihr eigener Beitrag aber über die ausgedehnte Klärung der Vorbedingungen hinaus die erwartete tatsächliche theologische Ansetzung ihrer Propheteninterpretation vermissen. Er verbleibt im Allgemeinen, und es wird auch nicht recht greifbar, warum die eigene vorgeschlagene Konzeption eigentlich auf Prophetenliteratur eingegrenzt wird, bzw. warum gerade durch diese Konzeption in spezifischer Weise prophetische Literatur erschlossen wird: Die Allgemeinheit der vorgeschlagenen Schritte läßt sich prinzipiell auch auf andere Texte übertragen. Dennoch weisen ihre Überlegungen einen gangbaren, wenn auch zu modifizierenden Weg. Ausgegangen werden darf nicht von einem allgemeinen Vorverständnis (8), sondern nur von einem konkreten Text, der erst überhaupt ein Verständnis von dem, was Prophetie ausmacht, zu prägen vermag, bzw. zu einer solchen Verständigung beiträgt. Über die Rekonstruktion - darüber sollte man sich jedoch nicht täuschen lassen - eines solchen Textes auf seine Voraussetzungen hin wird man freilich nicht schon den Schlüssel zur Prophetie erhalten, denn auch die Rekonstruktion ist nicht voraussetzungslos und nicht jeder Text kann in seinen Voraussetzungen als repräsentativ betrachtet werden; zudem wird auch bei Markert/Wanke, wie schon in den von ihnen kritisierten Entwürfen, ohne weitere Rechtfertigung die Einheitlichkeit eines prophetischen Elements in der Religion Israels unterstellt; dies aber wäre erst zu erweisen.

Es soll daher hier ein anderer Weg gewählt werden, prophetische Literatur in ihrem Gehalt zu erschließen und von dort zu einem Verständnis des "Prophetischen" in Israel wenigstens in einem kontrollierten Rahmen anzusetzen. Wenn Visionen und Propheten offenbar zusammengehören, und zwar in einer Ausschließlichkeit, die Visionen nie ohne eine Beziehung zu Propheten in Erscheinung treten ließ, dann besagt das zwar nicht, daß - umgekehrt - alle Propheten explizite Visionäre sein müssen - dafür gibt es Gegenbeispiele (vgl. z. B. Hosea) - und auch nicht, daß jede prophetische Äußerung auf Visionen zurückgeführt werden kann, wohl aber, daß Visionen die Prophetie insgesamt mitbestimmen, zumal sie sich nicht an einer jeweiligen Verkündigung festmachen lassen, sondern in dieser Hinsicht ungebunden zu sein scheinen. Dieser Befund läßt erwarten, daß über die Vermittlung von Visionsberichten etwas über Prophetie und Propheten auszumachen ist. Der Vorzug, der im Einstieg über Visionsberichte geschieht, besteht darin, daß hier

---

(8) Natürlich - das ist ein hermeneutisches Problem, das hier nicht weiter diskutiert werden soll - wird man deswegen nicht jedes Vorverständnis ausschließen können, es muß aber auf eine Zubringer- und Einführungsfunktion beschränkt bleiben (die revidierbar sein muß) und darf nicht leitend werden.

gegenüber der schwer begründbaren Wahl von Einzeltexten, die ja doch wieder das Problem des (unreflektierten) Vorverständnisses aufwerfen, von einer zu verschiedenen Zeiten in kontinuierlichem und ausschließlichem Zusammenhang mit Prophetie stehenden Gattung ausgegangen werden kann. Freilich ist dazu zunächst einmal eine Übereinkunft notwendig, was unter Visionen bzw. Visionsberichten genau verstanden werden soll, auf welche Weise sie sich von anderen prophetischen Äußerungen unterscheiden, in welchem Verhältnis sie andrerseits wiederum zu ihnen stehen, ob sie als Gattung einheitlich oder untereinander zu differenzieren sind und mit welchen Konsequenzen das dann versehen ist.

Zu diesem Zweck kann nicht von Visionsberichten allgemein, sondern es muß von einem bestimmten Visions-Text ausgegangen werden. Dieser ist nun zunächst einmal text- und literarkritisch auf seinen ursprünglichen Bestand und formkritisch auf seine Ausgestaltung in Syntax, Stil, eventuell klanglicher Ausprägung und vor allem in der herauszuarbeitenden Struktur zu untersuchen. Die Gattungskritik wird sich nicht mit einer Typisierung der gefundenen Struktur begnügen können, sondern - und hier setzt das Einschwenken auf den Vorschlag Markert/Wankes ein - muß versuchen, den zur Analyse vorliegenden Visionsbericht von seinen Grundlagen und Voraussetzungen her zu rekonstruieren. Eine solche Rekonstruktion braucht nicht mit vorgegebenen Verständnisrastern zu arbeiten, die fremdbestimmend und oft genug willkürlich an den Text angelegt werden und zu den unterschiedlichsten Resultaten trotz intern schlüssiger Begründung gelangen. Sie kann vielmehr von den Bedingungen ausgehen, die den Text, wie er literarisch analysiert wurde, in seiner Aussage-Intention bestimmen; dies wird über eine sprachliche Analyse möglich, die vor allem die jeweilige Redeweise zu charakterisieren sucht. Auf diese Weise kann aber nicht erwartet werden, daß es nun schon zu Feststellungen über das kommen könne, was die Prophetenliteratur als solche auszeichnet, es wird vermutlich sogar problematisch sein, von hier aus generelle Aussagen über Visionen zu machen.

Was aber kann dann erreicht werden, das den Aufwand der beabsichtigten Untersuchung lohnt? Es ist möglich, von einer solchen Rekonstruktion ausgehend zu einer Sammlung paralleler Visionsberichte und zu einer gemeinsamen Typisierung solcher Visionsberichte zu gelangen. Damit ist zwar nicht ein Übereinkommen auch mit anderen, sich einer solchen Typisierung schon von der Struktur her verschließenden Visionsberichten von vornherein ausgeschlossen, es müßte aber zuvor zu einer erneuten Rekonstruktion auch für diese Visionsberichte und einer erneuten Typisierung angesetzt werden. Erst ein Vergleich beider Ergebnisse der Typisierung hätte dann Gemeinsamkeiten und Differenzen festzustellen und zu erklären; gegebenenfalls wären auf die genannte Weise weitere Typisierungen zu erstellen und heranzuziehen. Erst ein Vergleich aller in der vorgeschlagenen Form systematisierten Visionsberichte könnte mit Recht an die Herausarbeitung genereller Aussagen über Visionen bzw.

Visionsberichte herangehen. Das kann im Rahmen einer Arbeit, wie sie hier vorliegt, jedoch nicht geleistet werden; sie muß sich auf die Erarbeitung e i n e s so verstandenen Typs von Visionen bzw. Visionsberichten beschränken und kann daher nur ein Anfang sein, der weiterzuverfolgen wäre.

Um aber dennoch nicht das Vorhaben fallenlassen zu müssen, über die Vermittlung von Visionsberichten etwas über das genuin Prophetische auszumachen, ist es noch wichtig, einen Einsatz zu wählen, der insofern eine gewisse grundsätzliche Klärung verspricht, als er auf den greifbaren Anfang von Visionsberichten in der Tradition der israelitischen Literatur zurückgeht. Es ist daher kein Zufall, daß die vorliegende Analyse die Visionsberichte des Amos zum Thema hat. Die theologische Interpretation wird freilich noch zu klären haben, woher Visionen ihren Zusammenhang mit Propheten beziehen, sie wird auf Erwähnungen in der vorklassischen und auch in der außerisraelitischen Prophetie achten und von dorther noch einmal über die Visionsberichte des Amos auf eine Verhältnisbestimmung zur Prophetie und ihres Anspruchs aufgrund von Visionen zurückkommen.

Die damit eingeleiteten Überlegungen zeichnen den Ablauf der Studie weitgehend vor. Nach der text- und literarkritischen Sicherung des ursprünglichen Textbestandes der Visionsberichte und ihrer formkritischen Beschreibung wird es darauf ankommen, die Gattung in den Griff zu bekommen. Darauf wird notwendigerweise ein gewisser Schwerpunkt gesetzt werden müssen, und zwar nicht nur, weil sich von daher sehr viel für die theologische Interpretation entscheidet, sondern auch weil die Gattungskritik über den rein literarischen Kontext hinaus die vorangegangenen Analysen in einem bestimmten, auch sozio-kulturellen Zusammenhang systematisiert und sie von dorther zu verstehen und gewichten lehrt. Schließlich ist zu bedenken, daß Monographien über Visionsberichte, erst recht nicht über die Visionsberichte des Amos, kaum greifbar sind, so daß hier, auf dem Drehpunkt zwischen Literaranalyse und Theologie, die eigentliche Rekonstruktionsarbeit ihre Durchführung findet. Die Theologie wird auf die Funktion von Visionsberichten in der biblischen und außerbiblischen Literatur einzugehen haben und von dort ihren theologischen Sinn bei Amos zu klären versuchen. Schließlich wird es ihre Aufgabe sein, aus dem Verhältnis von Vision und Prophetie etwas über das spezifisch Prophetische zu erheben. Wenn abschließend noch einmal Prophetie und Vision Thema sein müssen, so darf das nicht als eine definierende Verhältnisbestimmung mißverstanden werden, es kommt nur darauf an, verschiedene, meist im Verlauf der Arbeit zurückgelassene Punkte aufzunehmen und sie unter dem angesprochenen Interesse zusammenzustellen, um so erneut vor Augen zu führen, was eine literarische und theologische Analyse von Visionsberichten für die Klärung der Prophetie und der Propheten austrägt.

II DIE LITERARISCHE ANALYSE DER VISIONSBERICHTE AUS DEM AMOSBUCH

Die Visionsberichte des Amosbuches finden sich in der vorliegenden Zusammenstellung des Buches zum Teil zusammenhängend (die ersten drei Visionsberichte), zum Teil aber auch verstreut (der vierte und fünfte Visionsbericht), jedoch innerhalb der Kapitel 7 - 9. Eine Übersicht über das Amosbuch läßt erkennen, was in der Einteilung schon vorangegangen ist: Zunächst findet sich eine Überschrift dibrē ʿāmōs mit kurzer Vorstellung des Verfassers, seines Adressaten und seiner Zeit (1,1). Darauf folgt eine Generalthese, die als Grundsatzerklärung die weiteren Ausführungen sowohl aus sich entläßt, als auch zusammenhält (1,2). Sodann findet sich eine Reihe von Völkersprüchen (1,3 - 2,6), nicht nur über Fremdvölker (1,3 - 2,3), sondern auch über Juda (2,4f) und Israel (2,6). Die Israel-Strophe endet nicht so wie die anderen Strophen mit dem - mit Ausnahme von 1,14, wo es heißt w^{e}hiṣṣatti ʼēš b^{e} - immer wiederkehrenden Vernichtungsorakel w^{e}šillaḥtti ʼēš b^{e}, sondern es wird stattdessen ab 2,7 übergegangen zur detaillierten Predigt über Israel, wobei 2,7-12 zunächst wie eine Ausweitung der Israel-Strophe durch eine verlängerte Reihe der Vorwürfe wirkt, während die Drohung - ebenfalls in veränderter und ausgeweiteter Form - sich dann in 2,13-16 daran anschließt. Jedoch reißt von diesem Übergang her die Predigt über Israel nicht mehr ab; sie gliedert sich zunächst in drei Komplexe von Sprüchen, die in 3,1ff und 5,1ff unter den Aufruf šimʿū ʼǣt hadābār hazzǣ und in 4,1ff etwas abgewandelt unter den Aufruf šimʿū hadābār hazzǣ gestellt sind. Sodann folgen zwei hōj-Rufe (5,18;6,1). Daran schließen sich die ersten drei Visionsberichte (7,1-9) an. Der Visionszyklus wird unterbrochen durch einen Fremdbericht über Amos (7,10-17). 8,1-3 setzt den Visionszyklus dann mit dem vierten Visionsbericht fort. Zwischen den vierten und fünften Visionsbericht (9,1-4) schiebt sich ein Komplex von Sprüchen unter dem Aufruf šimʿū zōʼt (8,4ff). Auf den fünften Visionsbericht folgen zunächst Sprüche, die die Gerichtspredigt über Israel fortsetzen, welche dann in 9,11 f. 13-15 das Buch mit Heilsworten abschließen.

Die Visionsberichte finden sich also innerhalb des Teiles des Amos-Buches, der - grob gesagt - Gerichtspredigt über Israel ist. Die ersten vier werden durch jeweils einleitendes kō hirʼāni ʼ^{a}dōnāj Jhwh w^{e}hinnē (7,1;7,4;8,1) bzw. durch kō hirʼāni w^{e}hinnē (7,7) wie in einer Klammer zusammengehalten, wenn auch der vierte Visionsbericht (8,1-3) durch den Fremdbericht in 7,10-17 optisch aus dem Kontext der schon vorangegangenen drei Visionsberichte gelöst erscheint. Der fünfte Visionsbericht hingegen ist nicht nur durch einen Zwischentext (8,4-14) getrennt, sondern weicht auch formal weit von den übrigen Visionsberichten ab. Schon auf den ersten Blick fällt auf, daß die sonst durchgängige Einleitung kō hir'āni (3. Pers. Sing. Hifil Präformativkonjugation mit deiktischem kō) durch einfaches, selbstaktives rā'īti (1. Pers. Sing. Qal Präformativkonjugation) ersetzt ist; ferner wird von dem Struktur-Schema der ersten vier Visionsberichte abgewichen, das - zunächst einmal grob überschlagen - nach dem einleitenden kō hir'āni .... zuerst das Gesehene schildert, danach ein Gespräch zwischen Jahwe und Amos wiedergibt (1) und schließlich Jahwes Entschluß bringt. Der fünfte Visionsbericht hingegen bringt nach dem einleitenden rā'īti als Gesehenes 'ᵃdōnāj selbst (2), danach eine Anordnung Jahwes, die mit dem Imp. Hifil von nākā einsetzt, jedoch Amos als Adressaten - im Gegensatz zumindest zum dritten und vierten Visionsbericht - nicht mit Namen nennt; darauf folgt eine Vernichtungsrede, die in ihren einzelnen, gleich aufgebauten Gliedern jede Entrinnensmöglichkeit ausschließt und abschließend noch einmal den Vernichtungsentschluß zusammenfaßt. Inhaltlich läßt sich festhalten, daß der fünfte Visionsbericht - im Gegensatz zu allen vier vorangegangenen Visionsberichten - die totale Vernichtungsabsicht Jahwes anhand konkreter Maßnahmen schildert.

Es erscheint von daher als gerechtfertigt, in der Analyse den fünften zunächst von den vorangegangenen vier Visionsberichten getrennt zu betrachten (3). Zu diesem Zweck kann eine Synopse der ersten vier Visionsberichte - einfach so, wie sie im Masoretentext (MT) überliefert sind - ganz hilfreich sein (vgl. Abb. 1). Sie zeigt Gemeinsamkeiten, Verschiedenheiten, ja auch Brüche - z. B. die Schwierigkeiten von 7,1b oder das Problem, das 7,9 und 8,3 gemeinsam aufwerfen - auf einen Blick; sie ermöglicht ferner eine Analyse aus der Zusammensicht der

---

(1) Es braucht an dieser Stelle noch nicht auf die Verschiedenheit des Zwiegesprächs in den ersten beiden Visionsberichten und im dritten und vierten Visionsbericht eingegangen zu werden, aus denen auch die engere Zusammengehörigkeit von Visionsbericht eins und zwei einerseits und drei und vier andererseits noch deutlicher hervorgeht.

(2) Das ist ein Unterschied auch zum dritten Visionsbericht in 7,7, wo ausdrücklich darauf hingewiesen wird, daß dort nicht 'ᵃdōnāj sondern 'ᵃnāk das interessierende Gesehene ist.

(3) Um vorschnelle Textkorrekturen zu vermeiden und Entscheidungen über die Bevorzugung von Textversionen möglichst sachangemessen zu halten, soll Textkritik jeweils in Zusammenarbeit mit anderen Analysemetholden - vor allem der Literarkritik - Hilfestellung leisten, weil eine komplett vorangestellte Textkritik häufig der Gefahr, aufgrund subjektiver Mutmaßungen zu Entscheidungen zu gelangen, sich nicht entziehen kann.

hier zunächst zur Diskussion stehenden vier Visionsberichte, ohne dabei aus Vorgriffen unbedachte Rückschlüsse zu provozieren. (4)

---

(4) Zur Nummerierung von Versteilen sei angemerkt, daß der Einfachheit halber bei Viertelversen auf die Zuhilfenahme griechischer Buchstaben verzichtet werden soll und statt dessen folgendermaßen verfahren wird: Halbverseinteilung: a, b u. U. c; Viertelverseinteilung: a_a, a_b usw.

Abb. 1

Gliederung	1. Visions-bericht (7,1-3)	V.	2. Visions-bericht (7,4-6)	V.	3. Visions-bericht (7,7-9)	V.	4. Visions-bericht (8,1-3)	V.
Einleitung mit Aufmerksam-keitsruf	kō hirʾanī ʾ^{a}dōnāj Jhwh w^{e}hinnē	7,1	kō hirʾanī ʾ^{a}dōnāj Jhwh w^{e}hinnē	7,4	kō hirʾanī w^{e}hinnē	7,7	kō hirʾanī ʾ^{a}dōnāj Jhwh w^{e}hinnē	8,1
Schilderung des Gese-henen	jōṣēr gōbaj bitḥillat ʿ^{a}lōt hallāqæš w^{e}hinnē lāæqæš ʾaḥar gizze hammǣlǣk		qōrēʾ lārīb bāʾēš ʾ^{a}dōnāj Jhwh		ʾ^{a}dōnāj niṣṣāb ʿal ḥōmat ʾ^{a}nāk ūb^{e}jādō ʾ^{a}nāk		k^{e}lūb qājiṣ	
Beobachtung zum Gese-henen	w^{e}hājā ʾim killā lǣʾ^{æ}kōl ʾæt ʿēśæb hāʾāræṣ	7,2	watʾōkal ʾǣt t^{e}hōm rabbā w^{e}ʾāk^{e}lā ʾǣt haḥēlǣq					

1. Die Literarkritik der ersten vier Visionsberichte

a) Der erste Visionsbericht (7,1-3)

Wie schon angedeutet, hält das zu Beginn aller vier Visionsberichte auftauchende kō hir'anī (7,1;7,4;7,7;8,1) diese Berichte als einen Komplex zusammen und weist auf die strenge Geschlossenheit dieses Komplexes durch die feste Klammer des ständig zu Beginn eines Visionsberichtes jeweils wiederkehrenden kō hir'anī hin. (5)

Literarkritischer Erörterung aber bedarf die folgende unregelmäßig verwendete und teils mit Jhwh, teils mit 'ᵃdōnāj konkurrierende Wendung 'ᵃdōnāj Jhwh. Eine Bestandsaufnahme über die Verwendung der Gottesbezeichnung innerhalb des Visionszyklus' ergibt: Das Subjekt zum immer wiederkehrenden kō hir'anī ist 'ᵃdōnāj Jhwh (vgl. 7,1a;7,4a; 8,1a); ausgenommen davon ist allerdings der dritte Visionsbericht, wo das Subjekt überhaupt fehlt (vgl. 7,7a). Bei der Gesprächseröffnung durch Amos in den ersten beiden Visionsberichten ist 'ᵃdōnāj Jhwh der Angeredete (vgl. 7,2. 5), während es bei umgekehrter Gesprächseröffnung im dritten Visionsbericht Jhwh ist, der Amos anredet (vgl. 7,8a); im vierten Visionsbericht fehlt die eigene Nennung des Subjekts zu wajj'ōmær an der entsprechenden Stelle (vgl. 8,2a). In den ersten beiden Visionsberichten folgt auf die Anrede durch Amos ein reflektierendes Zurücktreten des Angeredeten, der hier mit Jhwh bezeichnet wird (vgl. 7,3a. 6a), darauf erst folgt die Antwort an Amos durch Jhwh im ersten Visionsbericht (vgl. 7,3b) und durch 'ᵃdōnāj Jhwh im zweiten Visionsbericht (vgl. 7,6b). Im dritten Visionsbericht wird nach der erwähnten Gesprächseröffnung und einer kurzen Antwort seitens Amos' das Gespräch durch 'ᵃdōnāj (vgl. 7,8b) weitergeführt und abgeschlossen, während im vierten Visionsbericht Jhwh diesen Teil des Gesprächs bestreitet (vgl. 8,1b). Erwähnt werden müssen noch das 'ᵃdōnāj Jhwh in 7,4a_b - offenbar als genauere Bestimmung des Gesehenen im zweiten Visionsbericht -, das 'ᵃdōnāj in 7,7a_b als zum Gesehenen gehörig im dritten Visionsbericht und das 'ᵃdōnāj Jhwh in 8,3a_b in der Gottesspruchformel nᵉ'ūm 'ᵃdōnāj Jhwh.

Verschafft man sich in dieser Frage also einen Überblick über den Komplex der Visionsberichte, so wird - läßt man zunächst einmal die Besonderheiten beiseite, die der dritte Visionsbericht in diesem Punkte aufgibt (vgl. 7,7a_b,8b_a) - erkennbar, daß es sich ausschließlich um einen Wechsel zwischen 'ᵃdōnāj Jhwh und Jhwh handelt. Dennoch stellt sich - vollständig - die Frage nach der Variation zwischen drei Gottesbezeich-

(5) Die Geschlossenheit wird auch durch andere Strukturmerkmale deutlich; vgl. dazu schon die Synopse in Abb. 1, vor allem aber die folgende Formkritik.

nungen. Hat der Verfasser der Visionsberichte die Gottesbezeichnungen variiert, und - wenn ja - warum? Oder ist ursprünglich eine dieser Gottesbezeichnungen verwendet worden, und - wenn ja - welche, und wie kam es zu den variierenden Gottesbezeichnungen?

Textkritisch kann festgehalten werden, daß die Septuaginta (LXX)-Überlieferung auf das ’^{a}dōnāj mit wenigen Abweichungen (6) verzichtet, ausgenommen in 7,2a_b.5a_a. Es bietet sich also auch von daher an, zur literarkritischen Klärung der Gottesbezeichnung in den Visionsberichten von 7,2a_b.5a_a auszugehen.

In den ersten beiden Visionsberichten beginnt an diesen Stellen jeweils das Zwiegespräch Jahwe/Amos, eröffnet durch Amos. Amos redet Jahwe als den in seiner Autorität anerkannten Herrn in eindringlichem Appell an. In solchen Fällen ist ’^{a}dōnāj Jhwh häufig belegt (vgl. Dt 3,24;9,26; Jos 7,7; Ri 16,28; Jer 1,6;4,10;14,13;32,17; Ez 4,14;9,8;11,13; Ps 109,21;140,8), und es findet sich auch zahlreich für die ehrfurchtsvolle oder erschrockene Gottesanrede im Gebet überhaupt (vgl. Gen 15,2.8; Ri 6,22; 2 Sam 7,18.19.20.22.28.29; 1 Kön 8,53; Jer 32,25; Ez 21,5; 37,3; Ps 71,5;73,28;141,8; vielleicht dürfen noch erwähnt werden: Ps 16,2;69,7). Aufgrund des textkritischen Befundes und der oft anzutreffenden Gottesanrede ’^{a}dōnāj Jhwh im ehrfürchtigen und flehentlichen Gebet, kann ’^{a}dōnāj Jhwh in Am 7,2a_b.5a_a als ursprünglich gelten. (7) Es braucht also nicht als Spannung verstanden zu werden, wenn im ersten Visionsbericht in 7,2a_b an ’^{a}dōnāj Jhwh appelliert wird und im darauffolgenden 7,3a Jhwh es ist, der als offenbar Angeredeter die Anrede reflektiert, und ferner Jhwh es ist, der schließlich in 7,3b seinen Entschluß mitteilt. Wohl aber kann das auch schon textkritisch auffällig gewordene 7,1a_a als in Spannung zu 7,3a.b stehend gesehen werden. Bevor jedoch weitergehende Schlüsse daraus gezogen werden, sollen die anderen drei Visionsberichte auf dieses Problem hin untersucht werden.

Sehen wir im zweiten Visionsbericht einmal von der noch zu untersuchenden eigentümlichen Schwierigkeit der Gottesbezeichnung in 7,4a_b ab, so zeigt sich eine genaue Parallelität zum ersten Visionsbericht bis auf die Mitteilung des Entscheides, wo statt des Jhwh im ersten Visionsbericht (7,3b) ’^{a}dōnāj Jhwh (7,6b_b) verwendet ist. Dieses steht nun nicht nur literarkritisch in Spannung zum vorangegangenen Jhwh in 7,6a, sondern

---

(6) Gelegentlich wird in 7,1.4.6 kýrios ho theós und in 8,1.3 abweichend kýrios kýrios gelesen; in mitlaufender Überlieferung des C. Ephraemi resriptus findet sich auch in 7,1.4.6 ein ergänztes kýrios.

(7) vgl. auch Wolff, H. W., Dodekapropheton Joel/Amos, Neukirchen 1969, z. St.

auch zum Jhwh in 7,3b; außerdem hatte es textkritische Probleme aufgeworfen.

Im dritten Visionsbericht fehlt im MT in der Einleitungsformel (7,7a_a) - im Unterschied zur LXX die, wie zu Beginn der anderen Visionsberichte auch, hier kýrios bringt - die Gottesbezeichnung überhaupt. Dann wird in 7,7a_b ʾ^{a}dōnāj mit in das Gesehene einbezogen; die LXX bringt an dieser Stelle anér, C. Vaticanus und C. Marchalianus verzichten jedoch auch darauf. In 7,8a_a ist es dann Jhwh, der das Gespräch mit Amos eröffnet; in 7,8b_a formuliert wieder ʾ^{a}dōnāj den Gottesentscheid; auch hier konkurriert das ʾ^{a}dōnāj mit dem kýrios der LXX. Sowohl das ʾ^{a}dōnāj in 7,7a_c wie auch das ʾ^{a}dōnāj in 7,8b_a bereiten textkritische Schwierigkeiten, und sie stehen literarkritisch in Spannung zum Jhwh in 7,8a_a, wie auch noch ein Blick auf den in Parallelität zum dritten strukturierten vierten Visionsbericht zeigt.

Nach der zum ersten und zweiten Visionsbericht einschließlich der Gottesbezeichnung gleichlaufenden Einleitungsformel wird dagegen das Subjekt in der Redeeinleitung in 8,2a_a verschwiegen. Im dritten Visionsbericht findet sich an der entsprechenden Stelle (vgl. 7,8a_a) Jhwh; die LXX überliefert hier durchaus kýrios. Darauf ist es dann Jhwh, der den Gottesentscheid formuliert. Eine offenbar als Explikation dieses Entscheides verstandene Gerichtsankündigung bringt in 8,3 noch die Gottesspruchformel n^{e}ʾūm ʾ^{a}dōnāj Jhwh.

Die Durchmusterung aller vier Visionsberichte zeigt, daß immer dort, wo eine in einer Gottesbezeichnung genannte Person zu Amos spricht oder wo diese im Gespräch reflektiert, mit Vorliebe Jhwh als Gottesbezeichnung verwendet wird; wo jedoch zu ihr gebetet oder gefleht wird, findet sich ʾ^{a}dōnāj Jhwh. Nur im dritten Visionsbericht tritt ʾ^{a}dōnāj zweimal allein auf; dort wirft es aber textkritische Probleme (vgl. vor allem 7,7a_b) und literarkritisch Spannungen sowohl zum Umtext, als auch im Strukturvergleich mit dem literarisch parallel konstruierten vierten Visionsbericht auf. Solche Spannungen entstehen bei der alleinigen Verwendung von Jhwh niemals. Es kann daher angenommen werden, daß ein Bearbeiter sich durch das ursprüngliche ʾ^{a}dōnāj Jhwh in 7,2a_b. 5a_a anregen ließ, überall da, wo im Text einfach Jhwh stand, ʾ^{a}dōnāj zu ergänzen, und zwar immer dann, wenn er die Gottesbezeichnung ehrfurchtsvoll als Hoheitstitel interpretiert wissen wollte. Konsequent unterbleibt die Ergänzung durch ʾ^{a}dōnāj, wenn Jahwe in menschlich leicht nachvollziehbaren Situationen geschildert wird, wenn er in sich geht (7,3a. 6a) und wenn er zu Amos spricht.

Bei dieser Sicht der Dinge macht - abgesehen von der später noch im einzelnen zu untersuchenden eigenartigen Situation im dritten Visionsbericht - nur das ʾ^{a}dōnāj Jhwh in 7,6b_b Schwierigkeiten. Nach der soeben formulierten Hypothese wäre ein einfaches Jhwh dort zu erwarten. Nun spricht aber - außer der erwähnten textkritischen Problematik - die absolute Ungewöhnlichkeit von ʾāmar ʾ^{a}dōnāj Jhwh als eine Zitatabschlußformel gegen die Ursprünglichkeit dieser Formel in 7,6b_b. Im gesamten übrigen AT findet sich nur noch ein einziger Beleg dafür, und zwar in Am 1,8, wo er aus denselben Gründen in Zweifel zu ziehen ist, zumal auch Amos in dieser Hinsicht nicht für eine Sonderformulierung in Anspruch genommen werden kann, wie etwa ein Blick auf die zahlreichen anderen hier in Frage kommenden Textstellen im Amosbuch zeigt. 'āmar Jhwh ist in der hier zur Diskussion stehenden Funktion häufiger belegt, und zwar sowohl - wie hier vorliegend - als Schlußformel (Jes 39,6;54,1;65,25;66,21.23; Jer 6,15;8,12;33,11.13;49,2; Am 1,5.15; 2,3;5,17;7,3; Ze 3,20; Hag 1,8), als auch als Zwischenformel (Jes 48,22;49,5;57,19;59,21;65,7;66,20; Jer 30,3;44,26; Ma 1,2;3,13). Es kann daher nicht nur aus textkritischen Gründen, sondern auch aus der offenbar totalen Ungebräuchlichkeit der Formulierung 'āmar 'ᵃdōnāj Jhwh als sicher gelten, daß auch der zweite Visionsbericht ursprünglich mit 'āmar Jhwh abgeschlossen worden ist. Die Frage, wie dann aber die Differenz von 7,3b und 7,6b_b zu erklären sei, ist jetzt nur noch von zweitrangigem Gewicht und ist nicht anders als vermutungsweise zu beantworten. Vielleicht ist in einem späteren Überlieferungsstadium das in 7,3b hinzugesetzte 'ᵃdōnāj verlorengegangen, so daß subjektiv durch ein Versehen objektiv der ursprüngliche Text wiederhergestellt war.

Alle diese Beobachtungen weisen darauf hin, daß ein Bearbeiter in 7,2a_b. 5a_a die Verbindung 'ᵃdōnāj Jhwh vorgefunden hat. Er hat sie aber in ihrer ursprünglichen Funktion als Anrede Gottes im erschrockenen und eindringlich appellierenden Gebet nicht mehr verstanden, sondern interpretierte sie als Hoheitstitel. So fügte er überall dort, wo Jahwe sich als machtvolle Autorität erweist, wo er etwas sehen läßt (7,1;7,4;((7,7)); 8,1) oder wo er seinen Entschluß verkündet (((7,3b));7,6b;7,8b; ((8,2b)); 8,3), 'ᵃdōnāj ein. Das trifft auch für den dritten Visionsbericht zu, bei dem dieses Problem vor allem im Hinblick auf den im Vergleich zu den ersten beiden Visionsberichten näher strukturverwandten vierten Visionsbericht unter anderem Gesichtspunkt noch einmal zur Untersuchung gelangen wird. Wo hingegen Jahwe innerhalb der Visionsberichte in menschlichen Zügen geschildert wird, wo er etwas bedauert (7,3a;7,6a), oder wo er ein Gespräch mit Amos beginnt (7,8a;((8,2a));8,2b), entfällt die Ergänzung des Gottesnahmens Jhwh durch den Hoheitstitel 'ᵃdōnāj.

Gestützt wird diese These auch noch durch eine Durchmusterung der Gottesbezeichnungen im Amosbuch überhaupt: Die Gottesbezeichnung Jhwh findet sich in 1,2;1,3;1,5;1,6;1,9;1,11;1,13;1,15;2,1;2,3;2,4a.b; 2,6;2,11;2,16;3,1;3,6;3,10;3,12;3,15;4,3;4,6;4,8;4,9;4,10;4,11;5,4; 5,6;5,8;5,17;5,18a.b;5,20;6,10;6,11;7,3a.b;7,6a;7,8a;7,15a.b;7,16; 7,17;8,2;8,7;8,11b;9,6;9,7;9,12;9,13;, die Verbindung 'ᵃdōnāj Jhwh als Gottesbezeichnung findet sich in 1,8;3,7;3,8;3,11;4,2;4,5;5,3;6,8a_{a1}; 7,1;7,2;7,4;7,5;7,6b;8,1;8,3;8,9;8,11a;9,8; ein einfaches 'ᵃdōnāj findet sich nur in 7,7;7,8b;9,1; gelegentlich wird die Gottesbezeichnung Jhwh auch noch durch 'ᵆlōhē (has)sᵉbā'ōt erweitert (3,13;4,13;5,14; 5,15;5,27;6,8a_{a2};6,14); einmal findet sich Jhwh 'ᵆlōhē sᵉbā'ōt 'ᵃdōnāj

(5,16), einmal ʾ^{a}dōnāj Jhwh hass^{e}bāʾōt (9,5) und einmal Jhwh ʾ^{æ}lōhǣkā (9,15). Textkritisch läßt sich zunächst einmal (8) festhalten, daß da, wo der MT Jhwh überliefert, sich fast immer das entsprechende kýrios in der LXX findet; nur an 8% aller Stellen finden sich Abweichungen (4,3; 5,8;9,6;9,12), die sich noch einmal in zwei Varianten teilen: 4% überliefert danach abweichend kýrios ho theós (4,3;9,12) und 4% kýrios ho theós ho pantokrátōr (5,8;9,6). Für ʾ^{a}dōnāj Jhwh gilt das Umgekehrte: fast immer - außer 5,3;7,2;7,5 - wird abgewichen, nämlich an gut 83% aller Stellen, die sich wieder in zwei Varianten teilen: Gut 33% bringen danach abweichend kýrios ho theós (3,7;3,8;3,11;4,5;8,9;9,8) (9) und 50% kýrios (1,8;4,2;6,8a$_{a1}$;7,1;7,4;7,6b;8,1;8,3;8,11a). Die drei Stellen, an denen der MT einfach ʾ^{a}dōnāj überliefert, werden von der LXX einmal direkt abweichend wiedergegeben (7,7), und zweimal muß es fraglich bleiben, ob eine Entsprechung vorliegt, weil kýrios einerseits schon als Bezeichnung für Jhwh vergeben ist, andrerseits aber als kýrios kýrios ʾ^{a}dōnāj Jhwh überträgt. Angesichts der äußerst schmalen Basis für ʾ^{a}dōnāj im MT selbst und angesichts der bemerkenswerten Zurückhaltung der LXX in der Wiedergabe von ʾ^{a}dōnāj Jhwh durch kýrios kýrios - neben den drei genannten Stellen kann allenfalls noch 9,5 dazugezählt werden - wird kýrios hier mit hoher Wahrscheinlichkeit Jhwh überliefern. Die geringe Anzahl der übrigen späteren Gottesbezeichnungen fällt für die hier anstehende Problematik nicht ins Gewicht.

Literarkritisch interessant wird nach dieser Durchsicht vor allem das auch von LXX überlieferte ʾ^{a}dōnāj Jhwh in 5,3. Es steht hier nicht - wie in 7,2.5 - in einem flehentlichen Gebetsappell, sondern in der Botenformel. In dieser Position findet sich im Amosbuch das ʾ^{a}dōnāj Jhwh nur noch in 3,11; dort allerdings nicht mehr durch LXX-Überlieferung gestützt. Beide Male wird ein Machtwort Gottes durch sie eingeleitet, und damit wurde die diesbezügliche Beobachtung bei den Visionsberichten bestätigt. Es ist ferner fraglich, ob die Botenformel in 5,3 überhaupt als ursprünglich betrachtet werden kann. Auf das in 4,6 beginnende und nach jeder Strophe (4,6b. 8b. 9b. 10b$_{b}$. 11b) mit w^{e}lōʾšabtǣm ʿādaj n^{e}ʾūm Jhwh endende Strophengedicht, das vorwurfsvoll die Vergangenheit des Jahwe-Israel-Verhältnisses durch Jahwe aufrollt, folgt - konsequent mit lākēn eingeleitet - in 4.12 die drohende Ankündigung eines Gerichtswortes; das Gerichtswort selbst sucht man hier allerdings vergebens. Stattdessen

---

(8) Vgl. dazu das Schema in Bartczek,G., Die Visionsberichte des Amos - Literarische Analyse und theologische Interpretation -, Diss. Münster 1977, S. 21, Abb. 3

(9) Sowohl BHK^{3} als auch BHS verzichten auf eine Notierung der Variante kýrios ho theós regelmäßig und setzen es als ʾ^{a}dōnāj Jhwh mit kýrios kýrios offensichtlich gleich; im Interesse einer genauen Textkritik darf diese Unterscheidung jedoch auf keinen Fall unterschlagen bleiben!

folgt zunächst eine Doxologie (4,13) und darauf ein "Klagelied" über die "Jungfrau Israel" (5,1f). Erst danach - in 5,3 - findet sich das angedrohte Gerichtswort, das sicher ursprünglich nicht an das Klagelied angeschlossen hat, denn es ist 5,4-6, das die Thematik von 5,1f weiterführt und mit kī daran anschließt. Das Gerichtswort in 5,3 aber muß auf die drohende Ankündigung des Gerichtswortes, also nach 4,12 folgen. Es kann daher als ursprünglich nacheinandergeordnet gelten: 4,6-11.12 (+ kī hinnē); 5,3a_b.b;5,1f.4-6; was es mit der Doxologie in 4,13 auf sich hat, kann an dieser Stelle undiskutiert bleiben, da sie ohnehin völlig isoliert in diesem Zusammenhang steht. Damit sollte keine exakte Literarkritik für diesen ganzen Komplex erstellt werden. Deutlich aber wird, woher z.B. das kī aus der in 5,3 folgenden Botenformel kommt, ferner: wie die Verse an dieser Stelle zusammengeordnet gehören, und daß die Botenformel hier literarkritisch auszuscheiden ist, denn sie ist in dieser Zusammenordnung funktionslos geworden. Sie war aber auch schon als störende Doppelung (10) zum kī kō ʾāmar Jhwh im folgenden 5,4 und - wegen der variierenden Gottesbezeichnung - als Spannung zu 5,4 aufgefallen. Zweifel an einer literarkritischen Reduzierung der Gottesbezeichnung an dieser Stelle auf Jhwh ließ vor allem die ansonsten seltene gute Textbezeugung aufkommen. Allerdings lehrt ein Blick auf 9,5, daß auch eine spätere, sicher nicht ursprünglich zum Amosbuch gehörende Stelle die gesamte im MT stehende Gottesbezeichnung mitsamt dem ʾ^{a}dōnāj Jhwh in der LXX mitführen kann, so daß in 5,3 auch der textkritische Befund nicht mehr unbedingt für die Ursprünglichkeit des ʾ^{a}dōnāj Jhwh ins Gewicht fällt und die literarkritischen Bedenken bestehen bleiben.

An allen übrigen Stellen des Amosbuches, an denen ʾ^{a}dōnāj Jhwh verwendet ist, ist es erstens textkritisch auffällig und zweitens als Hoheitstitel gebraucht in einem Zusammenhang, in dem Jahwe oft in feierlichem Ton seine Macht erweist. Einziges Gegenbeispiel scheint das n^{e}ʾūm ʾ^{a}dōnāj Jhwh in 4,5 zu sein. Es ist im Amosbuch aber fast durchgängig n^{e}ʾūm Jhwh üblich (vgl. 2,11;2,16;3,10;((3,13));3,15;4,3; 4,6;4,8;4,9;4,10;4,11;((6,14));9,7;9,8;9,12;9,13;); nur noch in 8,3; 8,9;8,11 findet sich n^{e}ʾūm ʾ^{a}dōnāj Jhwh, dort aber wieder als ausgesprochener Hoheitstitel. Man wird aufgrund der Einzigkeit der Gottesbezeichnung in der Gottesspruchformel in 4,5, wo sie auch kein Hoheitstitel sein muß, ihr die originale Form n^{e}ʾūm Jhwh zurückgeben dürfen. Damit ist als ursprüngliche Gottesbezeichnung im Amosbuch Jhwh erkannt. Einzige Ausnahme bilden 7,2a_b.5a_a, wo ʾ^{a}dōnāj Jhwh als eindringliche Gebetsanrede an Gott textlich gut bezeugt und literarkritisch fest in ihrem Umtext verankert sind und von da aus möglicherweise - in ihrer

---

(10) Es wird deutlich, wie "Doppelung" hier allenfalls analog als literarkritische Kategorie verwendet werden kann, weil prophetische Texte durchaus nicht immer greifbar sind für literarkritische Kategorien, die am Leitfaden der Erzähltexte entworfen sind.

ursprünglichen Intention verkannt - Anlaß zur ehrfurchtsvollen Bearbeitung der Gottesbezeichnungen gewesen sind.

Wolff vertritt in seinem Amoskommentar (11) die Auffassung, daß 'adōnāj oft im Amosbuch als Erweiterung nachgetragen sei. In diesem Zusammenhang nennt er 3,8. 11. 13;4,2;5,16;6,8;7,1. 4;8,1. 3. 9. 11;9,5; ebenso vermutet er 4,5;5,3 dazuzählen zu können. Bezüglich 7,1 fällt er sein Urteil mit Verweis auf LXX (12), jedoch ohne literarkritische Überlegungen. Für $7,2a_b$. $5a_a$ bemerkt er zwar zu Recht den Charakter der Gebetsanrede, vor allem aber reklamiert er die Kontinuität mit der LXX. Grundsätzliche Erörterungen zum Problem des 'adōnāj Jhwh finden sich bei ihm jedoch nicht.

Rudolph (13) verzichtet bezüglich des vorliegenden Problems auf eine eigene Stellungnahme. In einer kurzen Notiz schließt er sich einerseits Maag (14) an, bei dem er "Grundsätzliches" zu diesem Thema findet, und andrerseits verweist er auf Amsler (15) und schließlich auf Baumgärtel (16).

Maag (17 zweifelt 'adōnāj aus literarkritischen Gründen in 8,11. 12; 9,8 an. Ansonsten ist es für ihn wenig wahrscheinlich, daß es durchgehend später nachgetragen sein soll. Sein grundsätzliches Unterscheidungskriterium ist das Vorkommen der Wortverbindung in und außerhalb der Einleitungs-, Zwischen- und Abschlußformeln. Bei dem außerhalb solcher Formeln vorkommenden 'adōnāj findet er eine "auffallende Streuung" (18). "Von den 8 echten Vorkommen entfallen 7 auf die Visionsberichte und kommen dort in der stereotypen Verbindung 'adōnāj Jhwh (Umschrift von mir) vor. " (19) Diesen Befund erklärt Maag einerseits damit, daß im Amosbuch selten sonst noch von Gott in

---

(11) vgl. Wolff, a. a. O. , S. 161

(12) vgl. Wolff, a. a. O. , S. 337

(13) vgl. Rudolph, W. , Joel-Amos-Obadja-Jona, KAT XIII/2, Gütersloh 1971, S. 230, Anm. 1

(14) Maag, V. , Text, Wortschatz und Begriffswelt des Buches Amos, Leiden 1951

(15) Amsler, S. in: Jacob, E. /Keller, C. A. /Amsler, S. , Osée Amos Abdias Jonas, Neuchâtel 1969, CAT XIa, S. 157-247

(16) Baumgärtel, Zu den Gottesnahmen in den Büchern Jeremia und Ezechiel, in: Rudolph-Festschrift, Tübingen 1961, S. 9ff

(17) vgl. Maag, a. a. O. , S. 118

(18) ebd.

(19) ebd.

der dritten Person geredet werde. Immerhin ließen sich - wie Maag selbst sieht - 1,2;3,6;3,7.8;5,6.15;6,11 als Beispiele dafür doch noch anführen, ohne daß in ihnen die Verbindung 'adōnāj Jhwh sich fände. Also muß noch ein weiterer - wie Maag formuliert - "innerer Grund" (20) hinzugezogen werden, und der kann - vor allem in den Visionsberichten - "in einem eigenartig intimen Verhältnis (cf.: des Amos) zu Jahwe" (21) gesehen werden. Als Kronzeugen dafür werden 7,2.5 und seltsamerweise auch 3,7 angeführt, wo Amos sich als Vertrauter Jahwes und nicht nur als dessen Werkzeug verstehe (22). Es wird jedoch - abgesehen von dem Sichtbarwerden der deuteronomistischen Redaktion des Amosbuches gerade in 3,7 (23) und abgesehen von auch schon vorher genannten und später wieder aufgegriffenen zahlreichen Gründen, die Am 3,7 als späteren Einschub qualifizieren (24) - in dieser Frage andrerseits von Maag hervorgehoben: "An allen anderen Stellen (cf.: außerhalb der Visionsberichte), wo Amos von Jahwe in der dritten Person spricht, geschieht dies ohne besondere Bezogenheit auf die Person des Propheten, gleichsam als persönlich neutrale Feststellung, woraus sich das Fehlen der Verbindung 'adōnāj Jhwh (Umschrift von mir) erklärt. Die zunächst aus rein metrischen Gründen vorgenommene Streichung von 'adōnāj (Umschrift von mir) aus 3,7.8 findet damit auch ihre materielle Rechtfertigung." (25) Insbesondere die doppelte Heranziehung von 3,7 erschwert

(20) Maag, a.a.O., S. 119

(21) ebd.

(22) vgl. ebd.

(23) vgl. Werner H. Schmidt, Die deuteronomistische Redaktion des Amosbuches, in: ZAW 77, 1965, S. 168-192, hier bes.: S. 183-188

(24) Löhr, M., Untersuchungen zum Buch Amos, BZAW 4, Gießen 1901, der Vers 7 als eine Interpretation zu Vers 8b auffaßt (vgl. a.a.O., S. 11); Nowack, Die kleinen Propheten, HKAT III/4, Göttingen 1922, jedoch noch nicht in der Ausgabe von 1897, wenngleich sich schon da die Erkenntnis über den sekundären Charakter von 3,7 anbahnt, weil das kī vor allem den Vers in Zweifel zu ziehen hilft; Weiser, Die Profetie des Amos, BZAW 53, Gießen 1929, der 3,7 aus formalen und sprachlichen Gründen für einen Zusatz hält (vgl. a.a.O., S. 127); nach Abschluß der Arbeit Maags haben sich noch zu Wort gemeldet: Lehming, Erwägungen zu Amos, in: ZThK 55, 1958, S. 145-169, der 3,7 aus stilistischen, inhaltlichen und aus einer späteren Situation heraus erklärbaren Gründen ausscheidet (vgl. bes. a.a.O., S. 151f); Gese, Kleine Beiträge zum Verständnis des Amosbuches, VT 12, Leiden 1962, S. 417-438, bes. S. 424f

(25) Maag, a.a.O., S. 119

hier die Nachvollziehbarkeit der Argumentation für den Gottesnamen. In 7,6 hält Maag jedoch eine Tilgung des ʼadōnāj für gerechtfertigt, weil die Formel "persönlich neutral" (26) ist. Im Botenspruch liege der Fall anders; freilich geht er nicht mehr im einzelnen darauf ein, wie die Unterscheidung zu ziehen ist. Maags Ausführungen zu diesem Komplex geben Probleme auf: 1. Welche nachvollziehbaren Begründungen stehen hinter den Entscheidungen für das methodische Vorgehen im Hinblick auf die vorliegende Fragestellung? (27) 2. Wie steht es mit der Verwendung von 3,7 für die Argumentation und ihre Einheitlichkeit?

Baumgärtel behandelt die Verbindung ʼadōnāj Jhwh bei Amos im Zusammenhang eines Durchgangs durch das AT zur Erforschung der Gottesnamen bei Jeremia und Ezechiel. Auch er beginnt mit der Feststellung, daß "4/5 aller ʼadōnāj Jhwh (Umschrift von mir) an die Formeln gebunden" (28) sind. Diese diskutiert er dann überhaupt nicht weiter; der Kontext legt jedoch nahe, daß er sie in dieser Verwendung offenbar für integer hält. Die vier frei gesetzten Verwendungen dieser Verbindung, die Baumgärtel noch findet, zweifelt er - ausschließlich mit Berufung auf die darüber jeweils vorliegende Literatur (29), jedoch ohne eigene systematische Untersuchung - entschieden an.

Der Blick auf die Literatur zum vorliegenden Problem gibt offenbar keinen Anlaß, die hier vorgetragene Hypothese zu modifizieren. Er scheint sie häufig - wenn auch oft nur indirekt - zu bestätigen!

Wenn nun nach der so begründeten literarkritischen Eliminierung des

---

(26) ebd.

(27) Obwohl es nicht die eigentliche Fragestellung Maags trifft, und es wegen des zur Sprache gebrachten Spezialproblems als sehr in den Vordergrund gerückt erscheint, wäre doch interessant zu wissen, warum die Wortverbindung in und außerhalb von Formeln verschieden beurteilt werden muß und wenn schon: wie? Ferner: wie ist das Verhältnis von äußerem und innerem Grund konstruiert? Der vorliegende Erklärungszusammenhang legt den Verdacht nahe, daß es ein solches Verhältnis nur scheinbar gibt. Offenbar wird hier einfach additiv vorgegangen: was in einer Theorie nicht zur Deckung zu bringen ist, wird durch weitere herangezogene Stellen als Argument erklärt, die aber ihrerseits erst nach ihrer Begründung und der Adäquatheit im vorliegenden Zusammenhang verlangen. Prinzipiell bleibt ein solches Verfahren im Falle neuer Schwierigkeiten für innerste, tiefinnerste etc. Gründe bliebig geöffnet.

(28) Baumgärtel, a.a.O., S. 11

(29) vgl. ebd.

'adōnāj in 7,1 fortgefahren wird, so stößt man nach dem Aufmerksamkeitsruf, für den BHK[3] völlig ohne Angabe von Gründen - auch LXX liest das w^ehinnē im MT als kaì idū - und daher kaum verständlich vorschlägt, vielleicht w^ehinnēhū zu lesen, etwas unvermittelt auf die Verbindung jōṣēr gōbaj - ein Part. Qal ohne Nennung des Subjekts, aber mit von ihm abhängigen Objekt. LXX überliefert hier epigonǣ akrídōn und schließt auch gleich die im MT folgende präpositionale Zeitbestimmung bithillat 'alōt hallāqæš mit erchoménæ heōthinǣ partizipial an epigonǣ, auf welches Partizip wiederum das Adjektiv heōthinǣ als ebenfalls vom MT abweichende Zeitbestimmung bezogen ist. Bemerkt wird von BHK[3] und BHS die Differenz von 7,1a_b, jedoch die von 7,1a_c bleibt unerwähnt. Die LXX-Version löst also das Problem des fehlenden Subjekts und bringt außerdem eine sehr eigenwillige Zeitbestimmung; allgemein wird angenommen, daß sie jēṣær statt jōṣēr gelesen hat. (30)

Die sehr eigentümliche, damit in Zusammenhang stehende Zeitbestimmung in 7,1a_c, sowie - ein Blick voraus - die wahrscheinlich ebenfalls damit in Zusammenhang stehende textkritische Schwierigkeit in 7,1b gebieten jedoch Vorsicht gegenüber allzu eiligen Textkorrekturen. Literarkritisch läßt sich nämlich gegen das jōṣēr gōbaj nichts einwenden. Einmal ist hier ein Substantiv nicht unbedingt gefordert, weil dessen Funktion ohne weiteres auch von einem Partizip erfüllt werden kann, ja, viele Substantive sind ursprünglich Partizipialformen. Zum anderen ist - davon soll später noch eingehender die Rede sein - die Dynamik des dargebotenen Bildes eher durch eine Partizipialkonstruktion als durch einen statisch-substantivischen Begriff zu verdeutlichen. Schließlich zeigt auch ein Blick auf den zweiten Visionsbericht eine vergleichbare Konstruktion (31), obwohl dies allenfalls ein hilfsweise herangezogenes, auf keinen Fall aber ein eigenständiges Argument sein kann; denn sonst wäre hier eine Parallelität vorausgesetzt, die erst einmal erwiesen werden müßte. Der dritte und vierte Visionsbericht gehen an dieser Stelle schon einen eigenen Weg. (32) Es kann von daher literarkritisch kein triftiger Grund angegeben werden, warum hier das Partizip jōṣēr im MT gegen das Substantiv jēṣær (epigonǣ) in LXX ausgetauscht werden soll. Wohl aber läßt sich die Abweichung der LXX textkritisch als Verlesung aufgrund einer verderbten Textvorlage erklären. Vor allem die in diesem Zusam-

(30) vgl. BHK[3] und BHS; BHS schlägt sogar konkret vor, hier jēṣær oder jōṣē' zu lesen und verweist zur Begründung auf das epigonǣ der LXX.

(31) LXX hält sich hier zwar an den Inhalt, bringt jedoch statt des Partizips 3. Pers. Sing. Aor. Akt.; sie sucht ferner wiederum ein Subjekt und findet es im kýrios am Schluß von 7,4a_b.

(32) Hier unternimmt LXX interessanterweise auch grammatisch keinen Änderungsversuch.

menhang geradezu skurrile Zeitbestimmung heōthinǽ, ferner das durch jeṣær oder jōṣē' relativ leicht erfolgreiche Bemühen um ein vermißtes Substantiv als Subjekt - wie auch schon ein Blick auf die LXX-Überlieferung in 7,4a_b gezeigt hatte - und schließlich die in LXX und MT völlig differierende Fassung von 7,1b bestätigen diese Einsicht. Es kann nämlich Wolff in der Annahme gefolgt werden, daß LXX in 7,1b "jǣlǣk (Umschrift von mir) statt lǣqǣš (Umschrift von mir), 'ǣhad (Umschrift von mir) statt 'ahar (Umschrift von mir) und gōg (Umschrift von mir) statt gizzē (Umschrift von mir)" (33) gelesen hat.

Literarkritisch gibt 7,1b aber noch andere Probleme auf: Rekonstruieren wir den bisherigen Aufbau des ersten Visionsberichtes, so war nach der Einleitungsformel der Aufmerksamkeitsruf w^e^hinnē erfolgt und im Anschluß daran - konsequenterweise - das Gesehene, auf das das w^e^hinnē tatsächlich aufmerksam gemacht hatte. Nun folgt zu Beginn von 7,1b ein zweites w^e^hinnē und darauf eine Erläuterung dessen, was unter dem Aufmerksamkeitsappell des w^e^hinnē von 7,1a_b gestanden hat. Dabei handelt es sich nicht einmal um eine Erläuterung des Gesehenen, sondern lediglich um eine Erläuterung zur Bestimmung der Zeit in 7,1a_c. Das w^e^hinnē von 7,1b ist in diesem Zusammenhang geradezu zweckentfremdet, denn erstens folgt auf es - wie unbedingt zu erwarten ist - nichts Gesehenes, sondern es macht auf einen Kommentar aufmerksam, dem die erwähnte Zeitbestimmung eigens näher erläuternswert war, und zweitens lenkt es die Aufmerksamkeit gerade vom eigentlich Gesehenen ab und zieht sie auf den als ranggleich mit dem Gesehenen hochstilisierten Kommentar zu einer genaueren Bestimmung dieses Gesehenen hin. Es muß daher 7,1b, das auch schon - wie ein Blick auf Abb. 1 zeigt (auch dies darf selbstverständlich nur als ergänzend herangezogenes und keineswegs durch sich selbst plausibles Argument verstanden werden) - durch seine seltsame Stellung innerhalb der Synopse der ersten vier Visionsberichte aufgefallen war, als Glosse vom ursprünglichen Text abgetrennt werden. Ein zusätzliches Argument dafür liefert noch die Fortführung des Textes in 7,2, wo auf 7,1b überhaupt kein Bezug genommen ist und direkt im Anschluß an 7,1a_c fortgefahren wird.

Allerdings ist die Art, wie fortgefahren wird, auffällig. 7,2 wird eingeleitet durch w^e^hājā, das nach Meyer "dazu dient, die nachfolgende Aussage als futurisch festzulegen." (34) Danach wird konditional mit 'im killā fortgefahren, was mit Blick auf den ansonsten parataktischen Stil zumindest eine Besonderheit, jedoch mit Blick auf die Fortführung des Satzes in 7,2a_b durch wā'ōmar schlicht eine Unmöglichkeit ist; denn in 7,2a_b wird narrativ fortgefahren, als gäbe es die auch im Anschluß an

(33) Wolff, a.a.O., S. 337

(34) Meyer, R., Hebräische Grammatik, Bd. III Satzlehre, Berlin/New York [3]1972, (Sammlung Göschen 5765) § 101, 6. c; S. 55

die Schilderung von 7,1a und diese fortsetzend keineswegs zu erwartende Zukunftsaussage von 7,2a_a überhaupt nicht. Man hat das Problem - meines Erachtens: vorschnell - textkritisch zu lösen versucht. Im w^e^hājā hat man eine Verschreibung aus waj^e^hī gesehen. (35) Und Torrey, Wellhausen und Sellin schlagen dann vor (36), den Konsonantenbestand umzugruppieren und folgendermaßen zu lesen: waj^e^hī hū' m^e^kallæ. (37) Wolff (38) verwirft diesen Vorschlag mit Verweis auf den parallel gebauten zweiten Visionsbericht und schlägt seinerseits vor, einfach w^e^killā "entsprechend w^e^'āk^e^lā in (7,)4b_b" (39) zu lesen. Dabei bleibt Wolff allerdings jegliche Rechenschaft über das w^e^hājā 'im in 7,2a_a schuldig. Ferner hätte ihm, wenn er sich schon auf die Parallelität mit dem zweiten Visionsbericht bezieht, gerade der Blick auf 7,4 seine Lösung als fragwürdig erscheinen lassen müssen. Denn wo bleibt hier die Parallele zu 7,4b_a? Auch dafür fehlt bei Wolff jegliche Erklärung. Aber ebenfalls der von Wolff zu Recht kritisierte Umgruppierungsversuch schafft mehr Probleme, als er löst. Zwar braucht man auf kein Wort zwanghaft zu verzichten, aber Konsonantenumgruppierungen bleiben problematisch, besonders dann, wenn sie nicht unbedingt nötig sind (z.B. zur Wiederherstellung eines ansonsten sinnlos bleibenden Wortfragments). Zudem darf, wenn auch zunächst mit allem Vorbehalt, gefragt werden, ob nicht die nahezu durchgängigen Entsprechungen in der Struktur zum zweiten Visionsbericht (vgl. etwa 7,1a mit 7,4a oder 7,2$a_{b.c}$.b mit 7,5 oder 7,3 mit 7,6) eine Nicht-Entsprechung an dieser einzigen Stelle als auffällig erscheinen lassen. Der Vorbehalt gegen die Notierung dieser Auffälligkeit sucht dem Verdacht zu wehren, hier werde Literarkritik unter der Voraussetzung eines Parallelitäts-"Dogmas" getrieben. Infolgedessen kann dies ebenfalls nur als zusätzlicher, keineswegs eigenständig überzeugender Hinweis verstanden werden. Hier muß literarkritische Erörterung einsetzen und darf Textkritik in ihrer Leistungsfähigkeit nicht überschätzt werden.

Zunächst einmal ist zu untersuchen, ob tatsächlich angenommen werden kann, daß das w^e^hājā eine Verschreibung eines ursprünglich dort stehenden waj^e^hī ist. Zwar ist, wenn man zwischen Redepartien und Berichten über Handlungen unterscheidet (40), in letzteren w^e^hājā 'im

---

(35) LXX überliefert aber durchaus: kaì éstai

(36) Torrey, in: JBL 13(1894), S. 63; Wellhausen, J., Die kleinen Propheten übersetzt und erklärt, Berlin ³1898; Sellin, E., Das Zwölfprophetenbuch übersetzt und erklärt, Leipzig 1929

(37) vgl. auch BHK³ und BHS

(38) Wolff, a.a.O., S. 338

(39) ebd.

(40) vgl. Richter, Traditionsgeschichtliche Untersuchungen zum Richterbuch, BBB 18, Bonn 1973, S. 354-61

noch durch Gen 38,9; Num 21,9; Ri 6,3 belegt und bezeichnet dann - entgegen der Behauptung Meyers (vgl. Anm. II/34) - eine Wiederholung oder Dauer in der Vergangenheit, aber diese Möglichkeit kann hier nicht in Betracht kommen. Es ist nicht verständlich, welche Funktion schon an dieser Stelle eine Retardierung innerhalb des Berichts haben sollte, sie kommt erst dem nächsten Glied (7,2a_{a2}) zu. Konsequenter ist in dieser Frage schon der zweite Visionsbericht, der die Aufteilung Punktualis (7,4b_a) - Durativ (7,4b_b) an dieser Stelle nach der Einleitung und dem Aufmerksamkeitsruf kennt. Es soll daher - insgesamt betrachtet - der nun schon allgemein gewordenen Auffassung gefolgt werden, daß w^{e}hājā als Verschreibung von waj^{e}hī angesehen werden muß. Der mit waj^{e}hī beginnende Satz in 7,2a_{a1} könnte dann das erste Glied (Punktualis) in der Reihe der Narrative darstellen, die auf das in Partizipialform geschilderte Gesehene im Visionsbericht folgt. Wie aber wird dieser Satz fortgesetzt, und wo setzt das nächste Glied der vermuteten Reihe von Narrativen an? Beginnen wir mit der zweiten Frage nach dem neuen Satzanfang, dann kann dieser - vorausgesetzt die gewonnene Hypothese bewährt sich - nur in dem gefunden werden, was in 7,2a_{a2} mit ʾim killā anhebt. Das ergibt aber so keinen Sinn; überhaupt muß sich das Augenmerk dabei auf die finite Verbform killā richten, und das ʾim kann zunächst unberücksichtigt bleiben. Ein solcher Satzanfang kann jedoch nicht killā gewesen sein, sondern allenfalls w^{e}killā, wobei die Konjunktion w^e im vorliegenden MT verlorengegangen wäre und also hier konjeziert werden müßte. Eine solche Konjektur wäre nichts Ungewöhnliches und ist gerade im Hinblick auf Konjunktionen häufig notwendig. Die Fortsetzung in 7,2a_{a2} ergänzt den so beginnenden Satz syntaktisch korrekt und semantisch sinnvoll. Der Satz selbst mit seinem durch die Rekonstruktion erkennbaren Charakter als Durativ steht ebenfalls in korrekter und sinnvoller Folge des mit waj^{e}hī eingeleiteten und als Punktualis verstandenen Satzes. Hier aber setzt das Problem ein, wo denn nun der mit waj^{e}hī beginnende Satz fortgeführt wird. Ferner war die Frage nach dem zunächst ausgeklammerten und jetzt gewissermaßen übriggebliebenen ʾim wichtig.
Die Hypothese lautet, daß dieser Satz nur noch verstümmelt erhalten ist und allenfalls durch das ʾim repräsentiert wird. Dabei wird ʾim nicht mehr als Konditionalpartikel verstanden, sondern als ein ʾm oder - in hebräischer Schrift ähnlich - ʾs, zu dem die Vokalisierung auch anders lauten kann und das selbst ein Wortfragment darstellt. Dieses Wortfragment wurde erst nach Verlust des hier postulierten Satzes - vielleicht als einziges noch erhalten oder erkennbar - als Konditionalpartikel gefaßt und zu vorliegenden syntaktisch problematischen und stilistisch auffälligen Konstruktion als Verbindungselement benutzt. Folgt man der hier vorgetragenen Hypothese zur Rekonstruktion von 7,2$a_{a1.2}$, dann braucht im vorliegenden Text nirgends etwas umgestellt oder ausgetauscht zu werden. Es stellt sich aber heraus, daß diese Stelle nun nicht mehr die einzige ist, an der der erste und der zweite Visionsbericht strukturell eigene Wege gehen, wenn 7,2a_{a1} nun mit 7,4b_a und 7,2a_{a2} mit

$7,4b_b$ als parallel erscheint. (41)

Abb. 2

St.	Erster Visionsbericht	St.	Zweiter Visionsbericht
$7,1a_a$	kō hir'anī Jhwh	$7,4a_a$	kō hir'anī Jhwh
$7,1a_b$	w^{e}hinnē jōsēr gōbaj	$7,4a_b$	w^{e}hinnē qōrē' lārib
$7,1a_c$	bitḥillat '^{a}lōt hallāqæš		bā'ēš '^{a}dōnāj Jhwh
$7,2a_{a1}$	waj^{e}hī 'm ('s),	$7,4b_a$	wat'ōkal'æt t^{e}hōm rabbā
$7,2a_{a2}$	w^{e}killā læ'ækol æt 'ēsæb ha'āræṣ	$7,4b_b$	w^e'āk^{e}lā'æt haḥēlæq
$7,2a_{b1}$	wa'ōmar	$7,5a_a$	wa'ōmar

Darauf folgt dann das Gespräch zwischen Jahwe und Amos.

Die hier vorgelegte These über die Rekonstruktion des ersten Visionsberichtes vor allem in bezug auf $7,2a_a$ läßt sich auch textkritisch erhärten. Ein Rekurs auf 7,1b, der ja als Glosse aus literarkritischer Überlegung heraus vom ursprünglichen Text abgetrennt worden war, kann das verdeutlichen: Ein Blick in LXX hatte gelehrt, daß der inhaltlich an dieser Stelle völlig differierende Text zweifellos auf die Verwechslung optisch ähnlicher Wörter zurückgeht, gleichgültig ob man sich jetzt auf Wolffs (vgl. Anm. II/14) immerhin verblüffend plausible Analogate bezieht, oder ob vielleicht noch jemand andere findet, die noch mehr zu erklären vermögen. Jedenfalls muß 7,1b sehr undeutlich im Text gestanden haben; vielleicht war es - im Text nachgetragen - sehr eng geschrieben, vielleicht war das Schreibmaterial an der Stelle schadhaft, vielleicht traf beides zusammen. Diese Textverderbnis hat nicht direkt vor 7,2 haltgemacht, sondern es - im Gegenteil - in Mitleidenschaft gezogen. Vielleicht ist der Anfang von 7,2 durch die Glosse 7,1b zum Teil überschrieben worden, so daß beides nicht mehr eindeutig lesbar war, vielleicht hat die Beschädigung des Schreibmaterials in den Anfang von 7,2 hineingereicht, vielleicht traf wieder beides zusammen. Der auf diese Weise am Anfang von 7,2 nicht nur gestörte, sondern geradezu ausgelöschte Sinnzusammenhang von $7,2a_a$ wurde mühsam, aber zum Teil unsachgemäß - die Literarkritik hat gezeigt, daß nicht w^{e}hājā dort ursprünglich gestanden haben kann, ferner war der plötzliche konditionale Anschluß in dem sonst parataktischen Stil aufgefallen, und schließlich war gewissermaßen als Zusatznotierung mit Blick auf den ansonsten als parallel konstruiert erscheinenden zweiten Visionsbericht die Parallelität an dieser einzigen Stelle nicht gegeben -, zum Teil unter Inkaufnahme des Fehlens (z. B. 'm als Fragment eines anderen Wortes) oder auch Weglassens (z. B. das w^e vor killā) von Wörtern oder Wortteilen wiederherzustellen gesucht, und

(41) Ihre Parallelität und ihr Verhältnis zum dritten und vierten Visionsbericht werden noch eingehender zur Sprache kommen, nachdem zunächst die ersten beiden und danach der dritte und vierte Visionsbericht in ihrer Struktur charakterisiert worden sind.

zwar durch syntaktische Verbindung der noch zu identifizierenden Wörter oder Wortfragmente. Die Analyse des ersten Visionsberichts indiziert aber deutlich das Fehlen eines Gliedes der Narrativ-Reihe und läßt dessen zum Teil unkenntlich gewordenes Bruchstück erkennen. Von 7,$2a_b$ an wird - eingeleitet durch wa'ōmar - der erste Visionsbericht durch die Wiedergabe eines literarkritisch unproblematischen Gesprächs zwischen Jahwe und Amos über das Gesehene fortgesetzt und abgeschlossen.

b) Der zweite Visionsbericht (7,4-6)

In 7,$4a_a$ scheiden wir aus den schon genannten Gründen das 'adōnāj aus. Dem Vorschlag von BHK[3], auch hier den Aufmerksamkeitsruf (7,$4a_b$) vielleicht als w^e^hinnēhū zu lesen, soll auch an dieser Stelle aus denselben Gründen, wie schon im ersten Visionsbericht, nicht gefolgt werden.

Zunächst ist die Formulierung des Gesehenen problematisch (7,$4a_b$), ja es muß gefragt werden, ob es überhaupt noch um etwas G e s e h e n e s geht. Damit im Zusammenhang muß die hier auftauchende Gottesbezeichnung 'adōnāj Jhwh erörtert werden, wobei die Klärung nach zwei Seiten hin hilfreich sein kann, insofern nämlich diese Gottesbezeichnung einmal unter der Rücksicht des darüber schon literarkritisch Erhobenen und zum anderen im Hinblick auf die literarische Rekonstruktion von 7,$4a_b$ betrachtet werden kann. Dabei wird zunächst die eigenwillige Formulierung des Verses nach dem Aufmerksamkeitsruf auffallen. Nach der vorliegenden Punktation folgt auf ein Partizip Qal ein Inf. constr. oder vielleicht ein Dativ-Objekt, daran schließt sich eine adverbielle Bestimmung mit b^e an, danach findet sich die Gottesbezeichnung 'adōnāj Jhwh, ob als Genetiv-Objekt zur adverbiellen Bestimmung oder als nachgeschlagenes Subjekt zum Partizip, bleibt vorerst unklar.

Sowohl aus inhaltlichen Gründen - z.B. weil etwas Gesehenes vermißt wurde oder weil die hier vorgefundene Verbindung von rīb und 'ēš Schwierigkeiten machte -, als auch aus syntaktischen Erwägungen heraus - z.B. die eigenartige Stellung des Gottesnamens oder die Frage nach der Verbindung des larib bā 'ēš - ist dieser Versteil häufig textkritisch in Zweifel gezogen worden. In der Tat legen schon auf dem ersten Blick nicht nur das unter dem Eindruck der vorangegangenen Diskussion um den Gottesnamen hier auftauchende 'adōnāj Jhwh, sondern auch das in dieser Punktation (scriptio defectiva) ausgesprochen seltene rīb (43) text-

(42) vgl. dazu auch noch die Literarkritik zum zweiten Visionsbericht.

(43) Sowohl als Verb wie auch als Substantiv wird rīb - abgesehen von wenigen, seltenen Ausnahmen - immer in scriptio plena geschrieben. Als Verb findet es sich in scriptio defectiva außer an der hier zur Diskussion stehenden Stelle nur noch in Prov 25,8; dort aber ist mit

bzw. literarkritische Überlegungen nahe. So ist also Vorsicht geboten, diesen Versteil einfach mit dem - wenn auch noch so vorläufigen - Versuch einer Inhaltsbestimmung zu belegen, weil sie ein Vorverständnis schaffen könnte, das bei weiteren Begründungsschritten sich ungünstig auf die textkritische Fragestellung auswirken könnte, insofern es nämlich inhaltlich einen so oder anders vorliegenden Text voraussetzt - auch dann, wenn die Angelegenheit in alternativer Unentschiedenheit belassen wird - und die Möglichkeit einer auch vom Inhalt unabhängigen Textrekonstruktion erschwert. (44) Dabei geht es hier um nicht weniger als um das Gesehene des zweiten Visionsberichtes.

Da das Problem nicht leicht zu lösen ist und vielleicht mangels irgendeines Anhaltspunktes im umgebenden Text überhaupt nur vermutungsweise gelöst werden kann, soll zunächst einmal anhand der vorhandenen Literatur Orientierung darüber gesucht werden, wie das Problem hier angegangen wurde. Dabei kann es selbstverständlich nicht lediglich um eine Aufzählung aneinandergereihter Lösungsversuche gehen, es wird darüberhinaus ihre Plausibilität aufgrund ihrer Argumentationsstrategie interessieren. Dennoch soll diese Durchsicht der Literatur nicht als rezensierende Kritik mißverstanden werden, sondern als der Versuch, durch ein kritisches Gespräch mit den vorgestellten Lösungen und den daraus erhofften Anregungen selbst zu einer Meinung über diesen schwierigen Versteil zu gelangen.

Krenkel (45) versucht, dem Versteil einen Sinn abzugewinnen, in Anlehnung an Oort, in dem er die vorliegende masoretische Wortaufteilung in Frage stellt und Konsonanten umgruppiert: so liest er statt lārīb bā'ēš

(Fortsetzung 43) Symmachus vermutlich lārōb = eis plǣthos (vgl. BHK[3] und BHS) zu lesen. Als Substantiv findet es sich einmal in Ex 23,2 - hier liest die LXX statt 'al rīb jedoch méta plǣthūs, also wieder rōb punktiert - und zum anderen in Hi 13,6;29,16; 31,13, und zwar hier ohne textkritische Auffälligkeit. Daraus läßt sich zunächst einmal zusammenfassen, daß rīb sowohl als Substantiv als auch als Verb außer in den drei genannten Hiob-Stellen nie unangefochten in scriptio defectiva erscheint und stattdessen von der LXX-Überlieferung immer rōb zu lesen nahegelegt wird.

(44) In 7,2a_a war unter Zusammenwirken von text- und literarkritischer Untersuchung ein noch greifbarer ursprünglicher Text rekonstruiert worden, ohne Rücksicht auf inhaltliche Vorentscheidungen, die an dieser Stelle jedenfalls unzulässig harmonisierend gewirkt hätten, wie die verschiedenen Textkorrekturen zeigen.

(45) vgl. Krenkel, Zur Kritik und Exegese der kleinen Propheten, in: ZwTh 14 (1866), S. 271

nun liribīb 'ēš. Dieser Vorschlag wurde von Hillers (46) wiederaufgenommen. Seine Argumentation geht davon aus, daß er den Ausdruck "qōrē' lārīb" für zu vage hält, weil ein explizites Subjekt dem Partizip abgeht, und weil er den vorliegenden Ausdruck ohne weiteres Beispiel in der alttestamentlichen Literatur findet. Unter Beibehaltung des masoretischen Textes sei man genötigt - und das sei auch geschehen -, "rīb" mit "Strafe" zu übersetzen, was aber dessen Bedeutung in allen Vorkommen widerspreche (47). Außerdem lege sich dabei eine Interpretation auf ein Feuerordal hin nahe, wofür sich aber im ganzen Nahen Osten des Altertums keine Parallele finde. Schließlich sei dann nicht ersichtlich, was Jahwe den Propheten denn sehen lasse, und er urteilt: "The usual explanations, 'a drought,' 'Gluthitze,' etc., are altogether too flat." (48)

Nach dieser vierstufigen Argumentation gegen die Fassung des MT greift er unvermittelt auf den erwähnten Vorschlag Krenkels zurück und versteht den Inhalt des Gesehenen als "the conflict of Yahweh with the

---

(46) vgl. Hillers, Amos 7,4 and Ancient Parallels, in: CBQ 26 (1964); bes. S. 221: "It is the purpose of this paper to call attention to a slight emendation proposed by Max Krenkel in 1866, and to offer fresh reasons for its adoption." - S. 222: "The text as emended reads: whnh qr' lrbb 'swt' kl't thwm rbh. ' And behold, he was summoning a rain of fire, and it consumed the Great Deep.' The text is thus to be understood as the prophet's vision of the conflict of Yahweh with the primordial monster of the deep, in which his weapon is lightning, or supernatural fire."

(47) Dabei nennt Hillers diesen Lösungsversuch nicht beim Namen und geht auch nicht auf seine dezisionistisch anmutende Erklärung dafür ein. Tatsächlich hat Wellhausen - ebenso wie Hitzig und Ewald vor ihm - in "Die Kleinen Propheten, Übersetzt und erklärt", jetzt: Berlin [4]1963, die Übersetzung vertreten: "So liess der Herr Jahve mich schauen: es nahte sich zu strafen mit Feuer der Herr Jahve, das frass die grosse Tiefe und wollte den... fressen." (a.a.O., S. 7) Wellhausen erklärt dazu lediglich: "Beim Process stehn sich der qōrē' (Umschrift von mir) und der ʿōnǣ (Umschrift von mir) gegenüber (Isa. 59,4. Job. 9,15 s. 13,22); qōrē' lārīb (Umschrift von mir) könnte also vielleicht 'anklagen' heissen, die Auffassung der Strafe als Anklage ist bekannt (Isa 66,16). Doch ziehe ich die Deutung Hitzigs und Ewalds vor: er nahte zu strafen," (a.a.O., S. 89). Der Subjektivität dieser Auffassung wäre aber doch das objektive Kriterium Hillers' entgegenzuhalten.

(48) Hillers, a.a.O., S. 221

primordial monster of the deep, in which his weapon is lightning, or supernatural fire." (49) Gestützt sieht er seinen Standpunkt einerseits auf syntaktischer Ebene dadurch, daß das Partizip durchaus mit implizitem Subjekt auftreten kann und andrerseits auf semantischer Ebene durch das Vorkommen von rebîbîm als plurale tantum häufiger im AT und auch als Singular - also in zwei Varianten - in Ugarit. Daher sei eine Diskussion über die Festlegung auf Pluralformen nicht erforderlich. So sieht er Krenkels These gerechtfertigt, die aufgrund der Konsonantenumgruppierungen das Gesehene im zweiten Visionsbericht als einen Feuerregen identifiziert. Den Einwänden Oettlis und Harpers gegen Krenkel, daß nämlich rebîb nicht in den Zusammenhängen auftauche, in denen von "Feuerregen" explizit die Rede sei, begegnet Hillers mit dem Argument, daß schon diese Beispiele die Geläufigkeit der Vorstellung vom Feuerregen belegten, wenn sie auch explizit das hier zur Diskussion stehende Wort nicht verwendeten, und außerdem "the expression 'to rain fire upon' is also found in Akkadian literature" (50). Von dieser geschaffenen Basis aus läßt Hillers es nun offen, ob mit dem in mythischer Terminologie angesprochenen "Feuerregen" ein seines mythologischen Gehalts entkleidetes Naturphänomen, nämlich ein Blitz, gemeint ist oder - in mythologischen Kategorien verbleibend - ein übernatürliches Feuer. Schließlich erweist sich die Stabilität der vorgelegten These für Hillers in einem vergleichenden Blick auf zahlreiche Mythologien der israelitischen Umwelt, in denen diese Vorstellungen gängig seien.

Dem Gedanken, aus Am 7,4 als Gesehenes dieses Visionsberichts einen "Feuerregen" herauszulesen, der als göttliche Waffe im Kampf mit Mächten der Tiefe zum Vorstellungsrepertoir orientalischer Mythologien gehört hat, pflichtet Miller (51) voll bei und kommt nach dem Anführen verschiedener Beispiele zu dem Ergebnis, "that the 'devouring fire' as a weapon of Yahweh or other gods becomes a significant element in the historical traditions, especially in the motifs of holy war" (52). Er verweist dann - näher auf die Problematik bei Amos eingehend - auf die ersten beiden Kapitel des Amosbuches, in denen ja die Vorstellung des vernichtenden Feuers Jahwes vorliege; andere Beispiele aus dem AT folgen (53), und das Schlußresümee lautet: "It is clear from them (cf.: the above citations), however, that fire as a weapon played a rather

---

(49) Hillers, a.a.O., S. 222

(50) Hillers, a.a.O., S. 223

(51) Miller, Patrick D., Jr., Fire in the Mythology of Canaan and Israel, in: CBQ 27(1965), S. 256-261

(52) Miller, a.a.O., S. 259

(53) vgl. Miller, a.a.O., S. 260f

significant role in the mythology of Canaan and Israel and carried over als well into the historical traditions and the prophetic imagery." (54)

Diesem Vorschlag - liribib 'eš zu lesen - hat sich dann schließlich Wolff in seinem Kommentar angeschlossen. (55) Er argumentiert mit der Erhaltung - wenn auch notwendigen Umgruppierung - des Konsonantenbestandes und den "Sachparallelen Gn 19,24; Ez 38,22, die allerdings das Wort nicht bieten" (56). Bedenken bleiben Wolff nur wegen des im AT nicht vorfindlichen Singulars. Sie werden aber relativiert mit dem Hinweis darauf, daß es bei der Seltenheit - er vermeidet zu sagen Einzigkeit - von rābib für "Regen" verständlich sei, daß später Worte falsch abgetrennt und ein geläufigeres Wort hineingelesen wurde. (57)

Allen diesen Entwürfen gemeinsam ist der Versuch, das Feuer, von dem in Am 7,4 zweifellos die Rede ist, in religionsgeschichtlicher Hinsicht in Israel und seiner Umwelt verständlich zu machen. Zu diesem Zweck werden Mythologien herangezogen, die Feuer als Waffe Gottes erweisen. Offengelassen wird allerdings, wie in Am 7,4 über Feuergesprochen wird: mythologisch oder in entmythologisierter, aufgeklärter Rationalität. Keiner der genannten Autoren nimmt diese angesichts der zur Erklärung von 7,4a_b intensiv reklamierten Mythologien über Feuervorstellungen wichtige Frage zum Anlaß seiner Überlegungen. Hillers (58) hält eine Klärung sogar explizit für ein Problem von sekundärer Bedeutung. Was aber erklären diese Rückgriffe und Exkurse über Feuermythologien in Israel und seiner Umwelt für das anstehende Problem in Am 7,4? Gewiß, es läßt sich von daher erhärten, daß solche Vorstellungen auch an dieser Stelle nicht ganz abseits stehen. Man wird diese Deutungen daher nicht einfach übergehen dürfen, sondern im Auge behalten müssen; sie stellen eine wichtige Annäherung an eine mögliche Inhaltsbestimmung des Versteiles dar. Freilich leiden die Erklärungen unter zwei grundlegenden Schwierigkeiten: einerseits der Mehrdeutigkeit des "Feuerregens" als "Gluthitze", "Trockenheit", "Blitz", "Waffe Gottes (nicht näher bestimmt)" oder als ein "Regen" wie etwa über Sodom, andrerseits der reklamierten singulären Ausnahme für das Wort "Regen".

---

(54) Miller, a.a.O., S. 261

(55) vgl. Wolff, a.a.O., S. 338

(56) ebd.

(57) vgl. ebd.

(58) Hillers, a.a.O., S. 223: "'ēš 'fire' may mean 'lightning' here, as often in biblical Hebrew, or it may refer to supernatural fire. In a context such as this it is difficult to tell which is intended."

Es wird eben doch kritisch nachzufragen sein, ob bei den genannten Versuchen nicht die äußere Paßform die Umgruppierung der Konsonantenreihe und sogar - was diese nicht einmal ganz herzugeben scheint - ihr Verständnis bestimmt hat. Es dominiert die Plausibilität des Ergebnisses; diesem Interesse allein scheint die Heranziehung der entsprechenden Vergleiche zu dienen, nicht umgekehrt: etwa in dem Sinne, daß aus den Vergleichen das Ergebnis ableitbar wäre. Dabei wäre gleichzeitig die Schwierigkeit des Textes gegenüber einer solchen, theoretisch allzu leicht zu postulierenden Ableitung festzuhalten. Genau besehen allerdings, geht es hier um die Apologetik eines ganzen Bündels undiskutiert gebliebener Unterstellungen an den Text (59). Was tatsächlich bleibt, ist schlicht die Plausibilität der Textkorrektur durch einfaches Verschieben der Zäsur zur Abteilung von Wörtern in einer Konsonantengruppe (60).

---

(59) Allen folgenden theologischen Unterstellungen ist zunächst einmal die noch legitime, in ihrer undiskutierten Exklusivität allerdings doch wiederum fragwürdige literarische Unterstellung vorgelagert, daß der Text vollständig und sinnvoll vorliegt. Eine Lösung wie in $7{,}2a_a$ wird damit a priori ausgeschlossen, und es sind ja auch dort Versuche von Konsonantenumgruppierungen gewesen, die - das gleiche undiskutierte Verständnis vorausgesetzt - den Weg zu einer sachgerechten literarkritischen Erschließung gründlich versperrt hatten. Die gewissermaßen theologischen Folge-Unterstellungen bestehen in der Vorstellung von Jahwe als strafendem Kampfgott mit Feuerregen, analog zu Vorstellungen in der Umwelt, ferner in der Gleichsetzung vom vernichtenden Feuer Jahwes mit einem Feuerregen, bis hin zu Vorstellungen des Heiligen Krieges. Diese Beispiele beanspruchen keine Vollständigkeit; darauf kommt es hier auch gar nicht an. Es bleibt allerdings die Frage, ob bei einer schon gegebenen gewissen Reserve gegenüber der Stringenz der Richterschen literaranalytischen Schrittfolge der theologischen Interpretation nicht ein literartheoretisch reflektierter Text zugrundegelegt werden muß und nicht umgekehrt das theologisch vorgefaßte Urteil literartheoretische Grenzen setzen kann.

(60) Dabei ist die Begründung dafür - besonders bei Hillers ausgeführt - durchaus anzweifelbar, denn er kann nicht einerseits - a. a. O., S. 221 - bei dem Ausdruck qōrē’ lārīb ein explizites Subjekt für das Partizip vermissen und ein paar Abschnitte später - a. a. O., S. 222 - in der Euphorie der gewonnenen Hypothese bemerken: "The construction exemplified in w^{e}hinnēh qōrē’, that is, hinnēh followed by a participle with the subject unexpressed, is not uncommon; it is particularly frequent when the understood subject is the third masculine singular pronoun, as here." Eben dieses läßt sich für die zuvor Schwierigkeiten bereitet habende Version anführen. Außerdem ist schwer einsichtig, warum rīb partout die Bedeutung von "Strafe" - hier greift er wohl die Vorschläge Hitzigs (Die zwölf kleinen Proheten, Leipzig

Die - im Grunde genommen - verblüffende Einfachheit des Verfahrens fordert Alternativexperimente geradezu heraus, die jedoch im Prinzip dieselbe Argumentationsstruktur aufweisen, wenn sie auch im jeweiligen Einzelfall dadurch unterschieden sind, daß sie modifizierte Wortaufteilungen oder auch Wortkorrekturen vorschlagen.

Duhm (61) stellt sich den Inhalt des Gesehenen des zweiten Visionsberichtes als die Schleuder vor, mit der der Flächenblitz geschleudert wird (62). Diese Version aber stößt schon auf Buddes Widerstand:

(Fortsetzung 60) ^{3}1863), Ewalds (Die Propheten des Alten Bundes, 3 Bde., 1867/68), Wellhausens (Die kleinen Propheten übersetzt und erklärt, ^{3}1898) und Martis (Dodekapropheton, Kurzer Hand-Commentar zum Alten Testament, Tübingen/Leipzig 1903) auf, gegen die sich aber schon Duhm (Anmerkungen zu den Zwölf Propheten, Gießen 1911) und Budde (Zu Text und Auslegung des Buches Amos, in: JBL 1925) wandten - mit sich führen muß, wie er - a. a. O., S. 221 - vertritt. Auch Wolffs Begründung ist Vorbehalten zu unterstellen; er stützt sich vor allem auf Hillers' Argumentation. Er bringt allerdings ein wichtiges Bedenken gegen den MT: Er argumentiert, wenn rīb - ganz zweifellos - zur Sprache des Rechtsstreites gehört und mit dem auch hier vorliegenden, folgenden b^e immer auf den Angeklagten oder Angegriffenen verwiesen wird, dann ist es der Stellung wegen schwierig, "b^e (Umschrift von mir) über lārīb (Umschrift von mir) hinweg auf qōrē' (Umschrift von mir) zu beziehen" (Wolff, a. a. O., S. 338); denn der Ankläger oder Angreifer - der Gedanke ist darin eingeschlossen - müßte dann im impliziten Subjekt des Partizips qōrē' gesucht werden. Dennoch muß kritisch zu Wolff angemerkt werden, daß er nicht vom masoretischen - vielleicht falsch punktierten - rīb (scriptio defectiva), sondern vom geläufigeren, aber zunächst einmal durchaus nicht dem Konsonantentext entsprechenden rīb (scriptio plena) ausgeht; vgl. die vorläufigen Überlegungen zu rīb (scriptio defectiva) und rīb (scriptio plena) in Anm. II/43.

(61) vgl. Duhm, a. a. O., S. 15. Er setzt seine Kritik sowohl beim masoretischen qōrē' an, als auch bei dem dafür vorgeschlagenen qōrǣ - treffen, widerfahren, zustoßen - und lehnt beide Versionen als sinnlos ab. Er ändert qōrē' in qǣla'. Das rīb hält er für Unsinn, weil man mit dem Feuer nicht schelten könne, und er bemerkt: "Das lārīb (Umschrift von mir) würde, wenn es unpunktiert wäre, jedermann lārōb aussprechen." (ebd.) Das '^{a}dōnāj streicht er, das Jhwh hingegen läßt er bestehen.

(62) Vgl. ebd.; diese Ansicht wiederholt er in: Duhm, Israels Propheten, Tübingen ^{2}1922, S. 92, wenn er erläutert: "Er (cf.: Amos) sieht in den Wolken die Schleuder, mit der Jahwe sein Feuer, den Flächen-

"Das Feuer Jahwes, den Blitz, kann natürlich nur er selber werfen; aber nirgends lesen wir, daß er dazu eine Schleuder brauche, ..." (63) Außerdem läßt sich gegen Duhm neben dem Einwand gegen den dezisionistisch anmutenden Charakter seiner Argumentation noch vorbringen, daß es zumindest unnötig ist, das Partizip hinter dem Aufmerksamkeitsruf ohne weiteres gegen ein Substantiv einzutauschen, wobei auch hier ausschließlich Überlegungen zur inhaltlichen Paßform maßgebend waren. Zumindest wäre eine Absicherung der vorgeschlagenen Änderung auch unter dieser Rücksicht notwendig gewesen. Auch hier legt sich der Verdacht nahe, daß die Sorge um einen glatten vorzufindenden Inhalt maßgeblich war für die literarkritischen Überlegungen.

Der Vorschlag Riedels (64), lišbīb 'ēš oder likrūb 'ēš zu lesen, sind Versuche, die sich nun auch äußerlich weiter vom Schriftbild des MT entfernen, womit der Erklärungsversuch durch Verlesen oder Verschreiben erschwert wird, und außerdem weist schon Budde (65) mit Recht darauf hin, daß die folgenden Verbalsätze (7,4b$_{a.b}$) ein feminines Subjekt wiederaufnehmen, was jedoch weder für š^{e}bīb noch für k^{e}rūb zutrifft, so daß allein das - allerdings feminine - 'ēš für die Wiederaufnahme in Frage käme. Damit wäre als implizites Subjekt der genannten Verbalsätze weder das Subjekt noch das Prädikat des vorangegangenen partizipialen Nominalsatzes wieder aufgenommen worden, sondern lediglich das Genetiv-Objekt einer als Prädikat fungierenden Nominalverbindung in diesem partizipialen Nominalsatz. Das aber erscheint hier aus grammatischen, wie auch aus literarkritisch-inhaltlichen Gründen als unmöglich.

Budde sieht daher Elhorsts (66) und Halévys (67) lah^{a}bat 'ēš dieser Schwierigkeit entronnen; es wird darauf zurückzukommen sein. Auch Ehrlich (68) und Rießler (69) haben das Problem offenbar gesehen und

---

(Fortsetzung 62) blitz, schleudert, merkt daß dies Feuer den Acker mitsamt dem Grundwasser, das aus dem unterirdischen Meer aufsteigt, verbrennen wird und ruft abermals:... ."

(63) Budde, a.a.O., S. 71; er wendet sich bei dieser Gelegenheit - a.a.O., S. 71, Anm. 20 - auch gegen Hoffmanns Versuch, der mit l^{e}rōbab 'ēš, aber ohne qǣlaʿ ebenfalls an das Schleudern gedacht habe.

(64) Riedel, Alttestamentliche Untersuchungen, Erstes Heft, Leipzig 1902; Zu "Feuerflamme" merkt er lakonisch an: "lies lišbīb 'ēš (Umschrift von mir) Hi 18,5 (oder likrūb 'ēš (Umschrift von mir)? cf. Gen3,24)". (a.a.O., S. 28, Anm. 4)

(65) Budde, a.a.O., S. 72

(66) Elhorst, H.J., De Prophetie van Amos, Leiden 1903

(67) Halévy, J., Le livre d'Amos Rsém 11,1903/12,1904

(68) Ehrlich, A.B., Randglossen zur Hebräischen Bibel, Bd. V, 1912

jeder auf seine Weise - Ehrlich: l^e^rōb 'ēš, wobei überzeugend erklärt werden müßte, wie das zweite b in den Text gekommen sein soll (70); Rießler: lārōb bā'ēš, wovon noch die Rede sein soll - zu umgehen getrachtet. Sievers-Guthe (71) schlagen eine Lösung durch Auflösung vor: sie streichen einfach die Konsonantengruppe lbb und lesen qōrē' l^e^'ēš, wobei dann offenbleibt, durch welche Umstände denn das zur Frage stehende rbb in den Text gelangt ist, wenn hier auch - das wird man zugestehen müssen - durch das jeweils implizite Subjekt im Femininum das Problem der spezifischen Wiederaufnahme eines vorhergehenden Nomens als Subjekt an dieser Stelle beachtet, zumindest jedoch nicht vernachlässigt worden ist (72).

Ebenfalls von rōb statt von rīb ausgehend ist der Versuch Greßmanns (73). Er verändert - neben der leichten Punktationskorrektur - auch den Konsonantenbestand und liest statt des Partizips qōrē' das Substantiv qānā. Greßmann glaubt, daß Jahwe sein Feuer aus einem Schaft oder einer Röhre über die große "Thehom" ausgeschüttet hat, und er objektiviert sofort: "Das ist die heiße Dürre, die den Ozean unter der Erde austrocknet, so daß alle Quellen versiegen (I Mos. 7,11; 49,25)." (74) Belegt wird diese Version einfach mit dem Hinweis: "Eine solche Röhre, die den 'Blitz Hadads' darstellt, hat man bei den Ausgrabungen des Anu-Hadas-Tempels in Assur gefunden (Andrae Taf. 34)." (75) Daran

---

(69) Rießler, P., Die kleinen Propheten oder das Zwölfprophetenbuch nach dem Urtext übersetzt und erklärt, Rottenburg a. N., 1911

(70) Eine einfache Dittographie-Erklärung macht es sich hier sicher zu leicht, zumal eine Doppelschreibung des b nicht so geläufig ist, daß sie - besonders im Irrtumsfalle - nicht gleich auffallen müßte.

(71) Sievers - Guthe, Amos metrisch bearbeitet, Abh. d. kgl. sächs. Ges. d. Wiss., phil.-hist. Kl. XXIII, 3, 1907

(72) Damit sollen aber wichtige Fragwürdigkeiten in der Textkonstruktion keineswegs gebilligt werden, wie z. B. die Umsetzung des Gottesnamens Jhwh vor qōrē' und die damit verbundene Nennung eines expliziten Subjekts für das Partizip. Über die Beseitigung der einen Schwierigkeit durch ersatzlose Streichung des Hauptproblems war schon gesprochen worden. Die einfache Eliminierung des Hauptproblems kann aber kaum den Anspruch einer Lösung erheben.

(73) Greßmann, Die älteste Geschichtsschreibung und Prophetie Israels (von Samuel bis Amos und Hosea), SAT II/1, Göttingen ^{2}1921

(74) Greßmann, a. a. O., S. 353

(75) ebd.

soll auch gar nicht gezweifelt werden, nur die Frage bleibt, was denn das für den Text erklärt, und wo denn die Verbindungselemente zum Text selbst liegen; ich sehe nur Verbindungen zu einer zuvor gemachten Unterstellung an den Text, wodurch auch die zu Vorsicht und Mißtrauen mahnende Verschiedenartigkeit der Ergebnisse bei verschiedenen Autoren mit dem gleichen Argumentationsmuster verständlich wird. Die Unvermitteltheit von Greßmanns Vorschlag wird noch einmal in seiner Auseinandersetzung mit Duhm deutlich: "Die Konjektur Duhms ist unmöglich, weil das Feuer (Jahves) nicht mit einer 'Schleuder' geschossen wird; l. kānaeh lerob 'ēš (das b ist Dittographie)." (76) Unvermittelter kann kaum Aussage gegen Aussage gestellt werden, und es ist auch wenig hilfreich, bestätigt aber das gewonnene Bild über die Argumentationsweise in der vorliegenden Frage, wenn Budde gegen Greßmanns "Röhre für die Fülle des Feuers Jahves" (77) lakonisch das Urteil "Doch sehr wunderlich." (78) setzt. Budde protestiert zwar nicht gegen Greßmanns Gedankenführung, aber er antwortet ihm in der gleichen unvermittelten Weise, wie dieser zuerst zum Text Stellung genommen hatte.

Budde setzt seinerseits seinen textkritischen Versuch wieder bei dem Partizip qōrē' an. Dabei setzt er sich mit verschiedenen Konzeptionen auseinander und konstruiert daraus eine eigene Theorie über den Text: "Am leichtesten scheint mir die Not gleichzeitig mit der des qōrē' (Umschrift von mir) behoben zu werden, indem man dafür nicht mit Ewald qōrǣ (Umschrift von mir) versteht oder liest, sondern, was Oettli zur Verfügung stellte, qārēb (Umschrift von mir), und zwar für qr'lrb (Umschrift von mir), so daß rb (Umschrift von mir) ursprünglich die Berichtigung für den Schreibfehler r' (Umschrift von mir) gewesen wäre. 'Es nahte im Feuer der Herr Jahwe', in seinem Elemente der Gott selber. Damit würde auch das Nachstehen der Gottesnamen begreiflich werden, so daß man sie weder umzusetzen (Sievers - Guthe...) noch zu streichen brauchte (Greßmann, Marti...) noch als umständliche Apposition fassen müßte, 'es nahte einer usw. - es war Jahwe, der Herr!' (Hans Schmidt), wozu doch ein w^ehū' (Umschrift von mir) kaum zu entbehren wäre. Aber alles bleibt unsicher." (79) Das qōrē' hält er - eindeutig aus dem Grunde, daß es seiner eigenen Rekonstruktion in den Rücken fallen würde - für wenig überzeugend. (80)

Dennoch läßt sich in Buddes Ausführungen eine Wende konstatieren,

---

(76) Greßmann, a.a.O., Beilage "Textkritische Anmerkungen", S. 13

(77) Greßmann, a.a.O., S. 352; das 'adōnāj deklariert er als Zusatz.

(78) Budde, a.a.O., S. 71, Anm. 20

(79) Budde, a.a.O., S. 72

(80) vgl. Budde, a.a.O., S. 72, Anm. 22

wonach die eigene Theorie tatsächlich im Hinblick auf den Text insofern erprobt wird, als z. B. eine Erklärung dafür gesucht wird, wie die im Text vorfindliche Konsonantengruppierung gedeutet werden kann und welche Änderungsmöglichkeit daraus herleitbar ist. Ferner wird diese Korrektur auf dem Hintergrund des entsprechenden Satzes reflektiert und die ja im Text ebenfalls problematische Stellung des Gottesnamens ʼadōnāj Jhwh verständlich gemacht. Außerdem versucht er, zur inhaltlichen Seite für seine Version einen Sinn ausfindig zu machen. Schließlich wird die Tür für bessere Erklärungen offengehalten und damit jeder Fundamentalismus abgewiesen. Dennoch wird nicht recht einsichtig, warum das Partizip qōrēʼ ersetzt werden muß - das Urteil "wenig überzeugend" (vgl. Anm. II/80) allein kann doch kaum Überzeugungskraft für sich selbst beanspruchen -, zumal es bei dieser Lösung wieder notwendig ist, das Partizip von dieser Stelle zu trennen und es - dieses Mal - gegen eine finite Verbform einzutauschen. Eine Überlegung darüber im Hinblick auf die Parallelstelle des ersten Visionsberichtes findet jedoch nicht statt.

Deutlich noch unterschieden von der sich primär am Text orientierenden Argumentation Buddes ist Schmidts Lösungsversuch. Ihm ist es gleich, ob von qōrǣ oder von qārēb ausgegangen werden muß (81), und er hält gleichzeitig an rīb im Sinne von "kämpfen" fest. Er denkt sich die dabei mitlaufende Vorstellung als einem alten Mythos entlehnt, bei dem ein Götterkampf zwischen dem Ungeheuer der Tiefe, das die die Erde umschließende Urflut darstellt und der Sonne eine Rolle spielt, und er rationalisiert: "Wohl ursprünglich aus der täglichen Anschauung, daß die untergehende Sonne im Strahlenharnisch diesem Ungeheuer (cf. dem Meer) in den Rachen springt, erwächst die Vorstellung von dem Kampfe eines 'mit Feuer kämpfenden' Recken." (82) Es ist gar keine Frage, daß Schmidt hier Amos unter den geistigen Voraussetzungen soldatisch-nationaler Ehrbegrifflichkeit interpretiert und damit noch einmal mehr - nämlich schon im gedanklichen Ansatz - textkritische Fragestellungen gegenüber dem Text verselbständigt, indem er schon das Movens des Textes, also das, was als ungesagtes Implikat einen Text beginnen läßt und durchgängig bestimmt und leitet, aus seiner eigenen, des Interpreten, motivierenden Situation festlegt. Textkritische Fragestellungen werden hier erst relevant über dem weitaus grundsätzlicheren Problem, bei dem die Ausgangslage des Interpretierten mit der des Interpreten rasch in paränetischer Absicht versöhnt wird. Fragen, ob qōrǣ oder qārēb zu lesen sei, ob ferner rīb oder rōb punktiert werden muß und ob schließlich der Gottesname ʼadōnāj Jhwh in der im Text vorfindlichen Fassung überhaupt appositionell verstanden werden kann (vgl. Anm. II/79),

(81) vgl. Schmidt, Der Prophet Amos, Sechs Vorlesungen an einem Kriegshochschulkurs, Tübingen 1917, S. 13, Anm. 1

(82) Schmidt, a. a. O. , S. 18

verlieren demgegenüber ihre Bedeutung. Daß diese Behauptung nicht auf Spekulation beruht, findet an vielen anderen Stellen der Überlegungen Schmidts seine Bestätigung (83).

Es wird hier nicht deshalb darauf eingegangen, um eine Deutung leichter Hand beiseite zu schieben, die auf Voraussetzungen beruht, die uns heute in dieser Form fremd geworden sind und auch nicht deshalb, um die schon längst zum Gemeinplatz degenerierte Kritik an dem hermeneutischen Kurzschluß zu wiederholen, nach dem jedes Interpretierte wie ein Passepartout die geistige Ausgangssituation jedes Interpreten erschließt; vielmehr sollte aus der Art der Gedankenführung Schmidts gelernt werden, daß bereits viel früher und tiefer ansetzende Vorgaben als die schon genannten mit dafür verantwortlich sind, wenn Text und Textverständnis über die Textrekonstruktion ihre Vermittlung nicht mehr erkennen lassen. Damit sind hier nicht nur - wie bei den vorangegangenen Lösungsversuchen - die vom Text unabhängigen, eingebrachten wissenschaftlichen Vorgaben sichtbar geworden, sondern schon, wenn auch in einer sehr kantig zutage durchstoßenden - die hermeneutische Reflexion der eigenen Ausgangssituation vermissen lassenden - Art, die Möglichkeitsbedingungen solcher eingebrachter wissenschaftlicher Vorgaben.

Rudolph greift - genau wie Wolff - auf einen der schon gemachten Vorschläge zurück, nämlich auf das seit Elhorst häufig wiederholte lahǣbǣt 'ēš oder lahab 'ēš, nachdem er entschieden hat, daß rīb einerseits nirgends "strafen" heißt und andrerseits "rechten, streiten, prozessieren" hier nicht paßt (84). Er hält daher eine Textänderung für unumgänglich: "Von den zahlreichen Vorschlägen... sind am einleuchtendsten der heute am meisten bevorzugte lahab 'ēš (Umschrift von mir) 'er rief) die Feuerflamme' oder auch der von Dalbert R. Hillers... und Wolff wieder ans Licht gezogene ältere, der nur eine andere Wortabteilung verlangt lirebīb 'ēs (Umschrift von mir)' (er rief) dem Feuerregen' ...."(85)

---

(83) Ein Beispiel innerhalb der Visionsberichte wäre etwa, wenn er den Einspruch des Amos in 7,2.5 pathetisch als Ausdruck von Patriotismus versteht. Zu 7,2 vermerkt er: "Wir sehen daraus (cf. aus dem genannten Einspruch), daß lange vor diesem Gesicht den Propheten eine Sorge gequält haben...muß: die Sorge um den Fortbestand seines Volkes. Und sofort wissen wir: dieser Mann ist nicht ärmer an Patriotismus als der Priester im Tempel von Bethel, der ihn einen Landesverräter gescholten hat. In ihm muß eine heiße Liebe zu seinem Volk lodern, so heiß, daß sie ihn zwischen Wachen und Träumen in Gesichten quält." (Schmidt, a.a.O., S. 16/17) Ähnlich deutet er den zweiten Einspruch (7,5), wenn er hier den "Herzton tiefster, wärmster Liebe zu Volk und Vaterland" (ebd.) heraushört.

(84) vgl. Rudolph, a.a.O., S. 232

(85) ebd.

Dennoch bleibt er bei der zuerst genannten Lösung, weil gegen den zweiten Vorschlag zunächst inhaltlich spricht, "daß ein Feuerregen zuerst auf den Ackerboden und dann erst in die Tiefe wirken würde oder, selbst wenn mit t^e^hōm (Umschrift von mir) der Ozean gemeint wäre, Land und Meer gleichzeitig betroffen wären, wogegen das verschiedene Tempus der Verba spricht.... " (86) Auch die von Wolff zitierte Parallele aus Hesiods Theogonie (87) hat - darauf weist Rudolph hin - die Reihenfolge Land - Meer, so daß eine Übertragung selbst auf dieser Ebene des Mythenvergleichs nicht mehr überzeugend ist. "Zudem paßt als Bild für die große Hitze besser das diffusere 'Flamme, Lohe'. " (88)

Wie schon Wolff, so beschränkt sich auch Rudolph auf das im weitesten Sinn begründete Auswählen einer bereits vorhandenen Lösung. Wie bei Wolff, so konzentriert sich auch bei ihm die Begründung dafür, daß überhaupt korrigierend in den Text eingegriffen werden muß, auf das rīb (scriptio defectiva), das er - ebenfalls mit Wolff - undiskutiert als ein rīb (scriptio plena) ansieht, und nachdem eine vorgeschlagene Bedeutung dafür als ungebräuchlich abgewiesen wurde und die gängige als nicht passend eingeschätzt wurde, greift er zwei Vorschläge auf, von denen er den einen mit Hinweis auf nichtbeachtete Probleme in den darüber geführten Überlegungen diskutiert und den anderen ohne weitere Diskussion akzeptiert, was gegen Schluß der Erörterung über Am 7,4 nur noch einmal mit dem geschilderten Eindruck, es passe besser, unterstrichen wird. Mehr als eine Art Fußnote wird gegen Rinaldi (vgl. Anm. II/88) das doch immerhin recht wichtige Festhalten am Visionsbild mit Grund reklamiert.

Damit geht Rudolph von einem bereits bestehenden sensus communis aus, indem er auf die "heute am meisten bevorzugte(n)" (89) Lösungen rekurriert und genau diese - es sind ihrer zwei - auch zu den "einleuchtendsten" (90) zählt. Eine eingehendere Auseinandersetzung mit 7,4 und der "Geschichte" zur Verfügung gestellter Lösungsansätze findet nicht statt. (91) Dies bleibt kritisch festzuhalten. (91a)

---

(86) ebd.

(87) vgl. Wolff, a.a.O., S. 344f

(88) Rudolph, a.a.O., S. 232; abschließend verwirft er noch G. Rinaldis (Rivista degli Studi Orientali, 1953, S. 150ff.) Vorschlag, durch die Ersetzung von lārīb durch hōraeb - er rief die Dürre - das Bild ganz zu entfernen, weil er das Hereinkommen von bā'ēs nicht befriedigend erklären könne (vgl. ebd.).

(89) Rudolph, a.a.O., S. 232

(90) ebd.

(91) Freilich ist hier zu berücksichtigen, daß es sich bei den Ausführungen Rudolphs um einen Kommentar mit den ihm gesteckten

Zu denen, die sich neben Wolff und Rudolph in der relativ letzten Zeit in einem größeren Kommentar mit Amos auseinandergesetzt haben, gehört - den beiden genannten Autoren bereits vorliegend - Samuel Amsler (92). Er übersetzt 7,4a zunächst: "Voici que s'approchait une flamme de feu;..." (93) Und er rechtfertigt seine Lesart lakonisch und nachträglich in einer Fußnote: "T. M. un convocateur au proces par le feu. Texte probablement corrompu par homoioteleuton, lire qārēb lahab 'ēš (Umschrift von mir) (Elhorst et Weiser), puis supprimer 'ᵃdōnāj Jhwh (Umschrift von mir), glose destinée à donner un sujet à qōrē' (Umschrift von mir)." (94) Den Sinn von 7,4 im Zusammenhang stellt er sich folgendermaßen vor: "L' ojet en est une flamme dévastrice qui épuise d'aboard l'océan inférieur, réservoir des sources qui des lors tarissent,

(Fortsetzung 91) Interessen und Grenzen handelt.

(91a) Ein grundsätzliches Mißtrauen gegen alles, was vor allem in der Literarkritik häufig kurzer Hand als "Entscheidung" vorgelegt oder gefordert wird, auch dann, wenn Kriterien für die Entscheidungsfindung nicht sichtbar wurden, versucht, sich in diesen Bemerkungen Gehör zu verschaffen. Damit soll auf keinen Fall die Bedeutung der Entscheidung auch für die eigene literarkritische Bemühung relativiert werden, aber eine Entscheidung muß gerade in der Literarkritik auf ihre Voraussetzungen hin transparent sein - selbst, ja besonders dann, wenn diese nicht in Form objektiver Kriterien greifbar sein sollten, was als Möglichkeit zugestanden sein soll, aber als solches wiederum begründbar bleiben muß. Die bisher aufgezeigte Behandlung des vorliegenden Problems scheint mir in der Verschiedenartigkeit der Lösungen eine Addition verschiedener Entscheidungs-Monaden darzustellen; Argumente erstarren zu Dekreten, auch wenn sie ältere Vorschläge neu auflegen. Der Stellenwert der Entscheidung vor allem in der Litararkritik scheint mir - besonders, was die Legitimität von Entscheidung im Einzelfall und ihre in der Tendenz oft rasch versöhnende Auswirkung auf die Lösungen betrifft - in seiner Bedeutung unterschätzt und bedarf der eigenen theoretischen Reflexion in der Exegese, wenn sie mitteilbar bleiben und nicht resignierend in vorzeitigem Entscheidungs-Irrationalismus esoterisch werden will. Das kann hier nur als Denkimpuls angeregt werden, soll aber als Maßstab der eigenen Exegese im Blick gehalten werden.

(92) Amsler, Amos, in: CAT XIa, Neuchatel 1965; der Vollständigkeit wegen sei noch erwähnt: Weiser, Das Buch der zwölf kleinen Propheten I, ATD 24, Göttingen 1949

(93) Amsler, a.a.O., S. 225

(94) Amsler, a.a.O., S. 225, Anm. 1

puis se met à dessécher la campagne elle - même. C'est une représentation visuelle de la sécheresse amenée par le vent brûlant du désert." (95) Dazu merkt er an - und mit dieser Anmerkung ist das Problem für ihn offensichtlich abgeschlossen -: "D'ou le verbe qrb pour décrire son arrivée sur le pays, et dont l'étrange lārīb semble garder la trace." (96) Damit liegt Amslers Meinung über das zur Frage stehende Problem von vornherein fest; er lehnt sich ausdrücklich an Elhorst und Weiser an. Seine Erklärung für die vorgebrachte Lesart ist die Rekonstruktion des aufgrund eines Homoioteleuton verderbten Textes, womit noch eine Interpretation des so erfolgten Rekonstruktionsversuches geliefert wird. Aber auch die Übernahme anderer Lösungen hat - wie schon gezeigt - ihr eigenes Interesse, wenn dieses selbst auch nicht notwendig originell sein muß. Es ist hier das Interesse an einem vollständigen und lesbaren Text, der sich glatt in einen Zusammenhang auch mit 7,4b fügt. Aufgrund dieser Voraussetzung muß dann methodisch der in seiner Problematik schon erörterte Weg von vorgefaßter Inhaltlichkeit zur Textkorrektur gegangen werden. Amsler legt darüberhinaus diese Inhaltlichkeit noch ausdrücklich in einem abstrakten Kern - "representation visuelle de la sécheresse" (vgl. Anm. II/95) - fest. Erst sehr weit nachgetragen kommt sein eigentlicher Einwand gegen den überlieferten Text zum Ausdruck: es befremdet ihn offenbar das lārīb (vgl. Anm. II/96), ohne jedoch einen Grund dafür zu nennen. Ob dieses Befremden nur unter den Voraussetzungen der schon erstellten Theorie oder auch aus dem Text selbst erklärbar ist, darüber läßt sich Amslers Argumentation nichts entnehmen.

In völlig anderer Weise verfährt - und damit soll die Reihe der hier untersuchten Entwürfe abgeschlossen werden - James Limburg (97). Nachdem er an einigen Beispielen die Schwierigkeit von Interpreten mit dem überlieferten Text aufgezeigt hat, nennt er Hillers' von Krenkel übernommenen Korrekturvorschlag, gibt sich aber mit der Korrektur trotz ihres zugegebenen Bestechens nicht zufrieden - nach dem, was wir oben schon zur Struktur der dazu geführten Argumentation erhoben haben, zwingt die vom Text verselbständigte Korrektur auch durchaus nicht notwendig, ihr zu folgen -, sondern will einen Versuch zur Rehabilitierung der masoretischen Überlieferung starten: "On the basis of a study of the root rîb in the OT, we should like to suggest that the Masoretic text does make sense as it stands, and that precisely a 'legal contest involving fire,' not in the sense of an ordeal, but where fire is the instrument of divine punishment, could be understood here."(98)

---

(95) Amsler, a.a.O., S. 225

(96) Amsler, a.a.O., S. 225, Anm. 7

(97) Limburg, Amos 7:4: A Judgment with Fire?, in: CBQ35(1973),S. 346-349

(98) Limburg, a.a.O., S. 346

Diese Hypothese wird in sechs Schritten zu testen gesucht: 1. Ausgehend davon, daß eine Textkorrektur - Beispiel Hillers - rîb aus dem Text entfernen würde, stellt sich sofort die Frage: "Would the verb be unusual in material such as we find here?" (99) Vergleiche mit Jes 3,13 und Mi 6,1 bestätigen aber einen ähnlichen Gebrauch, so daß als ein erstes Ergebnis festgehalten werden kann: "Thus rîb would not be unexpected as part of the vocabulary of a vision audition report from an eights-century prophet." (100) 2. Welche Bedeutung aber fällt rîb im vorliegenden Text zu. Dazu wird auf eine schon zuvor erstellte Studie zurückgegriffen (101). Dort hatte Limburg einerseits nach der präzisen Bedeutung der Wurzel rīb in Texten prophetischer Gerichtsrede gefragt und andrerseits nach dem Haftpunkt dieser Form in der Rechtsprechung im Tor (Boecker), im Kult (Würthwein) oder in internationalen Beziehungen (Harvey) (102). Im Verlauf dieser Untersuchung kommt er zu dem Ergebnis, daß als "primary sense" für rīb "complaint, accusation" bzw. beim Verb "to make an accusation - complaint" (103) angesehen werden muß. "In nontheological contexts, when the noun is syntactically bound to one party to a dispute, this primary sense is almost always evident" (104). Daneben macht er die interessante Beobachtung, daß in prophetischen Gerichtsreden, das rīb, wenn es vorkommt, immer syntaktisch mit Jahwe verknüpft ist: "In each occurence of the noun in our lawsuit speeches it is bound by syntax to one party, Yahweh. In these texts the rīb (Umschrift von mir) is always Yahwe's (rīb l^eJhwh) rīb, (Umschrift von mir) combined with the preposition 'im (Umschrift von mir) (Hos 4,1;12,3; Mi 6,2) and with b^e (Umschrift von mir) (Jer 25,31)." (105) Zurückkommend auf Am 7,4 lautet das Ergebnis des zweiten Arbeitsschrittes der hier verfolgten Hypothese (vgl. Anm. II/98): "If we understand it this way in Am 7:4, the sense is, 'Behold, the Lord God was calling for the making of an accusation...'". (106) 3. Ist damit sowohl sichergestellt, daß rīb an dieser Stelle weder ungewöhnlich noch sinnlos ist, so muß sich alle Aufmerksamkeit dem

(99) Limburg, a.a.O., S. 346

(100) Limburg, a.a.O., S. 346/347

(101) Limburg, The Root rīb (Umschrift von mir) and the Prophetic Lawsuit Speeches, in: JBL 88 (1969), S. 291-304

(102) vgl. Limburg, a.a.O., S. 291

(103) Limburg, a.a.O., S. 301

(104) ebd.

(105) ebd.

(106) Limburg, Amos 7:4: A Judgment with Fire?, in: CBQ 35 1973, S. 347

bā'ēš als eigentlichem Problem zuwenden. "Can any sense be made out of a rîb bā 'ēš?" (107) Gestützt auf die Tatsache, daß bei neunmaligem Vorkommen von 'ēš im Amosbuch sieben Vorkommen allein in den Gerichtssprüchen des Völkerzyklus' lokalisierbar sind und außerdem sowohl in diesen sieben Fällen, als auch in Am 7,4 das Feuer als ein vernichtendes gekennzeichnet ist, hält Limburg es für vernünftig, "to examine these seven instances with speak of a 'devouring fire' in Am 1 and 2 as a possible clue to understanding the 'devouring fire' of Am 7:4" (108). Über die Erstellung eines Strukturschemas für die genannten Sprüche in Am 1 und 2 läßt sich sagen, daß von den fünf angeführten Strukturelementen das dritte Element - "an 'al-clause indicating the specific grounds for punishment" (109) - jeweils als dasjenige angesehen werden muß, das nach den vorangegangenen Überlegungen als rîb im Sinne von complaint die spezifischen Gründe für die als viertes Element im genannten Strukturschema eingeordnete Strafansage liefert. Demnach scheint - so Limburg (110) - das Amosmaterial selbst ein Junktim zwischen rîb im Sinne von "complaint" und "devouring fire" nahezulegen. Zu fragen bleibe nur - nachdem in Am 1 und 2 immer klar sei, auf wen sich das Feuer als Strafe beziehe -, auf wen sich das Feuer in Am 7,4 beziehe; zur Beantwortung dieser Frage beruft er sich auf Miller (vgl. Anm. II/51 u.ö.) und seine Theorie von Jahwes heiligem Krieg gegen das Urmonster der Tiefe. 4. Danach wird verwiesen auf den Umstand, daß schon in Am 1 und 2 die Sprache, die verwendet worden ist zur Kennzeichnung des Verkehrs verschiedener Völker miteinander - das dritte Element hatte in seinen Vorwürfen (mit einer Ausnahme) immer internationale Beziehungen zum Gegenstand -, auch theologisch verwendbar ist: in der soeben als Ausnahme angesprochenen sogenannten Judastrophe; als weiteres Beispiel wird Hos 8,14 angeführt. 5. Eine Spannung, die sich aus einem unterschiedlichen Gebrauch von "devouring fire" in Am 1 und 2 einerseits und in Am 7,4 andrerseits zu ergeben scheint, führt zu einem weiteren Schritt zur Stützung der vorgebrachten Hypothese. Die Schwierigkeit lautet zunächst: "In 7:4 (cf.: Am 7,4) Yahweh seems to be using fire as a weapon against the 'primordial monster of the deep,' while occurences in the first two chapters (and also in Hos 8) reference is apparently to enemy." (111) Mit Berufung auf Miller, der von einer "inseparable association of holy war with cosmic war" (112)

---

(107) ebd.

(108) ebd.

(109) ebd.

(110) vgl. Limburg, a.a.O., S. 348

(111) ebd.

(112) Miller, God the Warrior, Int 19(1965), S. 45, Anm. 13, zit, nach: Limburg, a.a.O., S. 348

gesprochen hatte und mit Verweis darauf, daß in Am 7,4 sowohl unterirdisch (t^{e}hôm rabbâ) als auch auf der Erde mit Feuer vernichtet werden soll, sieht Limburg hier ein Beispiel für die Verbindung von Heiligem Krieg, kosmischem Krieg und dessen Vollstreckern. Für Am 1,3-2,5 bedeutet dieses dann, daß des Propheten Aufgabe ist, Jahwes Vorwürfe im Gerichtsverfahren gegen sie zu artikulieren; die Strafe besteht dann im Feuerbringen ihrer Feinde, die durch Jahwe in diesem Heiligen Krieg engagiert sind. 6. An den Beispielen Jer 25,31 und Jes 66,16 zeigt er einerseits die Parallelität von "Yahwe is judging" und "Yahwe has a complaint" (complaint = rîb) auf (Jer 25,31) und andrerseits die Möglichkeit der Verbindung von "judging" und "fire" (Jes 66,16). Und er folgert schließlich: "If we have a text speaking of Yahweh judging bā 'ēš, and if to say 'Yahweh is judging' is colse to saying 'Yahweh has a rîb,' then the notion of a rîb bā 'ēš should not be an impossible one. Thus we see no reason to alter the Masoretic text of Am 7:4. The sense is, 'Yahweh was calling for the making of a complaint, to be followed by the sending of fire.'" (113)

Damit wählt Limburg in seiner Argumentation zunächst einmal einen durchaus legitimen Weg, indem er an den Anfang versuchsweise eine Hypothese stellt, deren Vermutung sich in den folgenden Arbeitsschritten bestätigen oder als falsch erweisen muß. Dabei geht er äußerst analytisch vor: in den ersten beiden Arbeitsschritten sichert er das rīb, und zwar einerseits im Hinblick auf die Legitimität seines Vorkommens in prophetischen Visionsberichten des 8. Jh. v. Chr. und andrerseits - dabei wird dann erstmals deutlich, daß rīb (scriptio defectiva) für ihn fraglos mit rīb (scriptio plena) gleichzusetzen ist - mit Rücksicht auf die Bedeutung im angesprochenen Zusammenhang. Im dritten Arbeitsschritt versucht er das bā'ēš im vorliegenden Kontext zu verstehen und findet, daß es mit rīb inhaltlich und formal sehr gut in Zusammenhang gebracht werden kann. Damit kann an dieser Stelle ein inhaltlicher Verstehensvorschlag des Versteiles gemacht werden, wobei zur religionswissenschaftlichen Untermauerung Miller herangezogen wird. Der vierte und fünfte Arbeitsschritt versuchen - wieder mit Berufung auf Miller - den gemachten Verstehensvorschlag theologisch einzuordnen und auf diese Weise inhaltliche Schwierigkeiten aufzufangen. Der sechste Arbeitsschritt demonstriert noch einmal das an sich schon gewonnene Ergebnis in Form einer klassischen Konklusion.

Das Problem eines solchen Vorgehens ist immer die Konsequenz der Arbeitsschritte, an der die versuchsweise aufgestellte Hypothese prinzipiell sich als haltbar erweisen oder scheitern können muß. Einen ersten Zweifel an der Strenge der Konsequenz läßt hier allerdings schon das selbstverständlich und undiskutiert vorausgesetzte, ja nicht einmal in seiner vorfindlichen Schreibweise erwähnte rīb (scriptio defectiva) =

---

(113) Limburg, a.a.O., S. 349

rīb (scriptio plena) aufkommen. Beschrieben wird der Befund also in der Weise, daß angenommen werden muß, es fände sich rīb (scriptio plena) im Text. Auf dieser Annahme ruht - und mit ihr fällt - das Ergebnis aller folgenden Arbeitsschritte. Aber selbst bei der Voraussetzung der Legitimität von rīb (scriptio defectiva) = rīb (scriptio plena) wirft der Versuch der inhaltlichen Definition ein interessantes Licht auf die Verbindlichkeit der dazu herangezogenen Mittel: zur Bestätigung der Möglichkeit des gemachten Vorschlages wird Miller herangezogen, der seinerseits - wie oben gezeigt - mit seiner These nicht den MT, sondern gerade Hillers' Änderung des MT stützen will, auf dessen Korrekturversuch er sich auch ausdrücklich bezieht (114); es ist daher - entsprechend gilt das auch für den fünften Arbeitsschritt, in dem Limburg zur theologischen Einordnung wieder Miller heranzieht - mindestens fragwürdig und bedürfte der eigenen Rechtfertigung, ob und warum Miller hier wie ein Joker ausspielbar ist, dessen Argument sowohl für die eine, als auch für die andere Seite sticht. Schließlich kann an der angezweifelten Strenge der Konsequenz auch der mit herausgegriffenen Versen aus Jer und Trit-Jes immitierte Syllogismus nichts mehr retten, in dem die Möglichkeit von Am 7,4a_b dadurch erwiesen werden soll, daß - unabhängig von ihrer syntaktischen Stellung - die vorkommenden Wörter rīb und 'ēš sinngemäß in einem Zusammenhang denkbar sind, was dann in Limburgs extrem analytischer Argumentation die Form erreicht: Wenn rîb und nišpāṭ in Jer 25,31 und 'ēš und nišpāṭ in Jes 66,16, dann sind auch rîb und 'ēš überhaupt zusammen denkbar. Die äußere Strenge dieser Konklusion übergeht aber das grundsätzliche Problem, ob und inwiefern Jer 25,31 und Jes 66,16 literartheoretisch kommensurabel sind.

So entfernt sich Limburgs Versuch einer Rechtfertigung der masoretischen Überlieferung für den vorliegenden Text in mehrfacher Hinsicht von eben diesem Text: einmal, indem er mit einer textlichen Überlieferung argumentiert, die als solche von der tatsächlichen Überlieferung zunächst einmal abweicht, aber stillschweigend als mit dieser kongruent vorausgesetzt wird, was erst noch zu erweisen wäre; zum anderen, indem er religionswissenschaftliche und theologische Interpretationsschemata aus deren eigenen Zusammenhang löst und sie als eine Art neutrales Argument für den vorliegenden Zusammenhang einzusetzen trachtet, was als Möglichkeit ebenfalls erst noch zu erweisen wäre; schließlich scheitert die Logik des vorgebrachten Syllogismus an der Ungeklärtheit der Prämissen, wobei die Tatsache, daß ein oder mehrere überzeugende Belege die vorgeführte Konstruktion erübrigt hätten, den Verdacht der Künstlichkeit des Verfahrens und damit einer neuen Weise der Distanzierung vom vorliegenden Text nahelegt. Zudem fällt in der Argumentation Limburgs eine durchgängige Dualität von rīb und 'ēš auf, die in den

(114) vgl. Miller, Fire in the Mythology of Canaan and Israel, CBQ 27 (1965), S. 256

ersten beiden Arbeitsschritten zunächst das rîb sichert, sich danach vornehmlich dem bā'ēš zuwendet - wobei erst der fünfte Arbeitsschritt in der Erklärung der Verbindung von heiligem und kosmischem Krieg und dessen Vollstreckern als Jahwes Werkzeug den Zusammenhang von rîb und 'ēš durchscheinen läßt - und schließlich im sechsten Arbeitsschritt wieder explizit in den zwei Prämissen auseinandergelegt wird. Verselbständigung vom Text geschieht hier in neuer Weise durch die Verselbständigung einzelner Textteile.

Prinzipiell von den genannten unterschiedene Lösungswege - von den Ergebnissen, die sich zahlreich jeweils den schon vorgebrachten Ergebnissen anschließen, ganz zu schweigen - gibt es, soweit ich sehe (115), nicht. Bei allen in der vorangegangenen Auseinandersetzung erwähnten Bemühungen um Am 7,4 konnte die Analyse ihrer Argumentationsstruktur eine Verselbständigung gegenüber dem Text und seinen Problemen sichtbar machen. Eine solche Verselbständigung aber stand immer im Dienste eines bestimmten Interesses oder einer Erwartung an den Text: die zentrale Erwartung war - so muß angenommen werden -, daß der Text sinnvoll und vollständig überliefert ist. Nirgendwo wurde die Frage nach einem möglichen Textverlust gestellt - etwa nach der Art von $7,2a_a$.

Der Durchgang durch die Literatur zu dieser Stelle zeigt die Schwierigkeit, einer Lösung hier näherzukommen und vielleicht die Grenzen text- und literarkritischer Arbeitsverfahren, die ja ihrerseits anhand von Erzähltexten entwickelt wurden, jedoch an Texten wie dem vorliegenden nicht recht zu greifen scheinen. Keine der vorgestellten Lösungen - die betont analytisch vorgehenden Beweisverfahren eingeschlossen - konnte als von subjektiven Unwägbarkeiten frei angesehen werden, die bis zu völlig ungebundener Einschätzung und gänzlich auf Gründe verzichtender Festlegung reichte (116). Durchgängig war dabei die vorweg getroffene Entscheidung für einen im Prinzip vollständigen und unzerstörten Text. (117) Damit wird weder a priori ein Textdefizit postuliert, noch wird dessen Möglichkeit tabuisiert, was sich ja - wie gezeigt - sowohl ausgehend vom Text, als auch mit Rücksicht auf die in Texterklärungen gemachten Erfahrungen mit dem Text verbietet.

---

(115) vgl. Literaturverzeichnis

(116) Dieses sei nicht als kritische Generalabrechnung und Ablehnung aller genannten Lösungsversuche mißverstanden, sondern als eine Frage nach den überhaupt gegebenen Möglichkeiten einer objektiven, literartheoretisch zu erarbeitenden Lösung gestellt.

(117) Textkritik und Inhaltsbestimmung müssen also notwendig defensiv verfahren, zumal die ungeklärte Frage über die Vollständigkeit des Textes die Inhaltsbestimmung genauso befrachtet wie - umgekehrt - eine vorgefaßte Inhaltsbestimmung dies mit einem Text tun würde, der sie nicht abzudecken vermag.

Zunächst einmal läßt sich bei Überschauen des Versteiles und der auf diese Frage eingegangenen bisherigen Erklärungen kein Grund gegen das Partizip qōrē' anführen. Andrerseits sticht eine Berufung auf die gute Bezeugung als Argument nicht, weil dies ja für den übrigen Versteil, gegen den aber dennoch Bedenken aus den schon genannten Gründen geblieben sind, ebenso zutrifft. Gegen qōrē' konnten aber keine Erklärungen überzeugend angeführt werden. Sie befaßten sich niemals mit seiner syntaktischen und stilistischen Stellung und seine Änderung war da, wo sie erfolgte, immer eine Folge zuvor schon anderweitig getroffener Entscheidungen, entweder inhaltlicher, den Versteil als ganzen betreffender Art oder nach vorangegangenen Korrekturen an anderen Wörtern oder Konsonantengruppen. Freilich wird sich nicht bestreiten lassen, daß auch bei Erklärungsversuchen, die das qōrē' bestehen ließen, ähnliche Vorgehensweisen festzustellen waren. Bei der Unklarheit der Situation ist zwar nicht beweisbar, aber mit Hinweis auf das vorangegangene w^{e}hinnē durchaus plausibel, das Partizip hier als ursprünglich zu betrachten.

Diese Sicht aber hat Konsequenzen für die Gottesbezeichnung am Schluß des Versteiles. Das Part. Qal zu Anfang muß mit implizitem Subjekt erwartet werden oder kann - wie bereits gezeigt - selbst substantivischen Charakter annehmen. Damit ist zwar noch nichts im Hinblick auf die literarkritische Abtrennung des '^{a}dōnāj Jhwh entschieden, aber es läßt sich neben der allerorten angemerkten Ablehnung, die schon die eigenartige Stellung in Zweifel ziehen half, ein Grund dafür nennen, warum die Gottesbezeichnung nicht als nachgeschlagenes explizites Subjekt zum Partizip verstanden werden kann, ja - sogar noch weitergehend - auch eine Versetzung des Gottesnamens in eine "günstigere" syntaktische Position, die ebenfalls noch der Rechtfertigung aus der Erklärung der vorgefundenen Stellung bedürfte, verbietet sich von daher ebenso wie Versuche, ihn als Apposition zu verstehen. Damit ist eine Grenze im Verständnis des '^{a}dōnāj Jhwh gezogen, die sich unmittelbar aus den Überlegungen um das qōrē' ergab. Weitere Fragen, die das Verständnis von '^{a}dōnāj Jhwh als Genetivobjekt oder seine Ursprünglichkeit in der Doppelbezeichnung oder seine Ursprünglichkeit überhaupt betreffen, müssen an dieser Stelle zurückgestellt werden.

Zuvor stellt sich das Problem der Konsonantengruppen lrb b's. Nun ist es so, daß das folgende Objekt an qōrē' entweder direkt angeschlossen wird oder mit Hilfe einer Präposition, wobei l^{e}, 'ǣl , ʿal und b^{e} und - nach dem Nifal - min, aber auch bei zwei folgenden Objekten Kombinationen von direktem Objekt mit von l^{e} oder 'ǣl oder b^{e} präpositional regiertem Objekt, bzw. Kombinationen von durch l^{e} und 'ǣl oder durch l^{e} und b^{e} präpositional regierten Objekten möglich sind. Die Präposition ʿal war im vorliegenden Zusammenhang in einer Kombination nicht auffindbar; das min kann für das vorliegende Part. Qal übergangen werden. Es fragt sich nun auf diesem Hintergrund, ob in 7,4 nach qōrē' ursprünglich keine Präposition gestanden hat - das würde Rückschlüsse auf das

Wort bzw. Wortfragment zulassen, das hinter der folgenden Konsonantengruppe steht -, oder ob eine Präposition dorthin gehört und - wenn ja - welche. Denn es muß durchaus nicht das l[e] als gesichert gelten; möglich wäre auch 'ǣl, wobei das ' durch Haplographie nach dem vorangegangenen qōrē' verlorenging; 'al kann dabei außer Betracht bleiben, es sei denn, das b[e] vor 'ēš läßt sich aus irgendwelchen Gründen - z. B. als Konsonant eines durch Neugruppierung entstandenen anderen Wortes - als Präposition ausscheiden; ferner kann ein direkter Anschluß an qōrē' nicht ausgeschlossen werden, wobei dann lrb - vielleicht in Zusammenhang mit anderen Konsonanten - ein eigenes Wort darstellt.

Zunächst soll das lrb zur Diskussion gestellt werden. An seiner Punktierung, vor allem aber an deren allzu bereitwilliger Übernahme war schon oben wegen der Außergewöhnlichkeit der scriptio defectiva für rīb Kritik geübt worden. Ein weiteres Argument gegen die Lesart rīb (scriptio plena) für rīb (scriptio defectiva) wäre, daß rīb als Objekt zu qōrē weder mit, noch ohne Präposition sonst auffindbar ist. Damit wird auch ein Versuch, es als Inf. constr. des Verbums rīb zu verstehen, erschwert. Ein sowohl als rōb wie als rīb möglicher Inf. abs. kommt aus syntaktischen Gründen nicht in Betracht. Ferner war in der vorangegangenen Diskussion meines Erachtens mit Recht ein Verständnis des hier Gemeinten als "Strafe" bzw. "strafen" beiseitegeschoben worden; auch dies kann zumindest indirekt gegen eine Interpretation von rīb (scriptio defectiva) als rīb (scriptio plena) angeführt werden. Schließlich läge ein so verstandenes rīb, vergleicht man es als Visionsbild mit den anderen Visionsbildern des vorliegenden Zyklus', auf einer anderen semantischen Ebene - im Verhältnis zu den übrigen auf einer metasprachlichen Ebene - und fiele damit literarkritisch auffällig aus dem Rahmen. Da würde schon eher die von Wolff und Rudolph neu vorgebrachten Konsonantenumgruppierung bzw. Konsonantenänderung weiterführen. Beide gehen jedoch bereits von einem versehrten, wenn auch nicht unbedingt unvollständig erhaltenen Text aus. Zu überlegen wäre freilich noch, ob nicht 'ēs ganz selbstverständlich das auf derselben semantischen Ebene zu findende Visionsbild darstellt.

Zuvor aber wäre die Schwierigkeit der Konsonantengruppe lrb zu klären. Vielfach war in der oben analysierten Diskussion, nachdem dem rīb mißtraut worden war, eine Konsonantenumgruppierung oder Konsonantenänderung vorgeschlagen worden, aber auch - weniger radikal und meines Erachtens am naheliegendsten - eine Änderung der Punktation. Es war zu Recht erkannt worden, daß lārīb, wäre es unpunktiert, wie selbstverständlich als lārōb gelesen würde; es wäre auch an das Adjektiv rab oder an den Inf. constr. von rābab zu denken. Aber wenn vielleicht von "viel Feuer" oder Ähnlichem die Rede sein sollte, wie erklärt sich dann das b[e] als neuerliche Präposition vor 'ēš? Mag es auch als Dittographie oder - beim Substantiv vielleicht noch am ehesten möglich - anderweitig erklärt werden, so bleibt doch noch ein schwerwiegendes Problem: 'ēš ist nirgends sonst mit einem Wort, das als Multiplikator fungiert und daher auch nicht im Zusammenhang mit rōb, rab oder ähnlichen Bildungen auffindbar; ja, es kann festgestellt werden, daß 'ēš nicht nur nie mit einem Multiplikator, sondern auch fast nie mit einem in irgendeiner Weise die Größe, das Ausmaß, die Verbreitung oder Ähnliches festlegendem Index versehen ist. In den äußerst seltenen Ausnahmefällen ist dann das Adjektiv gādōl (scriptio plena) bzw. gādōl (scriptio defectiva) als einziger Index belegt (vgl. Dt. 4,36: 'iššō hag^{e}dōlā; Dt 5,25: ha'ēš hag^{e}dōlā).

Es erweist sich daher eine Umpunktierung in rab oder rōb als genauso unhaltbar wie das vorgefundene rīb. Da aber andrerseits kaum daran gezweifelt werden kann, daß in diesem Versteil von 'ēš die Rede ist, bleibt die Konsonantengruppe lrbb als ein Wortfragment zurück; möglich wäre auch ein Fragment aus mehreren Wörtern, etwa wenn man annimmt, daß l noch als erhaltener Rest der Präposition 'ǣl anzusehen ist, die dort ursprünglich gestanden haben könnte. Aber hier bewegt sich die Argumentation schon unscharf am Rand zur Spekulation. Festgehalten werden aber soll an der meines Erachtens gesicherten Erkenntnis, daß der Versteil textkritisch als unvollständig erhalten betrachtet werden muß, wobei die Konsonantengruppe lrbb als Restbestand eines oder mehrerer Wörter anzusehen ist, die in der überlieferten Zusammenstellung unverständlich bleibt. Auch verschiedene Punktierungen - einschließlich der in MT überlieferte Versuch - konnten tatsächlich diese Stelle einem Verständnis nicht näherführen (118).

Wird das 'ēš und überhaupt die Rede von 'ēš hier als ursprünglich angesehen, so besitzt dieses jedoch keinesfalls syntaktisch Subjektfunktion. Es kann als maskulines Substantiv allenfalls als abhängig von einem femininen Subjekt betrachtet werden, weil die sich darauf beziehenden Verbalsätze ein feminines Subjekt voraussetzen. Vielleicht kann man tatsächlich Rudolphs Lösung nun aufgreifen und aus dem für verschrieben gehaltenen Wortfragment lrbb lahab herauslesen. Freilich bleibt die Schwierigkeit, daß auch lahab ein maskulines Substantiv ist, auf das die folgenden Verbalsätze nicht ohne weiteres beziehbar sind. Hier würde die Annahme des femininen lǣhābā weiterhelfen, das dann allerdings in seiner Konstruktusform lahæbæt an dieser Stelle zu postulieren wäre. Denkbar wäre auch, daß sich hinter dem Fragment mehr als ein Wort - vielleicht eine Aufzählung oder eine appositionelle oder sonstige Erläuterung - verbirgt, so daß das Femininum der Verbalsätze als Neutrum zu interpretieren wäre, das den gesamten Komplex des so Gesehenen summarisch zusammengefaßt näher beschreibt (119).

---

(118) Der Versuch Rudolphs, der gerade diese Konsonantengruppe als eine Verschreibung versteht, scheint hier noch am ehesten weiterzuhelfen. Es soll darauf zurückgekommen werden.

(119) Die ganze Angelegenheit bleibt allerdings offen. Es soll hier nicht e i n e Lösung als d i e richtige favorisiert werden. Offensichtlich

Die Gottesbezeichnung, die aus den oben genannten Gründen in Frage gestellt worden war, wirkt nach dieser Rekonstruktion der ursprünglichen Verhältnisse nicht nur störend und angehängt, sondern läßt sich auch aus vornehmlich semantischen Gründen nicht halten. Ein andrer Grund spricht aber ebenso entschieden gegen das ʼ^{a}dōnāj Jhwh an dieser Stelle. In keinem der hier beschriebenen Visionsbilder stellt sich Jahwe selbst als Drohbild dar, sondern er benutzt aus der täglichen Erfahrung Bekanntes als Mittel der Drohung. Die Drohung ergibt sich dabei häufig nicht aus dem herausgegriffenen Beispiel selbst, sondern erst aus dem Kontext, in den es gestellt ist. So war es bei der Heuschrecke im ersten Visionsbericht, deren Gefährlichkeit durch eine Zeitbestimmung charakterisiert wurde, so ist es bei den noch zu erschließenden Bildern im dritten und vierten Visionsbericht, und anders kann es auch hier nicht sein, wo die Charakterisierung als Drohung nicht im Gottesnamen, sondern - in welcher Form auch immer - in der sich hinter dem erkannten Fragment verbergenden Beschreibung zu suchen ist. Daß es sich auch hier um eine Drohung handelt, ergibt sich eindeutig aus den Explikationen der folgenden Verbalsätze. Die Gottesbezeichnung ʼ^{a}dōnāj Jhwh wird hier also literarkritisch ausgeschieden. Sie muß verstanden werden als ein Zusatz, der entstanden ist in dem Bemühen, den lädiert vorgefundenen Versteil wieder zu vervollständigen und dem Feuer eine eindeutige Drohqualifizierung zu geben, die in dieser Form aber nicht der ursprünglichen Intention der Visionsberichte des Amos entspricht. Es soll daher bei der in Anm. II/119 vorgeschlagenen Rekonstruktion dieses Versteiles bleiben.

In 7,6b$_a$ fällt mit Rücksicht auf den ersten Visionsbericht die Konjunktion gam in Verbindung mit dem neutral zu verstehenden femininen Demonstrativpronomen hīʼ auf. Es läßt sich aber literarkritisch nichts dagegen einwenden, weil es gegenüber dem ersten Visionsbericht die ansonsten wörtliche Parallelität dieser Sequenz nicht durchbricht, sondern sowohl inhaltlich, als auch formal - auf Vorangegangenes rückweisende Konjunktion mit auf unmittelbar Vorliegendes verweisendes kollektiv-neutrales Demonstrativpronomen - ausdrücklich unterstreicht. Durch das gam hīʼ wird explizit die Distanz der Parallelen im Weitergeschrittensein des zweiten im Verhältnis zum ersten Visionsbericht angegeben, und damit bleibt ein deckungsgleiches Zusammenfallen der Parallelen auch im

---

(Fortsetzung 119) wird eine solche Lösung unter den skizzierten Voraussetzungen zu erstellen sein. Daher sollte künftig die hier zur Diskussion stehende Stelle unter Beibehaltung ihres fragmentarischen Charakters mit "lrbb Feuerflamme" übersetzt werden, womit der Kern des Gesehenen in dieser Vision genannt ist, gleichzeitig aber auf jede Glättung oder vom Text her ungerechtfertigte Einbringung eigener Vorstellungen verzichtet wird. Es hat keinen Sinn, einen deutlich sich als fragmentarisch herausgestellt habenden Text "heil" zu interpretieren.

Redenteil verhindert.

Auf die Unmöglichkeit von 'āmar 'ᵃdōnāj Jhwh als Zitatabschluß in 7,6b_b war schon hingewiesen worden; außerdem war auf seine Spannung zu 7,3b aufmerksam gemacht worden. Das 'ᵃdōnāj muß daher hier als späterer Zusatz aus dem Text herausgelöst werden.

c) Der dritte Visionsbericht (7,7-8)

Bei der Literarkritik des dritten Visionsberichts muß dessen gleich ins Auge fallende engere strukturelle Zusammengehörigkeit mit dem vierten Visionsbericht in Rechnung gestellt werden, wobei freilich der Zusammenhang aller vier Visionsberichte seine Bedeutung nicht einbüßt. Das zeigt sich schon gleich bei der Einleitung, wo der dritte Visionsbericht in 7,7a_a mit dem für alle vier hier zur Diskussion stehenden Visionsberichte typischen kō hīr'anī anhebt. Es wird aber das Subjekt zu hīr'anī nicht genannt, sondern es folgt gleich darauf 7,7a_b mit dem ebenso obligatorischen Aufmerksamkeitsruf zu Beginn und der unmittelbar daran sich anschließenden Schilderung des Gesehenen. Es bereitet aber keine Schwierigkeiten, mit Blick auf 7,1a_a. 4a_a;8,1a und unter Berücksichtigung unserer Ausführungen über die Gottesbezeichnung 'ᵃdōnāj Jhwh den Sinnzusammenhang von 7,7a_a hier durch Konjektion des Subjekts Jhwh zu komplettieren.

Ist dieses Subjekt aber regelrecht verlorengegangen, wie BHK[3] vermutet, wenn sie mit Verweis auf 7,1.4 empfiehlt, 'ᵃdōnāj Jhwh an der entsprechenden Stelle hinzusetzen, oder ist es nur verschoben - so BHS mit Verweis auf LXX und Vulgata - und muß das 'ᵃdōnāj aus seiner jetzigen Stellung hinter dem wᵉhinnē (7,7a_b) zusammen mit einem hinzuzufügenden Jhwh (aufgrund vieler masoretischer Handschriften) nach 7,7a_a hinter das hīr'anī verschoben werden? Die LXX überliefert jedenfalls in 7,7a_b "kaì idù anēr" (120), setzt also nicht 'ᵃdōnāj, sondern 'īš voraus. Wie aber läßt sich die Änderung an dieser Stelle erklären? Beruht sie auf Fahrlässigkeit oder steckt dahinter eine Absicht, und wenn ja, welche?

Es war schon in den ersten beiden Visionsberichten aufgefallen und Anlaß zu literarkritischen Überlegungen gewesen, daß sich in der LXX-Überlieferung ein Interesse sichtbar machen läßt, unter allen Umständen für die nach dem Aufmerksamkeitsruf folgenden Partizipien (vgl. 7,1a_b. 4a_b) ein Subjekt explizit auszumachen, entweder durch Inkaufnahme im Hebräischen wie im Griechischen schwieriger Satzstellung (vgl. 7,4a_b) oder auch durch Änderung des Partizips selbst in ein Substantiv (vgl. 7,1a_b), jedesmal jedoch in enger - wenn auch (wie im Falle von 7,1a_b) nur in enger optischer und akustischer - Anlehnung an die Fassung, wie sie im MT vorliegt. Hier - in 7,7 - fand sich nun wieder kein explizites

(120) Codex Vaticanus und Codex Marchialanus verzichten aber auf anēr.

Subjekt. Hinzugefügt wurde nichts, wie auch in den anderen Visionsberichten in bezug auf die vorliegende Problematik nie etwas hinzugefügt worden ist, und also wurde ein hinter dem hīr'anī stehendes ʾ^{a}dōnāj Jhwh, das schon auf den ersten Blick als fehlend aufgefallen war, hierher verschoben. Eine solche Verschiebung kann sich aufgrund eines ohnehin verderbt vorgefundenen Textes in Zusammenhang mit dem erwähnten, in der LXX-Überlieferung deutlich gewordenen Erläuterungsbedürfnis erklärt werden, das entweder für das nach dem Aufmerksamkeitsruf folgende Partizip oder an dessen Stelle ein explizites Subjekt ausfindig zu machen sucht. Dabei ging diese jeweils ein explizites Subjekt voraussetzende Hand - und das bestätigt neben den schon genannten Gründen die Retransponierung des ʾ^{a}dōnāj Jhwh hinter das hīr'anī - in mindestens zweifacher Hinsicht von einem Mißverständnis aus: Einmal wurde offenbar - wohl aufgrund der angenommenen Verderbnis des Textes - nicht ʾ^{a}dōnāj Jhwh, sondern nur ʾ^{a}dōnāj vorgefunden. Dieses wurde nicht als Subjekt in der Einleitung der Visionsberichte verstanden, sondern zum Teil des Gesehenen gezogen. Daraus folgt - was eine vorläufige relative Chronologie betrifft - , daß die in der LXX deutlich werdende, ein explizites Subjekt für das Partizip nach dem Aufmerksamkeitsruf oder an dessen Stelle voraussetzende Überlieferung jünger sein muß als die Textverderbnis, bei der das Jhwh verlorenging; die Textverderbnis aber muß wiederum jünger sein als der Interpolator, der die in Gebetsanrede gebrauchte Gottesbezeichnung ʾ^{a}dōnāj Jhwh von 7,2a$_b$ und 7,5a$_a$ als Hoheitstitel verstand und den entsprechenden anderen Stellen mit der Gottesbezeichnung Jhwh das ʾ^{a}dōnāj hinzufügte. Die zweite Hinsicht des angesprochenen Mißverständnisses kann so gekennzeichnet werden, daß die oben erwähnte Hand offenbar wieder von einem Partizip ausging, das auf den Aufmerksamkeitsruf folgte, genau wie in 7,4 und möglicherweise 7,1, welches letztere aber als jēṣær aufgefaßt oder umgedeutet wurde, was sich im griechischen epigonǽ ausdrückte. Mit dieser Bezeichnung als ein Mißverständnis ist nun schon in die Literarkritik von 7,7a$_b$.b vorgegriffen, die zunächst folgen soll, bevor der gesamte Vers und seine literarischen Schichten erneut zur Diskussion gestellt werden sollen.

Zunächst einmal fällt die breite Schilderung des Gesehenen in 7,7 nach dem Aufmerksamkeitsruf auf. Sie steht im Gegensatz zur viel kürzeren Schilderung in den drei anderen hier untersuchten Visionsberichten. Was aber schwerer ins Gewicht fällt, sie scheint zwei Höhepunkte zu haben: nämlich ʾ^{a}dōnāj und ʾ^{a}nāk, wobei dann der weitere Verlauf dieses Berichtes ʾ^{a}nāk als das erweist, worauf eigentlich abgezielt war. Nun hat sich der Aufmerksamkeitsruf in seiner Funktion als Hinweis auf einzelnes Gesehenes herausgestellt, auf das direkt und ausschließlich abgezielt war, wie der weitere Verlauf der einzelnen Berichte gezeigt hat und der folgende Bericht ebenfalls bestätigt. Dies entspricht aber auch dem Gebrauche des Aufmerksamkeitsrufes ganz allgemein in seinem sowohl imperativischen, als auch deiktischen Charakter. Da aber ʼadōnāj mit seinem Gewicht als Gottesbezeichnung die Aufmerksamkeit vom - wie der weitere Verlauf zeigt - eigentlich Intendierten ablenkt, kann der Aufmerksamkeitsruf nicht auf ʼadōnāj verweisen wollen, was auch aus der Perspektive von 7,7a_b eine Retransponierung der Gottesbezeichnung vor den Aufmerksamkeitsruf empfiehlt und damit die Lösung dieser Frage aus der Sicht von 7,7a_a ergänzt und bestätigt. Gleichzeitig macht die Überlegung um den Aufmerksamkeitsruf und das in ihm Intendierte noch einmal deutlich, daß auch Bemühungen, das ʼadōnāj als ʼīš oder ähnlich zu verstehen, fehlschlagen müssen.

Damit stellt sich aber verschärft die Frage nach dem Gesehenen. Wenn weder ʼadōnāj noch ʼīš noch überhaupt ein Substantiv als explizites Subjekt an dieser Stelle ursprünglich sind, welche Konsequenzen hat das für die restlichen Versteile 7,7a_b.b? Mit der Verschiebung des ʼadōnāj ist die Spannung, die hervorgerufen war durch die als doppelgipflig sich herausstellende Intention nach dem Aufmerksamkeitsruf, zwar beseitigt - wenn auch 7,7b vor allem durch das Subjekt des Nominalsatzes und dessen Suffix in der 3. Pers. Sing. Mask., welches in der Regel ein explizites Subjekt des vorangegangenen Satzes voraussetzt, die Spannung fortzusetzen scheint -, aber dennoch bleibt die Frage nach dem eigentlich Gesehenen. Der Vergleich mit dem vierten Visionsbericht legt nach dem Aufmerksamkeitsruf eher eine kurze Formulierung nahe, ohne Partizip, ohne Zeitbestimmung, erst recht ohne Nachsatz (vgl. 8,1b); umgekehrt scheint gerade das Partizip ein Strukturelement der ersten beiden Visionsberichte fortzusetzen. Dennoch bestehen ansonsten auch im Hinblick auf das Gesehene nach dem Aufmerksamkeitsruf erhebliche Unterschiede nach beiden Seiten. Jedoch gibt es auch im Gebrauch des Partizips an dieser Stelle Differenzen zu beachten: Einmal wird in den vorangegangenen Visionsberichten das Gesehene nicht mit Hilfe einer Präposition an das Partizip angeschlossen. Für eine Argumentation, die für diesen Fall die Parallelität mit den vorangegangenen Visionsberichten reklamieren will, müßte dieser Umstand aber als erklärungsbedürftige Auffälligkeit gewichtet werden. Zum anderen sind die anderen Partizipien - und darin liegt eine bedeutsame Abweichung - Qal-Formen, während sich das Partizip hier im Nifal findet. Das reflexive Nifal führt durch die Hintertür aber doch wieder ein persönliches zweites Gesehenes ein, das zunächst nicht das eigentlich intendierte erkennen läßt. Schließlich muß gegen niṣṣab ʻal eingewendet werden, daß es - ebenfalls explizit von ʼadōnāj ausgesagt - das Gesehene am Beginn des fünften Visionsberichtes in wörtlicher Entsprechung berichtet (vgl. 9,1a_{a1}) und dort fest in seinem Zusammenhang sitzt.

Mit der Verschiebung des ʼadōnāj von 7,7a_b nach 7,7a_a und der Herauslösung des niṣṣab al aus dem ursprünglichen Zusammenhang von 7,7a_b aber fällt auch das schon oben inhaltlich wegen seines Subjekts jād und formal wegen dessen rückweisende Festlegung durch das Suffix in Zweifel gezogene 7,7b endgültig. Sowohl das niṣṣab ʻal, als auch 7,7b sind damit als erläuternde Glossen aufzufassen, die als notwendig erachtet wurden, nachdem im Verlaufe der Rekonstruktion des textlich verderbten 7,7 ʼ^{a}dōnāj nach 7,7a_b geriet. Vor allem der als stützende Erläuterung erkannte Teil von 7,7a_b muß im Zuge der Rekonstruktion hinzugefügt worden sein; 7,7b ist wahrscheinlich später anzusetzen, weil der Rekonstrukteur offenbar äußerst sparsam verfahren ist: in 7,7a_a hat er nicht einmal das ʼ^{a}dōnāj Jhwh eingesetzt, obwohl er ʼ^{a}dōnāj noch vorgefunden hat. Die als andersartig - nicht als verstümmelt - verstandene Gottesbezeichnung und der Einfluß aus 9,1a_{a1} half diese an 7,7a_b zu binden. Einen Anlaß, die Gottesbezeichnung in 7,7a_a nachzutragen, die weder aus inhaltlichen, noch aus syntaktischen Gründen zwingend ist, sondern aus anderen literarischen Gründen geboten erscheint, sah er jedoch nicht.

Damit stellt sich literarkritisch die Frage nach dem in 7,7a_b verbliebenen ḥōmat ʼ^{a}nāk. In formaler Hinsicht lassen sich keine Einwände dagegen vorbringen. Die entsprechende Stelle des vierten Visionsberichtes (8,1b) bringt das Gesehene nach dem Aufmerksamkeitsruf in Form eines Nominalsatzes, bestehend aus zwei im Konstruktusverhältnis zueinander stehenden Substantiven. Genau das aber stellt ḥōmat ʼ^{a}nāk ebenfalls dar. Damit wird das seltene, nur im Zusammenhang dieses Visionsberichtes auftauchende ʼ^{a}nāk als ein Substantiv festgelegt. Eine Änderung von ḥōmat in ḥōmā - vgl. BHS und BHK^{3} - erweist sich damit als überflüssig (121). Auf eine inhaltliche Adäquatheit von ḥomat ʼ^{a}nāk braucht wegen der Exklusivität des ʼ^{a}nāk an dieser Stelle nicht eingegangen zu werden; sie ist eine Frage der Formkritik.

Zusammenfassend kann das Ergebnis der Literarkritik von 7,7 so dargestellt werden:

I	7,7a_a + Jhwh 7,7a_b ohne ʼ^{a}dōnāj und niṣṣab ʻal
II	Interpolator, der in 7,7a_a ʼ^{a}dōnāj hinzufügte.
III	Rekonstrukteur, der nicht mehr Jhwh vorfand und deshalb ʼ^{a}dōnāj nach 7,7a_b zog und erläuternd niṣṣab ʻal in 7,7a_b einfügte.
IV	Glossator, der an die Rekonstruktion von III 7,7b anschloß.

Nach der Einleitung und dem Gesehenen dieses Visionsberichtes folgt dann das Gespräch zwischen Jahwe und dem Berichterstatter. Im Unterschied zu den vorangegangenen Berichten wird das Gespräch hier - wie im folgenden Bericht - aber nicht durch einen Einspruch des Berichterstatters, sondern durch eine Frage Jahwes initiiert, die schon in der Redeeinleitung explizit durch die Präposition ʼǣl mit Suffix der 1. Pers. Sing. Mask. als Frage speziell an den Berichterstatter gekennzeichnet

(121) Unter Berücksichtigung des gesamten 7,7, der dabei vorausgesetzt wird, erweist sich eine solche Änderung sogar als äußerst bedenklich, weil das nur in diesem Zusammenhang verwendete, seltene ʼ^{a}nāk in 7, 7 a_b als Adjektiv und in 7, 7b als Substantiv aufzufassen wäre.

ist, welcher seinerseits durch die Namensnennung in der Frage selbst identifizierbar wird.

In 7,8b_a fällt die Gottesbezeichnung ʾ^{a}dōnāj auf: einmal schon aufgrund der bereits vorangegangenen Überlegungen zur Gottesbezeichnung im Amosbuch, aus der sich nicht nur die - abgesehen von zwei begründeten Ausnahmefällen - als ursprünglich nicht haltbar erweisbare Gottesbezeichnung ʾ^{a}dōnāj Jhwh ergeben hatte, sondern auch die Gottesbezeichnung ʾ^{a}dōnāj(vgl. 7,7) literarkritisch als ursprüngliches Jhwh erklärbar wurde; zum anderen aber fällt sofort auf, daß es in direkter Konkurrenz zum Jhwh von 7,8a_a steht. Während Jhwh das Gespräch begonnen hatte, wird es nach einer kurzen Zwischenbemerkung seitens Amos' plötzlich durch ʾ^{a}dōnāj fortgesetzt. Hier ist mit zahlreichen masoretischen Handschriften - wie BHS bemerkt; für BHK^{3} ist das ʾ^{a}dōnāj hier offenbar in keinerlei Hinsicht auffällig - Jhwh zu lesen. Auch ein Blick auf die entsprechende Stelle im vierten Visionsbericht (8,2b_a) legt diese Lesart zusätzlich nahe.

Es bleibt aber die Frage, wie das ʾ^{a}dōnāj überhaupt an diese Stelle gelangte. Eine Antwort legt sich mit Blick auf das eben erst vorangegangene 7,7a_b nahe. Dort war die auch sonst relativ selten verwendete und textlich fast nie unumstrittene Gottesbezeichnung ʾ^{a}dōnāj exegetisch zum Schlüssel für die Analyse der verschiedenen Bearbeitungen in 7,7 geworden. Es muß in 7,8b von einer ähnlichen Situation ausgegangen werden: daß ʾ^{a}dōnāj auf keinen Fall die Gottesbezeichnung ist, die hier ursprünglich gestanden hat, war schon klar gemacht worden. Die Vermutung von der Übertragbarkeit der Situation gewinnt aber umso mehr an Absicherung, als auch außer der vorgefundenen Gottesbezeichnung andere Textteile von 7,8b_a literarkritisch in Zweifel gezogen werden müssen. Zunächst fällt das hin^{e}nī auf, das als erneuter Aufmerksamkeitsruf schon in Erinnerung an die Schwierigkeit, die in 7,1 ein zweiter Aufmerksamkeitsruf im selben Visionsbericht bereitet hat, zweifelhaft bleibt; dann das ʾ^{a}nāk, das in seiner einfachen Wiederholung im Aufbau des Visionsberichtes ohne erkennbaren Sinn bleibt, wie noch zu zeigen sein wird; schließlich wird ausgehend von diesen beiden Schwierigkeiten das śām zur Diskussion zu stellen sein. Damit aber ist eine Reihe von Punkten genannt, die in ihrer Gesamtheit wieder auf eine Textverderbnis hinweisen. Das Auftauchen der Gottesbezeichnung ʾ^{a}dōnāj ist wieder so erklärbar, daß, nachdem schon vorher der bereits vorgestellte Interpolator gearbeitet hat, der aus den schon genannten Gründen an den entsprechenden Stellen ʾ^{a}dōnāj an die Gottesbezeichnung Jhwh gefügt hat, nur noch ʾ^{a}dōnāj vorfindlich oder erkennbar war. Sie wurde als hinreichend verständlich erachtet und deshalb, jedoch auch aus Sparsamkeitsgründen, die den vorgefundenen Text möglichst nicht antasten wollten - vgl. 7,7a_a -, nicht ergänzt.

Das folgende hin^{e}nī liefert aber noch einen weiteren Grund, warum einfach ʾ^{a}dōnāj hier bestehen gelassen wurde: In ihm dokumentiert sich die Fortsetzung des Mißverständnisses, das schon in 7,7 die Gottesbezeichnung statt zur Einleitung zum Gesehenen nach dem Aufmerksamkeitsruf gezogen hatte und auf diese Weise de facto eine doppelgipflige Intention des Gesehenen dieses Visionsberichtes vorausgesetzt hatte, denn das w^{e}hinnē machte sowohl auf ʼ^{a}dōnāj, als auch auf hōmat ʼ^{a}nāk aufmerksam. Hier, in 7,8, bot sich aus verschiedenen Gründen die Gelegenheit, diesem Verständnis auch im weiteren Verlauf des Visionsberichtes eine Chance zu geben: Der Anfang von 7,8 war textlich verdorben und bedurfte der Rekonstruktion, und es wurde wieder die Gottesbezeichnung nur in ihrer verstümmelten Form ʼ^{a}dōnāj erkennbar. Die Einfügung von hin^{e}nī legte sich von daher aus zwei Gründen nahe: Es weist durch sein Suffix der 1. Pers. Sing. in einer durch ʼ^{a}dōnāj als Subjekt eingeleiteten Rede direkt auf ʼ^{a}dōnāj hin, ohne die Aufmerksamkeit auf das ʼ^{a}nāk zu vernachlässigen, und es unterstreicht - wohl mit Blick auf die Eindeutigkeit des weiteren Redeverlaufs in 7,8b$_{b}$ - den Charakter der Rede als Gerichtsrede, die das richtende Eingreifen des ʼ^{a}dōnāj ankündigen soll.

Aber nicht nur die inhaltliche Brüchigkeit, die die schon in 7,7 als Mißverständnis erwiesene doppelgipflige Intention des Gesehenen dieses Visionsberichtes hier fortzusetzen sucht, sondern auch die formale Ausnahme-Verwendung des hin^{e}nī rät zu seiner literarkritischen Eliminierung. Es müßte ein Gerichtswort einleiten, es müßte - wie in der Regel - eine Begründung der Gerichtsankündigung vorausgehen, sie müßte - wie sehr häufig - in Zusammenhang mit der Botenformel anzutreffen sein, es müßte ihr - wie meistens - ein Perf. cons. folgen, sie dürfte schließlich nicht in Konkurrenz zu w^{e}hinnē zu finden sein, das selbst häufig die Ankündigung des Gerichtes einleitet, wenn dieses schon nicht - wie hier - eine solche Ankündigung einleitet. (122) Schwer wiegt auf diesem Hinter-

---

(122) vgl. Jenni/Westermann, THAT, Bd. I, München/Zürich 1971, Sp. 506 und die dort zitierte Literatur. Besonders Westermann (Grundformen prophetischer Rede, München ^{4}1971, vgl. S. 120-147) macht deutlich, daß zur Gerichtsrede an Israel zunächst die Begründung und danach die Ankündigung gehört, die dann durch hin^{e}nī oft - häufiger aber noch im direkt ansprechenden Gerichtswort an Einzelne - eingeleitet wird. Das völlige Ausfallen der Begründung konzediert Westermann unter "II. Abwandlungen der Form", wo er a. a. O., S. 129 u. a. auch den dritten und vierten Visionsbericht des Amos als Beispiel anführt. Für beide aber wird der Umfang 7,7-9 bzw. 8,1-3 (vgl. ebd.) vorausgesetzt. Wenn aber - wie noch zu zeigen sein wird - literarkritische Überlegungen zu der Einsicht zwingen, daß weder 7,9 noch 8,3 zum jeweiligen Visionsbericht gehören, dann geht die Abwandlung soweit, daß auch die konkrete Gerichtsankündigung fehlt. Damit jedoch geht auch diese letzte Rechtfertigung für das hin^{e}nī verloren. Es soll auf diese Weise der drohende Charakter von 7,8b$_{b}$ keineswegs in Frage gestellt werden, eine Gerichtsankündigung im angesprochenen Sinne liegt aber nicht

grund vor allem, daß es tatsächlich kein Gerichtswort einleitet (vgl. Anm. II/122). Daß 7,8b - vor allem 7,8b_b - auch nicht in vielleicht abgeleiteter Form als ein solches Gerichtswort verstanden worden ist, so daß sich eine formal analoge Behandlung doch noch verteidigen ließe, lehrt - wenngleich dies kein selbständiges, sondern nur ein zusätzliches Argument sein kann - ein Blick auf die Parallelstelle im vierten Visionsbericht, wo ein eventuelles Nachtragen des hin^{e}nī in 8,2b_{a2} weder inhaltlich erfordert, noch syntaktisch überhaupt möglich ist, weil bā' hier nicht Partizip, sondern nur finite Verbform sein kann; außerdem zeigt sich hier - in 8,2 -, daß nicht auf zweierlei Gesehenes abgehoben ist sondern nur auf eines, das in auditiver und visueller Wortassoziation eine Deutung erfährt, die den Visionsbericht in sein Ziel bringt.

Kann aus diesen Gründen das hin^{e}nī literarkritisch als erklärender Zusatz des Bearbeiters ausgeschieden werden, der - wie in 7,7 - auch hier vor der Schwierigkeit der Rekonstruktion des verderbt vorliegenden Textes gestanden hat und dessen Arbeits- bzw. Verständnismerkmale - Sparsamkeit in der Rekonstruktionsarbeit, Akzeptierung der Gottesbezeichnung '^{a}dōnāj, Voraussetzung einer doppelgipfligen Intention des Gesehenen im dritten Visionsbericht - auch hier sich bemerkbar machen, so weist unter anderem auch die Vergleichsstelle des vierten Visionsberichtes über die deutende wortassoziative Abwandlung des Gesehenen als Ziel des Visionsberichtes auf die literarkritische Fragwürdigkeit des '^{a}nāk in 7,8b hin. Als weiterer und schwerer wiegender Grund dafür, daß das '^{a}nāk hier in Zweifel gezogen werden muß, kann noch in folgender, vom Vergleich als entsprechend angesehener Stellen unabhängiger Argumentation deutlich werden: Die einfache Wiederholung der schon verkürzenden Wiederholung von 7,8a des vollständig geschilderten Gesehenen aus 7,7a, bringt in 7,8b den Visionsbericht nicht nur nicht in seiner Entwicklung weiter, sondern läßt auch vergeblich nach dem Sinn der Verkürzung in 7,8a fragen, wenn diese lediglich in 7,8b wiederholt wird und auch noch ein Drohwort verständlich machen soll. Wenn die Wiederholung der Verkürzung in 7,8b tatsächlich ein Drohwort verständlich macht, wäre auf die Verkürzung in 7,8a jedoch zu verzichten.

Anders wird die hier angesprochene Situation im vierten Visionsbericht deutlich. Hier stehen wir zunächst einmal vor der Schwierigkeit, daß die im dritten Visionsbericht verkürzte Wiederholung des Gesehenen (vgl. 7,8a_b) eben nicht verkürzt, sondern vollständig das Gesehene wiederholt (vgl. 8,2a_b). Auch die LXX-Überlieferung hilft in dieser Situation nicht weiter; sie hält sich an den MT. Dennoch ist in dieser Frage eher der

---

(Fortsetzung 122) vor: Es wird nichts an Strafen oder Sanktionen angedroht, sondern - im Gegenzug zu dem der ersten beiden Visionsberichte - ein Entscheid verkündet, der eine allgemeine - ohne konkrete Maßnahmen zu nennen - Stellungnahme beschreibt.

verkürzenden Wiederholung des dritten Visionsberichtes in 7,8a_b zu trauen und 8,2a_b dahingehend zu korrigieren. Einmal entgeht man derselben Schwierigkeit, wie schon beim dritten Visionsbericht in 7,8b_a den Sinn der einfachen Wiederholung erklären zu müssen; zum andern ist das in der Assoziation implizierte Wortspiel nur mit dem Wortteil des zusammengesetzten Wortes möglich, der verkürzend im dritten Visionsbericht genannt wird; ferner verlangt die Technik der Wortassoziation geradezu die Konzentration auf den Teil, mit dem assoziierend gearbeitet werden soll; schließlich läßt sich die vollständige Wiederholung des Gesehenen in 8,2a_b als Dittographie aus 8,1b erklären, wohingegen sich für eine Textverderbnis in 7,8a überhaupt kein Anhaltspunkt findet: Auch die Redeeinleitung in 7,8a ist zuverlässiger überliefert als die der entsprechenden Stelle im vierten Visionsbericht (8,2a), wovon noch bei der literarkritischen Analyse des vierten Visionsberichtes die Rede sein soll.

Es wird also bei der folgenden Argumentation von einer verkürzten Wiederholung des Gesehenen im vierten Visionsbericht in 8,2a_b ausgegangen. Dabei läßt sich - ausgehend vom Visionsbericht als Ganzem - erkennen, daß zunächst etwas konkret Vorliegendes als Gesehenes vorgestellt wird. Dieses wird nicht vollständig, sondern - scholastisch gesprochen - nur in seiner differencia specifica wiederholt unter Auslassung des Gattungsbegriffes. Eine solche Vorgehensweise ist leicht möglich, wenn das Gesehene in der Konstruktusverbindung zweier Substantive vorgestellt worden ist: es braucht dann nur - syntaktisch gesprochen - das nomen regens ausgelassen und das nomen rectum allein wiederholt zu werden. Dabei aber darf dann nicht stehengeblieben werden. Die hier sichtbar werdende meditative Technik - davon wird noch die Rede sein - verlangt nach weiterer Verarbeitung, um zu einer Einsicht über Jahwes Entscheid zu gelangen. Jedenfalls wird dieser weder durch "Obst", noch durch - sagen wir - "Zinn" oder Ähnliches erklärbar. Folgerichtig sucht der vierte Visionsbericht in diesem Stadium nach einer Verarbeitungsmöglichkeit und findet sie in auditiver und visueller Wortassoziation, wobei das assoziierte Wort als Synsemantikon sich der exemplarischen Einführbarkeit von Prädikatoren bzw. deren Abstraktion als Klassen- oder Mengenbegriff entzieht. In entsprechender Weise verlangt auch die Rekonstruktion des ohnehin schon als textlich verderbt erkannten 7,8b_a statt des wiederholten ʼ^{a}nāk nach einem den Visionsbericht in seiner Entwicklung weitertreibenden, assoziativ in Anlehnung an ʼ^{a}nāk zu gewinnenden Wortes (122a), das analog die sprachliche Funktionsfähigkeit der Objektivierbarkeit von Gegenständen durch Prädikatoren überschreitet und damit erst durch den faktischen Gebrauch in der Sprache, der sich an Beispielen - ohne als Beispiel präsentierbar zu sein - ablesen läßt,

---

(122a) Auch F. Horst (EvTh 20,1960,S. 201) vermutet hier ein Assonanzwort und schlägt, freilich ohne literarkritische Überlegung, mehr spontan ʼ^{a}nāḥā vor.

als Interpretament zur Beschreibung der objektivierenden Funktion in der Exemplarität von Prädikatoren definierbar ist. Die Weise, wie ein solches hier etwas verlegen genanntes Interpretament sich trotz seines Entzugs der Festlegbarkeit im Zu- bzw. Absprechen von Prädikatoren durch den selbstregulierenden faktischen Gebrauch in der Sprache eingeführt werden kann, heißt im Anschluß an Kamlah/Lorenzen (123) synsemantisch. Ein so eingeführtes Wort soll Synsemantikon heißen. Ein solches Synsemantikon gewinnt seinen Sinn - d. h. es legt seine sprachliche Funktion erst fest - in seinem faktischen Gebrauch, ohne schon vorher festgelegt und damit sinnvoll nur für einen bestimmten sprachlichen Gebrauch tauglich zu sein.

Die Schwierigkeit, von der in 7,8b ausgegangen werden muß, besteht nun, nachdem 'ᵃnāk nicht beibehalten werden kann, in Umkehrung der Verhältnisse darin zu fragen, ob hier wieder ein Synsemantikon zu erwarten ist, zumal dieses dann nicht durch seinen faktischen Gebrauch festlegbar wäre, weil sein Gebrauch tatsächlich nicht feststeht, oder ob es hier auf einen Aspekt der Synsemantika ankommt:nämlich als Interpretamente einen Sinnzusammenhang außerhalb der Grenzen des objektivierend-zustellenden Zugriffs zu charakterisieren. Genau dies Letztere scheint aber der Sinn der Anwendung der meditativen Assoziationstechnik in diesen beiden Visionsberichten zu sein: einen Gebrauchsgegenstand auf sein Spezifikum zu verengen, und dieses dann zunächst vom Gebrauchsgegenstand und schließlich überhaupt von der Objektivierung durch den herstellenden und zustellenden Gebrauch meditativ mit Hilfe freier Wortassoziation zu lösen. Es führt der Weg von kᵉlūb qājiṣ (ḥōmat 'ᵃnāk) über qājiṣ ('ᵃnāk) zu qēṣ ('ᵃnāḥā?).

Textkritisch kann dann ein nicht mehr vollständig erhaltenes und deshalb mißverständlich als 'ᵃnāk rekonstruiertes 'ᵃnāḥā hier vermutet werden. Daraus ergäbe sich für śām, daß es wegen des femininen 'ᵃnāḥā ein unvollständiges śāmā darstellen muß und einen reflexiven Sinn hat, was als Möglichkeit u. a. in 1 Sam 15,2; 1 Kön 20,12; Ruth 3,3 Ps 54,5;86,14 belegt ist.

Zusammenfassend läßt sich zu 7,8b_a also feststellen, daß das 'ᵃdōnāj ein unvollständiges 'ᵃdōnāj Jhwh ist, das aus den genannten Gründen ursprünglich ein Jhwh war. Das hinᵉnī ist ein erklärender Zusatz, der literarkritisch vom ursprünglichen Text zu trennen ist. Das śām ist ein unvollständiges śāmā; das 'ᵃnāk ist mißverständlich und muß - vermutlich durch 'ᵃnāḥā - ersetzt werden.

Die geschilderte Entscheidung in 7,8b_b - wieder wie schon in den ersten beiden Visionsberichten durch lō' plus Präformativkonjugation eingeleitet

---

(123) Kamlah, Wilhelm/Lorenzen, Paul, Logische Propädeutik oder Vorschule des vernünftigen Redens, B.I.-Hochschul.-TaBü 227, Mannheim/Wien/Zürich 1967

- bringt den Visionsbericht in sein Ziel und schließt ihn ab. Das folgende 7,9 kann nicht mehr zum Visionsbericht gezählt werden; sein Thema - Polemik gegen Opferhöhen und Heiligtümer Israels - ist auch ein von ihm unterschiedenes und eine Bezugnahme zum Vorhergehenden läßt sich nicht erkennen. Die Formulierung ʿal bēt jārābʿām verrät aber endgültig - wie schon allgemein erkannt - die spätere Hinzufügung, weil hier die ursprünglichere Drohung gegen Jerobeam selbst (7,11a_b) konditioniert worden ist auf das "Haus Jerobeams", nachdem die Geschichte gelehrt hatte, daß nicht Jerobeam, wohl aber dessen Sohn Sacharja nach einam halben Jahr Regierungszeit durch die Verschwörung des Sallum gewaltsam ums Leben gekommen ist. Auch hier macht sich die Aktualisierungstendenz des Deuteronomisten - so wäre W. H. Schmidt (124) im Anschluß an Hossfeld/Meyer (125) zu ergänzen - bemerkbar. Der Vers kann so als ein redaktionelles Bindeglied zum folgenden Fremdbericht 7,10-17 verstanden werden; er braucht uns in diesem Zusammenhang aber nicht eingehender zu beschäftigen. Es genügt, wenn deutlich werden konnte, daß der dritte Visionsbericht mit 7,8 abgeschlossen hat.

d) Der vierte Visionsbericht (8,1-2)

In 8,1a trennen wir - wie schon bei den vorangegangenen Visionsberichten auch und aus denselben Gründen - wieder das ʾ^{a}dōnāj aus dem Text heraus.

In 8,2a_a fällt zunächst auf, daß das Subjekt zu wajjʾōmær nicht genannt ist. Es bliebe völlig im Dunkeln, wer überhaupt redet, wenn nicht ein Blick auf das entsprechende 7,8a_a und die Tatsache, daß Amos der Angeredete ist, nahelegten, daß Jahwe es ist, der hier redet. Außerdem fehlt gegenüber dem dritten Visionsbericht die durch das ʾēlaj vorgenommene Selbstidentifizierung des angeredeten Amos mit dem Verfasser des Visionsberichtes. Dagegen findet sich diese ausführliche Redeeinleitung in 8,2b_{a1}, wo sie aber gar nicht zu erwarten ist, weil hier nicht mehr Amos persönlich angesprochen ist, mindestens nicht namentlich, sondern hier folgt der Entscheid Jahwes. Auch der dritte Visionsbericht bringt an der entsprechenden Stelle (7,8b_a) die ausführliche Redeeinleitung nicht; zu Recht, denn der Entscheid gilt ja nicht zugespitzt auf Amos.

Es muß daher angenommen werden, daß hier ein Abschreibfehler vorliegt: das ʾēlaj von 8,2b_a gehört nach 8,2a_a; LXX bringt bei allen Redeeinlei-

---

(124) vgl. W. H. Schmidt, a. a. O., S. 191f

(125) vgl. Hossfeld/Meyer, Prophet gegen Prophet - Eine Analyse der alttestamentlichen Texte zum Thema: Wahre und falsche Propheten, BB 9 (hrsg. v. W. Baier/O. Keel), Einsiedeln 1973, S. 42f; zur Abtrennung von 7,9 vgl. schon Weiser, a. a. O., S. 161; vgl. ebd. zu 8,3 a. a. O., S. 161.

tungen, nach denen Jahwe in diesen beiden Visionsberichten das Wort ergreift, kaì eîpen ký́rios prós me (vgl. 7,8a_a. b_a;8,2a_a. b_a). Damit wird aber weder dem Wortlaut des MT Rechnung getragen, noch wird damit die Differenzierung zwischen persönlicher Anrede und allgemeinerem Entscheid verstanden. Auch der Entscheid am Schluß der ersten beiden Visionsberichte läßt eine persönliche Anrede vermissen.

Die vollständige Wiederholung des Gesehenen in 8,2a_b ist aus den schon im Zusammenhang mit dem dritten Visionsbericht genannten Gründen als Dittographie erklärbar und ist nur in seiner verkürzten Form (qājiṣ) als ursprünglich anzuerkennen.

Damit gelangt der Visionsbericht zu seinem Ziel und Abschluß. Der folgende Vers - 8,3 - kann nicht mehr zum vierten Visionsbericht gezählt werden. Er fällt ebenfalls wieder durch seine vom Visionsbericht unterschiedene Thematik auf. Die Polemik gegen die Opferhöhen und die Heiligtümer Israels, die als Drohung sich gegen die - zur Zeit des Amos - daran für schuldig befundene Familie Jerobeams richtet (7,9), wird in 8,3 ausgedehnt auf das Palastpersonal überhaupt und schließlich auf "allerorten". Es kann daher und auch wegen der dann möglicherweise sich andeutenden, hier besonderen poetisch gebundenen Form - zweimal dreigliedriger Parallelismus membrorum - angenommen werden, daß 7,9 und 8,3 zusammen gehören und insgesamt der deuteronomistischen Redaktion des Amosbuches zugeschrieben werden müssen (vgl. auch Abb. 3, wo das Ergebnis der Literarkritik der ersten vier Visionsberichte zusammengefaßt und für die syntaktisch-stilistische Einzelanalyse der Formkritik vorbereitet ist).

Abb. 3

Erster Visionsbericht	Stelle	Zweiter Visionsbericht	Stelle	Dritter Visionsbericht	Stelle	Vierter Visionsbericht	Stelle
kō hīr'anī Jhwh	7,1a$_{a}$	kō hīr'anī Jhwh	7,4a$_{a}$	kō hīr'anī Jhwh	7,7a$_{a}$	kō hīr'anī Jhwh	8,1a
w^{e}hinnē	7,1a$_{b}$	w^{e}hinnē	7,4a$_{b}$	w^{e}hinnē	7,7a$_{b}$	w^{e}hinnē	8,1b
jōṣēr gōbaj	7,1a$_{bc}$	qōrē'..lrbb...		hōmat '^{a}nāk		k^{e}lūb qājiṣ	
biṯhillat ʿ^{a}lōt		'ēš		wajj'ōmær Jhwh	7,8a$_{a1}$	wajj'ōmær Jhwh	8,2a$_{a1}$
hallāqæš				'ēlaj		'ēlaj	
waj^{e}hī ...ʾm...	7,2a$_{a1}$	watt'ōkal'ǣt	7,4b$_{a}$	mā 'attā rō'æ	7,8a$_{a2}$	mā 'attā rō'æ	8,2a$_{a2}$
(... s..)		t^{e}hōm rabbā		ʿāmōs		ʿāmōs	
w^{e}killā læ'^{æ}kōl	7,2a$_{a2}$	w^{e}'āk^{e}lā'ǣt	7,4b$_{b}$	wā'ōmar	7,8a$_{b}$	wā'ōmar	8,2a$_{b}$
'ǣt ʿēśæb		hahēlæq		'^{a}nāk		qājiṣ	
hā'āræṣ							
wā'ōmar	7,2a$_{b1}$	wā'ōmar	7,5a$_{a1}$	wajj'ōmær Jhwh	7,8b$_{a1}$	wajj'ōmær Jhwh	8,2b$_{a1}$
'^{a}dōnāj Jhwh	7,2a$_{b2}$	'^{a}dōnāj Jhwh	7,5a$_{a2}$	śāmā '^{a}nāhā	7,8b$_{a2}$	bā' haqqēṣ 'æl	8,2b$_{a2}$
s^{e}laḥ nā'		h^{a}dal nā'		b^{e}qǣrǣb ʿammī		ʿammī Jiśrā'ēl	

2. Die literarische Analyse des fünften Visionsberichtes (9,1-4)

a) Das literarische Problem

Wie schon die Vorüberlegungen zum Visionszyklus des Amosbuches deutlich machten, gibt der fünfte Visionsbericht gegenüber dem - schon äußerlich erkennbar durch die feste Klammer des kō hīr'anī Jhwh w^{e}hinnē - geschlossenen Komplex (126) der ersten vier Visionsberichte Probleme auf, die uns veranlaßten, ihn während unserer literarkritischen Betrachtung zunächst getrennt von den anderen Visionsberichten zu analysieren. Nachdem im Anschluß an den vierten Visionsbericht eine Reihe von Unheilsworten gegen Israel gefolgt war, setzt 9,1 wieder mit einem Selbstbericht - darin den ersten vier Visionsberichten gleich -, aber in der 1. Pers. Sing. Afformativkonjugation Qal von r'h ein. Als bestimmtes Akkusativobjekt folgt '^{a}dōnāj. Nun fällt natürlich sofort auf, daß die Weise, wie sich dieser Visionsbericht als Selbstbericht ausweist, wesentlich von den vorangegangenen Visionsberichten abweicht. Gemeinsam ist zunächst einmal, daß beide Male eine Form von r'h verwendet worden ist. Damit ist es einerseits z.B. von ḥzh (vgl. etwa Am 1,1) abgehoben und andrerseits von šʿh - blicken auf, sich kümmern um - und von nbt - hinsehen, ansehen, Ausschau halten - unterschieden. Völlig auseinander aber gehen die Verbformen. Während vorher die 3. Pers. Sing. Mask. Afformativkonjugation Hifil plus Suffix der 1. Pers. Sing. Mask. verwendet wurde, findet sich jetzt die 1. Pers. Sing. Qal. Vorher war also nicht der Berichterstatter das Subjekt zu r'h gewesen, sondern ein eigens genannter Dritter, nämlich Jhwh, während sich der Berichterstatter selbst im Suffix der 1. Pers. Sing. Mask. nennt. Hier jedoch ist durch die 1. Pers. Sing. der Berichterstatter selbst implizites Subjekt. Dadurch aber, daß an dieser Stelle ein Dritter als Subjekt zum eigenen Sehen fehlt, kann hier - im Gegensatz zu den ersten vier Visionsberichten - statt kausativem, indirekt eine Handlung zum Ausdruck bringendem Hifil das direkte Qal verwendet werden. Nun sind freilich Einleitungen von Visionsberichten mit rā'īti im AT sehr selten: Aufzuführen wären nur 1 Kg 22,17.19 und deren Entsprechungen in 2 Chr 18,16.18; Jer 4,23-26 kann nicht dazugezählt werden, weil es sich hier nicht um die Einleitung zu einem Visionsbericht handelt, sondern um eine Aneinanderreihung von Geschautem, das jeweils mit rā'īti plus entweder mittelbar (Jer 4,23f) oder unmittelbar (Jer 4,25f) folgenden Aufmerksamkeitsruf gegliedert ist; außerdem kann für Jer 4,23-26 festgehalten werden, daß es sich um einen späten, auch bei Jeremia nachgetragenen Einschub vermutlich

(126) Genauere Differenzierungen kommen jedoch in der Formkritik zur Sprache.

aus der Exilszeit handelt (127).

Dennoch werden auch weitere Visionsberichte mit der 1. Pers. Sing. Qal von r'h eingeleitet bzw. fortgeführt, und zwar im Impf. cons. Es ist dabei sachlich von untergeordnetem Belang und soll nur um der Genauigkeit des Zitats willen vermerkt sein, ob sich - wie in Jes 6,1; Ez 1,1; 2,9;8,2;10,1.9;11,1; Dan 8,2.3;10,8; Sach 5,1;6,1 - wā'ǣr'ǣ dort findet oder - wie in Ez 1,4;44,4; Sach 2,1.5;5,9; Dan 10,5 - wā'ēr'ǣ; der Vollständigkeit halber erwähnt sei noch das wā'ēr'ǣ als Einleitung zu den Traumschilderungen von Gen 31,1 41,22. Es muß jedoch gefragt werden, ob in der Sache rā'īti und wā'ǣr'ǣ einfach austauschbar sind, so daß gewissermaßen die Seltenheit von rā'īti durch den Verweis auf das häufigere wā'ǣr'ǣ als Einleitung in Visionsberichte gerechtfertigt werden könnte. Zunächst ist durch das Impf. cons. belegt, daß ein Berichterstatter im Visionsbericht auch selbst Gesehenes berichten kann und nicht nur solches, das durch einen Dritten - nämlich Jahwe - sehen gelassen wurde, was sich dann im deiknymi der LXX niederschlägt. Es muß allerdings von vornherein eine Einschränkung gemacht werden: Das Impf. cons. findet sich in diesem Zusammenhang - wenn wir Jes 6,1 zunächst für eine gesonderte Betrachtung isolieren - nur in Ez, Dan und Sach, es wird also erst in der exilischen bzw. nachexilischen Prophetie verwendet. Eine zweite Einschränkung muß hinzugefügt werden: Das Gesehene in diesen Visionsberichten ist nie eine mit einer Gottesbezeichnung versehene Person; Ez 44,4 scheint zwar dicht daran zu liegen, aber von einem Sehen Jahwes kann auch dort keine Rede sein.

Die einzige Stelle, an der von einem Sehen des 'ᵃdōnāj mit einer Einleitung durch wā'ǣr'ǣ gesprochen wird, ist Jes 6,1. Neben der Gemeinsamkeit der Gottesbezeichnung weist Jes 6,1 in der Schilderung des Gesehenen noch eine weitere Parallelität mit unserer Ausgangsstelle Am 9,1 auf: Ein jeweils folgender partizipialer Nominalsatz verweilt noch bei dem gesehenen 'ᵃdōnāj, indem zunächst in einem Partizip seine Haltung (Jes 6,1: "sitzend"; Am 9,1: "stehend") beschrieben wird und danach eine jeweils präpositional mit ʿal angeschlossene Ortsbestimmung folgt. Schließlich muß auf die Gemeinsamkeit hingewiesen werden, daß im weiteren Verlauf jemand spricht - in Am 9,1a_{a2} direkt angeschlossen; in Jes 6 erst nach einer Beschreibung der Umgebung des gesehenen 'ᵃdōnāj (Schleppe, Seraphe und deren Doxologie über die Heiligkeit Jahwes) in Vers 4 folgend - und die Schwellen danach ins Beben geraten. Bei Amos ist nicht klar, ob die Schwellen vom Sprechen erzittern oder ob diese Erschütterung der Rede als Folge des vorher Gesagten konstatiert wird; bei Jesaja ist hingegen eindeutig das Beben auf die Stimme des Rufenden (vgl. Jes 6,4) zurückgeführt. In beiden Visionsberichten bleibt allerdings unklar, wer spricht: In Am 9,1 ist die Redeeinleitung ohne explizites Subjekt, und in Jes 6,4 kann miqqōl haqqōrē' wegen

(127) vgl. Rudolph, Jeremia, HAT 12, Tübingen ³1968, S. 41-43

des Singulars des Partizips nicht auf die in Vers 2 genannten ś^{e}rāfīm bezogen werden, von einem Sprechen des ʼ^{a}dōnāj war dort andrerseits aber auch nicht die Rede, so daß ein Bezug auf ʼ^{a}dōnāj ebenfalls problematisch bleibt.

Nach den Gemeinsamkeiten wären aber die Unterschiede zu nennen. Zunächst einmal steht das Impf. cons. in Jes 6,1 nicht - wie die 1. Pers. Sing. Mask. Afformativkonjugation Qal von Am 9,1 - am Anfang des Visionsberichtes, sondern folgt nach einer mit zur Einleitung des Visionsberichtes gehörenden Zeitbestimmung. Das trifft übrigens auch für alle anderen Fälle zu, wo das Impf. cons. von r'h Visionsberichte einleitet oder fortführt; zwar handelt es sich nicht immer um eine Zeitbestimmung, es kann auch - wie z. B. bei Sacharja - eine geprägte Wendung wā'æśśā' ʿēnaj (wā'āšūb ...) (vgl. Sach 2,1.5;5,1.9;6,1) oder ein anderer Satz oder ein schon vorgestellter Zusammenhang sein, der den Visionsbericht dann eben durch das Impf. cons. von r'h fortführt. Jedenfalls kann gesagt werden, daß das Impf. cons. von r'h niemals zu Beginn eines Visionsberichtes angetroffen wird, obwohl es die Einleitung eines Visionsberichtes durchaus mitgestalten kann. Insofern weicht also Jes 6,1 von den anderen genannten Visionsberichten mit Impf. cons. von r'h nicht ab, wohl aber erheblich von Am 9,1, wo sich die Form von r'h ganz zu Beginn des Visionsberichtes findet, was zur Folge hat, daß sie allein den Visionsbericht auch einleitet - im Gegensatz zu den Einleitungen der anderen Visionsberichte, wo eine Form von r'h, sei sie als Qal - oder als Hifil-Form vorgefunden, niemals allein die Einleitung zu einem Visionsbericht bildet. - Ein weiterer Unterschied zwischen Am 9,1 und Jes 6,1 muß hervorgehoben werden: Während bei Jesaja nach dem einleitenden wā'ǣr'ǣ auch tatsächlich etwas Gesehenes beschrieben wird - es wird ʼ^{a}dōnāj indirekt über seine Umgebung beschrieben - findet sich in Am 9,1 nichts dergleichen. Alles, was nach der an den Anfang gesetzten Behauptung, ʼ^{a}dōnāj gesehen zu haben - welche Behauptung bei Jesaja gewissermaßen auch belegt wird -, noch folgt, ist ein Monolog, wenn man die Aussage vom Beben der Schwellen als in der Rede genannte Folge und nicht als Folge der Rede selbst versteht. Versteht man sie in der zuletzt angedeuteten Weise, dann stellt sich die Schwierigkeit der Frage nach dem folgenden Redeteil: Gehört er noch dazu? Ist er noch vom selben Redner? Warum wurde, wenn derselbe Redner und dieselbe Rede vorausgesetzt wird, unterbrochen? - Schließlich muß als Differenz festgehalten werden: In Jes 6 wird der Visionsbericht nicht nur durch ein Visionsbild, sondern auch durch einen Dialog charakterisiert. In Am 9 findet sich an dessen Stelle ein stumm hingenommenes Diktat. Damit steht der fünfte Visionsbericht nicht nur im Gegensatz zu Jes 6, sondern auch im Gegensatz zu allen anderen Visionsberichten des Amosbuches.

Zusammenfassend kann in bezug auf einen Vergleich des fünften Visionsberichtes mit Jes 6,1ff festgehalten werden, daß zwar übereinstimmend von einem Sehen des ʼ^{a}dōnāj, der in einem Partizip in seiner Haltung beschrieben und in einer mit ʿal angeschlossenen Ortsbestimmung auch lokalisiert wird, in beiden Visionsberichten gleichermaßen gesprochen wird; beide Male ist auch von einer - wenn auch durch verschiedene Verben ausgedrückten - Erschütterung der Schwellen die Rede, wobei gerade an dieser Stelle sowohl bei Amos wie auch bei Jesaja Unklarheiten über das Subjekt des Erschütterns bleiben. Allerdings lassen sich die Unterschiede zwischen beiden Visionsberichten ausschließlich dort anführen, wo Jes 6,1ff in der Form mit den anderen auffindbaren Visionsberichten übereinstimmt oder wo Jes 6,1ff in seinem Aufbau und seinem Inhalt schlüssig ist und Am 9,1ff nicht: Wenn z. B. Jes 6 es nicht einfach bei der Behauptung beläßt, ʾ^{a}dōnāj gesehen zu haben, sondern im Visionsbericht damit arbeitet, indem er ein Visionsbild entwirft, dann ist das Sehen des ʾ^{a}dōnāj inhaltlich schlüssig. Dagegen findet sich in Am 9,1 die Behauptung des ʾ^{a}dōnāj auf oder vor dem Altar und daran schließt sich eine Gerichtsrede, für die die Redeeinleitung ʾ^{a}dōnāj aber nicht einmal explizit genannt hat. Ein Visionsbild findet sich hier dagegen nicht, es ist auch verzichtbar im Hinblick auf den folgenden Monolog, so wie für ihn auch die Eingangsbehauptung vom Sehen des ʾ^{a}dōnāj verzichtbar ist. In Jes 6 jedoch macht der auf dem Hintergrund des Visionsbildes sich entwickelnde Dialog dieses notwendig und das Visionsbild wiederum belegt die Behauptung vom gesehenen ʾ^{a}dōnāj. Das auch in Jes 6 schwierige Wort vom Beben der Schwellen ist aber hier - in Jes 6,4 - mit größerer Präzision gefaßt: Einmal ist das Beben auf eine bestimmte Ursache zurückgeführt, wenn auch schließlich unklar bleibt, die Stimme welches Rufers gemeint ist; zum anderen ist nicht einfach von sipīm, sondern von ʾammōt hassipīm die Rede, so daß also bei Jesaja von den Zapfen der Türflügel gesprochen wird, die sich in den waagerecht als Schwelle im Türgefüge angebrachten unteren Quadersteinen drehen; bei einem heftigen Zuschlagen der Türflügel kann ein Erzittern der Zapfen in den Schwellen als der Erfahrung entnommen gelten. In Am 9,1 ist nun von einem Beben der Schwellen selbst die Rede, dessen Ursache nicht eindeutig genannt ist. Selbst wenn das Schlagen an das Säulenkapitell als Ursache angesehen wird, ist schwer verständlich, warum auf das Beben der Schwellen rekurriert wird. Auch wenn mit Hinweis auf das in solchem Zusammenhang häufig verwendete rāʿāš eine Anspielung auf ein Erdbeben gesehen wird, so wirkt diese Vorstellung doch sehr versteckt und unvermittelt an der vorliegenden Stelle.

Es kann daher konstatiert werden, daß der Visionsbericht über das Sehen Jahwes in Jes 6 durch sein tatsächlich ausgeführtes und legitimierendes Visionsbild eine schlüssige Rolle spielt. In Am 9,1ff scheinen eher Kopien von Vorstellungen vorzuliegen, die ihre Funktion im Zusammenhang des Textes nicht mehr belegen können. Das wird nicht zuletzt auch darauf zurückführbar sein, daß Vorstellungen vom himmlischen Hofstaat, wie wir sie hier bei Jesaja als Rezeptionen kanaanäischer Vorstellungen finden - Hossfeld/Meyer weisen im Zusammenhang von

1 Kön 22,19-23 darauf hin (128) -, in Jerusalem beheimatet sind. Zudem bleibt das einleitende rā'īti eine auch in der Sache nicht mit dem Qal des Impf. cons. vergleichbare Schwierigkeit, weil in Fällen, in denen das Impf. cons. von r'h in Einleitungen von Visionsberichten auftaucht, es diese Einleitungen nie allein bildet und auch nie am Anfang eines Visionsberichtes steht. Ferner muß auf die Singularität von Jes 6 hingewiesen werden sowohl formal in bezug auf die Verwendung des Impf. cons. von r'h in Visionsberichten zur Zeit Jesajas - sonst nur auffindbar bei Ez, Dan und Sach -, als auch inhaltlich in bezug auf den gesehenen 'adōnāj - sonst nirgendwo auffindbar -, die aber eher auf Am 9,1ff gewirkt haben muß als umgekehrt, weil Am 9,1ff typische Kopierungsmerkmale aufweist.

Schließlich bedarf es aber zur Klärung der Frage um das rā'īti und das wā'ǣr'ǣ noch einer genaueren Klärung von seiten des rā'īti. Über die Seltenheit einer solchen Visionseinleitung war schon die Rede: es kommen nur 1 Kön 22,17.19 par 2 Chr 18,16.18 in Betracht. In diesem Komplex wird zweimal zu einem Visionsbericht mit je eigenem Visionsbild angesetzt: in Vers 17 und in Vers 19. Von besonderem Interesse ist hier der Ansatz zum zweiten Visionsbericht in Vers 19, weil hier als Gesehenes Jhwh genannt wird. Dabei ist zu beachten, daß 1 Kön 22,19-23 aber als späterer Zusatz innerhalb der älteren Geschichte 1 Kön 22,5-18.24-28a (129) angesehen werden muß. Dieser spätere Einschub verdankt sich einer theologischen Reflexionsstufe, die Prophetie in einer Zeit, da sie als "Falschprophetie schon zum theologischen Problem geworden" (130) war, in ihrer theologischen Ambivalenz zu deuten sucht, und zwar auf dem Hintergrund einer älteren Geschichte, die Prophetie als politisches Mittel im Kalkül einer Staatsräson und Prophetie als politische Alternative - das heißt als Jahweprophetie - kontrastiert. Bei aller Vorsicht in der Datierung kann doch gesagt werden: Der einzige durch rā'īti eingeleitete Visionsbericht mit folgender Gottesbezeichnung als bestimmtem Akkusativobjekt stammt jedenfalls aus einer Zeit, die schon mit Prophetengeschichten theologisch gearbeitet hat. Die Erzählung 1 Kön 22,5-18.24-28a, in die 1 Kön 22,19-23 nachträglich eingefügt wurde, datieren Hossfeld/Meyer "in die Zeit der Omriden und ihrer Aramäerkriege" (131); sie muß als Ganzes aber verstanden werden als Prophetenanekdote in der Komposition eines Deuteronomisten, der "die Annalennotizen zu den Omriden mit Geschichten ergänzt (hat), die ihm aus der Elija-Tradition und anderen prophetischen Überlieferungen

---

(128) vgl. Hossfeld/Meyer, a.a.O., S. 35

(129) vgl. Hossfeld/Meyer, a.a.O., S. 29-36; bes.: S. 32-36

(130) Hossfeld/Meyer, a.a.O., S. 34

(131) Hossfeld/Meyer, a.a.O., S. 32

bekannt waren" (132); die vorliegende Erzählung sehen Hossfeld/Meyer dann wieder nachträglich in eine, jetzt als Rahmen dienende Kriegserzählung hinein komponiert (133). Nun findet sich aber gerade in dieser Geschichte rā'īti (Vers 17) als Einleitung zu einem Visionsbericht. Es wäre dafür einerseits die Erklärung denkbar, daß es sich als singuläre Form genauso in dieser Geschichte findet, wie sich wā'ǣr'ǣ in Jes 6,1 gefunden hat. Andrerseits ist aber zu beachten, daß es sich hier nicht einfach - wie bei Amos oder Jesaja - um einen Visionsbericht handelt, sondern um den Bericht über einen Visionsbericht, d.h. der Visionsbericht muß als integraler Bestandteil einer Prophetengeschichte verstanden werden, in der der Prophet nicht mehr selbst berichtet, sondern über seinen Bericht berichtet wird in einer Erzählung, die selbst wieder kompositorischer Bestandteil des oben genannten Zusammenhanges ist. Es kann nicht ausgeschlossen werden, daß auf dem Hintergrund dieser - in der Ebene der Syntax analysierten - Verzahnung des vorliegenden Visionsberichtes auch Vokabular des zitierten Erzählers oder des schließlichen Kompositeurs - vielleicht in Anlehnung an das bereits eingeschobene 1 Kön 22,19-23 - eingeflossen ist. Hossfeld/Meyer heben auf solche Möglichkeiten nicht ab, wohl auch deshalb, weil sie in diesem Teil sehr stark inhaltlich argumentieren was sich z.B. in dem Vergleich zwischen Jes 6,1f.8 und 1 Kön 22,19-21 zeigt, (134) wo sie für unseren Zusammenhang bereits wichtig gewordene formale Differenzen - z.B. den Unterschied von rā'īti und wā'ǣr'ǣ oder die Einleitung von Jes 6,1ff, in der wā'ǣr'ǣ gerade nicht die einzige Rolle spielt - überhaupt nicht erwähnen. Es muß hier jedenfalls auch das rā'īti als Visionseinleitung von 1 Kön 22,17 zumindest in seiner Ursprünglichkeit angezweifelt werden.

Wenn sich nun in dieser Weise rā'īti als Einleitung zum Visionsbericht als ursprünglich nicht halten läßt und auch seine Kommensurabilität mit dem Impf. cons. für den vorliegenden Zusammenhang sich als unmöglich herausgestellt hat, dann verlangt dies nach einer Erklärung, in welchen Zusammenhängen denn rā'īti auffindbar ist. Es lassen sich vier Verwendungen unterscheiden: 1. Zunächst einmal ist es dort zu finden, wo von einem meist gnädigen oder wohlgefälligen Schauen - in der Regel von seiten Jahwes - auf jemanden die Rede ist (z.B. das Schauen Jahwes auf die Not der Israeliten, dem dann eine Erhörungszusage folgt). Es ist dann als ein Sehen, das ein Wissen oder eine Einsicht aufgrund eines sorgenden Sich-Kümmerns um jemanden impliziert; so wird es angetroffen in Gen 7,1; 31,12; Ex 3,7.9; Dtn 9,13; 1 Sam 9,16; 2 Kön 9,26;20,5; 1 Chr 29,17; Jes 38,5;57,18; Jer 7,11;13,27;

---

(132) Hossfeld/Meyer, a.a.O., S. 29

(133) vgl. ebd.

(134) vgl. Hossfeld/Meyer, a.a.O., S. 33

Sach 9,8.-2. Die mit Abstand verbreitetste Verwendung kennzeichnet ein Sehen aufgrund eines Sich-weit-umgesehen-Habens, das eine praktische, an Erfahrungen gebundene und sowohl einen Überblick als auch ein Gespür voraussetzende Intellektualität beinhaltet; so findet es sich in Gen 41,19; Ex 32,9; Ri 14,2; 1 Sam 13,11;16,1.18;22,9;25,25; 2 Sam 18,10.29; Neh 13,15.23; Ps 37,25.35;55,10;66,18;119,96.158; Hi 4,8; 5,3; Prov 24,32; Koh 2,24;3,10.16;4,15;5,12.17;6,1;7,15;8,9.10; 9,13;10,5.7; Jes 44,16; Jer 23,13.14;30,6;46,5; Ez 16,50; Hos 6,10; 9,10.13. - 3. Eine kleine Gruppe von Vorkommen - es handelt sich um Gen 16,13;32,31;33,10; Ri 6,22 - beschreibt ein ehrfürchtiges oder über das erlangte Wissen zutiefst erschrockene Sehen Jahwes. Hier geht es um ein Sehen, das plötzlich als Einsicht, die nicht gesucht wurde, aber der er sich stellen muß, punktuell über jemanden hereinbricht. 4. In Ez 1,27;3,23;8,4;10,15.20.22;11,24;43,3; Dan 8,4.6;9,29; Hab 3,7; Sach 1,8;4,2 steht rā'īti im Zusammenhang eines Visionsberichtes, allerdings qualifizieren diese den jeweiligen Visionsbericht nicht als solchen, sondern rufen rückverweisend oder vergleichend in der Regel schon Gesehenes in die Erinnerung zurück oder sprechen ein Bemerken von Einzelheiten innerhalb eines Visionsberichtes an, dessen Visionsbild aber schon entworfen ist; in jedem Falle setzt dieses Sehen schon ein Wissen um ein bereits entworfenes Visionsbild oder eine Visionssituation voraus. - Neben den schon besprochenen 1 Kön 22,17.19 par 2 Chr 18,16.18, sowie Jer 4,23-26 findet sich nur noch in 1 Sam 28,13 eine Ausnahme, wo rā'īti in dem Bericht der Seherin steht, zu der Saul gekommen war, um den Geist Samuels zu beschwören. Einmal handelt es sich hier nicht um einen Visionsbericht, und zum anderen muß die Stelle ähnlich beurteilt werden, wie 1 Kön 22,17.19, wo nämlich der Bericht über das Sehen integrativer Bestandteil einer Erzählung ist, so daß man 1 Sam 28,13 - abgesehen von der Singularität des vorliegenden Zusammenhanges - kaum als Gegenbeispiel wird ins Feld führen können.

Damit kann über rā'īti zusammenfassend festgehalten werden: Es leitet - abgesehen von den genannten seltenen Ausnahmen, die aber Visionsberichte innerhalb einer Prophetengeschichte sind und spät und nachträglich in den vorgefundenen Zusammenhang gefügt waren - nie einen Visionsbericht ein; es ist nicht der Sache nach gleichzusetzen mit dem Impf. cons. von r'h in Visionsberichten; es berichtet nur einmal - genau wie das Impf. cons. - von einem Sehen des Jhwh oder des 'adōnāj und belegt dies aber - genau wie das Impf. cons. - durch ein breit angelegtes Visionsbild. Demgegenüber findet es sich in aller Regel, wo es ein weites Sich-umgesehen-haben als Wissen reklamiert; fast als Sonderformen eines solchen, durch erfahrendes Sehen gegangenen Wissens können dann die Vorkommen des gnädigen oder erhörenden Sehens auf jemanden, des erschrockenen oder ehrfürchtigen nachträglichen Innewerdens eines sich selbst für zu weit gegangen gehaltenen Sehens Gottes und des die Situation oder das Bild eines Visionsberichtes schon voraussetzenden Sehens erachtet werden.

Dagegen kann aber festgestellt werden, daß nahezu immer - Ausnahmen aus den zahlreichen Belegen sind nur Koh 2,24 und 2 Kön 20,13 par Jes 39,2 -, wenn r'h in der 3. Pers. Sing. Mask. Afformativkonjugation Hifil mit oder ohne Suffix auftaucht, es im jeweiligen Zusammenhang ein Sehenlassen seitens einer mit einer Gottesbezeichnung genannten Person meint. Wo sich bei ihm - spezieller noch - ein Suffix der 1. Pers. Sing. Mask. findet, steht es immer im Zusammenhang mit einem Visionsbericht (vgl. 2 Kön 8,13; Jer 24,1;38,21; Ez 11,25; Am 7,1.4; 7,7;8,1); das gilt für w^{e}hīr'anī auch in 2 Kön 8,10, nicht jedoch für 2 Sam 15,25. Damit ist nicht gesagt, daß hīr'anī in Zusammenhang eines jeden Visionsberichtes auftauche und diesen erst als einen solchen qualifiziere, aber man kann sagen, es macht ihn als einen solchen kenntlich, wenn es angetroffen wird, denn es wird niemals anders angetroffen. Im Gegensatz dazu ist das besprochene rā'īti - wie gezeigt - nicht auf Visionsberichte festgelegt, ja es begegnet in ihnen nur in den genannten und in ihrer Ursprünglichkeit widerlegten oder anzweifelbaren Ausnahmefällen.

Nun kommt für Am 9,1 - wie schon im Zusammenhang mit den Problemen, die das rā'īti aufgibt, erörtert wurde - noch hinzu, daß das bestimmte Akkusativobjekt nach rā'īti die Gottesbezeichnung '^{a}dōnāj ist. Wie die vorangegangenen Überlegungen zur Gottesbezeichnung bei Amos aber schon gezeigt haben, ist Jhwh die Gottesbezeichnung, die Amos verwendet hat, und nur für Am 7,2.5 läßt sich die Gottesbezeichnung '^{a}dōnāj Jhwh nicht ausschließen. Die im Amosbuch dreimal verwendete Gottesbezeichnung '^{a}dōnāj (7,7.8;9,1) hatte sich jedenfalls für 7,7.8 nicht als ursprünglich erwiesen und war literarkritisch erklärbar gewesen. Für 9,1 jedoch versagt die Argumentation, die die Gottesbezeichnung '^{a}dōnāj zugunsten von Jhwh zu ersetzen sucht. Im Gegenteil, '^{a}dōnāj scheint hier fest im Kontext verankert zu sein und sogar noch seinen Einfluß auf 7,7 - und über dessen Vermittlung auch in 7,8 - geltend gemacht zu haben. Wir stehen hier also vor der doppelt schwierigen Situation, daß der fünfte Visionsbericht einerseits durch das für Visionsberichte höchst ungebräuchliche rā'īti eingeleitet ist, das zudem noch in seinen seltenen Verwendungen erst in späteren Texten vorkommt oder zumindest - was 1 Kön 22,17 betrifft - als ursprüngliche Visionseinleitung starken Zweifeln unterliegt; andrerseits zieht dieses rā'īti noch die bei Amos sonst niemals auftauchende Gottesbezeichnung '^{a}dōnāj als bestimmtes Akkusativobjekt nach sich, deren nicht legitimierte, aus anderem theologischen Zusammenhang importiert scheinende und deshalb in diesem Zusammenhang kopiert wirkende Verwendung schon oben erwähnt wurde. Auch die Lokalisierung des gesehenen '^{a}dōnāj mit Partizip und mit durch al angeschlossene Ortsbestimmung, sowie die Vorstellung vom Beben der Schwellen waren dazu herangezogen worden. Dabei ist nun aus einer anderen Blickrichtung zunächst die feste Bestimmung von mizbē^{a}ḥ durch den bestimmten Artikel auffällig, weil weder aus dem vorangegangenen, noch aus dem folgenden Text ersichtlich wird, um welchen Altar es sich denn handelt. - Darauf folgt im Visionsbericht eine Redeeinleitung in der 3. Pers. Sing.; ob allerdings 'ᵃdōnāj spricht oder nicht, bleibt unklar, genauso wie die Frage, zu wem er spricht. In den vorangegangenen Visionsberichten war immer ein Subjekt bei der Redeeinleitung explizit genannt worden, und die vorangegangene Analyse des dritten und des vierten Visionsberichtes hatte deutlich gezeigt, daß Amos als Berichterstatter streng unterscheidet zwischen Reden, die an eine bestimmte Person - in den genannten Fällen an ihn selbst - gerichtet sind und solchen, die als allgemein geltende Aussprüche (wie z. B. Entscheide) einen kollektiven Adressaten haben. In 9,1a_{a2} wäre demnach also nach wajj'ōmær eine im soeben bezeichneten Sinn allgemeinere Aussage zu erwarten, stattdessen folgt ein Imp. Sing. Qal. Es läßt sich daher schlechthin nicht ausmachen, an wen der Imperativ gerichtet ist, ob an den Berichterstatter oder an einen Dritten; nur soviel läßt sich der Aussage entnehmen: sie ist von einem ungenannt gebliebenen Einzelnen an einen Einzelnen gerichtet.

Nun spricht der Imperativ zwar einen im vorliegenden Textzusammenhang jedenfalls Unbekannten an. Er setzt in seinem Inhalt jedoch durchaus Bekanntes voraus, freilich wieder so, daß der Zusammenhang zur Bestimmung des formal Bestimmten nichts beiträgt. Es soll hakkaftōr geschlagen werden; aber damit sind zugleich noch andere Fragen aufgegeben: Was meint dieses kaftōr eigentlich? Zumeist wird es mit "Säulenknauf; Kapitell" wiedergegeben. In dieser Bedeutung findet es sich vielleicht noch in dem unklaren Zeph 2,14, aber sonst nirgendwo mehr. Terminus technicus für Kapitell ist ansonsten kōtæræt. Ferner kann kaftōr den Knauf von Leuchtern meinen (vgl. Ex 25,31. 33-36;37,17. 19-22); diese Übertragung läßt hier allerdings kaum einen Sinn erkennen. Dann darf in diesem Zusammenhang nicht unerwähnt bleiben, daß kaftōr gelegentlich auch das Herkunftsland der Philister benennt und schon wenig später - in Amos 9,7 - eindeutig in diesem Sinne verwendet wird. Es muß aber beachtet werden, daß kaftōr, wenn es das Heimatland der Philister meint, ohne bestimmten Artikel steht; das gilt auch für die einzigen Stellen, die sich außerdem noch für diese Bedeutung von kaftōr anführen lassen, nämlich Dtn 2,23 und Jer 47,4. Nach alldem muß es zunächst unklar bleiben, was mit kaftōr, das zudem noch mit einem bestimmten Artikel versehen und damit im Text als hinreichend geklärt vorausgesetzt ist, bezeichnet sein soll. Die LXX überliefert pátaxon epì tò hilastǽrion, wobei C. Alexandrinus und C. Ephraemi rescriptus nach thysastǽrion abweichen; beide Versionen dürften unzuverlässig sein: thysastǽrion läßt sich als Dittographie erklären, und hilastǽrion wird - darin ist Wolff zuzustimmen - auf eine irrtümliche Lesung des weit häufiger vorkommenden kapōræt zurückzuführen sein (135).

---

(135) vgl. Wolff, a. a. O., S. 386

Fortgesetzt wird die Rede des ʼadōnāj, indem - angeschlossen mit w^e plus Präformativkonjugation - prospektiv die Folge des als ausgeführt vorausgesetzten Befehls geschildert wird. Daß hier von hassipīm, also wieder mit bestimmtem Artikel, gesprochen wird, die - offenbar durch das angeordnete Schlagen - zum Beben gebracht werden sollen, verwundert an sich nicht, weil diese sipīm durch den Zusammenhang mit kaftōr definierbar sein können. Die Frage allerdings, ob sipīm mit seinem bestimmten Artikel nicht vielleicht doch in einen anderen ungenannt gebliebenen Kontext führt, ist jedoch auch in Abhängigkeit von dem Problem zu betrachten, daß sipīm selbst wieder mehrdeutig ist. Es kann einerseits "Becken; Schale" meinen und andrerseits "Schwelle". Das gängige Verständnis aber ist es, daß man darunter "Schwelle" versteht und - vielleicht von daher nämlich aus dem Verständnis einer Schilderung architektonischer Einzelheiten - unter kaftōr "Säulenknauf". Anders überliefert die LXX: kaî seisthḗsetai tà própyla; hier wird - in weiter ausladendem Bild und in eindeutiger Festlegung von kaftōr als Säulenknauf - die Säulenhalle erschüttert.

Darauf folgt in 9,1a_{a3} wieder - mit w^e angeschlossen - ein Imp. Sing. mit Suffix der 3. Pers. Plur., obwohl dafür - das muß einschränkend dazu bemerkt werden - die Punktierung zumindest sehr eigenwillig ist; zu erwarten wäre ūbis ēm. Unklar bleibt auch hier, wer mit dem Imperativ angesprochen ist. Bei der Frage danach, von wem der Befehl ausgeht, wird offenbar vorausgesetzt, daß immer noch ʼadōnāj redet; was er allerdings verordnet und mit welchem Ziel läßt der vorliegende Text völlig im Dunkeln: bṣʻ heißt "abschneiden; unterbrechen; beenden; zerbrechen". Wer ist aber mit dem Suffix der 3. Pers. Plur. gemeint? Der Text setzt das formal als bekannt voraus. Sollte damit auf die sipīm hingewiesen sein? Ferner: ist - das ist in einem Text, der so viele Abhängigkeiten voraussetzt, ohne sie zu nennen, eine durchaus offene Frage - mit rōʼš hier gemeint: Kopf, Kopfhaar, Gipfel, Spitze, Anfang; Gift? Das jedoch ist in erheblichem Maße davon abhängig, wer mit dem folgenden kullām gemeint ist, was wiederum offen bleibt. So kann allenfalls ein vorläufiger Versuch gewagt werden, der den Inhalt des zweiten Befehls dahingehend vermutet, daß die Schwellen am Kopf "aller" zerbrochen werden sollen. Das ist aber kaum sinnvoll in der vorliegenden Nacheinanderordnung des Textes, denn es läßt sich schon schwerlich ein Zusammenhang erkennen zwischen dem Schlagen am Kapitell und dem möglicherweise durch Erderschütterung entstandenen Beben der Schwellen, auf keinen Fall aber zwischen dem Schlagen am Kapitell, dem Beben der Schwellen und dem Zerbrechen am Kopf "aller", zumal letzteres nicht als Folge, sondern als neuer Befehl geschildert wird. Daraus folgt, daß das Suffix der 3. Pers. Plur. an $\bar{u}b^e$ṣaʻam sich sicher nicht auf hassipīm bezieht.

Das anschließende 9,1a_b scheint zunächst keine Probleme aufzuwerfen, bis auf die gelegentlich allzu hochgespielte Rechenaufgabe, wer denn noch mit dem Schwerte getroffen werden könne, wenn schon alle durch das Zerbrechen betroffen seien. Selbstverständlich handelt es sich hierbei nicht um eine literarkritische Frage, denn man kann mit solcher Folgerung nicht literarische Figuren erklären. Im vorliegenden Fall würde es sich um typisch hebräische Redeweise handeln, die Gese (136) als irreale Synchorese gekennzeichnet hat (137). Dennoch fällt auf, daß hier plötzlich - immer noch die Situation der 'ᵃdōnāj-Rede vorausgesetzt - 'ᵃdōnāj über sich selbst und sein geplantes Handeln (offenbar als Folgehandeln im Anschluß an von ihm selbst befohlenes Handeln) spricht. Außerdem hat die Szene innerhalb der Gerichtsrede gewechselt und könnte damit deren Ablauf in seiner Konsequenz stören; sie führt nämlich von der Tempel-Szenerie in eine Schlacht-Szenerie, obwohl das kein Argument gegen die Zusammengehörigkeit sein muß, da der Tempelbezirk ja durchaus zum Kampfplatz werden kann (vgl. z.B. 2 Kön 17). Auf diese Weise muß hier nicht wiederum dunkel bleiben, wer mit dem Suffix der 3. Pers. Plur. gemeint ist, weil es nicht mehr ausgeschlossen werden kann, daß es auf kullām beziehbar wäre. Als Beobachtung soll der Tatbestand des Szenerie-Wechsels aber festgehalten werden.

Das folgende 9,1b schließt jede Fluchtmöglichkeit "für sie (lāhǣm)" aus und bleibt so in der angesprochenen Kampfszenerie. Damit ist aber durchaus nicht geklärt, für wen die Flucht ausgeschlossen ist: Selbst, wenn dieselbe Gruppe wie in 9,1a_b gemeint ist, würde sich die Unklarheit nur von dort nach hier verschieben; theoretisch ist aber auch eine andere Gruppe möglich.

Das folgende 9,2-4a gliedert die apodiktisch-allgemeine Aussage von 9,1b in fünf kasuistisch-individuelle Konditionalaussagen auf, und 9,4b rundet diesen Komplex wieder mit einer allgemeinen Aussage ab. Daran schließt sich ein später angefügtes hymnisches Stück (9,5-6).

So stellt sich also bei genauerer Betrachtung der - im Ganzen gesehen - nicht mehr abzustreitende desolate Zustand des als fünfter Visionsbericht des Amosbuches vorliegenden Textes dar.

---

(136) Gese, Kleine Beiträge zum Verständnis des Amosbuches, in: VT 12 (1962), S. 417-438

(137) Aus diesem Grunde erweisen sich auch A. Szabó's Probleme in dieser Hinsicht als überflüssig (vgl. Szabó, Textual Problems in Amos and Hosea, VT 25 (1975), S. 507f). Abgesehen davon ist es ohnehin nicht unproblematisch, einen Viertelvers völlig umzupunktieren, um ihn so dem Kontext der anderen Versteile anzugleichen. Zumindest müßte die differierende Punktation erklärt werden können.

b) Ein literar- und formkritischer Erklärungsversuch

Stellt man die so geschilderte Lage des fünften Visionsberichtes in Betracht, dann kann eine literarkritische Erörterung weitgehend anhand der expliziten bzw. impliziten Nomina und der Suffixe vorgehen und ist erst in zweiter Linie auf die Argumentation aufgrund inhaltlich-szenischer Brüche und Unebenheiten angewiesen. Lassen wir zunächst einmal die aufgefallene Einleitung des Visionsberichtes mit rā'īti und die schwierige Gottesbezeichnung '^{a}dōnāj beiseite, so stellt sich als erstes das Problem der formal festen Bestimmung für mizbē^{a}ḥ. Dadurch wird sofort die Frage nach dem Kontext aufgeworfen, dem sich diese Bestimmung verdankt bzw. durch den sie definiert wird; dieser jedoch schweigt zur angeschnittenen Frage. Dasselbe Problem wird wieder bei den ebenfalls mit bestimmten Artikeln versehenen Nomina kaftōr und sipīm virulent. Auf einer anderen Ebene stellt es sich mit der Unklarheit darüber dar, wer überhaupt angesprochen ist, wer eigentlich spricht und über wen jeweils gesprochen wird, wobei diese zuletzt genannte Unklarheit deswegen die komplizierteste ist, weil es Anzeichen dafür gibt, daß sie sich auffächern läßt: Es scheint nicht immer ein und dieselbe Gruppe zu sein, über die gesprochen wird und die sich jeweils hinter dem Suffix der 3. Pers. Plur. verbirgt. Es muß daher - um zunächst auf 9,1a$_{a1.2}$ und das Problem der bestimmten Artikel zurückzukommen - vorerst versuchsweise angenommen werden, daß wir den Zusammenhang, aus dem diese Nomina allein ihre Definition haben können, nicht kennen. Zumindest kann festgestellt werden, daß der vorliegende Text nicht den gesuchten Kontext repräsentiert (138). Diese Annahme läßt

(138) Der denkbare Einwand dagegen, es müsse schließlich berücksichtigt werden, daß es sich hier nicht um einen Erzähltext handele, bei dem mit bestimmten Artikeln versehene Nomina nur sinnvoll sind, wenn der Kontext diese Nomina definiert, sondern um einen Visionsbericht, der zwar auch eine erzählerische Absicht verfolge, der aber schon dadurch, daß er als Visionsbericht erzählt, vieles als bekannt voraussetzen dürfe, was Erzähltexte erst bekannt machen müßten, kann für den vorliegenden Text nicht als zutreffend anerkannt werden. Wenn Texte nicht Gefahr laufen wollen, unverständlich zu sein, dürfen sie zumindest nicht kontextabhängige Gegenstände, denen Prädikatoren zu- und abgesprochen werden, ohne Klärung aus dem Kontext als geklärt voraussetzen. Das gilt vor allem dann, wenn die literarische Analyse einen Text wie den vorliegenden erst einmal als Visionsbericht erweisen muß, was nicht vorschnell vorausgesetzt werden darf, zumal schon oben erarbeitete Beobachtungen Zweifel daran aufkommen ließen. Aber auch bei Sicherung als Visionsbericht müssen diese Gegenstände schon durch den Rahmen des Visionsberichtes als kontextinvariant und damit unmißverständlich bestimmt sein. Zu den hier verwende-

sich erhärten dadurch, daß in 9, 1a_{a2} weder die Redeeinleitung, noch die Rede erkennen lassen, wer von wem durch den Imperativ in der Rede angesprochen ist. In 9, 1a_{a3} erweckt das Suffix der 3. Pers. Plur. zunächst den Eindruck, als beziehe es sich auf das vorangegangene sipīm, jedoch läßt sich aus den oben dargelegten inhaltlichen Gründen leicht einsichtig machen, daß dies nicht der Fall sein kann. Ferner bleibt in diesem Versteil offen, wer mit kullām gemeint sein könnte; es war vorher niemand genannt worden, auf den es sich beziehen könnte. Es kann daher 9, 1a_{a3} nicht mit 9, 1$a_{a1.2}$ zusammenhängen. Das einzige, das noch für einen solchen Zusammenhang sprechen würde, wäre der Imperativ zu Anfang dieses Versteiles, durch den die Rede des '^{a}dōnāj als fortgesetzt erscheint. Doch auch dieser Imperativ ist schon wegen seiner eigenwilligen Punktation auffällig gewesen. In 9, 1a_{b} schlägt die - im vorliegenden Text immer noch unterstellte - Rede des '^{a}dōnāj plötzlich in die 1. Pers. Sing. um und wechselt auf diese Weise das Subjekt. Damit scheint sich 9, 1a_{b} sowohl von 9, 1$a_{a1.2}$ als auch von 9, 1a_{a3} abzusetzen. Nun gibt es aber Gründe, die dafür sprechen könnten, 9, 1a_{b} doch in Zusammenhang mit 9, 1a_{a3} zu sehen: Einerseits wäre es denkbar, daß das Suffix der 3. Pers. Plur. seinen Bezug im kullām von 9, 1a_{a3} hat, andrerseits käme dadurch hier die schon oben angesprochene, für den hebräischen Sprachgebrauch typische Stilform der irrealen Synchorese zum Tragen. Schließlich legt es sich nahe, daß ūb^{e}saʿam einer textkritischen Überlegung zu unterziehen, aus der sich dann literarkritische Konsequenzen ergeben könnten. Zwar widersprechen die verschiedenen Überlieferungen nicht der Version des MT, doch war die schwierige Verständnislage häufig in der Exegese Anlaß zu Überlegungen über Textkorrekturen. Für die vorliegende literarische Analyse würde eine Textkorrektur deswegen erwägenswert sein, weil einerseits aus den schon genannten gewichtigen Gründen 9, 1a_{a3} mit 9, 1a_{b} zusammenhängen könnte, andrerseits jedoch der Imperativ ūb^{e}saʿam sich dem entgegenstellt und drittens gerade dieser Imperativ vor allem wegen seiner eigentümlichen Punktation schwierig im Textzusammenhang steht. Dennoch kann jede Textänderung - vor allem im hier zur Diskussion stehenden Fall - nur eine Vermutung sein, die sich zwar auf die genannten Beobachtungen stützten kann, aus ihnen aber sicher zunächst nur negative Feststellungen ableiten kann, wohingegen der konstruktiv-positive Erklärungsteil sich als versuchsweise gemachter Vorschlag versteht.

Die literarische Zusammengehörigkeit von 9, 1a_{a3} und 9, 1a_{b} würde - abgesehen von den schon dafür sprechenden Gründen - noch erheblich gestützt, wenn der Imp. Sing. mit Suffix der 3. Pers. Plur., der als solcher ohnehin bereits nicht unumstritten war, als verschriebene

---

(Fortsetzung 138) ten Termini "Gegenstand" und "Prädikator" vgl. Kamlah/Lorenzen, a. a. O., bes. § 5.

1. Pers. Sing. Präformativkonjugation Qal gelesen werden könnte, und zwar ohne Suffix, so daß ʾæbsaʿ hier als ursprünglich angenommen werden könnte. Das mēm gehört dann zu einem anderen Wort, das vielleicht mit samek begonnen hat und später als Schluß-mēm gelesen wurde, weil es als Suffix aufgefaßt wurde. Das bēt vor dem roʾš, das nach dieser Überlegung funktionslos würde, könnte mit dem angenommenen, teils verlorengegangenen Wort, wahrscheinlich dann als dessen Schlußbuchstabe zusammengehört haben. Es wäre denkbar, daß dieses Wort sābīb war, in Frage käme auch ein Zusammenhang mit sāḥab bzw. s^{e}ḥābā, welches allerdings sonst - immerhin doch selten genug (vgl. Jer 38,11.12) - nur im Plural angetroffen wird. Entschieden werden soll das hier nicht, weil das auf reine Spekulation hinausliefe. Es soll nicht einmal entschieden werden, ob das die einzigen Möglichkeiten sind; sie scheinen mir nur inhaltlich am naheliegendsten zu sein, wenn die davorstehende Vermutung geteilt wird, daß das erste Wort in $9,1a_{a3}$ ʾæbsaʿ lautet. Dieses jedoch wäre aufgrund von $9,1a_{b}$ zu erwarten, welches selbst wiederum nicht allein, ja nicht einmal vornehmlich wegen des erschlossenen ʾæbsaʿ mit $9,1a_{a3}$ als zusammengehörig verstanden wurde, so daß ein Zirkelschluß vermieden bleibt. Wird das Schluß-mēm als verschriebenes mēm gelesen, dann käme für das hypothetische, nur teilweise erhaltene Wort auch das allgemeine meṭāb oder das mit sābīb verwandte mēsab oder mišgab in Betracht. Auf jeden Fall ist ein solches Wort nur indirekt erschließbar und das in zweifacher Abhängigkeit: einmal über die Annahme, daß ūb^{e}saʿam korrekturbedürftig sei, zum anderen über die - allerdings eng damit verknüpfte - Vermutung, daß dann sowohl mēm als auch bēt Reste eines im vorliegenden Text verlorengegangenen Wortes sind. Schließlich kann noch in Erwägung gezogen werden, ob hinter ʾæbsaʿ vielleicht ʿām gestanden hat, dessen ʿajin durch Haplographie ausgefallen ist. Vielleicht ist die Haplographie noch weiterreichend gewesen, wenn das erste Wort nämlich ʾæbsaʿēm gelautet hat, dann wäre ʿām überhaupt ausgefallen und müßte als Ganzes konjiziert werden. Jedenfalls kann nicht ausgeschlossen werden, daß $9,1a_{a3}$ mit $9,1a_{b}$ zusammengehört, und es wurden nur Erklärungsmöglichkeiten des sich dieser Möglichkeit sperrenden ūb^{e}sa am gesucht. Dabei hatten sich mehrere Vorschläge angeboten, ohne daß im Interesse einer intersubjektiv überprüfbaren Theorie einer davon privilegierbar war.

Die andere Alternative wäre, daß $9,1a_{a3}$ weder mit $9,1a_{a1.2}$ noch mit $9,1a_{b}$ zusammenhängt; es wäre dann als ein Fragment anzusehen. Dafür sprechen könnte seine schwierige Verständlichkeit, womit möglicherweise das eigenartige ūb^{e}saʿam in Verbindung gesehen werden muß. Dennoch spricht wohl Gewichtigeres für eine Zusammengehörigkeit von $9,1a_{a3}$ und $9,1a_{b}$, worauf nicht zuletzt auch der sich dann andeutende chiastische Parallelismus membrorum mit dem Prädikat in der 1. Pers. Sing. Präformativkonjugation Qal am Anfang des ersten ($9,1a_{a3}$) und am Schluß des zweiten ($9,1a_{b}$) Gliedes und dem Objekt am Schluß des ersten und am Anfang des zweiten Gliedes hinweist. In 9,1b wechselt das Subjekt aufgrund des impliziten Subjektes der 3. Pers. Sing. erneut. Es wird zwar in der vorliegenden Textgestalt inhaltlich die Rede dessen fortgesetzt, der in 9,1$a_{a3.\,b}$ über sein geplantes Handeln in der 1. Pers. Sing. gesprochen hatte - inzwischen ist aufgrund des teils festgestellten (9,1a_b) teils rekonstruierten (9,1a_{a3}) Subjektwechsels deutlich geworden, daß das nicht mehr der '^{a}dōnāj aus 9,1$a_{a1.\,2}$ sein kann -, dennoch aber muß gefragt werden, ob es mit 9,1$a_{a3.\,b}$ zusammengehört. Das wiederum läßt sich am klarsten entscheiden mit Blick auf das folgende Korpus 9,2 - 9,4. Dieses stellt eine - jeweils mit dem konditionalen 'im eingeleitet und mit durch miššām eingeleiteten Hauptsatz fortgeführt - aus fünf Gliedern bestehende Reihe dar, die die Aussagen von 9,1b auffächert; die Zusammengehörigkeit der Glieder untereinander wird hervorgehoben dadurch, daß vom zweiten Glied an - also von 9,2b an - die Konditionalsätze jeweils mit w^{e}'im eingeleitet werden. Die Aussage in 9,4b faßt den ganzen Komplex noch einmal wie in einer Klammer zusammen. So kann dieses Stück formkritisch charakterisiert werden als eine Reihe von jeweils im Parallelismus membrorum vorfindlichen, verschiedene Fälle in Konditionalsätzen aufzählenden Einzelaussagen, die von jeweils ebenfalls im Parallelismus membrorum gefaßten allgemeineren, nicht auf die Einzelfälle eingehenden, sondern diese zusammenfassenden Aussagen gerahmt, also eingeleitet bzw. abgeschlossen werden. Dabei liegt als abschließender Rahmen 9,4b fest, die Einleitung aber wird nicht schon von 9,1$a_{a3.\,b}$ - 9,1b gebildet, sondern erst ab 9,1b. Dafür spricht: 1. Auch der Schluß ist nur durch einen und nicht durch zwei zweigliedrige Parallelismen gebildet. 2. In den aus der allgemeinen Einleitung entlassenen Einzelaussagen wird ausschließlich Bezug auf die sie zusammenfassende allgemeine Aussage 9,1b genommen, und 9,1$a_{a3.\,b}$ spielen dort überhaupt keine Rolle. 3. Das erst unter den Einzelaussagen seine Bedeutung erhaltende ḥæræb (vgl. 9,4a_b) hätte bei einer Hinzunahme von 9,1$a_{a3.\,b}$ zur Einleitung schon dort eine allgemeine und übergeordnete Bedeutung; auf diese Weise gerieten die Erwähnung von ḥæræb in 9,1a_b und in 9,4a_b in Spannung zueinander. 4. Schließlich kann der Rahmen 9,1b und 9,4b selbst wieder als ein Parallelismus verstanden werden, wodurch das vorliegende Gedicht in einer äußerst geschlossenen Form erkennbar wird. Für 9,1$a_{a3.\,b}$ bedeutet dies, daß es als ein versprengtes Stück weder mit 9,1$a_{a1.\,2}$, noch mit 9,1b-9,4 zusammengehört; es hat sich nur wegen des Parallelismus und des Inhalts für einen Bearbeiter nahegelegt, es hier einzufügen.

Im einzelnen kann nun für das Korpus 9,2-4a festgehalten werden: Während die ersten beiden Glieder der genannten Reihe (9,2a.b) den mit miššām beginnenden Hauptsatz jeweils sehr kurz formulieren (in 9,2a_b Subjekt mit Suffix der 1. Pers. Sing. plus Prädikat mit Suffix der 3. Pers. Plur.; in 9,2b_b Prädikat mit implizitem Subjekt und Suffix der 3. Pers. Plur.), fällt vom dritten Glied an (9,3a) eine großzügigere Formulierung auf, und zwar sowohl in den konditionalen Nebensätzen, als auch in den jeweils dazugehörenden Hauptsätzen. Vor allen Dingen in dem Hauptsatzteil ist das deutlich zu sehen, weil dieser jetzt immer aus zwei Hauptsätzen (Verbalsätzen) besteht, in 9,3a_b: Prädikat mit implizitem Subjekt plus mit w^e angeschlossenes zweites Prädikat mit implizitem Subjekt; in 9,3b_b: Prädikat mit implizitem Subjekt und bestimmtem Akkusativobjekt plus mit w^e angeschlossenem zweiten Prädikat mit implizitem Subjekt und Suffix der 3. Pers. Plur., wobei das implizite Subjekt das soeben vorangegangene explizite Akkusativobjekt wiederaufnimmt; in 9,4a_b: Prädikat (dasselbe wie in 9,3b_b) mit implizitem Subjekt und bestimmtem Akkusativobjekt plus mit w^e angeschlossenes zweites Prädikat mit implizitem Subjekt und Suffix der 3. Pers. Plur., wobei das implizite Subjekt hier wieder das vorangegangene bestimmte Akkusativobjekt aufgreift. Schon diese rein äußere Betrachtung führt zu der Einsicht, daß das erste und zweite Glied der Reihe (9,2a.b) und das vierte und fünfte Glied (9,3b.4a) in gleicher Weise beschreibbar sind, während das in der Mitte stehende dritte Glied (9,3a) sich weder der Beschreibung von 9,2 angleicht, denn es hat bereits zwei mit w^e verbundene Hauptsätze, noch fügt es sich in die Beschreibung von 9,3b.4a, denn es kennt kein bestimmtes Akkusativobjekt im ersten Hauptsatz und auch keinen Subjektwechsel im zweiten Hauptsatz durch Wiederaufnahme des Akkusativobjektes aus dem ersten Hauptsatz.

Nun wird zu prüfen sein, ob dies nicht Anlaß zu literarkritischen Konsequenzen sein muß; denn zunächst könnte es ja so scheinen, als ob die genannten zweiten Hauptsätze in 9,3a_b.b_b.4a_b jeweils - mit Ausnahme der Suffixe der 3. Pers. Plur. - literarkritisch abgetrennt werden müßten. Sie wirken vielleicht angehängt, weil sie erstens in den ersten beiden Gliedern nicht vorhanden sind und zweitens keinen neuen, ja nicht einmal einen präzisierenden oder spezialisierenden, sondern nur einen wiederholend-erweiternden Eindruck machen: Wozu Schlange und Schwert herbefohlen werden, ist auch ohne Erklärung ihrer Funktion klar, und das ūl^{e}qaḥtīm in 9,3a_b wirkt eher einfallslos gegenüber der erst kurz vorangegangenen derben Formulierung in 9,2a_b. Dennoch läßt sich gegen die Vermutung von hinzugesetzten Teilen in 9,3a_b.b_b.4a_b anführen, daß gerade die ersten beiden Glieder mit š^e'ōl (9,2a) und šamajīm (9,2b) als überhöhte Fluchtmöglichkeit - abgesehen von ihrer gegenseitigen Polarisierung - mit den letzten beiden Gliedern, die sich ihrerseits mit ihrem zwar im Extremen vorstellbaren, doch als pervertiert erscheinenden Fluchtmöglichkeiten mit qar^{e}qaʿ hajjām (9,3b) und baš^{e}bī lifnē 'ōj^{e}bēhæm (9,4a) gegenüber kontrastiert sind. In dieser Kontrastierung der als überhöht bezeichneten ersten beiden und der als in ihrem Extremismus die Vorstellung pervertierend charakterisierten letzten beiden Glieder spielt das rō'š hakkarmǣl des mittleren Gliedes wegen seiner einerseits zwar topographischen Fixierbarkeit und seiner andrerseits nicht nur aus praktischen Gründen gescheuten Unzugänglichkeit eine eigene, in diesem Zusammenhang realistisch zu nennende Rolle, die aber doch die Spannung zu den Antipoden, die jweils wegen ihrer internen Polarisierung an Gegensatzkraft noch weiter aufgeladen sind, offenhält und nicht relativierend abbaut. Dieser strenge Aufbau spiegelt sich auch in den jeweils im Parallelismus folgenden Gliedern, die die oben beschriebene Struktur aufweisen, wobei 9,3a wieder genau die Mitte einnimmt. Von Zusätzen in 9,3b_b. 4a_b oder gar in 9,3a zu sprechen, erweist sich von daher als nicht gerechtfertigt. Es kann von daher auch keine Frage sein, ob das miššām in 9,3b_b. 4a_b aus dem Text herausgelöst werden soll oder nicht. Es ist selbstverständlich beizubehalten, weil es dem ʾim bzw. dem w^eʾim jeweils korrespondiert und außerdem überhaupt keine Verständigungsschwierigkeiten bereitet, es sei denn, man entschließt sich - wie Fohrer (139) -, es überall zu streichen. Allerdings bleibt Fohrer darüber - vor allem wohl auch bedingt durch die Intention seiner Ausführungen - jede Rechenschaft schuldig. Einen Grund für die durchgängige Streichung des miššām, dessen Überzeugungskraft stärker ist, als die aufgezeigte strenge und verdichtende Struktur dieses Textes, sehe ich jedoch nicht.

In 9,3b_a findet sich - ansonsten nirgendwo hier mehr der Fall - zwischen dem Verb, das die Fluchtweise bezeichnet und der Angabe des ins Auge gefaßten Fluchtortes minnǣgǣd ʿēnaj eingefügt. Die seltene Wendung minnǣgǣd ʿēnaj findet sich nur noch in Jes 1,16 und in Jer 16,17; in Ps 31,23 läßt sich noch minnǣgǣd ʿēnǣkā entdecken. Es steht mit dem Suffix der 1. Pers. Sing. Mask. immer in einer Gerichtsrede Gottes; es charakterisiert dann verallgemeinernde und metaphorische Zusammenhänge mit: schlechte Werke fortschaffen aus meinen Augen (vgl. Jes 1,16), Schuld nicht verbergen können vor seinen Augen (vgl. Jer 16,17). Zur Stellung dieser Wendung läßt sich sagen, daß sie immer am Schluß einer Aussage placiert ist; sie wäre von daher eher am Schluß von 9,3b_a zu erwarten und nicht in dessen Mitte, wo sie die Bezeichnung der Fluchtweise und des Fluchtortes auseinanderreißt. Außerdem wird durch minnǣgǣd ʿēnaj an dieser Stelle die Intention der vorliegenden, alle möglichen Fluchtmöglichkeiten frustrierenden, fünfgliedrigen Reihe gestört, indem hier plötzlich der Blick des Sprechers - wohl Jahwes - ins Zentrum gerückt erscheint. Ferner ist hier die Dualform ʿēnaj auffällig; sie konkurriert mit der singulären Form ʿēnī von 9,4b. Aus diesen Gründen muß die genannte Wendung hier als literarkritisch vom Text zu trennender Zusatz betrachtet werden.

Über das baš^{e}bī in 9,4a_a sind die Meinungen seltsam geteilt, und zwar offenbar in einem sehr stillen Streit, in dem es an Argumenten beiderseits mangelt. Sowohl BHK^3 als auch BHS schlagen vor, es als Glosse abzutrennen; Fohrer bemerkt nur lakonisch "Näherbestimmender Zusatz" (140), während Maag (141) seine Streichung überhaupt nicht

---

(139) vgl. Fohrer,G., Die Propheten des Alten Testaments, Gütersloh 1974, z.St.

(140) vgl. Fohrer, a.a.O., S.49

(141) vgl. Maag, a.a.O., S.46f

begründet. Ebenso selbstverständlich und ohne das Problem auch nur zu nennen, gehen Rudolph (142), Wolff (143), Stevenson (144), Mays (145) und andere von einer Beibehaltung des bašebī aus. Mindestens ungenannt kann die zur Diskussion stehende Stelle in ihrer stummen Umstrittenheit nun nicht mehr bleiben. Es lassen sich - soweit ich sehe - kaum relevante Gründe gegen das bašebī anführen; vielleicht kann es als ein Überladen der Formulierung, die dort steht, verstanden werden, weil hālah lifnē 'ōjebēhæm ohnehin schon eindeutig ist; es darf aber andrerseits nicht die Emphase verkannt werden, mit der hier jede denkbare Fluchtmöglichkeit ausgeschlossen werden soll, und außerdem ist mit dem bašebī die Korrespondenz des miššām zum we'im eher plausibel, weil hier tatsächlich auch ein Ort genannt ist, von woher das richtende Verderben kommt; denn dieses holt den Wohin-auch-immer-Flüchtenden nicht ein, sondern ereilt ihn von dorther, es erwartet ihn bereits dort. Ich sehe daher keinen Grund, das bašebī vom Text hier abzutrennen.

Der hymnische Zusatz 9,5-6 soll an dieser Stelle keiner genaueren Analyse unterzogen werden, weil er in eine Betrachtung mit den anderen hymnischen Stücken des Amosbuches gehört (145a). Aus dem Gesagten ergibt sich folgende literarkritische Theorie: Literarisch sind danach auseinanderzuhalten:

I 9,1a$_{a1}$.2

II 9,1a$_{a3}$.b

III 9,1b.2-4a.b

IV 9,5-6

Während die Trennung von 9,5-6 und 9,1-4 keine Neuigkeit mehr ist, muß nun aber mit Nachdruck auf die Nahtstellen zwischen 9,1a$_2$ und 9,1a$_{a3}$, sowie zwischen 9,1a$_b$ und 9,1b hingewiesen werden. Obwohl zahlreichen Problemen in 9,1 Beachtung geschenkt wurde, haben sich die Überlegungen dazu immer in textkritisch-harmonisierenden Korrekturversuchen gehalten, ohne den schon rein äußerlich überladenen, erst recht aber durch seine zahlreichen Ungereimtheiten und offenen Fragen charakterisierten Text auch mit literarkritisch greifenden Maßnahmen

---

(142) vgl. Rudolph, a.a.O., S. 240-242

(143) vgl. Wolff, a.a.O., S. 385f

(144) vgl. Stevenson, Three Prophetic Voices, Studies in Joel, Amos and Hosea, London 1971, S. 90

(145) vgl. Mays, Amos, A Commentary, Philadelphia/Pennsylvania 1969, S. 151-154

(145a) Vgl. dazu bes.: Berg, Werner, Die sogenannten Hymnenfragmente im Amosbuch, Europäische Hochschulschriften, Frankfurt/ Bern 1974

zu untersuchen. Sowohl BHK3 als auch BHS, die in dieser Frage die allgemein in der exegetischen Diskussion vertretenen Ansichten wiedergeben, schlagen vor, das wajj'ōmær hinter hassipīm zu transponieren, für das hak ein wajjak oder (ū)makē zu lesen, wejir'ašū in wajir'ašū zu ändern und ūbesa'am berō'š entweder als 'æbsa'ēm bera'aš - so BHK3 und BHS - oder als 'æbsa' rō'š - so nur BHS - zu verstehen. Das Merkwürdige daran ist ja nicht einmal so sehr die auch hier wieder beobachtbare Verschiedenartigkeit der zahlreichen Korrekturen in einem einzigen Vers, sondern daß diese massive Textformung durch Umstellung von Wörtern seit Volz (146) in der Exegese so gut wie unwidersprochen akzeptiert ist. Diese "Generalüberholung" von 9,1 ist offensichtlich wieder von dem Interesse geleitet, einen glatten Text zu schaffen, was letztlich in Zusammenhang mit dem Interesse gesehen werden muß, einen fünften Visionsbericht zu erhalten.

Es fängt immer damit an, daß wajj'ōmær zu verschieben. Das kann natürlich schon einmal möglich sein, daß die lange Überlieferung einen Text nicht in seiner ursprünglichen Hintereinanderordnung erhalten hat. Dann muß - als Konsequenz - auch das hak geändert werden; auch das kommt vor: Vorgeschlagen wird eine Verlesung aus wajjak, wobei die Phantasie für eine Verlesung aus makē schon größeren Aufwand beansprucht. Selbstverständlich ist auch eine Umpunktierung von wejir'ašū in wajir'ašū denkbar, denn der Konsonantenbestand ändert sich dadurch ja in keiner Weise, auch eine Konsonantenverlesung in Verbindung mit falscher Punktation kann nicht ausgeschlossen werden. Es kann sogar beides einander bedingen, weil durch die Verlesung ein optisch ähnliches Wort ein anderes Verständnis nahelegen kann. So wäre 'æbsa'ēm plausibel zu machen; 'æbsa' bliebe jedoch die Rechenschaft über das mēm schuldig, und eine Änderung von berō'š in bera'aš setzt vermutlich einen Hörfehler voraus, um die Differenz von 'alef und 'ajin zu erklären. Aber das wäre hier keine mit den anderen zusammenhängende zwingende Korrektur. Schwerer wiegt aber, daß in einem - freilich sehr gedehnten - Viertelvers eine Worttransponierung, zwei Wortveränderungen mit Konsonantenänderung und eine Umpunktierung und das in gegenseitiger Verzahnung angenommen werden muß. Es bedarf keiner überzogenen Skepsis, um hier erhebliche Bedenken anzumelden, zumal der Viertelvers, wie oben dargestellt, - mit Ausnahme der eigenwilligen Punktierung von ūbesa'am - syntaktisch ohne jede Veränderung auskäme. Die genannten Korrekturen werden nur notwendig nach der irrational getroffenen Vorentscheidung, 9,1-4 als Einheit aufzufassen. Das jedoch zu zeigen, wäre erst einmal die Aufgabe der Literarkritik, will sie nicht eine reine Rechtfertigungsfunktion bereits getroffener Entscheidungen übernehmen. Zudem gaben schon das für Visionsberichte ungewöhnliche rā'iti, ferner die für Amos

(146) Volz, P., Rezension von: Elhorst, H. J., De profetie van Amos, in: ThLZ 25 (1900), Sp. 289-292

nicht gebräuchliche Gottesbezeichnung '^{a}dōnāj und schließlich die vermißte Nennung des Adressaten, wenn jemand bestimmter angesprochen ist - dieses Problem bleibt auch bei einer Verschiebung von wajj'ōmær - Anlaß zu Zweifeln, ob dieser Teil überhaupt von Amos stammen könne. Dazu kommt noch, daß dieser erste Teil 9,1a$_{a1.2}$ offensichtlich in einen anderen, hier nicht weiter genannten Zusammenhang führt, vielleicht in eine Prophetengeschichte, die an einem bestimmten Altar spielt. Das rā'īti und die Gottesbezeichnung weisen auf eine spätere Zeit hin und waren als einen Visionszusammenhang kopierend erkannt worden. Das folgende Gedicht 9,1b-9,4 ist ein in sich geschlossener Komplex; das dazwischengeschobene 9,1a$_{a3.b}$ ist ein vereinzelter Vers, der wegen seines Inhalts und seines Parallelismus' hier eingefügt wurde. Damit ist der fünfte Visionsbericht als solcher liquidiert. Auf diese Weise soll nicht die Authentizität des Gedichtes 9,1b-4 und auch nicht die von 9,1a$_{a3.b}$ in Frage gestellt werden, nur 9,1a$_{a3.b}$ steht mit 9,1b-4 nicht im ursprünglichen Zusammenhang, und beide stehen nicht im Zusammenhang eines authentischen Visionsberichtes, worunter das später zusammenfassende 9,1a$_{a1.2}$, das sich aber als epigonenhafte Kopie herausstellte, sie zu fassen sucht. Es sind uns nur vier authentische Visionsberichte des Amos überliefert, weshalb der sogenannte fünfte Visionsbericht bei den künftigen Überlegungen außer Betracht bleiben wird.

3. Die Formkritik der einzelnen Visionsberichte und des Visionszyklus' im ganzen

Sinn und Aufgabe der Formkritik liegen darin, das jeweilige Gesicht der literarkritisch analysierten und abgegrenzten Teile des Textes herauszukonturieren. Nun hatte sich schon während der vorangegangenen literarkritischen Untersuchung gezeigt, daß diese nicht ganz ohne formkritische Hilfestellung auskam. An einigen Stellen waren schon Ausgriffe in die Formkritik unternommen worden, die in ihrer Gesamtheit nun, nach Abschluß der literarkritischen Erörterungen, die Visionsberichte als einen zusammengehörenden Komplex unter Ausschluß des sogenannten fünften Visionsberichtes und in einem paarweisen parallelen Aufbau erscheinen ließen, und das unabhängig davon, wie nun Einzelfragen - etwa 7,4 - endgültig gelöst werden. Für die ersten beiden und den dritten und vierten Visionsbericht kann damit jetzt von einem jeweils parallelen Aufbauprinzip ausgegangen werden. Formkritisch legt es sich daher nahe, zunächst die beiden ersten Visionsberichte gemeinsam zu untersuchen, danach den dritten und vierten Visionsbericht und schließlich den Visionszyklus in seiner Gesamtheit.

a) Die syntaktisch-stilistische Einzelanalyse der ersten beiden Visionsberichte

Die syntaktisch-stilistische Analyse soll zunächst auf der Ebene des Satzes durchgeführt werden, weil durch die Zerlegung des Textes in dessen einzelne Sätze auch ein Zugang zu seinen Elementen (147) ermöglicht wird. Aus Gründen, wie sie oben schon genannt worden sind, interessieren hier zunächst die ersten beiden Visionsberichte gemeinsam.

Von den jeweils zwölf Sätzen der ersten beiden Visionsberichte finden sich jeweils fünf Verbalsätze, vier invertierte Verbalsätze und drei Nominalsätze. Die Visionsberichte setzen ein mit einem invertierten

---

(147) Vgl. Fohrer/Hoffmann/Huber/Markert/Wanke, Exegese des Alten Testaments, Einführung in die Methodik, Heidelberg 1973, S. 66, wo der Satz als Elementarhandlung der aktuellen sprachlichen Handlung bezeichnet wird; vgl. aber auch schon Zenger, in: Hrsg. Schreiner, J., Methoden biblischer Exegese, Würzburg 1971, S. 119, der in der Elementarisierung die Möglichkeit zur Funktionsanalyse und damit zur Objektivierung sprachlicher Abläufe sieht. Vgl. ferner: Richter, Exegese als Literaturwissenschaft, Göttingen 1971, S. 86-88. Als Überblick kann Abb. 3 für die vorliegenden vier Visionsberichte herangezogen werden, die das Ergebnis der Literarkritik nach den einzelnen unterscheidbaren Sätzen geordnet zusammenstellt.

Verbalsatz - x-qatal - (vgl. 7,1a_a par 7,4a_a). Durch die Inversion wird einerseits ein Neueinsatz gegenüber dem vorangegangenen Text markiert und andrerseits in Verbindung mit der wörtlichen Wiederholung des Satzes (vgl. 7,1;7,4;7,7;8,1) eine Gliederung des eben dadurch aber auch als zusammengehörig charakterisierten Textes erreicht. Mit der Inversion Hand in Hand erfolgte eine Umstellung von Präformativkonjugation + x in das sinngleiche x + Afformativkonjugation, wodurch nach Rössler (148) Ḥamet vertreten wird, der Punktualis in der Erzählform.

---

(148) vgl. Rössler, Rezension von Heinrich Wagner: Das Verbum in den Sprachen der britischen Inseln, Ein Beitrag zur geographischen Typologie des Verbums, in: ZCPh 28(1960), S. 142f, wo erklärt wird, daß hamṭu den Aspekt der punktuellen Vergangenheit und maru den durativen Aspekt vertritt. Vgl. auch Rössler, Die Präfixkonjugation Qal der Verba Iae Nun im Althebräischen und das Problem der sogenannten Tempora, ZAW 74 (1962), S. 133: "Wir kennen seit kurzem auch das Selbstverständnis der Babylonier bezüglich der bei den akkadischen Verbalformen, die wir eben mit den vorläufigen Benennungen 'längere und kürzere Art der Präfixkonjugation' belegt haben: sie nannten die erstere Marû ('fat, slow'), die letztere Ḥamṭu ('fleet, quick') (Materialien zum sumerischen Lexikon IV, 1956, S. 21 f. und 21 Anm. - Vgl. dazu Verf. in: 'Zeitschrift für Celtische Philologie' 28, 1960, S. 142.). Es empfiehlt sich, diese beiden Termini, die von den einzigen hierzu Befähigten und Berufenen, nämlich von den alten Semiten selbst, geschaffen wurden, in lautlich hebräisierter Form auch in der hebräischen Grammatik einzuführen: sie lauten dann Mare' und Ḥamet, und sind dem Hebräisten wohl verständlich (vgl. hebr. məri' 'Masttier' und ḥômeṭ 'Eidechse'!). In diesem Sinne ist hebr. yiqṭol, yinṣor 'Mare' und yiqṭol, yiṣṣor Ḥameṭ." Vgl. ferner Rössler, a. a. O., S. 136: "Diese Tendenz (cf.: die Tendenz der Mare'-Formen, nach dem Ende des Satzes zu rücken) wird erklärlich aus der Tatsache, daß sich das erzählende ('konsekutive') Ḥameṭ wayyiqṭol im Hebräischen stets an der Spitze der einzelnen Aussagen festgesetzt hat; mit fortschreitender formaler Annäherung von Ḥameṭ und Mare' mußten sich nun diese beiden für die Syntax einer semitischen Sprache so ausschlaggebend wichtigen Formen wenigstens in bezug auf die Stellung im Satz gegenseitig ausweichen - und so wurde das Mare' nach dem Ende des Satzes hin abgedrängt (Die Verdrängung des Mare' an das Ende des Satzes gibt die Erklärung für die auffallende Erscheinung, daß Mare'-Formen so häufig gleichzeitig Pausalformen sind!)..... So wie Ḥameṭ, sobald es aus irgendwelchen Gründen nicht an der Spitze stehen kann, durch Suffixkonjugation ersetzt werden muß (unechtes Ḥameṭ), muß umgekehrt Mare', sobald es am absoluten Anfang stehen müßte, durch - ebendieselbe Suffixkonjugation ersetzt werden (unechtes Mare')."

Im folgenden $7,1a_{b.c}$ finden sich zwei Nominalsätze, der eine als Aufmerksamkeitsruf - davon wird noch zu sprechen sein -, der andere als ein partizipialer Nominalsatz. Da "mit dem Partizip ein Bezug sowohl zur Vergangenheit als zur Gegenwart und Zukunft ausgedrückt werden kann" (149), kann erst der Kontext Aufschluß über den Zeitbezug des partizipialen Nominalsatzes geben. Darauf wird zurückzukommen sein. Dies läßt sich wegen des text- und literarkritisch bereits erörterten Zustandes dieser Stelle im zweiten Visionsbericht natürlich kaum noch durchführen. Im folgenden $7,2a_{a1}$ par $7,4b_a$ findet sich ein Verbalsatz - yiqṭol-x -, also Punktualis in der Erzählform. Eine solche Satzform, nämlich Präformativkonjugation + x war für $7,2a_{a1}$ literarkritisch erschlossen worden und war von daher nur als fragmentarisch erhalten angesehen worden, was jedoch der syntaktischen Bestimmung keinen Abbruch zu tun vermag. In $7,2a_{a2}$ par $7,4b_b$ schließt sich ein Verbalsatz - qatal-x - an. Die syntaktische Konstellation Afformativkonjugation + x vertritt Mare', den durativen Aspekt in der Vergangenheit. $7,2a_{b1}$ par $7,5a_{a1}$ stellt einen Verbalsatz mit implizitem Subjekt dar, und zwar yiqṭol-x, wobei x in der Form der Präformativkonjugation impliziert ist. Es folgt ab $7,2a_{b2}$ par $7,5a_{a2}$ eine Reihe von Inversionen: zunächst $7,2a_{b2}$ par $7,5a_{a2}$ ein invertierter Verbalsatz - x-qatal -, wegen des Imperativs, danach in $7,2a_c$ par $7,5a_b$ ein invertierter Verbalsatz - x-yiqtol - wegen der Frage, schließlich in 7,2b par 7,5b ein durch mit invertierender Wirkung ausgestattetes kī eingeleiteter Nominalsatz; damit endet die durch $7,2a_{b1}$ par $7,5a_{a1}$ eingeleitete und in $7,2a_{b2}$ par $7,5a_{a2}$ begonnene Rede. Sie wird durch $7,3b_a$ par $7,6b_a$, einem invertierten Verbalsatz -x-yiqṭol -, ergänzt. Dazwischen aber liegt 7,3a par 7,6a, ein Verbalsatz - qaṭal-x -, und danach folgt wieder ein Verbalsatz -qaṭal-x - in $7,3b_b$ par $7,6b_b$. Damit sind die vorliegenden beiden Visionsberichte 7,1-3 und 7,4-6 in ihre einzelnen Sätze zerlegt und diese nach ihren Arten als Verbalsatz, invertierter Verbalsatz und Nominalsatz charakterisiert. Es muß nun darauf ankommen, einerseits die Funktion der Inversionen zu erklären, andrerseits die interne Struktur der einzelnen Sätze zu kennzeichnen und schließlich auf Satzweiser zu achten.

Die Inversion in $7,1a_a$ par $7,4a_a$ war in ihrer Funktion, den Neueinsatz zu markieren, schon charakterisiert. Dennoch muß ein Unterschied gemacht werden zwischen $7,1a_a$, wo der zur Diskussion stehende invertierte Verbalsatz zum ersten Male auftaucht und $7,4a_a$; $7,7a_a$; 8,1a, wo eben dieser Satz wörtlich wiederholt wird. Wenn diese Wiederholungen als Klammerelemente mit Gliederungscharakter verstanden werden

(149) Richter, Traditionsgeschichtliche Untersuchungen zum Richterbuch, BBB 18, Bonn 1973, S. 362, vgl. auch dessen Auseinandersetzung mit Oberhuber: Zur Syntax des Richterbuches. Der einfache Nominalsatz und die sogenannte nominale Apposition, VT 3 (1953).

können, dann muß das erste der Elemente (7, $1a_a$), die danach nur noch Wiederholungen sind, als Neueinsatz eines Komplexes gekennzeichnet werden, dessen Differenz zu seinen Parallelen (7, $4a_a$;7, $7a_a$;8, 1a) einzig und allein aus seiner Position deutlich wird, die aber erst durch die Nachordnung seiner Parallelen als Topposition charakterisiert ist. Insofern unterscheiden sich der invertierte Verbalsatz 7, $1a_a$ und seine wörtlichen Parallelen 7, $4a_a$;7, $7a_a$;8, 1a durch ihre unterschiedliche Position. Damit gewinnt aber auch die Inversion von 7, $1a_a$ gegenüber den Inversionen von 7, $4a_a$;7, $7a_a$;8, 1a eine zusätzliche Funktion: Neben der Funktion der gliedernden Verklammerung des Komplexes kommt ihr die Funktion des vom Vorangegangenen abhebenden Einschnitts als Einleitung eines neuen Komplexes zu, und das allein aufgrund ihrer Stellung. Damit hat sich herausgestellt, daß nicht eine Inversion an sich schon ausreichend ihre Funktion erklärt, sondern erst eine Inversion in ihrer Position im Textzusammenhang; 7, $1a_a$; 7, $4a_a$;7, $7a_a$;8, 1a hatten gelehrt, bei Inversionen Topposition und nachgeordnete Positionen zu differenzieren.

7, $1a_a$ parr beginnt mit einem Demonstrativpronomen, das auf etwas Folgendes verweist, so wie in der Einleitung des Botenspruchs, mit der - das soll noch verdeutlicht werden - auch noch weitere Gemeinsamkeiten bestehen. Danach folgt das Prädikat des Satzes in der 3. Pers. Sing. Mask. Afformativkonjugation Hifil plus Suffix der 3. Pers. Sing. Mask.; zum Schluß findet sich das Subjekt als Eigenname; der Eigenname ist die Gottesbezeichnung "Jahwe". Das ist ebenfalls eine Gemeinsamkeit mit der Einleitung zum prophetischen Botenspruch. Es soll hier nicht über das Auffinden von vielleicht zufälligen Gemeinsamkeiten eine Parallelität von Visionseinleitung bei Amos und Einleitung zum Botenspruch konstruiert werden, wohl aber läßt sich umschreiben, warum diese Visionseinleitung Assoziationen an die Einleitung zum Botenspruch weckt: Das liegt einmal am wörtlich selben Einsatz kō und am wörtlich selben Abschluß Jhwh, zum anderen liegt es an der selben syntaktischen Folge von Demonstrativpronomen, Prädikat - dort freilich in Afformativkonjugation -, explizites Subjekt als Eigenname. Die Frage, ob diese Assoziationsfunktion beabsichtigt ist oder nicht, läßt sich an dieser Stelle nicht anders als spekulativ beantworten. Das kō ist hier als ein Satzweiser für das Folgende zu verstehen. An sich ist das demonstrative kō neutral in der Hinsicht, ob es nach vorn oder zurück verweist; beide Möglichkeiten lassen sich belegen. Hier jedoch ist es durch die Stellung und die Art des Satzes, in dem es steht - invertierter Verbalsatz in Topposition - als Vorverweiser eindeutig festgelegt. Der gleiche Charakter liegt dem kō bei den invertierten Verbalsätzen 7, $4a_a$;7, $7a_a$;8, 1a zugrunde, bei denen die Inversionen in nachgeordneter Position stehen.

Der folgende Satz der ersten beiden Visionsberichte - 7, $1a_{bc}$ bzw. 7, $4a_b$ - wird durch den Aufmerksamkeitsruf w^{e}hinnē eingeleitet; er folgt konsequent auf das r'h in der Einleitung - 7, $1a_a$ par 7, $4a_a$ - und konkretisiert und spezifiziert dieses. Er ist An- und Ausruf mit Hinweischarakter. "hinnē (Umschrift von mir) projiziert in die unmittelbare Gegenwart und lenkt das Augenmerk zwingend auf die folgende Situation, die sich nunmehr wie ein Film vor dem geistigen Auge des Erzählers sowohl wie des Zuhörers abrollt." (150) Oberhuber sieht in der doppelten Funktion des hinnē - "einmal als Markierung des An- und Ausrufes, dann als Tempusmarkierung" (151) - auch eine doppelte Möglichkeit in der Auffassung des folgenden Nominalsatzes: einerseits die Möglichkeit des einpoligen, andrerseits die des zweipoligen Nominalsatzes. Dabei versteht Oberhuber unter einem einpoligen Nominalsatz einen Satztypus, der ohne mubtada', also ohne den Ausdruck des Subjekts auskommt, weil dieses in einer Gesprächssituation als anwesend vorausgesetzt wird oder als miteinbezogen gedacht wird (152). So findet sich der einpolige Nominalsatz vielfach als Anruf oder Ausruf. Dagegen ist der zweipolige Nominalsatz nicht auf bestimmte Satzkategorien festgelegt, weil er "neben dem ḫabar (153) auch das mubtada' eigens zu bezeichnen pflegt" (154). Zurückkommend auf das w^{e}hinnē in Am 7,1.4.7;8,1 stellt sich das Problem, ob wir es im vorliegenden Fall mit einem oder mit zwei Nominalsätzen zu tun haben. Wird das w^{e}hinnē primär in seiner Funktion als Tempusmarkierung insofern gefaßt, als es in die unmittelbare Gegenwart projiziert und die Aufmerksamkeit auf das Folgende in vergegenwärtigender Absicht richtet (vgl. Anm. II/72), dann liegt ein durch w^{e}hinnē eingeleiteter zweipoliger Nominalsatz vor; wird w^{e}hinnē jedoch primär als Markierung des An- und Ausrufs gefaßt (vgl. Anm. II/73), dann liegen hier ein einpoliger und ein zweipoliger Nominalsatz vor. Jede Lösung allein aus den Kriterien, die die Ausführungen Oberhubers an die Hand geben, zur einen oder zur anderen Seite hin muß willkürlich sein; sie ist schlicht eine Auffassungsangelegenheit. Es legt sich daher nahe, im Text selbst nach Kriterien zu suchen, die zur Lösung des Problems geeignet sind. Zunächst einmal ist festzuhalten, daß der Aufmerksamkeitsruf mit w^{e} versehen ist; er ist auf diese Weise mit dem Vorangehenden verbunden und bildet auch syntaktisch - durch die Konjunktion w^{e} - dessen Fortsetzung. Das kann als ein Hinweis darauf angesehen werden, den Aufmerksamkeitsruf hier nicht verselbständigt als einpoligen Nominalsatz und damit eher als Zeitmarkierung denn als Aufruf aufzufassen. Andrerseits kann nicht übersehen werden, daß nach dem Aufmerksamkeitsruf ein zweipoliger partizipialer Nominalsatz folgt, was ja - nach Oberhuber - eher wieder darauf hinweisen würde, den Aufmerksamkeitsruf hier nicht als Tempusmarkierung, sondern als

---

(150) Oberhuber, a.a.O., S. 10

(151) ebd.

(152) vgl. Oberhuber, a.a.O., S. 8

(153) ḫabar bezeichnet den Ausdruck des Prädikats im Nominalsatz

(154) Oberhuber, a.a.O., S. 8

Aufruf zu verstehen. Es muß aber gefragt werden, ob Oberhubers extrem analytische Trennung zwischen hinnē als An- und Ausruf und hinnē als Tempusmarkierung im oben angesprochenen Sinn (vgl. Anm. II/150) adäquat so durchgehalten werden kann, zumal sie in ihrem ausschließend alternativen Charakter die Doppelfunktion von hinnē als Imperativ und Präsentativ durch ein jeweiliges Junktim mit einpoligen oder zweipoligen Nominalsätzen auseinanderdividiert. Gerade der hier in den Visionsberichten vorliegende Fall zeigt aber, daß beide Aspekte hier zusammen gesehen werden müssen, so daß neben dem Charakter als Aufruf auch der der Tempusmarkierung in dem Sinne berücksichtigt werden muß, daß im Lenken der Aufmerksamkeit auf die folgende Situation diese in die unmittelbare Gegenwart projiziert wird (vgl. Anm. II/150) (155). Es kann daher ausgegangen werden von einem einpoligen Nominalsatz w^{e}hinnē und einem folgenden zweipoligen Nominalsatz, wobei der Aufmerksamkeitsruf ebenso als Aufruf fungiert, wie er auch die Zeit festlegt; er steht weder absolut noch isoliert, weil er als w^{e}hinnē sowohl auf das r'h des Vorhergehenden verweist, als auch das folgende Gesehene als Gegenwärtiges und damit in seinem zeitlichen Bezug festlegt. Damit leitet der Aufmerksamkeitsruf das "Zitat" des Gesehenen in der gleichen Weise ein, wie die Redeeinleitung das Zitat des Gesprochenen einleitet, welches ja dadurch, daß es zitiert wird, auch aktuell gesprochen bzw. - in dieser Konsequenz - gesehen wird. Es kann auf diesem Hintergrund gar keine Frage sein, daß der Aufmerksamkeitsruf Einleitung des Gesehenen ist, wie die Redeeinleitung Einleitung des Gesprochenen ist. Damit wird durch den Aufmerksamkeitsruf in den ersten beiden Visionsberichten 7, 1a$_{b}$ (ohne w^{e}hinnē). $_{c}$. 2a$_{a}$. 3a par 7, 4a$_{b}$(ohne w^{e}hinnē). b. 6a eingeleitet. In abgeleiteter Form macht das w^{e}hinnē aber auch auf den Redenteil aufmerksam; das wird - vor allem in den ersten beiden Visionsberichten - durch das Bestreben deutlich, den Redenteil in den Teil, der das Gesehene "zitiert", zu integrieren (vgl. die Stellung von 7, 3a. 6a inmitten des Redenteiles); außerdem weist die Stellung des w^{e}hinnē nach der allgemeinen Einleitung zu den Visionsberichten, die - wie schon oben festgestellt wurde - die Funktion einer Klammer hat, welche einerseits die Visionsberichte als einen Komplex zusammenhalten will, sie andrerseits als Komplex vom Vorhergehenden und vom Folgenden sondert und sie schließlich als Komplex in die einzelnen Berichte aufgliedert, darauf hin, daß die Visionsberichte als solche zusammengehalten bleiben und nicht etwa in einen Visionsteil und einen über den

---

(155) Zum Verständnis des Aufmerksamkeitsrufs vgl. auch Gesenius, W. / Kautzsch, E. /Bergsträsser, G. , Hebräische Grammatik, Leipzig ^{29}1918, Nachdruck Hildesheim 1962, § 116p,q, § 147b; Brockelmann, C. , Hebräische Syntax, 1956, S. 3,52,56; Alonso-Schökel, L. in: Biblica 37 (1956), S. 74-80; Blau, J. in: VT 9 (1959), S. 132f; Jenni, E. /Westermann, C. , a. a. O. , Sp. 504-507, insbes. Sp. 505-506

Visionsteil handelnden Diskussionsteil auseinanderfallen sollen. Das ändert nichts an dem oben Gesagten über die mit der Redeeinleitung gleichgesetzte Funktion des Aufmerksamkeitsrufes als aufrufende und die Aktualität des zeitlichen Bezuges markierende Einleitung zum "Zitat" des Gesehenen, aber es läßt auf der anderen Seite keinen Zweifel darüber, daß der durch die Redeeinleitung eingeleitete Diskussionsteil integraler Bestandteil des jeweiligen Visionsberichtes ist. Es wird daher $w^{e}hinn\bar{e}$ - trotz der Reserve gegenüber Oberhubers exklusiv-alternativem Verständnis - als einpoliger Nominalsatz verstanden, dem ein zweipoliger Nominalsatz folgt.

Syntaktisch folgt - wie sehr häufig - nach dem Aufmerksamkeitsruf ein partizipialer Nominalsatz (7, $1a_{b.\,c}$ par 7, $4a_b$). Die durch ihn fixierte Zuständlichkeit wird in bewegliches Geschehen aufgelöst in der sich anschließenden Schilderung der Verbalsätze 7, $2a_{a1}$ par 7, $4b_a$ und 7, $2a_{a2}$ par 7, $4b_b$. Schließlich wäre noch auf den schon oben in diesem Zusammenhang erwähnten Verbalsatz 7, 3a par 7, 6a hinzuweisen, der seinerseits - und das unterstreicht seine Verzahnung mit dem Redenteil - nur aus dem Kontext dieses Redenteiles verständlich wird; ja, der genannte Verbalsatz gliedert den Redenteil darüberhinaus noch in die Rede des einen Dialogpartners, dessen Rede in 7, $2a_{b1}$ par 7, $5a_{a1}$ mit der 1. Pers. Sing. Präformativkonjugation (Impf. cons.) Qal eingeleitet worden ist und des anderen Partners, dessen Rede in 7, $3b_b$ par 7, $6b_b$ mit der 3. Pers. Sing. Afformativkonjugation Qal abgeschlossen wird. Zwischen beiden Redepartien, die sonst nicht durch einen Redeabschluß der einen und nicht durch eine Redeeinleitung der anderen Rede gekennzeichnet sind, liegt genau die Nahtstelle 7, 3a par 7, 6a, durch die beide Redepartien voneinander getrennt und explizit unterschieden sind.

Damit ließen die syntaktischen und stilistischen Überlegungen zum $w^{e}hinn\bar{e}$ auch schon Schlüsse auf die Struktur der ersten beiden Visionsberichte zu. Um aber zunächst auf die syntaktisch-stilistische Einzelanalyse zurückzukommen, so ist der auf das $w^{e}hinn\bar{e}$ folgende partizipiale Nominalsatz erweitert durch eine adverbiale Bestimmung der Zeit (vgl. 7, $1a_{b.\,c}$ für die Parallelstelle 7, $4a_b$ läßt sich diesbezüglich wegen ihres fragmentarischen Zustandes selbstverständlich nichts sagen). Diese findet sich in 7, 1 konstruiert mit b^{e} und zwei voneinander abhängigen und aufeinander folgenden Genetiven, so daß nicht nur das Nomen regens zum ersten Genetiv, sondern auch dieser selbst seinerseits wieder als Nomen regens zum zweiten Genetiv im Stat. constr. stehen. In 7, $4a_b$ ließ die text- und litararkritisch analysierte Situation zwar nicht mehr zu, eine solche adverbiale Bestimmung ausfindig zu machen, wenngleich diese aus derselben ungeklärten Situation heraus auch nicht ausgeschlossen werden kann. Die strukturelle Parallelität mit dem auf den Aufmerksamkeitsruf folgenden, statisch präsentierenden partizipialen Nominalsatz von erstem und zweitem Visionsbericht auch an dieser Stelle bleibt davon unberührt.

Darauf folgen jeweils die zwei Verbalsätze 7,2$a_{a1.2}$ par 7,4$b_{a.b}$, die als Narrative den jeweils vorangegangenen Nominalsatz in seinen Geschehensaspekten erläutern. Für 7,2a_{a1} gilt zwar, daß es nur bruchstückhaft erhalten ist, aber der Narrativ waj^{e}hī legt den Satz in seiner Art grundsätzlich fest. Das parallele 7,4b_a wird ebenfalls durch einen Narrativ eingeleitet; es handelt sich um die 3. Pers. Sing. Fem. Präformativkonjugation Qal (Impf. cons.) mit implizitem Subjekt, daran angeschlossen ist ein mit 'ǣt definierter und durch ein Adjektiv qualifizierter Akkusativ. Das folgende 7,2a_{a2} par 7,4b_b bringt -jeweils mit w^{e} an das Vorhergehende angeschlossen - zunächst jeweils die 3. Pers. Sing. Afformativkonjugation Qal und daran angeschlossen ein Akkusativobjekt; dabei erweist sich 7,2a_{a2} als sowohl syntaktisch als auch stilistisch breiter angelegt als 7,4b_b: zunächst ist die 3. Pers. Sing. Afformativkonjugation Qal erweitert durch einen von ihr abhängigen Inf. constr., sodann ist der sich anschließende Akkusativ indirekt erst dadurch determiniert, daß er einen mit bestimmtem Artikel versehenen Genetiv nach sich zieht. Sowohl 7,2a_{a2} als auch 7,4b_b schildern als qatal-x-Sätze die Dauer in der Vergangenheit, wenn auch in 7,4b_b das "qatal" nicht durch Inf. constr. erweitert ist und der Akkusativ einfach durch bestimmten Artikel determiniert ist.

In 7,2a_{b1} par 7,5a_{a1} findet sich dann die Redeeinleitung in der 1. Pers. Sing. Präformativkonjugation Qal (Impf. cons.). Darauf folgt die erste Rede (7,2a_{b2}-7,2b par 7,5a_{a2}-7,5b): Sie beginnt 7,2a_{b2} par 7,5a_{a2} mit einem Appell, einsetzend mit der namentlichen Anrede dessen, an den der Appell sich richtet, fortgesetzt durch den Imp. Qal, der seinerseits durch die angehängte Aufforderungspartikel -nā' verstärkt ist. Daran schließt sich 7,2a_c par 7,5a_b ein Fragesatz an: Es findet sich zunächst das Interrogativpronomen, darauf die 3. Pers. Sing. Mask. Präformativkonjugation Qal, darauf ein Eigenname als prädikativ gebrauchtes Subjekt des Satzes. Die Rede wird 7,2b par 7,5b abgeschlossen durch einen mit kī eingeleiteten Begründungssatz; nach dem kī folgt ein auf das Subjekt bezogenes Adjektiv, darauf als Subjekt die 3. Pers. Sing. Mask. des Personalpronomens mit demonstrativem Nebensinn. Daraus geht auch hervor, daß der kī-Satz nicht den Aufforderungssatz 7,2a_{b2} par 7,5a_{a2}, sondern den Fragesatz 7,2a_c par 7,5a_b begründet, denn sein Subjekt, das Personalpronomen der 3. Pers. Sing. Mask., ist nur auf den Eigennamen von 7,2a_c par 7,5a_b beziehbar.

Damit endet diese Rede. Das wird nicht durch einen eventuell zu erwartenden Redeabschluß signalisiert, sondern dadurch, daß nun - in 7,3a par 7,6 a - im Narrativ namentlich über die Person berichtet wird, die zuvor - in 7,2a_{b2} par 7,5a_{a2} - namentlich angeredet worden war. Auf diese Weise ist deutlich, daß 7,3a par 7,6a nicht mehr zur Rede, sondern zum Redekommentar gehört, insofern nämlich die in der Rede direkt oder indirekt tätige Person (156) Gegenstand des Berichtes wird. Es ist ausgeschlossen, daß die in diesem Sinne in einer Rede direkt oder indirekt tätige Person Gegenstand des Berichtes innerhalb der Rede ist. So setzt 7, 3a par 7, 6a ein mit der 3. Pers. Sing. Mask. Afformativkonjugation Piel; darauf folgt der Eigenname als Subjekt, der in 7, $2a_{b2}$ par 7, $5a_{a2}$ Gegenstand der Anrede war. Daran schließt sich als Erweiterung des Verbalsatzes ein präpositionaler Ausdruck an, bestehend aus einer Präposition und der Fem. - bzw. Neutr. -Form des Demonstrativpronomens; daraus wiederum - vorausgesetzt wird hier der Neutr. - Charakter des Demonstrativpronomens, da eine feminine Beziehungsmöglichkeit fehlt - geht eindeutig hervor, daß Gegenstand der in 7, 3a par 7, 6a geschilderten Handlung weder das in 7, $2a_c$ par 7, $5a_b$ als Eigenname explizite Subjekt, noch das darauf bezügliche Subjekt von 7, 2b par 7, 5b, sondern der durch den Aufmerksamkeitsruf eingeleitete Komplex 7, $1a_{bc}$-7, $2a_{a2}$ par 7, $4a_b$-7, $4b_b$ sein muß.

In 7, $3b_a$ par 7, $6b_a$ findet sich wieder eine Rede. Das geht einmal hervor aus dem darauf folgenden Redeabschluß in 7, $3b_b$ par 7, $6b_b$; dieser Redeabschluß macht auch deutlich, daß nun die Person geredet hat, die in 7, $2a_{b2}$ par 7, $5a_{a2}$ angeredet wurde und über die in 7, 3a par 7, 6a berichtet worden war. Der Redecharakter von 7, $3b_a$ par 7 ,$6b_a$ zeigt sich aber auch darin, daß hier eine negative Aussage über etwas gemacht wird - lō' plus 3. Pers. Sing. Fem. bzw. Neutr. Präformativkonjugation Qal -, das zuvor in 7, 3a par 7, 6a in Form eines präpositionalen Ausdrucks Gegenstand der Handlung dieses Verbalsatzes war, welcher Gegenstand selbst dort in seiner syntaktischen Funktion als Demonstrativpronomen als Kollektivbezeichnung des Komplexes 7, $1a_{bc}$-7, $2a_{a2}$ par 7, $4a_b$-7, $4b_b$ erkannt worden war. Wenn nun in der Einheit eines Textzusammenhanges etwas ausdrücklich negiert wird, das zuvor - eingeleitet mit dem Aufmerksamkeitsruf - berichtet worden ist, so kann eine solche Aussage nicht auf der gleichen Ebene des Berichtes liegen, sondern liegt auf der Ebene des Redens darüber in interrogativer, imperativischer oder widersprechender Intention. In 7, $6b_a$ ist - abweichend von 7, $3b_a$ - vor die Negation, diese verstärkend und die entsprechende Stelle des ersten Visionsberichtes teils bestätigend teils sich von ihr absetzend, noch die Konjunktion gam mit dem Personalpronomen der 3. Pers. Sing. Fem. bzw. Neutr. mit demonstrativem Nebensinn gestellt.

Damit ist die syntaktisch-stilistische Analyse der ersten beiden Visionsberichte erstellt. Rückblickend kann festgehalten werden: Der Sprachstil der erzählenden Partien ist sehr knapp; das zeigt sich einmal an dem

---

(156) Als direkt tätige Person in der Rede kann nur der jeweilige Redner bezeichnet werden. Der Ausdruck "indirekt tätige Person in der Rede" soll als Terminus explizit vereinbart werden für Personen oder Dinge, die in der Rede Gegenstand der Anrede sind, nicht jedoch für Personen oder Dinge, die Gegenstand der Rede im Sinne des Berichtes darüber sind.

Nominalsatz 7, $1a_{bc}$ par 7, $4a_b$, der nur ein implizites Subjekt kennt; ferner ist das erkennbar daran, daß in dem Redenkomplex nur eine Einleitung für die eine Rede und nur ein Redeabschluß für die andere Rede sich findet. Allerdings gibt die Form von Redeeinleitung und von Redeabschluß jeweils eindeutig zu erkennen, daß beide Redepartien - getrennt durch ein Erzählstück - von jeweils zu unterscheidenden Partnern gesprochen sind. Beide Redepartien sind in ihrem durch ständige Inversionen hastig wechselnden Verlauf durch einen aufgrund seines Mare'-Charakters - qatal-x - retardierenden Narrativ getrennt (7,3a par 7,6a); aber auch hier lassen die verwendeten Mittel auf sprachliche Sparsamkeit schließen, wenn einfach das Demonstrativpronomen stellvertretend für den Komplex 7, $1a_{bc}$-7, $2a_{a2}$ par 7, $4a_b$-7, $4b_b$ gesetzt wird. Noch deutlicher zeigt sich die Sparsamkeit in der folgenden Rede 7,3b par 7, $6b_a$, wo nur noch durch das Genus der Verbform indirekt über das Demonstrativpronomen auf den genannten Komplex zurückgegriffen wird. Einzig 7, $2a_{a2}$ par 7, $4b_b$ kann als ein breiter erzählendes Element im Visionsbericht angesehen werden. Das erweist sich vor allem am zweiten Visionsbericht (157), wo das punktuelle yiqṭol-x, gebildet mit 'kl (7, $4b_a$), seine identifizierbare, ebenfalls mit 'kl gebildete Ausmalung im durativen qatal-x (7, $4b_b$) findet.

In den vorliegenden jeweils zwölf Sätzen der ersten beiden Visionsberichte finden sich in jeweils vier Sätzen Eigennamen, und zwar dreimal Jhwh - in der allgemeinen Einleitung (7, $1a_a$ par 7, $4a_a$), in der als Anrede qualifizierten ersten Rede (7, $2a_{b2}$ par 7, $5a_{a2}$) und im Redeabschluß der letzten Rede (7, $3b_b$ par 7, $6b_b$) - und ferner einmal Jaʿ^{a}qōb im als Frage qualifizierten zweiten Satz der ersten Rede (7, $2a_c$ par 7, $5a_b$). Damit ist einerseits eine deutliche Dominanz des Jhwh-Namens in den ersten beiden Visionsberichten erkennbar; andrerseits ist damit aber auch die erste Rede, die ja - wie die Redeeinleitung zeigt - die Rede des Berichterstatters des Visionsberichtes ist, in der Lebendigkeit ihrer Ausgestaltung besonders hervorgehoben. Davon gaben auch schon die verschiedenartigen Sätze - Aufforderungssatz (7, $2a_{b2}$ par 7, $5a_{a2}$), Fragesatz (7, $2a_c$ par 7, $5a_b$), Begründungssatz (7,2b par 7,5b), die jeweils durch Pronomina oder Partikel kenntlich gemacht sind - ein Zeugnis.

Da Substantive ansonsten in diesen Visionsberichten keine Rolle spielen, müssen sie da besonders auffallen, wo sie sich konzentrieren. Das ist besonders im ersten berichtenden Satz nach der allgemeinen Einleitung

(157) Der erste Visionsbericht ist an dieser Stelle nicht vollständig erhalten, läßt aber mindestens deutlich den Wechsel vom punktuellen yiqṭol-x in 7, $2a_{a1}$ zum durativen qaṭal-x in 7, $2a_{a2}$ erkennen, wobei 7, $2a_{a2}$ vor allem durch die Infinitivkonstruktion breit auslädt, zumal es sich um eine Konstruktion mit 'kl handelt, das auch in 7,4b eine wichtige Rolle spielt.

($7,1a_{bc}$ par $7,4a_b$) der Fall: In $7,1a_{b.\,c}$ folgen auf den Aufmerksamkeitsruf und das anschließende Partizip hintereinander vier Substantive, von denen drei in einem gemeinsamen Abhängigkeitsverhältnis stehen (vgl. oben); in 7,4 ist nach dem Aufmerksamkeitsruf und dem folgenden Partizip ein Substantiv erhalten; allerdings ist der Text hier nicht vollständig. Was die beiden folgenden Narrative betrifft, so läßt sich zum ersten im ersten Visionsbericht ($7,2a_{a1}$) wegen seiner Fragmentarität diesbezüglich nichts weiter ausmachen. An der entsprechenden Stelle des zweiten Visionsberichtes findet sich ein Substantiv. Im zweiten hier zur Diskussion stehenden Narrativ in den ersten beiden Visionsberichten ($7,2a_{a2}$ par $7,4b_b$) findet sich jeweils ebenfalls ein Substantiv, wenn dieses auch in $7,2a_{a2}$ strenggenommen aus zwei Substantiven gebildet ist. Es läßt sich sagen: Substantive spielen in der Gesamtheit dieser beiden Visionsberichte kaum eine Rolle, jedoch läßt sich eine auffällige Häufung im berichtenden Teil der Visionsberichte feststellen; dort besonders im jeweils ersten Satz - dem konstatierenden, den Zustand ausdrückenden partizipialen Nominalsatz - nach dem Aufmerksamkeitsruf, während die erläuternden Narrative diese Tendenz wieder deutlich relativieren.

Durch Demonstrativpronomina (vgl. 7,3a par 7,6a), Demonstrativadverbia (vgl. $7,1a_a$ par $7,4a_a$), Personalpronomina mit demonstrativem Nebensinn (vgl. 7,2b par 7,5b;7,6b), Aufmerksamkeitserreger (vgl. $7,1a_b$ par $7,4a_b$) aber auch durch zurückverweisende Verbalendungen (vgl. das tih^{e}jæ in 7,3b par 7,6b) läßt sich eine enge Vor- und Rückverweisstruktur und damit eine feste Verbindung der einzelnen Textelemente untereinander erkennen. Außer dem schon Gesagten soll eingehender noch nach der syntaktisch-stilistischen Analyse des dritten und vierten Visionsberichtes und nach der noch folgenden semantischen Analyse über die Struktur der Visionsberichte und des Visionszyklus' gehandelt werden.

b) Die syntaktisch-stilistische Einzelanalyse des dritten und vierten Visionsberichtes

Zunächst sollen die Texte wieder in ihre einzelnen Sätze zerlegt werden. In dem vorliegenden Text herrschen Verbalsätze nicht mehr so eindeutig vor; es finden sich unter den insgesamt hier vorfindlichen zehn Sätzen vier Nominalsätze, vier Verbalsätze und zwei invertierte Verbalsätze.

Es beginnt in $7,7a_a$ par 8,1a mit dem aus $7,1a_a$ par $7,4a_a$ wörtlich wiederholten - und daher schon analysierten - invertierten Verbalsatz (x-qaṭal); darauf folgt in $7,7a_b$ bzw. 8,1 ein aus dem Aufmerksamkeitsruf gebildeter Nominalsatz und ein aus zwei im Konstruktusverhältnis zueinander stehenden Substantiven gebildeter Nominalsatz; $7,8a_{a1}$ par $8,2a_{a1}$ schließt mit einem Verbalsatz - yiqṭol-x - an; danach findet sich in $7,8a_{a2}$ par $8,2a_{a2}$ ein partizipialer Nominalsatz; $7,8a_b$ par $8,2a_b$

bringt zunächst wieder einen Verbalsatz - yiqtol-x - danach wechselt 7,8a_b par 8,2a_b erneut zum Nominalsatz; in 7,8b_{a1} par 8,2b_{a1} folgt ein Verbalsatz - yiqtol-x -; 7,8b_{a2} par 8,2b_{a2} setzt mit einem Verbalsatz - qaṭal-x - fort und 7,8b_b par 8,2b_b schließt mit einem invertierten Verbalsatz - x-yiqṭol - ab. Die Verbalsätze, die Ḥamet vertreten (7,8a_{a1} par 8,2a_{a1};7,8a_b par 8,2a_b;7,8b_{a1} par 8,2b_{a1}) sind durchweg Redeeinleitungen. Der invertierte Verbalsatz von 7,7a_a par 8,1a vertritt ebenfalls Ḥamet, weil x-qaṭal infolge der Inversion als umgestelltes yiqṭol-x zu betrachten ist. Der invertierte Verbalsatz am Schluß des jeweiligen Visionsberichtes (7,8b_b par 8,2b_b) vertritt Mare', weil x-yiqṭol infolge der Inversion als umgestelltes qatal-x betrachtet werden muß; er setzt damit den voraufgegangenen Mare'-Satz 7,8b_{a2} par 8,2b_{a2} - qatal-x - fort und signalisiert deutlich einen Abschluß des jeweiligen Textes durch die Inversion.

Im dritten und vierten Visionsbericht ist die Frage, was durch den Aufmerksamkeitsruf w^{e}hinnē in 7,7a_b par 8,1b eingeleitet wird, noch schärfer als in den ersten beiden Visionsberichten auf das knappe, konstatierende Zitat des folgenden Nominalsatzes zunächst einmal festgelegt. Sonstige erzählende Stücke gibt es - einmal abgesehen von der für alle Visionsberichte einheitlichen, in ihrem Charakter gekennzeichneten allgemeinen Einleitung (7,1a_a;7,4a_a;7,7a_a;8,1a) und den in ihrer Funktion festgelegten Redeeinleitungen (7,8a_{a1} par 8,2a_{a1};7,8a_b par 8,2a_b;7,8b_{a1} par 8,2b_{a1}) - in den vorliegenden beiden Visionsberichten nicht. Unmittelbar an das im Nominalsatz als statisch geschilderte Gesehene angeschlossen ist der Redenteil, der durch wechselnde syntaktische Form der Redeeinleitungen gegliedert und als Dialog gekennzeichnet ist. Dennoch erfüllt auch hier der Aufmerksamkeitsruf eine über die Zitateinleitung zum Gesehenen hinausgehende Rolle; einmal durch seine Stellung im Ganzen des Visionszyklus' und ferner durch die Verzahnung von Gesehenem und Gesprochenem, das erst in gegenseitiger Abhängigkeit über die jeweilige Wortassoziation etwas zu bedeuten und zu bedenken gibt und das als etwas jeweils Isoliertes weder ein Visionsbild noch einen sinnvollen Dialog darstellt, sondern jeweils zusammenhanglose, unverständliche Banalitäten von Gesehenem und Gesprochenem.

Um zur Einzelanalyse zu kommen, wobei 7,7a_a par 8,1a aus den schon genannten Gründen übergangen werden kann, so findet sich in 7,7a_b par 8,1b zunächst der Aufmerksamkeitsruf, der aus den oben genannten Gründen als einpoliger Nominalsatz verstanden werden muß; danach folgt wieder ein Nominalsatz, bestehend aus einem Nomen regens im Stat. constr. und einem im Genetiv-Verhältnis zu diesem stehenden Nomen rectum. Es handelt sich hier um das, was Oberhuber (vgl. Anm. II/154) einen einpoligen Nominalsatz nennt. Die Tempusfrage entscheidet sich - wie schon in den vorangegangenen Visionsberichten - für diesen Nominalsatz durch das in die Gegenwart rufende, zitierende Präsentativ w^{e}hinnē.

In 7,8a_{a1} par 8,2a_{a1} folgt eine Redeeinleitung; sie beginnt mit der 3. Pers. Sing. Mask. Präformativkonjugation Qal (Impf. cons.), nennt dann explizit das Subjekt in einem Eigennamen und schließt ab mit einer Präposition mit angehängtem Suffix der 1. Pers. Sing. Mask. In 7,8a_{a2} par 8,2a_{a2} folgt dann die angekündigte Rede; zuerst findet sich ein Interrogativpronomen, darauf folgt die 2. Pers. Sing. des Personalpronomens, danach ein Part. Akt. Qal und schließlich ein Eigenname als Anrede.

7,8a_b par 8,2a_b bringt zunächst eine erneute Redeeinleitung, diesmal mit implizitem Subjekt die 1. Pers. Sing. Mask. Präformativkonjugation Qal (Impf. cons.); danach folgt noch im selben Versteil die Rede. Sie besteht in einem einpoligen Nominalsatz und nur aus einem Substantiv, demselben, das in 7,7a_b par 8,1b Nomen rectum war.

In 7,8b_{a1} par 8,2b_{a1} schließt sich eine dritte Redeeinleitung an: 3. Pers. Sing. Präformativkonjugation Qal (Impf. cons.) mit einem Eigennamen als explizitem Subjekt. Darauf folgt in 7,8b_{a2} par 8,2$b_{a2.\,b}$ die Rede; ihr erster Satz - 7,8b_{a2} par 8,2b_{a2} - beginnt mit einem Verbum in der 3. Pers. Sing. Mask. Afformativkonjugation Qal, danach findet sich ein Substantiv als explizites Subjekt. Darauf folgt eine mit b^e eingeleitete adverbielle Bestimmung und ein Substantiv als Nomen regens eines zweiten folgenden Substantivs mit Suffix der 1. Pers. Sing. Mask.; durch diese Bestimmung des Nomen rectum ist auch das Nomen regens definiert. Abgeschlossen wird dieser Satz durch einen Eigennamen, der syntaktisch als Apposition des im Satz zuletzt genannten Nomens, also des Nomen rectum, zu verstehen ist. Der zweite Satz der Rede - 7,8b_b par 8,2b_b - beginnt mit der Negationspartikel lō'; es folgt die 1. Pers. Sing. Präformativkonjugation Hifil, davon abhängig findet sich darauf ein Inf. constr., allerdings in der für den Inf. constr. seltenen Pleneschreibung; abgeschlossen wird der Satz durch den mit l^e konstruierten Dativ des Personalpronomens der 3. Pers. Sing. Mask.; zwischen die definierte Verbform und den Infinitiv ist ein Zeitadverb geschoben, das allerdings ursprünglich auch als ein Substantiv aufgefaßt werden kann. Der Gedanke freilich, es könne sich hier um ein Konstruktus-Verhältnis zwischen ʿōd und ʿ^{a}bōr handeln, wobei einerseits die Pleneschreibung von ʿ^{a}bōr erklärt wäre - ʿ^{a}bōr wäre in diesem Fall nämlich als substantivierter Inf. abs. aufzufassen -, andererseits jedoch die Punktation von Hatef patah in Kamäs geändert werden müßte, ist jedoch zurückzuweisen, weil es dann als unmöglich erscheint, ʿod syntaktisch sinnvoll einzuordnen.

Es fällt in diesen beiden Visionsberichten - auch im Vergleich zu den vorangegangenen beiden Visionsberichten - einerseits die kurze Vorstellung nach der Einleitung durch den Aufmerksamkeitsruf und andrerseits der sehr übersichtlich gegliederte und für jede Rede eine eigene Redeeinleitung aufweisende Redenkomplex auf, wobei die Redeeinleitungen unter sich noch einmal eine genaue Differenzierung erkennen lassen: zunächst einmal die, wer überhaupt redet, der Berichterstatter des Visionsberichtes selbst - die Redeeinleitung steht dann in der 1. Pers.

Sing. (vgl. $7,8a_b$ par $8,2a_b$) - oder der, dessen Rede im Visionsbericht durch den Berichterstatter referiert wird - die Redeeinleitung steht dann in der 3. Pers. Sing. (vgl. $7,8a_{a1}$ par $8,2a_{a1}$;$7,8b_{a1}$ par $8,2b_{a1}$) -; dann gibt es bei den Redeeinleitungen in der 3. Pers. Sing. hier auch noch die Differenzierung zwischen der Rede, die sich genau an den Gesprächspartner richtet, der ja als Berichterstatter die Reden, die mit der 3. Pers. Sing. eingeleitet sind, referiert und die daher noch eine Präposition mit angehängtem Suffix der 1. Pers. Sing. Mask. enthält (vgl. $7,8a_{a1}$ par $8,2a_{a1}$) und der Rede, die einen allgemeinen Adressaten hat, wodurch bei der Redeeinleitung eine Präposition mit Suffix einfach entfällt. Ergänzen läßt sich noch, daß die Rede, die sich an den Gesprächspartner als den bestimmten Adressaten richtet, durch das Interrogativpronomen zu ihrem Beginn als Frage ausgewiesen ist (vgl. $7,8a_{a2}$ par $8,2a_{a2}$); die Rede, die sich an einen allgemeinen Adressaten richtet, zerfällt in zwei Sätze, von denen der erste ($7,8b_{a2}$ par $8,2b_{a2}$) in der syntaktischen Konstellation qatal-x eine durative Vergangenheitsaussage ist, während der zweite ($7,8b_b$ par $8,2b_b$) - davon abgehoben durch Inversion in x-yiqtol - die Aussage in die Zukunft verlagert. Zwischen den beiden genannten Reden liegt die Rede des Berichterstatters selbst ($7,8a_b$ par $8,2a_b$). Sie besteht nur aus einem Substantiv; dieses Substantiv war erstmals jeweils aufgetaucht als Nomen rectum in dem knappen, durch w^{e}hinnē eingeleiteten, nur aus Nomen regens und Nomen rectum bestehenden Nominalsatz $7,7a_b$ par 8,1b. Es klingt dann wieder an im ersten Satz der letzten Rede ($7,8b_{a2}$ par $8,2b_{a2}$), die sich ja an einen allgemeinen Adressaten gerichtet hatte. Hier findet sich allerdings ein anderes Substantiv, nämlich '^{a}nāḥā bzw. qēṣ, wodurch assoziierend-auditiv '^{a}nāk bzw. qājiṣ fortgeführt werden. - Es läßt sich die Rede $7,8a_b$ bzw. $8,2a_b$ trotz ihrer Kürze als Antwort auf die vorangegangene Frage charakterisieren. Das ist eindeutig daraus ersichtlich, daß die Redeeinleitung der zweiten Rede ($7,8a_b$ par $8,2a_b$) genau den als Sprecher benennt (vgl. die Verbform in der Redeeinleitung $7,8a_b$ par $8,2a_b$), der in der ersten Rede mit einer Frage namentlich angesprochen worden ist (vgl. die Präposition und ihr Suffix in der Redeeinleitung in $7,8a_{a1}$ par $8,2a_{a1}$). Die Antwort im einpoligen Nominalsatz, gebildet durch ein Substantiv, läßt gleichzeitig den Gegenstand der Frage erschließen, so daß in jeder Redepartie '^{a}nāk/'^{a}nāḥā bzw. qājiṣ/qēṣ explizit oder implizit Gegenstand der Aussage ist.

Das gilt auch für den präsentierenden Nominalsatz $7,7a_b$ bzw. 8,1b; hier jedoch finden sich '^{a}nāk bzw. qājiṣ als Genetiv in der syntaktisch abhängigen, allerdings den Hauptton tragenden Position des Nomen rectum im Konstruktusverhältnis. Dieser dem '^{a}nāk bzw. qājiṣ zukommende Hauptton bei der Präsentation wird noch verschärft in der sich anschließenden Diskussion, und zwar in doppelter Hinsicht: einmal dadurch, daß es - syntaktisch unabhängig, ja geradezu isoliert - als einziges Wort eines einpoligen Nominalsatzes auftaucht (vgl. $7,8a_b$ bzw. $8,2a_b$), zum anderen dadurch, daß mit ihm gearbeitet wird, und zwar in assoziativ abändernder Weise (vgl. $7,8b_{a2}$ par $8,2b_{a2}$).

'^{a}nāk bzw. qājiṣ trug schon in $7,7a_b$ par $8,1b$ den Ton; es ist das Wort, das verschieden variiert wird und die vorliegenden Visionsberichte in ihren wesentlichen Teilen markiert; denn '^{a}nāk bzw. qājiṣ findet sich in irgendeiner Form - explizit: in den Konstruktusverbindungen ($7,7a_b$ par $8,1b$); separat: ($7,8a_b$ par $8,2a_b$); implizit: in assoziativer Abänderung ($7,8b_{a2}$ par $8,2b_{a2}$); in auf es abzielendem Fragesatz ($7,8a_{a2}$ par $8,2a_{a2}$) - sowohl in der berichtenden Präsentation, eingeleitet durch den Aufmerksamkeitsruf, als auch in den Redeteilen. Ausgenommen werden davon muß die allen Visionsberichten gemeinsame allgemeine Einleitung ($7,7a_a$ par $8,1a$) und der zweite Satz der letzten Rede ($7,8b_b$ par $8,2b_b$). Stilistisch muß von einer Leitwortverbindung im Text $7,7a_b$-$7,8b_{a2}$ bzw. $8,1b$-$8,2b_{a2}$ gesprochen werden (158), und zwar einmal direkt (vgl. $7,7a_b$ par $8,1b$; $7,8a_b$ par $8,2a_b$; $7,8b_{a2}$ par $8,2b_{a2}$) und andrerseits indirekt (vgl. $7,8a_{a2}$ par $8,2a_{a2}$), so daß also die Einteilung "explizit-implizit" über das Vorkommen des jeweils zur Frage stehenden Wortes sich noch als zu grobmaschig und auch als subjektiv - es hätte ja statt von '^{a}nāk bzw. qājiṣ auch von '^{a}naḥā bzw. qēṣ ausgegangen werden können - erwiesen hat; die Unterscheidung war jedoch von heuristischem Wert zur Aufweisbarkeit des gefundenen Stilmittels. So kann das implizite Vorkommen eines Wortes durchaus die direkte Fortführung einer als Leitwortverbindung erkannten Wortreihe sein, wie $7,8b_{a2}$ par $8,2b_{a2}$ zeigt, weil Leitwortverbindungen auch klangassoziative Variationen tolerieren. Umgekehrt jedoch kann die Frage nach explizitem oder implizitem Vorkommen eines Wortes hilfreich sein für die Lokalisierung dessen, was hier indirekte Leitwortverbindung genannt worden ist, wenn nämlich ein für eine Leitwortverbindung zu erwartendes Wort faktisch nicht vorkommt, sein implizites Vorkommen als Gegenstand der Aussage jedoch mit formalen Mitteln -z. B. durch syntaktische Analyse wie im Falle von $7,8a_{a2}$ par $8,2a_{a2}$ - erwiesen werden kann.

Es muß noch auf das absolute Fehlen des Leitwortes im ersten ($7,7a_a$ par $8,1a$) und im letzten Satz ($7,8b_b$ par $8,2b_b$) hingewiesen werden. Dazwischen findet sich die Leitwortverbindung - abgesehen von den Redeeinleitungen - in jedem Satz. Der Satz $7,7a_a$ par $8,1a$ ist die schon charakterisierte allgemeine Einleitung zu den einzelnen Visionsberichten. Ihre Funktion war als eine den Komplex der Visionsberichte in seiner Gesamtheit betreffende erkannt worden. Von ihr kann keine den einzelnen Visionsbericht spezifizierende Einzelheit erwartet werden; darauf weist erst die Einleitung durch w^{e}hinnē hin. Der jeweils letzte Satz dieser beiden Visionsberichte gliedert wieder - genau wie die allgemeine Einleitung - durch seine Inversion. Beide Sätze sind als einzige invertierte

---

(158) vgl. Richter, Exegese als Literaturwissenschaft, a. a. O. , S. 89; Schreiner (Hrsg.), a. a. O. , darin bes. : Zenger, S. 119 (vgl. dort auch Dietrich/Wolf, S. 320 und 326); Wanke, in: Fohrer/Hoffmann/Huber/Markert/Wanke, a. a. O. , S. 71 und 69.

Verbalsätze in den vorliegenden beiden Visionsberichten: zur Markierung des Beginns und des Abschlusses. Über diese Gemeinsamkeit zwischen 7,7a_a bzw. 8,1a und 7,8b_b bzw. 8,2b_b hinaus war als Übereinstimmung die auch indirekt nicht auffindbare Fortführung der ansonsten in jedem Satz (159) angetroffenen Leitwortverbindung aufgefallen. Wollte man die Kongruenz des ersten und des letzten Satzes dieser beiden Visionsberichte noch weiter verfolgen, so wäre noch zu erwähnen, daß 7,7a_a par 8,1a als allgemeine Einleitung der erste Satz des Berichtstückes ist, während erst der zweite Satz darin die Leitwortverbindung aufnimmt. Entsprechend ist 7,8b_b par 8,2b_b der zweite Satz des letzten, allgemein gehaltenen Redestückes, während noch der erste Satz dieses Stückes die Leitwortverbindung hielt. Gerade das Fehlen der Leitwortverbindung in diesem Satz unterstreicht aber neben der Redeeinleitung zu diesem Redeteil die Allgemeinheit des zur Frage stehenden Satzes. Dadurch kann entsprechend der allgemeinen Einleitung hier ein allgemeiner Schluß des Visionsberichtes gesehen werden, der sich allerdings insofern von der Einleitung unterscheidet, als er innerhalb einer Rede steht und so den Charakter einer Grundsatzerklärung gewinnt.

Wie in den schon vorangegangenen beiden Visionsberichten verweist das Demonstrativpronomen kō in 7,7a_a par 8,1a auf das Folgende, und zwar - wegen der Allgemeinheit der ständig wiederkehrenden Einleitung - auf das gesamte Folgende. Das w^{e}hinnē in 7,7a_b par 8,1b knüpft an die Form von r'h in 7,7a_a par 8,1a einerseits an und spezifiziert sie andrerseits als Aufmerksamkeitsruf im Hinweis auf das folgende, im Nominalsatz zitierend Berichtete. Dieser Nominalsatz wird in seiner Kürze - Konstruktusverbindung zwischen zwei Substantiven - belassen und wird nicht - wie in den ersten beiden Visionsberichten - durch Narrative erläutert. Darauf folgt der Redenteil - kenntlich an den Redeeinleitungen; diese haben schon durch ihr Impf. cons. immer eine verbindende Funktion im Hinblick auf das jeweils Vorangehende, weisen aber durch ihren Charakter als Redeeinleitung auf das jeweils folgende Gesagte hin. Auf einer anderen Ebene wirkt die erwähnte Leitwortverbindung als rückverbindender Satzweiser.

Auch unter diesem Blickwinkel erscheint der letzte Satz zunächst isoliert, eine genauere Betrachtung läßt jedoch indirekt eine Verbindung erkennen, und zwar über das Zeitadverb ʿōd in 7,8b_b par 8,2b_b. Zum Verständnis dessen, was damit angesprochen werden soll, muß zunächst auf die beiden vorangegangenen Visionsberichte zurückgegriffen werden. In 7,3b_a findet sich ein Satz - wie sich herausgestellt hatte: ebenfalls eine Rede -, der in 7,6b_a wiederholt ist, allerdings mit einer Ergänzung: ein

(159) Die drei Redeeinleitungen sowie der Aufmerksamkeitsruf können bei dieser Betrachtung unberücksichtigt bleiben, weil sie gewissermaßen als Hilfskonstruktionen zu den Reden aufgefaßt werden können.

durch Maqqeb verbundener konjunktionaler Ausdruck, bestehend aus der Konjunktion gam mit angefügtem Personalpronomen der 3. Pers. Sing. Fem. bzw. Neutr. mit demonstrativem Nebensinn. Es war dadurch ein Rückverweis von $7,6b_a$ auf $7,3b_a$, und zwar in deutlicher Absetzung von $7,3b_a$ ermöglicht, so daß trotz ansonsten identischer Formulierung zum Ausdruck kam, daß der sich in der Femininum-bzw. Neutrum-Endung der 3. Pers. Sing. verbergende Gegenstand der Aussage in beiden Aussagen jeweils ein anderer ist. Gerade dadurch aber war eine über die bisherigen Parallelisierungen zwischen den ersten beiden Visionsberichten hinausgehende Verbindungsmöglichkeit geschaffen, denn gam hī' in $7,6b_a$ weist zurück auf das Fem. der 3. Pers. Sing. in $7,3b_a$ und setzt sich gleichzeitig davon ab. So konnte zwischen dem ersten und zweiten Visionsbericht eine Parallelität festgestellt werden: 1. aufgrund der gleichen Satzarten (vgl. 7,1-3 mit 7,4-6), 2. aufgrund wörtlicher Übereinstimmungen in der Formulierung (vgl. $7,1a_a$ mit $7,4a_a$;$7,2a_{b1}$ mit $7,5a_{a1}$; $7,2a_{b2}$ mit dem nur unbedeutend abweichenden $7,5a_{a2}$;$7,2a_c$ mit $7,5a_b$;7,2b mit 7,5b; 7,3a mit 7,6a;$7,3b_a$ mit dem durch gam hī' ergänzten $7,6b_a$;$7,3b_b$ mit $7,6b_b$), 3. aufgrund eines Satzweisers vom einen zurück zum anderen Visionsbericht (vgl. $7,3b_a$ mit $7,6b_a$). $7,6b_a$ erfüllt damit eine doppelte Funktion: Es wird nämlich nicht nur deckungsgleich vom einen zum anderen Visionsbericht übertragen, sondern es wird parallelisiert; d. h. auch der Abstand wird benannt. Von daher gewinnt der gesamte zweite Visionsbericht - besonders in seinem Redenteil - seine Perspektive der Deckungsgleichheit in seiner aus der offengehaltenen Distanz zum ersten Visionsbericht gewonnenen Eigenständigkeit, denn wenn auf diese Weise das implizite Subjekt im tih^{e}jǣ von $7,6b_a$ unterschieden ist vom impliziten Subjekt in $7,3b_a$, dann ist es auch das in 7,6a vorangegangene zō't, von dem dieses ja abhängig ist. Das zō't hatte freilich seine Unterschiedenheit auch schon von anderer Seite herleiten können, nämlich durch seine Bezüglichkeit auf $7,4a_b$-$7,4b_b$; aus dieser Perspektive der distanzierten Entsprechung - wie sie $7,6b_a$ deutlich macht - gewinnt auch die erwähnte Abweichung von $7,5a_{a2}$ gegenüber $7,2a_{b2}$ ihre Bedeutung, so daß die durch $7,5a_{a1}$ eingeleitete Rede ihren Eigencharakter behält und nicht zur Rezitation aus dem ersten Visionsbericht verblaßt.

Aus diesen Überlegungen geht hervor, daß - rein auf der synchronen, syntaktisch-stilistischen Ebene - eine Querschnittsbetrachtung durch die ersten beiden Visionsberichte an einer Stelle, die sich als rückverweisende Verbindung herausgestellt hatte, unmittelbar Konsequenzen für den Längsschnitt jedes einzelnen der beiden Visionsberichte nach sich zog. Diese Stelle aber ist im dritten und vierten Visionsbericht die mit lō' plus Präformativkonjugation gebildete, wegen ihrer Allgemeinheit so benannte Grundsatzerklärung. Diese Grundsatzerklärung erweist sich auch im dritten und vierten Visionsbericht als direkte Verbindungsstelle, und zwar nicht nur untereinander, sondern auch zu den ersten beiden Visionsberichten. Rückweisender Verbinder ist hier das Zeitadverb ʿōd. So werden die ersten beiden Visionsberichte mit dem dritten und vierten Visionsbericht außer durch die allgemeine Einleitung im berichtenden Teil der Visionsberichte auch noch verklammert durch die allgemeine Grundsatzerklärung im Redenteil der Visionsberichte. Ohne schon zu weitgehend systematisierter Strukturbeschreibung vorstoßen zu wollen, ist doch vorerst festzuhalten, daß direkte Klammerfunktionen nicht nur zwischen dem ersten und dem zweiten und sodann zwischen dem dritten und dem vierten Visionsbericht, sondern auch zwischen dem Teilkomplex des ersten und zweiten und dem Teilkomplex des dritten und vierten Visionsberichtes von allgemeinen Aussagen geleistet werden, die entweder - wie die Einleitung der Visionsberichte - im berichtenden Teil jeweils wörtlich übernommen werden oder - wie die allgemeine Aussage im Redenteil - als Grundsatzerklärung in verschiedenartiger Weise eine Verklammerung durch rückverweisende Verbinder einerseits zwischen den einzelnen Visionsberichten (160) und andrerseits zwischen den Komplexen der ersten beiden und der letzten beiden Visionsberichte bilden. Darin zeigt sich trotz der Allgemeinheit eine größere Variabilität in den Verklammerungselementen in der Rede gegenüber der Stereotypie der allgemeinen Verklammerung im berichtenden Teil der Visionsberichte.

Diese Variabilität im Redenteil wird aber auch deutlich - wenn nun wieder nach den Überlegungen zu den Verweisungselementen innerhalb des dritten und vierten Visionsberichtes, die auch Querverbindungen zwischen allen vier Visionsberichten sichtbar machten, zur Einzelanalyse des dritten und vierten Visionsberichtes zurückgekehrt werden soll - in der Verschiedenartigkeit der Redeeinleitungen. Keine gleicht der anderen,

---

(160) Ein wenig sperrt sich in dieser Hinsicht die entsprechende Stelle des vierten Visionsberichtes (8,$2b_b$). Während - wie oben ausgeführt - die Distanz zwischen den ersten beiden Visionsberichten deutlich hervorgehoben worden war (vgl. 7,$3b_a$ mit 7,$6b_a$), findet sich in 8,$2b_b$ die exakt selbe Formulierung wie in 7,$8b_b$. Zwar führt 7,$8b_b$ im Zeitadverb ʿōd eine differenzierende, rückverweisende Verbindung mit sich, aber eben zum Teilkomplex der ersten beiden Visionsberichte mitsamt deren schon interner Differenzierung. Gerade dadurch jedoch ist ja erwiesen, daß die Differenz durch das Zeitadverb ʿōd auf einer anderen Ebene liegt, als die Differenz durch den konjunktionalen Ausdruck von 7,$6b_a$. Das Zeitadverb ʿōd von 8,$2b_b$ kann jetzt selbstverständlich nicht mehr als internes Absetzungskriterium zwischen drittem und viertem Visionsbericht in direkter Weise verwendet werden; es ist in diesem Sinne auch extern, setzt den vierten Visionsbericht also auch vom Teilkomplex der ersten beiden Visionsberichte ab. Dadurch aber, daß der vierte Visionsbericht seine eigene externe Differenzierung hat, ist auch indirekt seine interne Differenzierung vom dritten Visionsbericht gekennzeichnet.

und sie lassen - obwohl ausschließlich mit Formen von ʼmr gebildet - nicht nur die Redner unterscheiden, sondern auch die Adressaten. Durch diese Verschiedenartigkeit der Redeeinleitungen, die von jeweils verschiedenen Redeformen gefolgt ist - Frage (7,8a_{a2} par 8,2a_{a2}), Aussage im einpoligen Nominalsatz (7,8a_b par 8,2a_b), Aussage, bestehend aus zwei Sätzen, und zwar aus einer in der syntaktischen Folge qatal-x stehenden durativen Vergangenheitsaussage (7,8b_{a2} par 8,2b_{a2}) und aus einer durch Inversion in x-yiqtol davon abgehobenen, in die Zukunft weisenden Aussage (7,8b_b par 8,2b_b) - kann der Stil des Redenteiles dieser Visionsberichte als sehr lebendig und abwechslungsreich charakterisiert werden. So folgt auf die Frage eine knappe, rasch präsentierende Aussage und darauf eine Rede, die in ihrem deutlich retardierenden Charakter noch einmal eine Gliederung aus der Vergangenheitsaussage in die Zukunftsaussage aufweist. Roter Faden durch diesen Redenteil ist ein Leitwort, das auch die Verbindung zum vorangehenden berichtenden Teil schafft, der seinerseits in seiner knappen, präsentierenden Konstruktusverbindung mit vorangestelltem Aufmerksamkeitsruf, aus der er ja - abgesehen von der allgemeinen Einleitung - nur besteht, die Charakterisierung des variations- und verbindungsreichen und damit lebendigen Stils für den gesamten Visionsbericht jeweils bestätigt, in dem gedrängte und weitläufigere Sätze einander in unregelmäßiger Folge abwechseln.

In den vorliegenden jeweils zehn Sätzen der Visionsberichte finden sich in jeweils fünf Sätzen Eigennamen, und zwar dreimal Jhwh - einmal in der berichtenden allgemeinen Einleitung (7,7a_a par 8,1a), ferner in der ersten, einen bestimmten Adressaten zwar nicht im Eigennamen, wohl aber in einer Präposition mit angehängtem Suffix nennenden Redeeinleitung (7,8a_{a1} par 8,2a_{a1}) und in der Redeeinleitung in 7,8b_{a1} par 8,2b_{a1} -; einmal findet sich ʿāmōs in der auf die soeben genannte Redeeinleitung folgenden Rede (7,8a_{a2} par 8,2a_{a2}) und schließlich findet sich einmal Jiśrāʼēl in dem ersten Satz der an einen kollektiven Adressaten gerichteten letzten Rede (7,8b_{a2} par 8,2b_{a2}). Es wird also im dritten und vierten gegenüber den ersten beiden Visionsberichten jeweils ein Eigenname mehr ins Spiel gebracht. Zwar ist auch hier - wie schon in den ersten beiden Visionsberichten - der Eigenname Jhwh dominierend, ist aber in seiner Bedeutung gegenüber dem Vorkommen der anderen beiden Eigennamen relativiert. Schließlich ist bezüglich der Eigennamen bedeutsam, daß einer von ihnen - nämlich Jaʿaqōb -, der sich in den ersten beiden Visionsberichten findet, im dritten und vierten Visionsbericht nicht mehr auftaucht, während umgekehrt der in dritten und vierten Visionsbericht genannte Eigenname Jiśrāʼēl in den ersten beiden Visionsberichten fehlt. Nun ist zwar klar, daß der Gegenstand, der durch die Eigennamen Jaʿaqōb und Jiśrāʼēl bezeichnet ist, als identisch angesehen werden muß - so hatten beide Eigennamen auch keinen Anlaß zu literarkritischer Erörterung gegeben -, und außerdem ist ihr Nebeneinander häufiger in poetischen Texten, vor allem im Parallelismus membrorum, belegt (vgl. Jes 9,7;10,20;40,27;41,8.14;42,24;43,22.28;44,23;45,4;

49,5. 6 u.ö.), jedoch nicht in der Erzählliteratur, dennoch fällt das Nebeneinander von Ja'aqōb in den ersten beiden Visionsberichten und Jiśrā'ēl im dritten und vierten Visionsbericht auf und bedarf der Klärung im Zusammenhang der semantischen Analyse.

Einziges ins Gewicht fallendes Substantiv, das nicht Eigenname ist in diesen Visionsberichten, ist jeweils das verbindende Leitwort.

c) Versuch einer lautlichen Analyse

Bei einem Komplex wie den vorliegenden Visionsberichten, der vor allem syntaktisch, aber auch inhaltlich strenge Parallelität der beiden Gruppen von Visionsberichten erkennen ließ, muß mindestens auch auf lautliche Besonderheiten geachtet werden. Dabei können erst mit den Masoreten objektivierte Eigenarten in der Vokalisation verständlicherweise nicht das Gewicht beanspruchen, wie Beobachtungen, die sich auf den Konsonantenbestand stützen können.

Zunächst scheint sich der vorliegende Text einer auf Besonderheiten ausgehenden Lautanalyse weitgehend zu verschließen, und der Charakter der vorliegenden Texte legt in der Tat die Frage nahe, was in dieser Hinsicht überhaupt von berichtenden Schilderungen zu erwarten ist. Dennoch soll - vor allem wegen der schon festgestellten paarweisen Parallelisierung des aufgrund bestimmter übergreifender Parallelisierungen auch als Komplex zusammenhängenden Visionszyklus' - ein Versuch in dieser Richtung gestartet werden. Zunächst ist auffällig, daß häufig Wörter klanglich dadurch verbunden werden, daß das folgende in gleicher Weise anhebt, wie das vorangegangene geendet hat; so ist es zu finden bei:
(7,1.4.7;8,1) kō(h) hir'anī Jhwh
(7,2) wekillā læ'ækōl bzw. (7,4) 'æt tehōm
(7,2.5) 'adōnāj Jhwh
(7,2.5) mī jāqūm
(7,8;8,2) mā 'attā
(7,8) śāmā 'anāhā bzw. (8,2) bā' haqqēṣ
(7,8;8,2) ammī Jiśrā'ēl
(7,8;8,2) lō' 'ōsīf
Es kann festgestellt werden, daß solche Verbindungen - abgesehen von dem Einleitungssatz, der alle vier Visionsberichte parallelisiert - nur bei Parallelisierungen der beiden Visionsberichtspaare auftauchen, wenn auch einmal - bei "7,2 bzw. 7,4" - die Parallele etwas verschoben ist und einmal - bei "7,8 bzw. 8,2" - die Parallele nicht wörtlich ist. So zeigen die klanglich wie ein Legato verbindend wirkenden Elemente auch strukturelle Verbindungs- und Unterscheidungsfunktion. Dem genannten "Legato" steht ein "Stakkato" an ebenfalls auf die gleiche Weise parallelisierten Stellen der Visionsberichte gegenüber, das durch Alliteration oder gehäuftes Auftreten von t - oder '/' - oder k/q-Lauten

charakterisiert ist; gleiche Endungen sind selten. Als Alliterationen lassen sich nennen:

(7,2) læ'ækōl 'æt ʿēsæb hā'āræṣ bzw. (7,4) watt'ōkal 'æt t^e hōm und w^e'āk^e lā 'æt

(7,2.5) wā'ōmar 'ᵃdōnāj

(7,2.5) jāqūm Jaʿᵃqōb

(7,2.5) kī qāṭōn

(7,8a;8,2a) wajj'ōmær Jhwh

(7,8) wā'ōmar 'ᵃnāk

(7,8b;8,2b) wajj'ōmær Jhwh

(7,8;8,2) ʿōsīf ʿōd ʿᵃbōr

(8,1) k^e lūb qājiṣ

In 7,1a_b.4b läßt sich ein gehäuftes Vorkommen des t, in 7,2a_c. b. 5a_b. b eine besondere Häufung von k/q, in 7,8a_{a2}; 8,2a_{a2} eine auffällige Ansammlung von Gutturalen (h, ', ʿ, von denen h sich in drei hintereinanderstehenden, gleich auslautenden Wörtern findet) und in 7,8b_b;8,2b_b ein konzentriertes - allerdings nicht wie ein Stakkato, sondern wie ein betont schwerer und durch die Hervorhebung fast jeder Silbe langsam wirkender Ausspruch - Zusammenballen von O-Lauten feststellen. Wieder ist auch hier die Parallelität unter den Visionsberichten ablesbar, die sich damit auf der Ebene der Lautanalyse bestätigt.

Damit macht sich durch das Klangbild dieser Visionsberichte auch ein künstlerischer Gestaltungswille bemerkbar, der die Strukturierung des Visionszyklus' mitformt, das Tempo der Schilderung jeweils anstachelt oder wieder zurücknimmt, bei ins Einzelne gehenden Berichtsmomenten oder Fragen in hastiges Stakkato verfällt und bei Hervorhebungen, über deren Bedeutsamkeit und Gewichtigkeit kein Zweifel bleiben soll, zu schwerer, monotoner Langsamkeit zurückkehrt. Insgesamt aber muß die offensichtliche Freude des Verfassers an Wortspielen, die immer in gewisser Weise auch Klangspiele sind (vgl. schon 'ᵃnāḥā/'ᵃnāk und qēṣ/qājiṣ, aber auch Alliteration, gehäufter Konsonantengebrauch, Verbindung von gleich auslautenden und anlautenden Wörtern, Hintereinanderordnung von gleich auslautenden Wörtern, ohne daß schon vom Reim im eigentlichen Sinne gesprochen werden kann und - nicht zuletzt - die Verwendung der Paronomasie), hervorgehoben werden, wobei aber doch deutlich wird, daß er zwar nicht in poetisch gebundener - es findet sich wohl ein Parallelismus der Visionsberichte, aber kein Parallelismus membrorum, wie überhaupt Stilmittel poetischer Sprache (z. B. Chiasmus, Antithese usw.) weitgehend fehlen - Sprache formuliert hat; dennoch verzichtet der Verfasser nicht auf dichterische Stilmittel. Er gestaltet aber keine Verse, sondern verbleibt auf der Ebene des klanglich Rhythmus, Tempo, Wortspiele und Wort- bzw. Klangassoziationen formulierenden Details. Sogar noch 7,8b_b par 8,2b_b arbeiten neben der Bestimmung ihres schweren Tempos und ihres dunkel lautenden Gewichts klangassoziativ, indem nämlich die in jedem Wort, ja nahezu in jeder Silbe anklingenden O-Laute offensichtlich den Klage- und Weheruf aktualisieren sollen. Man kann daher nicht - wie z. B. bei 7,10-17 - von Prosaberichten sprechen; das verbietet schon der strenge parallele Aufbau, der dadurch und durch das - wie gezeigt - beabsichtigt komponierte Klangbild in Rhythmus und Tempo festgelegt ist. Es fragt sich aber, ob deswegen schon von Poesie die Rede sein kann - wie etwa in 9,1b-4 -; gewiß aber will der vorliegende Text einem, der objektivierenden Instrumentalisierung enthobenen, mit künstlerischem Anspruch in der bewußten Verwendung dichterischer Mittel auftretenden Sprachstil zum Ausdruck verhelfen. Die Sprache der Visionsberichte ist damit "gehobene Sprache", insofern sie ausgenommen ist aus der Praktikabilität des alltäglichen Gebrauchs, aber sie weist deswegen nicht schon die Gebundenheit von Poesie auf.

d) Die semantische Analyse der vier Visionsberichte

Bevor von der syntaktisch-stilistischen Analyse und der Berücksichtigung phonemisch-phonetischer Aspekte zur Strukturanalyse der einzelnen Visionsberichte und dann des Visionszyklus' insgesamt fortgeschritten wird, soll nach der formalen Herausarbeitung der syntaktischen und stilistischen Bezüge in den Visionsberichten auch deren Bedeutungsseite erörtert werden. Erst so ist überhaupt eine Klassifizierung von Substantiven und Verben möglich (161), die wiederum bedeutsam für die Strukturanalyse insofern ist, als dadurch weitergehende Vergleichsmöglichkeiten

---

(161) Wenn Wanke, in: Fohrer/Hoffmann/Huber/Markert/Wanke, a. a. O., S. 68, schon im Zusammenhang der "Syntaktisch-stilistischen Analyse" (vgl. a. a. O., S. 66) "auf der Wortebene semantische Merkmale, ... die syntaktisch von Bedeutung sein können" (a. a. O., S. 68), beschreiben will und zur Verdeutlichung solche syntaktisch relevanten Merkmale beim Substantiv in den Oppositionsklassen menschlich/nichtmenschlich, abstrakt/konkret, zählbar/nichtzählbar, belebt/unbelebt und beim Verbum in der Unterscheidung von Zustandsverb, Handlungsverb, Modalverb (vgl. ebd.) findet, dann stellt er damit nicht nur das Prinzip der rein formal erstellbaren und damit intersubjektive Zugänglichkeit ermöglichenden syntaktisch-stilistischen Einzelanalyse in Frage, sondern auch die Relevanz seiner selbst beschriebenen semantischen Analyse (a. a. O., S. 75f). Diese fällt nicht zufällig verlegen kurz aus, modifiziert im Grunde genommen die schon genannten Aufteilungen von Substantiven nur schwach und von Verben überhaupt nicht und beschränkt sich im wesentlichen auf das Postulat einer lexikographischen Wortfeldbeschreibung mit Berücksichtigung der Gegenstände, die unter der Sammelbezeichnung "Realien" kulturelle, historische, geographische und biologische Zusammenhänge aufhellen (vgl. a. a. O., S. 76).

auch der Visionsberichte untereinander gegeben sind und somit eine Strukturanalyse des Visionszyklus' insgesamt unterstützt wird. Schließlich weist Wanke zu Recht darauf hin (162), daß eine Formkritik in Reinkultur, ohne jede inhaltliche Kenntnis unrealistisch ist. Schon die Literarkritik hatte sich in ihrer Argumentation nicht ausschließlich auf formale Kriterien beschränkt, sondern war auch inhaltlich vorgegangen, indem sie Beobachtungen formal als Kriterien instrumentalisierte und damit für neue Beobachtungen fungibel machte. Die darauf folgende Formkritik konnte sowohl in ihrer syntaktisch-stilistischen, als auch in der lautlichen Analyse zunächst völlig vom Inhalt absehen und sich auf sowohl grammatisch, als auch stilistisch und klanglich formal greifbare Beobachtungen beschränken. Das kann aber doch nicht bedeuten, daß fortan jedes inhaltlich längst gewonnene Wissen unterdrückt werden müsse aus lauter Furcht, die formale Integrität könne angetastet und die intersubjektiv nachprüfbare Überzeugungskraft der Argumentation könne verloren gehen. Damit aber nicht doch - gewissermaßen unter der Hand - inhaltliche und formale Argumente vermischt werden, ist es sinnvoll, in einer semantischen Analyse separat den Text nach seiner Bedeutungsseite hin formkritisch zu untersuchen. Das Ergebnis dieser semantischen Analyse ist jedoch selbst nur formalisiert in der folgenden Strukturanalyse verwendbar, die ihrerseits den Weg zur Gattungskritik öffnet. Dabei soll folgendermaßen vorgegangen werden, daß die Wörter nach ihren grammatischen Kategorien - Substantive, Verben, Adjektive usw. - gesondert im Hinblick auf ihr Bedeutungsfeld, ferner bei Verben nach ihrer Einteilung in Handlungs-, Zustands- und Modalverben und bei Nomina sowohl nach ihrer Einteilung in konkret-abstrakt, belebt-unbelebt, menschlich-nichtmenschlich, zählbar-nichtzählbar, als auch nach ihrer Einteilung in Eigennamen und andere substantivische Prädikatoren, Adjektive usw. eingegangen werden soll.

Die Eigennamen waren schon in der syntaktisch-stilistischen Analyse erwähnt worden. Dem Eigennamen Jhwh kommt die Klassifizierung "konkret-blebt-nichtmenschlich-nichtzählbar" zu. Es ist bezeichnend für diesen Eigennamen, daß er im Zusammenhang der vorliegenden Visionsberichte immer in Verbindung mit einem Handlungsverb vorkommt: mit einer Hifil-Form von r'h in 7,1a_a. 4a_a. 7a_a;8,1a; mit einer Form von 'mr in 7,3b_b. 6b_b. 8a_{a1}. b_{a1};8,2a_{a1}. b_{a1}; mit einer Piel-Form von nhm in 7,3a. 6a. (In 7,2a_{b2} und in 7,5a_{a2} findet sich noch die Verbindung 'ădōnāj Jhwh; es läßt sich aus ihr aber nicht ohne weiteres Jhwh herauslösen und isoliert als Eigenname betrachten. Vielmehr hatte die Literarkritik zu dieser Stelle gezeigt, daß diese Verbindung als Titel in einem Gebetsappell zu betrachten ist.) Von diesen Verben setzen zwei - nämlich 'mr und nhm - die Klassifikation "menschlich" für die Substantive voraus, mit denen sie eine Verbindung eingehen. Es kann hier also auf über-

---

(162) vgl. Wanke, a.a.O., S. 76

tragenen Sprachstil geschlossen werden, wenn von Jhwh die Rede ist. Das gilt nicht für die Hifil-Form von r'h, die - wie schon die literarkritischen Überlegungen zu 9,1 gezeigt haben - geradezu mit der Klassifikation "nichtmenschlich" zusammengehört (hīr'anī steht immer in Visionsberichten).

Von einem weiteren Eigennamen - nämlich ʿāmōs - läßt sich die Klassifizierung "konkret-blebt-menschlich-zählbar" erstellen. Der Träger dieses Eigennamens ist - wie schon die syntaktische Analyse gezeigt hat - der Autor der vorliegenden Berichte. Es wird bei der Untersuchung, in Verbindung welcher Verben der Eigenname ʿāmōs sich findet, nicht nur darauf zu achten sein, wo er explizit vorkommt, sondern ebenso darauf, wo er implizit vorkommt, d. h. also, wo er zu erkennen gibt, daß er der Autor ist. Explizit taucht der zur Frage stehende Eigenname in 7,8a_{a2} und in 8,2a_{a2}, also im dritten und vierten Visionsbericht, an der jeweils entsprechenden Stelle auf. Wegen der Frage, in der der Eigenname vorkommt, steht das Verb, in dessen Verbindung er auftaucht, in Partizipialform; es ist das Handlungsverb r'h; hier ist es - im Unterschied zur eben erwähnten Hifil-Form - nicht mit der Klassifikation "nichtmenschlich" verbunden. Implizit findet sich der Eigenname einerseits viermal in den Einleitungen zu den Visionsberichten in 7,1a_a. 4a_a. 7a_a;8,1a, und zwar jeweils im an die Hifil-Form von r'h angehängten Suffix der 1. Pers. Sing. Mask.; er steht hier als Suffix ebenfalls in indirekter Verbindung mit dem Handlungsverb r'h; andrerseits findet er sich viermal in den Redeeinleitungen in der 1. Pers. Sing. in 7,2a_{b1}. 5a_{a1}. 8a_b;8,2a_b, also in Verbindung mit dem Handlungsverb 'mr. Schließlich kommt er zweimal vor als Suffix der 1. Pers. Sing. an der Präposition 'ǣl (7,8a_{a1} und 8,2a_{a1}), wodurch der Autor in einer Richtungsangabe auf sich selbst verweist; eine Verbindung zu einem Verbum ist hier nicht erkennbar. Der Eigenname ʿāmōs findet sich ausschließlich in vorliegenden Prophetenbuch, und zwar in der Überschrift (1,1), im Selbstbericht innerhalb des Visionszyklus' (7,8 par 8,2) und innerhalb des Fremdberichtes über die Auseinandersetzung des Propheten mit Amazja, dem Oberpriester von Bet-El (7,10. 11. 12. 14). Besonderes Gewicht kommt dabei der Selbsterwähnung in 7,8 par 8,2 vor allem in Hinblick auf die Authentizität des Berichteten zu. - Ob der Name symbolischen Gehalt hat, wie viele andere Prophetennamen, ist schwer zu entscheiden. Der Jahwe-Name, der häufig ausschlaggebend für die Symbolkraft eines Namens ist, ist jedenfalls nicht in irgendeiner Form in ihm enthalten. Allenfalls ließe sich ein Anklang an das Verb ʿms - tragen, schleppen; aufladen - heraushören, aber weder zur Bedeutung "Träger", noch zur Bedeutung "Last" eignet sich der für den Namen einzig in Frage kommende Inf. abs. Qal von ʿms; dazu könnten nur Partizipien mit aktivem ("Träger") bzw. passivem ("Last") Sinn herangezogen werden. Der Anklang einer solchen Bedeutung im Namen kann jedoch nicht abgestritten werden, obwohl über eine Absicht in dieser Richtung nicht anders als spekulativ entschieden werden kann.

Abschließend dazu läßt sich eine deutliche Beziehung des Eigennamens Jhwh zum Eigennamen ʿāmōs in den Visionsberichten aufzeigen: Während der Eigenname Jhwh zwölfmal explizit vorkommt, findet sich ʿāmōs ebenfalls zwölfmal, davon allerdings nur zweimal explizit, so daß man sagen kann, daß das Verhältnis der beiden hauptsächlich vorkommenden Eigennamen bezüglich ihrer absoluten Nennung gleichgewichtig, jedoch bezüglich ihrer expliziten bzw. impliziten Nennung ziemlich genau umgekehrt reziprok ist. Beide Eigennamen tauchen mit keinem anderen Verb als nur mit Handlungsverben auf; diese Verben sind fast immer Formen von r'h oder von mr, nur zweimal findet sich Jhwh mit einer Form von nḥm und zweimal findet sich ʿāmōs ohne Verbindung zu einem Verb.

Der Eigenname Jaʿaqōb taucht explizit zweimal auf, nämlich in $7,2a_c$ und im entsprechenden $7,5a_b$. Er ist aufgrund des Kontextes zu klassifizieren als "konkret-unbelebt-nichtmenschlich-zählbar". Diese Sicht legt sich nahe mit Blick auf den im dritten und vierten Visionsbericht verwendeten Eigennamen Jiśrā'ēl (7,8 par 8,2); weder dort noch bei Jaʿaqōb sind die Eigennamen als Personen-, sondern als Volksnamen gebraucht. Gerlemann (163) hat festgestellt, daß Jakob als Volksbezeichnung durchgehend in poetischen Texten - besonders häufig bei Dtjes und Pss, aber auch bei Mi,Jes,Jer u.ö. - auftaucht, "und an zwei Dritteln der Stellen findet sich 'Israel' oder 'Israels Rest' als Parallele" (164). Damit ist einerseits festgelegt, daß "Jakob" hier nicht den Personennamen meint, weil es als Parallele zu Israel angesehen werden muß in einem mit dichterischen Mitteln arbeitenden Text; andrerseits brauchen - das ergibt sich daraus - Jakob und Israel hier nicht mehr als in Konkurrenz zueinander stehend beargwöhnt zu werden; schließlich läßt sich auch daran zur Struktur des Visionszyklus' erkennen, daß einerseits die Visionsberichte und andrerseits die Visionsberichtspaare offenbar als in einem komplexen System von Parallelismen stehend verstanden werden müssen, was aber in der Strukturanalyse noch genauer zur Sprache kommen soll. - Zu Jaʿaqōb läßt sich im einzelnen noch feststellen: Es steht in Verbindung mit dem Handlungsverb qūm. Implizit taucht dieser Eigenname noch zweimal auf, und zwar in 7,2 b und dem entsprechenden 7,5b; hier ist er in der 3. Pers. Sing. Mask. des Personalpronomens Subjekt eines Nominalsatzes, auf das ein Adjektiv bezogen ist, das als Ḫabar den Zustand der Kleinheit zum Ausdruck bringt. Zu Jiśrā'ēl kann noch angemerkt werden, daß der Eigenname jeweils in Verbindung steht mit einem in qatal-x-Stellung den Zustand ausdrückenden Verb. Implizit findet er sich noch im Dativ des Personalpronomens der 3. Pers. Sing. Mask. in $7,8b_b$;$8,2b_b$.

---

(163) vgl. Gerlemann,G. Art. Jiśrā'ēl (Umschrift von mir) Israel, in: Jenni/Westermann (Hrsg.), THAT I, a.a.O., Sp. 782-785, bes. Sp. 784

(164) ebd.

Von den wenigen ansonsten vorkommenden Substantiven in den ersten beiden Visionsberichten kennzeichnet t^eḥillā (7,1a_c) in der Regel den Beginn einer Handlung, trägt also instrumentellen Charakter, ohne selbst in gegenständlicher Weise greifbar und beschreibbar zu sein. Das bestätigt auch die Art seines ohnehin begrenzten Vorkommens im AT: es findet sich nie die absolute Form t^eḥillā, sondern entweder die Konstruktusform t^eḥillā (2 Sam 21,9; Prov 9,10; Koh 10,13; Hos 1,2) mit der Bedeutung "Anfang, Beginn von etwas" oder der Stat. constr. mit b^e konstruiert - bitḥillat (Ruth 1,22; 2 Kön 17,25; Esr 4,6; Dan 9,23; Am 7,1) -, wo es in der Regel mit der Bedeutung eines Zeitadverbs auftaucht im Sinne von "zuvor, bevor, vorher, vordem; wörtl.: im Anfang", ähnlich wie das auch vorkommende batt^{e}ḥillā (Gen 13,3;41,21; 43,18.20; Ri 1,1;20,18; 2 Sam 17,9; Jes 1,26; Dan 8,1;9,21); in Neh 11,17 ist t^eḥillā textlich schwierig; es muß dort entweder ein anderes Wort oder batt^{e}ḥillā als ursprünglich angenommen werden. Eine ähnliche Hilfsfunktion kann hier dem ʿ^{a}lōt zugemessen werden, so daß in der vorliegenden Gruppe von Substantiven nur lǣqǣš in vorstellbarer Konkretheit steht; dieses aber sagt nichts über die Zeit aus und steht deshalb seinerseits wieder in Hilfsfunktion zu den beiden anderen Substantiven. Alle drei Substantive stehen damit in einer gegenseitig sich abstützenden Hilfsfunktion.

Das in 7,2 erwähnte ʿēśæb hā'āræṣ bezeichnet zunächst einmal ganz allgemein Kräuter und Pflanzen, dann aber - spezieller - Kräuter und Pflanzen, die zur Ernährung dienen. So wird es verwendet in Zusammenhängen, in denen es als Futter für das Vieh zu verstehen ist, als auch da, wo es als Gemüse und Saat menschliche Speisen benennt; gelegentlich kann es auch eine übertragene Bedeutung als Bild für die Vergänglichkeit annehmen (vgl. Ps 102,5). Von dem durchaus begrenzten Vorkommen des Wortes im AT (36 mal) findet es sich allerdings seltener in der Verbindung ʿēśæb hā'āræṣ (Ex 10,12.15; Ps 72,16; Hi5,25; Am 7,2), weit häufiger in Verbindung mit śādǣ; in Ps 105,35 ist noch einmal von kol ʿēśæb b^e'arṣām die Rede. Dabei setzt der Kontext in Ex 10,12.15; Ps 105,35; Am 7,2 eine Gefährdung des zur Nahrung dienenden Krautes durch Heuschrecken voraus, nur in Ps 72,16; Hi 5,25 bezeichnet es Fülle und Fruchtbarkeit. Daß hier nicht einfach in allgemeiner Weise vom Kraut des Feldes die Rede ist, sondern vom Kraut der 'āræṣ, kennzeichnet hier, daß nicht nur ein Angriff auf menschliche oder tierische Nahrung beschrieben wird, sondern ein Angriff, der auf eine weitaus breitere, ja fundamentale Lebensgrundlage abzielt. Dabei kann alles mitgehört werden, was 'æræṣ als Teil der Welt oder als Grundlage, auf der man stehen, auf die man fallen, in die man pflanzen und auf der man bauen kann oder als geographischer Begriff im Sinne von Landstrich, aber auch als politischer Begriff - in 7,2a_c wird Jaʿ^{a}qōb mit dem angesprochenen Land identifiziert -, schließlich jedoch auch in seiner theologischen Dimension, wofür nicht zuletzt auch wieder - die theologische Interpretation wird genauer darauf eingehen - die Nennung von Jaʿ^{a}qōb reklamiert werden kann.

Damit wird in der Schilderung der Heuschreckenplage über den Rand dieses oder jenes Feldes hinausgegangen und die Lebensgrundlage in dem umfassenden Sinn, der in 'ǣrǣs (165) mitgemeint ist, durch den Angriff auf ʿēśæb als Lebens"mittel" entzogen.

Das wird auch bestätigt durch die in den Parallelstellen 7,4b$_{a.b}$ genannten Begriffe ḥēlæq und t^{e}hōm. Beide Begriffe sollen nicht in ihrem Bedeutungsspektrum hier weiter ausgelotet werden (166). Entscheidend scheint mir zu sein, daß sie hier in dem polaren Verhältnis, in dem sie zueinander stehen, so etwas wie eine Aussage über das Weltganze beinhalten. Mit ḥēlæq wird das fest abgemessene und zugeteilte Stück Land bezeichnet, t^{e}hōm hingegen entzieht sich als "Urflut" jeglicher Abmeßbarkeit und Zuteilbarkeit und steht außerdem im Kontrast zu "Land". Damit wird auch hier - wie schon im ersten Visionsbericht - in einem gleichen umfassenden Sinn ein Angriff auf die Lebensgrundlage schlechthin geschildert; daß ḥēlæq hier mit bestimmtem Artikel versehen ist, ist nicht als Kennzeichnung eines bestimmten Feldes zu verstehen, sondern als Charakterisierung der einteilbaren und faktisch auch eingeteilten Flur im Gegensatz zur nicht objektivierbaren t^{e}hōm. Auf der anderen Seite muß bei ḥēlæq natürlich auch die politische Größe Jaʿ^{a}qōb mitgehört werden, die in 7,5a$_{b}$ genannt wird. Es kann für 7,2a$_{a1}$ angenommen werden, daß dort - entsprechend t^{e}hōm - ebenfalls ein - hier freilich - zu 'ǣrǣs polarer Begriff gestanden hat, der in nicht objektivierbarer Weise ebenfalls als mythologischer Begriff das Weltganze mitkonstituiert; es kann zudem noch angenommen werden, daß dieses nicht erhaltene Substantiv - wie auch die drei anderen: 'ǣrǣs, t^{e}hōm und ḥēlæq - als Akkusativ-Objekt in Zusammenhang mit dem Handlungsverb 'kl gestanden hat; ferner hat dieses Substantiv vermutlich - analog zu t^{e}hōm rabbā - ein qualifizierendes Adjektiv mit sich geführt. Das implizite Subjekt zu dem in den ersten beiden Visionsberichten genannten 'kl das im Amsobuch fast immer in der Bedeutung eines zerstörerischen Fressens (vgl. 1,4.7.10.12.14; 2,2.5;4,9;5,6;7,2.4 ((2mal))) (167)auftaucht, ist das Gesehene der

---

(165) vgl. über 'ǣrǣs Schmid, H. H., Art. 'ǣrǣs (Umschrift von mir) 'ǽræṣ Erde, Land, in: Jenni/Westermann (Hrsg.), THAT I, a.a.O., Sp. 228-236 und die dort zitierte Literatur; vgl. auch Schmid, H. H., Art. '^{a}dāmā (Umschrift von mir) '^{a}dāmā Erdboden, in: Jenni/Westermann (Hrsg.), THAT I, a.a.O., Sp. 57-60. insbes. Sp. 59

(166) vgl. Westermann, C., t^{e}hōm (Umschrift von mir) t^{e}hōm Flut, in: Jenni/Westermann, Theologisches Handwörterbuch zum Alten Testament Bd. II (THAT II), München/Zürich 1976, Sp. 1026-1031

(167) Ausnahmen davon sind nur in dem genannten Fremdbericht über Amos' Auseinandersetzung mit Amazja (vgl. 7,12) und in dem nachgetragenen 9,14 zu finden; das 'kl in 6,4 kennzeichnet ein ordinär-genüßlerisches Fressen.

Visionsberichte. Mit gōbaj, das sich nur in Am 7,1; Na 3,17 findet und als gēb auch in Jes 33,4 ist zunächst einmal die Heuschrecke gemeint; dies aber in einem zweifachen Sinn: einmal, indem sie als Vergleich für eine große Anzahl in Anspielung auf ihr gefürchtetes Auftreten in riesigen Schwärmen gilt (Na 3,17); zum anderen, indem sie als Vergleich für überfallende Raffgier in Erinnerung an ihr zerstörerisches Fressen dient (Jes 33,4); in Am 7,1 hingegen liegt kein Vergleich, sondern eine direkte Verwendung in einem Visionsbericht vor. Beide Bedeutungsaspekte müssen dabei berücksichtigt werden: Der des zerstörerischen Fressens ist mit ʼkl und mit Hinblick auf dessen nahezu durchgängige Bedeutung im Amosbuch direkt angesprochen; aber es ist auch - wenigstens indirekt - auf die zahllose Menge verwiesen durch das Aufzeigen des Ausmaßes der Katastrophe im Angreifen des Weltganzen in seiner Ausmeßbarkeit und seiner Unabsehbarkeit und Unzustellbarkeit, wodurch ein In-Frage-Stellen der Lebensbasis schlechthin verbunden ist. Im zweiten Visionsbericht ist lrbbʼēš als Gesehenes das entsprechende implizite Subjekt zu ʼkl. Wenn sich hinter dem Fragment lrbb tatsächlich læhābā verbergen sollte, was aber in der Analyse offenbleiben mußte, dann jedenfalls bezeichnet dieses fast immer die fressende, strafende Feuerflamme Jahwes (vgl. Jes 5,24;10,17;43,2; 47,14; Ez 21,3; Thr 2,3; Joel 1,19;2,3; Ob 18; Ps 29,7;83,15;105,32; 106,18); gelegentlich steht es auch für das gegenseitig vernichtende oder - übertragen - zornflammende Feuer unter Menschen (vgl. Num 21,28 par Jer 40,45; Dan 11,33; Hos 7,6); einmal charakterisiert es Jahwe als lodernden Feuerglanz (vgl. Jes 4,5) und einmal meint es die blitzende Spitze einer Waffe (vgl. 1 Sam 17,7). Auch hier werden vermutlich - trotz der gegebenen Unsicherheit über das verwendete Wort an dieser Stelle - unübersehbares Ausmaß und fressende Vernichtung gleichermaßen angesprochen.

Im dritten und vierten Visionsbericht sind die Substantive, die das Gesehene zum Ausdruck bringen, jeweils zwei Substantive in Konstruktusverbundung: ḥōmat ʼ^{a}nāk (7,7) und k^{e}lūb qājiṣ (8,1). Unproblematischer in der Klärung, weil wenigstens auch außerhalb des Amosbuches auffindbar, ist k^{e}lūb qājiṣ, von dem auch zunächst ausgegangen werden soll. Mit k^{e}lūb ist ein Behältnis gemeint; das seltene Substantiv findet sich außer an dieser Stelle nur noch in Jer 5,27, wo es wohl ein käfigartiges Behältnis zum Vogelfang meint. Hier ist offenbar ein Erntekorb angesprochen, denn qājiṣ, das Wort für "Sommer", tritt fast ausschließlich im Zusammenhang mit "Ernte" auf (vgl. Jes 16,9;28,4; Jer 8,20;40,12; 48,32; Mi 7,1; Prov 6,8;10,5;26,1;30,25), so kommt es auch gelegentlich zur davon gelösten Bedeutung von geerntetem Sommerobst (vgl. 2 Sam 16,1.2; Jer 40,10). Nur in Gen 8,22; Ps 74,17; Am 3,15; Sach 14,8 steht qājiṣ als Glied des polaren Gegensatzpaares "Sommer-Winter", und in Ps 32,4 ist damit die sommerliche Hitze angesprochen. Da hier aber weder das Gegensatzpaar "Sommer-Winter" eine Rolle spielt, noch die ohnehin ungewöhnliche Anspielung auf die Sommerhitze, kommt ein Zusammenhang mit "Ernte" in Betracht. Da qājiṣ aber nirgendwo "Ernte" heißt, wohl aber als "Sommer" im Zusammenhang mit "Ernte" gelegentlich die Bedeutung "Geerntetes" annehmen kann, wird sein Vorkommen in 8,2 als Kollektivbegriff im Sinne von "Geerntetes, Sommerfrüchte" zu verstehen sein; daraus aber folgt, daß das Gesehene in 8,1 nicht nur ein Erntekorb, also ein zur Ernte verwendbarer Korb ist, sondern ein Korb mit Geerntetem an Sommerfrüchten.

Schwieriger stellt sich das Problem in bezug auf das Gesehene des dritten Visionsberichtes dar. Was meint ḥōmat ʼanāk (7,7)? Das hier im Stat. constr. stehende ḥōmat bezeichnet eine (Festungs-)Mauer; so ist es auch bei Amos belegt (vgl. 1,7.10.14). Das ʼanāk hingegen, das nur in Am 7,7f vorfindlich ist, bedarf der Klärung. Die neuere Forschung folgt den schon 1897 (AfO, I, S.161; S.168) vorgestellten Ausführungen Wincklers, die sich gegen die herkömmliche Meinung Delitzschs und seiner Schüler durchsetzen mußte, daß nämlich unter Zurückführung von ʼanāk auf das akkadische anaku dieses mit Blei und ʼanāk mit Bleilot zu übersetzen sei. Vielmehr - so Winckler sei das akkadische abāru mit Blei, hingegen anaku mit Zinn zu identifizieren. Diese Ansicht wurde häufig wieder aufgegriffen und mit neuen Argumenten versehen, konnte sich aber gegenüber der Übersetzung "Bleilot" nur mühsam behaupten; das war zum Teil sicher auch darauf zurückzuführen, daß die Übersetzung "Zinn" von ihren Verfechtern selbst nur vorsichtig eher in Form einer Hypothese vertreten wurde (168), zum Teil wird diese Unsicherheit nicht zuletzt auf eine Unsicherheit gegenüber dem zur Frage stehenden Text zurückzuführen sein, über den eine solide Literartheorie zu entwerfen in der Regel verabsäumt wurde (z. B. wird in der Regel von einem vollständig als ursprünglich zu akzeptierenden 7,7a oder von ʼanāk in 7,8b u.Ä. ausgegangen und streckenweise damit sogar argumentiert); grundlegend wurde das Problem dann von Landsberger (169) zugunsten von ʼanāk = Zinn entschieden und zuletzt von Holladay (170) und Oullette (171) bestätigt.

Übernehmen wir also die Bedeutung "Zinn" für ʼanāk (171a), dann

---

(168) vgl. z.B. noch Brunet,G., La vision de l'étain; réinterpretation d'Amos VII 7-9, VT 16, 1966, S.387-395

(169) vgl. Landsberger,B., Tin and Lead: The Adventures of two Vocables, JNES 24,1965, S.285-296

(170) vgl. Holladay, Once more, ʼanak='tin', Amos VII 7-8, VT 20,1970

(171) vgl. Oullette,J., Le mur d'étain dans Amos VII, 7-9, RB 80, 1973, S.321-331

(171a) Auch W.v.Soden (Akkadisches Handwörterbuch, Bd.I, Wiesbaden 1965,S.49) spricht in erster Linie von 'Zinn' und deutet die Bed. 'Blei' an; verweist aber gleichzeitig auf "abāru".

entsteht von daher aber erst das eigentlich exegetische Problem wenn nämlich gefragt werden muß, was denn eine Zinnmauer als Gesehenes in diesem Visionsbericht auch im Hinblick auf das Gesehene der anderen Visionsberichte - besonders des vierten Visionsberichtes - bedeutet. Eine alte, schon von Nowack (171b) vertretene Ansicht geht davon aus, daß Schilde an die Zinnen der Stadtmauer zum Schutz der Patrouillen gehängt wurden und die Stadttore mit Bronze beschlagen waren; dadurch konnte der Eindruck einer Zinnmauer entstehen. Auch Galling (171c) berichtet mit Verweis auf assyrische Kriegsdarstellungen, in denen die Türme der Bastionsmauer oben mit Schilden bewehrt sind, von dieser Maßnahme und nennt in diesem Zusammenhang außerdem Ez 27,11. Dennoch geht er aber prinzipiell für die vorliegende Stelle von der Bedeutung "Senkblei" aus (171d). Negev/Rehork (171e) machen darauf aufmerksam, daß Zinn zur Bronzeherstellung unentbehrlich ist und vermutlich aus Spanien eingeführt wurde. Meissner (171f) hebt zunächst den Charakter von Blei als Zahlungsmittel hervor, dann verweist er auch auf seine Verwendung in der Legierung mit Kupfer als Bronze; hier liegt offenbar eine Verwechslung vor, denn nicht die Legierung von Blei und Kupfer, sondern von Zinn und Kupfer ergibt Bronze. Von hier aus ist indirekt auch Meissner als ein Vertreter der Theorie von der Bedeutung "Zinn" und der Ansicht, daß Kriegsmaterial eine Rolle spielt, anzusehen. Oullette (op. cit.) schließlich versteht die "Zinnmauer" aufgrund von Inschriften-Belegen in ein rituell aufgenommenes Symbol. Hier stellt sich freilich die Frage, wie es dann in einer Reihe mit den übrigen hier genannten Visionsbildern gehört. Schon eher scheint sich die zuletzt von Maag in Anlehnung an Sellin vorgebrachte Möglichkeit einer Textkorrektur anzubieten, die vorsieht, ḥōmat ʼᵃbān - "Steinmauer" - zu lesen. Aber auch damit ist das hier angeschnittene Problem nur verlagert, nicht jedoch gelöst; es stieße zudem noch auf literarkritische Schwierigkeiten (vgl. oben). Bleibt man bei ʼᵃnāk,

---

(171b) vgl. Nowack, W., Lehrbuch der hebräischen Archäologie, Erster Band, Privat- und Staatsalterthümer, Freib. 1894

(171c) vgl. Galling, K., Art. Stadtanlage, in: Biblisches Reallexikon, Tübingen 1937, Sp. 495-499, hier insbes. Sp. 498

(171d) vgl. Galling, K., Art. Blei, a. a. O., Sp. 111-113, hier insbes. Sp. 112/113; Zinn wird nur einmal im Zusammenhang mit Blei als Handelsprodukt erwähnt (vgl. a. a. O., Sp. 112) und einmal zusammen mit anderen Metallen als Werttarif für die Eisenzeit.

(171e) Negev, A. /Rehork, J., Archäologisches Lexikon zur Bibel, München 1972, Sp. 332; vgl. Reicke, B. /Rost, L., Bibl.-Hist. Handwörterbuch, Bd. 1-3, Göttingen 1962-66

(171f) vgl. Meissner, B., Babylonien und Assyrien, Bd. I, Heidelberg 1920, S. 54; 176f; 355 und 265; 347

dann ist Zinn als Rohstoff zur Waffenherstellung aus Bronze zweifellos eine Sigel für "Waffen", "Kampfmaterial", "Krieg überhaupt"; eine Zinn-Mauer ist hier aber nicht als Verteidigungsmauer zu sehen - der gesamte Visionsbericht fiele dann aus dem klar feststellbaren Duktus der Drohbilder hier heraus -, sondern als eine Angriffsmauer - Schild neben Schild - in dichter Reihe heranrückender Krieger. Es ist auf diesem Hintergrund auch kein Zufall, daß der Verfasser des Visionsberichtes hier nicht auf das sonst verwendete Wort für "Zinn" - b^edīl - (vgl. Num 31,22; Ez 22,18.20;27,12; Sach 4,10), sondern auf ein assyrisches Wort (172) zurückgegriffen hat.

Das Substantiv ʾanāḥā (7,8b) meint ein Seufzen, in dem sich Trauer und Niedergeschlagenheit ausdrücken. Es findet sich fast immer mit Verben, die ein Ermatten und ein Resignieren anzeigen. ʾanāḥā ist lautmalender Ausdruck der im Seufzen und Klagen laut gewordenen leidenden und trauernden Resignation. Ein interessanter Nebenaspekt: Auch im Assyrischen gibt es die vielleicht hier direkt zur Assoziation herangezogene Klangverbindung anāku, annāku (Zinn) - anāḫu (seufzen, stöhnen) (172a).

Mit qēṣ ist das Ende, die Grenze, gelegentlich auch das Äußerste (vgl. z.B. Jes 37,24; Jer 50,26) angesprochen; häufig wird damit das Ende oder die Ereignisse nach dem Ende einer durch bestimmte Ereignisse charakterisierten Zeitspanne angesprochen. In diesem Sinne übernimmt es oft die Funktion einer Temporalpräposition mit dem Verständnis "nach, nachdem". Wenn diese Aspekte von qēṣ in Am 8,2b mitgehört werden, dann ist Ende nicht nur Schlußstrich, sondern Bündelung der Ereignisse einer Zeitspanne. Die genannten Substantive - ḥōmat ʾanāk, k^elūb qājiṣ, ʾanāḥā und qēṣ - stehen durchweg in den den Zustand beschreibenden Nominalsätzen oder in Zusammenhang mit in ihrer syntaktischen Stellung ebenfalls den Zustand konstatierenden Handlungsverben (vgl. 7,8b;8,2b).

Wie die Analyse der Substantive - einschließlich der Eigennamen - gezeigt hat, ist die Einteilung in konkret-abstrakt, belebt-unbelebt, menschlich-nichtmenschlich, zählbar-nichtzählbar nicht ganz unproblematisch und wurde schließlich auch nicht mehr durchgehalten. Einerseits sind von griechisch-abendländischen Voraussetzungen her entworfene Klassifizierungen wie konkret-abstrakt oder zählbar-nichtzählbar nicht ohne weiteres und ohne Schwierigkeiten auf semitisches Denken übertragbar, andrerseits erweist sie sich häufig nach der Umschreibung des Wortverständnisses im umfassenden Sinn als überflüssig. Gelegentlich aber war sie hilfreich in der Unterscheidung von übertragener und

---

(172) vgl. dazu Holladay, a.a.O., S. 494 im Anschluß an Landsberger

(172a) vgl. Bezold, C., Babylonisch-Assyrisches Glossar, Heidelberg 1926, S. 48/49

nichtübertragener Redeweise.

Die Verben in den Visionsberichten sind fast ausschließlich Handlungsverben; nur zweimal finden sich Zustandsverben, nämlich in den ersten beiden Visionsberichten, gebildet durch eine Form von hjh (7,3b_a und 7,6b_a); allerdings finden sich zweimal Handlungsverben, die durch ihre syntaktische Stellung einen Zustand konstatieren (7,8b_{a2} und 8,2b_{a2}). In diesen beiden Fällen handelt es sich jeweils um die Schlußrede Jahwes, gerichtet nicht allein an den Gesprächspartner Amos, sondern einen unbestimmt gelassenen Adressaten. In 7,3b_a und 7,6b_a drückt das Zustandsverb in einer in die Zukunft weisenden, negativ formulierten Jahwerede einen Entscheid Jahwes über einen Zustand aus. In 7,8b_a und 8,2b_{a2} drückt das als Zustandsverb fungierende Handlungsverb einen schon andauernden Zustand aus in einer eine Entscheidung erst vorbereitenden Jahwerede; der eigentliche Entscheid folgt erst im nächsten Satz derselben Rede 7,8b_b bzw. 8,2b_b. Sie ist wieder negativ formuliert, aber mit Handlungsverben gebildet; in diesen Entscheiden wird deutlich gemacht, was nicht zusätzlich mehr getan werden soll. Während die Entscheide der ersten beiden Visionsberichte einen Zustand, der noch nicht gegeben war, abwendeten, geben die Entscheide des dritten und vierten Visionsberichtes gerade durch ihre in die Zukunft gewendete Aussage über die Einstellung zusätzlichen Handelns den Weg für einen Zustand frei. Dieser jedoch wurde im Satz vor dem Entscheid jeweils als schon bestehend beschrieben, so daß hier von einer übertragenen Redeweise gesprochen werden muß; diese ist, indem sie den zu erwartenden Zustand nach dem für die Zukunft angekündigten Abbruch von Handlungen, die nun als den Zustand verhütet habende klassifizierbar sind, Schilderung von schon Gegebenem und macht so einerseits die Unabwendbarkeit des Entschlusses deutlich, indem sie ihn als schon vollzogen voraussetzt und führt andrerseits den zu erwartenden Zustand besonders drastisch vor Augen, indem sie ihn als schon gegeben setzt.

Es muß nun noch auf die für den Verlauf der Visionsberichte wichtigen Verben bzw. die aus ihnen gebildeten Partizipien und auf die benutzten sprachlichen Wendungen eingegangen werden.

Nach der für die vorliegende Absicht hinreichenden Klärung von 'kl im Zusammenhang der semantischen Analyse der im Umkreis dieses Verbs auftauchenden Substantive wird nun ein Blick auf die Partizipien im Zitat des Gesehenen der ersten beiden Visionsberichte und das Bedeutungsspektrum der ihnen zugrunde liegenden Verben notwendig. Im Gegensatz zum dritten und vierten Visionsbericht wird in den ersten beiden Visionsberichten ja nicht nur etwas Sehbares als Gesehenes vorgestellt, sondern dieses - wenigstens im ersten Visionsbericht (der zweite Visionsbericht läßt darüber keine definitiven Aussagen zu) - in den Kontext einer Zeitbestimmung gestellt, wie sie schon oben erörtert wurde und andrerseits das Sehbare als ein Teil des Gesehenen qualifiziert, dessen anderer Teil als Nicht-Sehbares konstatierend das Sehbare in seiner Herkunft beschreibt und damit das Gesehene nicht als absolutes Faktum von etwas Sehbarem präsentiert, sondern das Gesehene als einen Komplex von zeitlichen und die Herkunft bestimmenden Bezügen zusammen mit dem durch diese Bezüge beschriebenen Sehbaren begreift (173). Was hier versuchsweise mit den die Herkunft bestimmenden Bezügen im Zitat des Gesehenen angesprochen ist, soll nun Gegenstand des Interesses sein.

Mit jṣr ist zunächst einmal die Arbeit des Töpfers, dann aber auch die des Metallgießers oder Metallschmelzers angesprochen (174). "Diese Tätigkeit konnte wohl deshalb mit dem gleichen Verbum wie das Töpferhandwerk bezeichnet werden, weil beide Berufe formbares (feuchtes bzw. flüssiges) Material in feste Gestalt bringen." (175) Stellt man aber vor allem die Bedeutung von jṣr als Schöpfungsterminus in Rechnung, durch den einerseits die Unabgeschlossenheit und damit die weitere Formbarkeit und Formbedürftigkeit des Geschaffenen und andrerseits die Verfügbarkeit des Schöpfers über das Geschöpf zum Ausdruck gebracht werden kann (176), so wird sicher der Aspekt der Freiheit und Phantasie des schöpferischen Gestaltens gegenüber dem Gestalteten und prinzipiell Gestaltbaren hervorzuheben sein. Erst die Kraft dieser bildnerischen Fähigkeit definiert das Verhältnis zwischen Gestalter und Gestaltetem und hilft, vor allem von seiten des Gestalters und dessen schöpferischer Tätigkeit gegenüber dem formbaren und formbedürftigen "Material" die Tätigkeit zu verstehen, die mit jṣr gemeint ist. Das

---

(173) Auf dem ersten Blick scheinen der dritte und vierte Visionsbericht in dieser Hinsicht das gerade Gegenteil zu sein: präsentiert wird etwas sehbares Gesehenes ohne weitere Beschreibung. Aber auch hier wurde nicht absolut und beziehungslos Gesehenes vorgestellt, sondern Bezüge auf dem Wege von Übertragbarkeiten hergestellt. So ist eine "Mauer von Zinn" im oben dargelegten Verständnis genausowenig etwas absolut und ohne Übertragungsbezüge einordbares Sehbares - obwohl sowohl "Zinn" als auch "Mauer" getrennt so verstehbar wären -, wie es ein "Behältnis von Sommer" auch ist, das erst über die Bezüge von "Sommer" zu "Geerntetem" zu einem Verständnis von "Korb mit Geerntetem" durchdringen läßt - von einem Aufzählen der nachträglich daraus hergeleiteten Erklärungsbezüge mittels Wortassoziation sowohl im dritten wie auch im vierten Visionsbericht einmal ganz abgesehen!

(174) vgl. Schmidt, W. H., in: Jenni/Westermann (Hrsg.), THAT I, a.a.O., Sp. 762

(175) vgl. ebd.

(176) vgl. die besonders drastische Vorstellung im Verständnis von Schöpfung als Spielzeug in Ps 104,26 (zit. nach Schmidt, W. H., a.a.O., Sp. 763), das allerdings auf dem Hintergrund einer Entmythisierung gesehen werden muß.

wird auch bestätigt durch das, was jṣr nach Schmidt (177) als Terminus für die Theologie der Geschichte - mit ihrem Verständnis von im voraus gebildeter Geschichtstat als Schöpfungshandeln - und als Terminus für den bildhaften Vergleich des Verhältnisses von Gott und Mensch - mit ihrem Verständnis von der Überlegenheit und Souveränität des Schöpfers über die Völker einerseits, von der Zerbrechlichkeit und Hinfälligkeit des Geschaffenen andrerseits und schließlich von der jedes Erwählungsprivileg beiseite schiebenden Differenz von Schöpfer und Geschöpf - bedeutet.

Wie schon oben - vgl. die Literarkritik zu 7,4 - erwähnt, kann qr' entweder mit oder ohne folgende Präposition verwendet werden. Auch als Part. Qal findet es sich so; dabei stellt sich heraus, daß es ohne Präposition in der allgemeinen Bedeutung "rufen" auftaucht (vgl. Jes 40,3; 41,4;46,11; Joel 3,5); mit der Präposition 'ǣl meint es "zu-"- oder "anrufen" in meist aufforderndem Sinn (vgl. Jes 21,11;48,13; Hos 7,7; Ps 42,8); mit folgendem b^e kennzeichnet es ein Anrufen im Sinne eines Beistand-Suchens (vgl. Jes 64,6), so kann es auch "zum Prozeß rufen, Klage führen" heißen (vgl. Jes 59,4); in Jer 25,29 bedeutet es mit folgendem ʿal "etw. rufen gegen jmdn. "; das Part. Qal mit l^e meint in der Regel - Ausnahme ist Hi 12,4 - ein bestimmendes Rufen nach jemanden oder etwas im Sinne eines Gehorsam fordernden und beanspruchenden Herbeizitierens (vgl. 1 Sam 3,8; Jer 1,15;34,17; Am 7,4). (178) Auch hier legt also der Bedeutungshintergrund nahe, daß auf die Differenz von Rufer und Gerufenem abgehoben wird, genauso wie bei jṣr die Differenz von Schöpfer und Geschöpf, Gestalter und Gestaltetem maßgeblich war. Erwähnt werden soll noch die Auffälligkeit, daß das Part. Qal in der hier vorliegenden Form fast ausschließlich - Ausnahmen sind 1 Sam 3,8 und Ps 42,8 - in prophetischen Texten vorkommt.

Im dritten und vierten Visionsbericht bedarf das Part. Qal rō'ē (7,8 par 8,2) einer genaueren Klärung, zumal es - in die unmittelbare Nähe des Eigennamens ʿāmōs gerückt - an die alte Bezeichnung für Propheten erinnert, die in 1 Sam 9,9 explizit als solche erwähnt wird.

D. Vetter (179) geht bei r'h von einer Hauptbedeutung "sehen" in der vornehmlichen Bedeutungsrichtung der sinnlichen Wahrnehmung mit drei Differenzierungen aus, nämlich "sehen (mit den Augen)", "sehen und hören (zusammen), gewahr werden" und - bei Empfindungen außerhalb des Gesichtssinnes - "hören, spüren, genießen, erfahren,

---

(177) vgl. Schmidt, a.a.O., Sp. 764f

(178) Unter diesem Gesichtspunkt wäre Labuschagne, C.J., qr' (Umschrift von mir) qr' rufen, in: Jenni/Westermann, (Hrsg.), a.a.O., Sp. 666-674, zu ergänzen.

(179) vgl. Vetter, D., r'h (Umschrift von mir) r'h sehen, in: Jenni/Westermann (Hrsg.) THAT II, a.a.O., Sp. 692-701

erleben" (180). Die festgestellten übertragenen Gebrauchsweisen - 1. " (geistige Wahrnehmung) feststellen"; 2. "(allgemeine Lebensäußerung) leben", vertrauten Umgang haben mit"; 3. "sich kümmern um, besuchen, ausersehen, entdecken" (181) - sollen hier nur am Rande interessieren. Unter den nominalen Derivaten fällt die Doppelbedeutung des substantivierten Part. Qal als "Seher" und "Gesicht" (Jes 28,7) (182) auf, obwohl doch vermerkt werden muß, daß die Überschneidung von rō'ǣ in Jes 28,7 mit dem Bedeutungsbereich von mar'ā singulär ist; allerdings scheint mar'ā auch eine gewisse Durchlässigkeit für solche Überschneidungen zu besitzen, denn in Ex 38,8 übernimmt es die Bedeutung des in Hi 37,18 auftauchenden r^{e}'ī.

Im theologischen Sprachgebrauch unterscheidet Vetter (183) in Anlehnung an Kraus (184) sechs Verwendungszusammenhänge: 1. das Gott-Sehen durch Menschen, 2. das Sehen Gottes auf die Menschen, 3. das Sehen des Handelns Gottes durch die Menschen, 4. das visionäre Schauen, 5. das Nifal von r'h mit einer Gottesbezeichnung als Subjekt als Offenbarungsterminus im Zusammenhang von Berichten über das Erscheinen Gottes, 6. die Verwendung der Substantive mar'ǣ und ro'ī in der Segensbeschreibung. Für unseren Zusammenhang ist der vierte Verwendungsbereich des visionären Schauens von besonderem Interesse. Zunächst einmal gehört r'h - wie auch schon oben gezeigt - zur Sprache des Visionsberichtes. Vetter sieht den "ursprüngliche(n) Zusammenhang für die erste Gestalt der Einführung" (185) in den Visionsbericht mit r'h im Seherspruch. "Ihn (cf. : den Seherspruch) charakterisiert, daß der Seher seine Visionen im eigenen Wort wiedergibt, wie die Legitimationsformel n^{e}'ūm, mit dem Namen des Sehers verbunden, anzeigt (Num 24,4. 16). r'h mit dem Ich des Sehers als Subjekt löst dort das visionäre Erleben in einem Bericht auf (Num 23,9...; 23,21...;24,17). Die Redeformen des Seherspruchs wurden im späteren prophetischen Visions- und Auditionsbericht verwendet. Dabei blieb die Funktion von r'h (anders als die von n^{e}'ūm) erhalten (mit Angleichung der Verbalform an den Botenspruch). " (186)

---

(180) vgl. Vetter, D. , a. a. O. , Sp. 693; vgl. ebd. auch die entsprechenden Textbelege.

(181) vgl. Vetter, D. , a. a. O. , Sp. 693f

(182) vgl. ebd.

(183) vgl. Vetter, D. , a. a. O. , Sp. 695-701

(184) vgl. Kraus, H. -J. , Hören und Sehen in der althebräischen Tradition, StudGen 19, 1966, S. 115-123

(185) Vetter, D. , a. a. O. , Sp. 698

(186) ebd. ; zu dem im Zitat erwähnten n^{e}'ūm und seiner Geschichte von

Auf diesem Hintergrund des Bedeutungsspektrums von r'h und dessen Verwendungszusammenhang als visionäres Schauen im theologischen Sprachgebrauch muß die Frage in Am 7,8 par 8,2, um die es hier geht, gesehen werden, Vetter nennt sie in Anlehnung an F. Horst (187) "die 'göttliche Vergewisserungsfrage' an den Propheten" (188) und zählt die in dieser Form vorfindliche Frage vollständig in den Belegen Jer 1,11.13;24,3; Am 7,8;8,2; Sach 4,2;5,2 auf; dabei werden die in ähnlicher Form - Fragepartikel ha'' statt Fragepronomen mā - gestellten Fragen Ez 8,6.12.15.17 mit Zimmerli (189) dem Zusammenhang des Erweiswortes zugesprochen (190). Es muß allerdings darauf hingewiesen werden, daß auch das, was unter der Bezeichnung "göttliche Vergewisserungsfrage" an Belegen aufgelistet gefunden wurde (vgl. Anm. II/188), von unterschiedlicher Art ist, und zwar sowohl bezüglich der genauen Formulierung der jeweiligen Frage, als auch bezüglich des Zusammenhanges, in dem sie steht. Zwar findet sich an allen genannten Stellen identisch die Frage mā 'attā rō'ǣ - und sie findet sich auch ausschließlich an diesen Stellen, die immer im Zusammenhang mit einem Visionsbericht stehen -, aber außer in Am 7,8;8,2 wird nur noch in Jer 1,11; 24,3 der Adressat der Frage in der Frage namentlich angeredet - in Jer 1,13 wird man an der entsprechenden Stelle den Namen konjizieren dürfen -, nicht jedoch in Sach 4,2;5,2. Ein anderer, wichtigerer Unterschied besteht darin, daß diese Frage an verschiedenen Orten innerhalb der Visionsberichte auffindbar ist. Während sie in Jer 1,11.13; Sach 4,2 als Einleitung zum Visionsbericht fungiert, steht sie in Jer 24,3; Am 7,8;8,2; Sach 5,2 nach dem schon erfolgten Bericht über das Gesehene, woran sich dann eine knappe Wiederholung des Gesehenen seitens des Berichterstatters anschließt (191). Jedenfalls spielt in dieser Frage das

---

(Fortsetzung 186) einer älteren Seherspruchformel zur Jahwespruchformel vgl. Vetter, D., n^{e}'ūm (Umschrift von mir) n^{e}'ūm Ausspruch, in: Jenni/Westermann (Hrsg.), THAT II, a.a.O., Sp. 1-3 und die dort genannte Literatur.

(187) vgl. Horst, F., Die Visionsschilderungen der alttestamentlichen Propheten, Ev Th 5, 1960

(188) Vetter, D., a.a.O., Sp. 699

(189) vgl. Zimmerli, W., Ezechiel, BK XIII, Neukirchen-Vluyn 1969

(190) vgl. Vetter, D., a.a.O., Sp. 699

(191) Es ist ganz offenbar, daß hier Unterschiede beachtet werden müssen, die nicht einfach als "göttliche Vergewisserungsfrage" eingeebnet werden dürfen. Dennoch kann ihr ein gewisser formelhafter Charakter nicht abgesprochen werden; die Beschreibung ihrer Funktion soll der Strukturanalyse vorbehalten bleiben.

Partizip rō'æ̅ die zentrale Rolle, und die Frage selbst ist als Auftakt zur Deutung des Gesehenen seitens des Fragers zu betrachten, denn eine solche Deutung folgt regelmäßig auf die entweder knappe Wiederholung oder erstmalige Schilderung des Gesehenen. Nimmt man hinzu, daß rō'æ̅ als substantiviertes Partizip nicht nur eine - wie schon erwähnt - ältere, sondern auch eine, ein besonderes Charakteristikum des Prophet-Seins kennzeichnende Bezeichnung ist - sie scheint, wie auch die Bezeichnung ḥōzæ̅, "auf ein Charisma (vielleicht das des 'Sehers') hinzuweisen, das nicht jeder nābī besaß" (192) -, dann kann es gar keinen Zweifel mehr geben, daß in der Frage nach dem Gesehenen auch ganz entschieden das qualifizierte Sehen des Sehers angesprochen sein soll, zumal diese Frage so nirgendwo anders als im Visionsbericht verwendet wird; das wird auch durch die erwähnte modifizierte Frageform in Ez 8,6.12.15.17 noch gestützt. Schließlich ist es möglich, daß auch im Amosbuch ḥōzæ̅ und rō'æ̅ als charismatisch besonders qualifizierte und legitimierte Weise des Nabitums parallelisiert werden sollen - ähnlich wie in Jes 30,10 -, was darin zum Ausdruck kommt, daß in der Überschrift (1,1) davon die Rede ist, daß Amos die Worte "geschaut (ḥāzā)" habe und ferner darin, daß er von Amazja (7,12) als ḥōzæ̅ angeredet wird. Während Amos selbst also seine prophetische Erfahrung in den Selbstberichten des Visionszyklus' eher mit dem Charisma des rō'æ̅ in Verbindung bringt - vgl. die ausschließliche Verwendung der Formen von r'h sowohl in den als Bindeglieder des Visionszyklus' fungierenden Einleitungen zu den einzelnen Visionsberichten (7,1.4.7;8,1) als auch in den hier zur Diskussion stehenden Fragen (7,8;8,2), in denen das Part. Qal noch direkt an das aus eben diesem Partizip gebildete Substantiv in besonderer Weise erinnert -, sind die Fremdberichte bemüht, ihre Überzeugung von der besonderen prophetischen Qualifikation auch durch das Zusprechen des Charismas eines ḥōzæ̅, wo vielleicht der Akzent mehr auf dem Wortempfang lang (193), noch abzusichern (194).

Über die Verben in den Entscheiden Jahwes (7,3.6.8;8,2) hjh und ʿbr soll hier wegen ihres aus dem Kontext hervorgehenden und durch ihn

---

(192) Vetter, D., a.a.O., Sp. 699

(193) vgl. Vetter, D., hzh (Umschrift von mir) ḥzh schauen, in: Jenni/Westermann, THAT I, a.a.O., Sp. 533-537

(194) Auch in dem Fremdbericht Am 7,10-17 läßt der Berichterstatter den Amos nicht gegen die Anrede ḥōzæ̅ vorgehen - er läßt ihn, im Gegenteil, durch den Priester explizit so anreden -, sondern gegen das tinābē' und dessen enge - auch formal durch chiastische Parallelisierung sichtbar gemacht - Verknüpfung mit dem Bestreiten des Lebensunterhaltes: wæ'ækol šām wešām tinābē' (7,12b).

festgelegten eindeutigen Gebrauchs nicht weiter gehandelt werden (195).

Im ersten Visionsbericht ist zum Ausdruck des dort erwähnten Gebetsappells (7,2) das Verbum slḥ gebraucht. Sein ursprünglicher Sinn "besprengen, sprengen, ausgießen" hat sich nach Stamm (196) im Akkadischen und Aramäisch-Syrischen erhalten; im Hebräischen führt es jedoch nur noch die Bedeutung "vergeben, verzeihen". Es kann nur Jahwe zum Subjekt haben (197). Dieser Umstand und die Grundbedeutung zeigen seine Herkunft aus kultischem Zusammenhang, in dem - wie Stamm im Anschluß an Eichrodt feststellt (198) - die Besprengung durch den Priester als Sühneritus ein von Gott angeordnetes Mittel ist und in ihrer damit von Gott autorisierten Wirkung Mittel der Vergebung von Schuld ist. "Damit hat der Begriff der Sühnung eminent persönlichen Charakter gewonnen" (199), denn Sühnung und Schuldbeseitigung bedingen einander. Mit dem Kult verbunden sind die Gebete, die sich in diesem Zusammenhang nennen lassen (Ps 25;86;103;130; 1 Kön 8 (=2 Chr 6); Neh 9; Dan 9) (200); sie alle sind in ihrer Bitte um Vergebung Zuversichtlichkeitserklärungen im Vertrauen auf Vergebung. Eine besondere Stellung nimmt dabei das Gebet Salomos in 1 Kön 8 (=2 Chr6) ein, in dem sich die Bitte um Vergebung mit der Fürbitte um Vergebung für andere mischt. Auch dieser Aspekt wird - in Ergänzung zu Stamms Ausführungen - heranzuziehen sein für ein Verständnis dessen, was slḥ impliziert, zumal auch schon die gerade hier vorliegende Stelle (Am 7,2) im Gebetsappell an Jahwe eine solche Fürbitte zum Ausdruck bringt. Ein Fürbitte-Appell an Jahwe in der vorliegenden Dringlichkeit - Imp. Sing. Qal mit der verstärkenden Partikel -nā' - findet sich nur noch in der Fürbitte des Mose in Num 14,19. Über die Wirkung der Fürbitte um Vergebung bei Amos soll hier - im Gegensatz zu den Bemerkungen Stamms darüber (201) - nicht allzu rasch nur im Hinblick auf den inhaltlichen Fortgang wie in einem Erzähltext entschieden werden; zunächst müßte die weitere Analyse noch klären, ob der vorliegende poetisch gestaltete Text

(195) Zu hjh vgl. Amsler, S., hjh (Umschrift von mir) hjh sein, in: Jenni/Westermann (Hrsg.), THAT I, a.a.O., Sp. 477-486; zu br vgl. Stähli, H.-P., br (Umschrift von mir) 'br vorüber-, hinübergehen, in: Jenni/Westermann, (Hrsg.), THAT II, a.a.O., Sp. 200-204

(196) vgl. Stamm, J.J., slḥ (Umschrift von mir) slḥ vergeben, in: Jenni/Westermann (Hrsg.), THAT II, a.a.O., Sp. 150

(197) vgl. Stamm, J.J., a.a.O., Sp. 151

(198) vgl. Stamm, J.J., a.a.O., Sp. 153

(199) Eichrodt, zit. nach: Stamm, J.J., a.a.O., Sp. 153

(200) vgl. Stamm, J.J., a.a.O., Sp. 154

(201) vgl. Stamm, J.J., a.a.O., Sp. 156

überhaupt eine Aussage darüber intendiert. Das hier - in 7,2 - verwendete slḥ wird in seiner Bedeutung zumindest an dieser Stelle aber auch mitbestimmt durch das ḥdl in der Parallelstelle (7,5). Dieses meint in seinem Imp. Sing. Qal den meist energischen Appell, etwas Begonnenes zu unterbrechen, mit etwas Angefangenem aufzuhören; besteht dieser Beginn oder dieses Angefangene erst als Plan, so meint es, die weitere Verfolgung des Planes oder gar seine Verwirklichung zu unterbrechen, damit aufzuhören, also: etwas sein zu lassen. Damit gewinnt der Fürbitte-Appell bei Amos eine neue Nuance; er entfernt sich von jeder devoten Bitte um Vergebung und treibt die Dringlichkeit seines Appells bis hart an die Grenze eines geforderten Anspruchs auf Vergebung.

Auf das niḥam (Nif.) soll hier nicht weiter eingegangen werden (202); es muß die Feststellung genügen, daß es im Nifal in der weit überwiegenden Mehrzahl der auftretenden Fälle Jahwe zum Subjekt hat und "nicht resignierendes Bedauern ist, sondern konkrete Folgen hat" (203) in der Solidarität mit verhängtem oder zu erwartendem Leid. Was es meint, ist daher nicht so sehr, sich über jemanden erbarmen, sondern mit jemandem Leid empfinden (204). Es ist insofern die direkte Antwort von seiten Jahwes auf die in der vorangegangenen Fürbitte implizierte - wenn auch entfernt von jeder Unterwürfigkeit - Zuversichtlichkeitserklärung im Vertrauen auf Vergebung.

Die Wendung kō hīr'anī Jhwh mit oder ohne folgendem w^ehinnē ist sonst nirgendwo belegt; Jer 24,1 leitet zwar einen Visionsbericht mit hīr'anī Jhwh w^ehinnē ein, allerdings ohne das vorangestellte Demonstrativpronomen kō, und Jer 38,21 erinnert deutlich an die im vorliegenden Visionszyklus gebrauchte Wendung, wenn sich dort - ebenfalls als Einleitung zu einem Visionsbericht - die Wendung zæ hadabār 'ašær hīr'ani Jhwh findet. Obwohl die Wendung nicht zuletzt wegen ihrer assoziierenden Anlehnung an die Botenformel - vgl. die Bemerkungen dazu in der syntaktisch-stilistischen Einzelanalyse - den Charakter einer Formel suggeriert, wird sie trotz des allerdings nicht nur quantitativ schwachen Belegmaterials nicht als solche angesehen werden dürfen. Es muß sogar in Zweifel gezogen werden, ob die Wendung als geprägte Wendung zu betrachten ist. Zwar taucht sie bei Amos viermal auf und läßt sich auch jeweils in einem bestimmten Zusammenhang orten, nämlich dem des Visionsberichtes als dessen jeweilige Einleitung, aber es gibt doch besonders der vorliegende Fall die Frage auf, ob diese am Leitfaden der Erzählliteratur entwickelte Begrifflichkeit immer nahtlos auf die poetische Literatur übertragbar ist: So wäre die vorliegende

---

(202) vgl. dazu: Stoebe, H. J., nḥm (Umschrift von mir) nḥm trösten, in: Jenni/Westermann (Hrsg.), THAT II, a. a. O., Sp. 59-66

(203) Stoebe, H. J., a. a. O., Sp. 65

(204) vgl. ebd.

Wendung, insofern sie nämlich literarisches Klammerelement des Visionszyklus ist, durchaus als singulär aufzufassen. Sie taucht nur als eine Art strukturelles Basiselement im Visicnszyklus des Amosbuches auf.

Überhaupt läßt sich formelhafte oder geprägte Ausdrucksweise - sieht man einmal von der oben schon erwähnten Frage in 7,8a$_{a2}$ par 8,2a$_{a2}$ und deren formelhaften Charakter und von der in der Litararkritik schon als Argument gedient habenden Formel in 7,3b$_{b}$ par 7,6b$_{b}$ einmal ab - in den Visionsberichten auch sonst kaum ausmachen: Der Entscheid in 7,8 und 8,2 ist so nicht wieder auffindbar - weder bei Amos, noch sonst irgendwo. Der Entscheid in 7,3.6 ist in der vorliegenden Form äußerst rar. Zwar finden sich des häufigeren Ankündigungen, die mit lō' tih^{e}jǣ etwas als nicht eintretend voraussagen, aber in aller Regel steht dieses "Es wird/soll nicht sein" nicht - wie hier vorliegend - absolut, sondern mit der Nennung dessen, was nicht sein wird ("Es soll nicht sein, daß..."), welche Formulierung dann entweder eine positive oder negative Ankündigung impliziert (vgl. Ex 23,26; Lev 20,14; 26,37; Ri 4,9; 1 Sam 25,31). Neben diese Formulierung, die das nennt, was nicht sein soll, sind - vom Charakter der Ankündigung abweichend - verschiedene Aussageintentionen getreten, die entweder Gebets- (vgl. Num 27,17) oder Wunsch- (vgl. 2 Sam 15,14) oder Schwur- (vgl. 1 Sam 24,13.14) oder Gebotscharakter (vgl. Dtn 23,18;25,15; Ez 20,32) tragen. Dennoch lassen sich in Jes 7,7 und Dan 11,17 Formulierungen finden, die denen von Am 7,3.6 zu entsprechen scheinen: lō' tih^{e}jǣ absolut und ohne eine erweiternde Formulierung über das, was nicht sein wird, wenn auch in Dan 11,17 durch ein Dativobjekt ergänzt (205).

Jes 7,7b: lō' tāqūm w^{e}lō' tih^{e}jǣ

Dan 11,17b$_{b}$: lō' taʿ^{a}mōd w^{e}lō' tih^{e}jǣ

Bei näherem Hinsehen zeigt sich aber, daß - was ja zunächst als Unbedeutsamkeit außer acht bleiben könnte - beide Formulierungen des lō' tih^{e}jǣ nicht ohne das konjunktionale w^{e} auskommen können; das wiederum - und hier wird das w^{e} bedeutsam - hat seinen Grund darin, daß in beiden Fällen ein Parallelismus membrorum vorliegt, durch dessen Glieder die Aspekte einer Aussage ausgeleuchtet werden. Damit aber verfügt das in Jes 7,7 und Dan 11,17 aufgefundene lō' tih^{e}jǣ nicht mehr über die absolute Stellung, die ihm auf dem ersten Blick zugetraut wurde. Es ist in seiner Aussage festgelegt durch das jeweils erste Glied des Parallelismus membrorum und nennt damit - genau wie die oben genannten Vorkommen, aber im Gegensatz zu Am 7,3.6 - explizit, was nicht sein wird. Es ist daher nicht möglich, in Jes 7,7 und Dan 11,17 eine Formel wiederzuerkennen, die auch schon in Am 7,3.6

---

(205) Dieses ist jedoch im Anschluß an BHK^{3} und BHS vermutlich zu tilgen; auch das folgende Zitat bringt den Text ohne das als Dittographie erklärbare lō.

gebraucht wird. Abgesehen von der schmalen Belegbasis hat sich auch gezeigt, daß Am 7,3.6 einerseits und Jes 7,7; Dan 11,17 andrerseits in diesem Sinne nicht vergleichbar sind.

Damit erweist sich die Sprache der vorliegenden Visionsberichte als sehr individuell, fast privat geformt. Das wird nicht nur deutlich an der Singularität von Wendungen, sondern ebenso - auf der Wortebene - an der Seltenheit bis hin zur Einzigartigkeit der verwendeten Substantive, wenn es um das Gesehene des jeweiligen Visionsberichtes geht. Die Exklusivität wird noch unterstrichen durch die Singularität der wie eine Formel sich präsentierenden Einleitung zum jeweiligen Visionsbericht und Klammer des Visionszyklus' als ganzem, durch die sehr stark an die Botenformel erinnert wird - allerdings, wie auch die Analyse der Frage in 7,8 par 8,2 gezeigt hat, mit dem Gewicht auf etwas Gesehenem und unter Berufung auf das Charisma und die Tradition der Autorität des Sehers (rō'ǣ).

e) Überlegungen zur Struktur der Visionsberichte

Die Strukturanalyse versteht sich als Systematisierung der sowohl formalen, als auch inhaltlichen herausgearbeiteten formkritischen Einzelheiten, wobei die Erhebungen aus der lautlichen Analyse eine eigene Mittelstellung einnehmen, sofern sich nämlich in ihr weder syntaktische noch semantische Bezüge und Differenzierungen nennen lassen. Dennoch trägt auch sie - wie gezeigt - ganz erheblich dazu bei, einen Text in bestimmter Weise zu profilieren: Sie hat immerhin zu einem bedeutenden Teil den vorliegenden Text in seinem poetischen Charakter zu erschließen geholfen. Mit ihrer Heranziehung aber wird eine strikte Trennung von innerer und äußerer Struktur (206) problematisch bzw. sie wird an ihr als problematisch offenbar. Es soll daher versucht werden, im folgenden Teil die formkritisch analysierten syntaktischen, lautlichen, semantischen und auch die darin implizierten stilistischen Einzelheiten unter Voraussetzung der Kenntnis des jeweilig vorangegangenen Untersuchungsaspektes zu einem Strukturbild über die Visionsberichte des Amos zu gelangen.

Dabei legt es sich zwar nahe, - genauso wie bei vorangegangenen Analysen - jeweils die ersten beiden und den dritten und vierten Visionsbericht gemeinsam zu betrachten, es ist nun notwendig, auch ihr Verhältnis und ihre Bezüge untereinander zu systematisieren im Interesse einer weitergehenden Strukturanalyse der beiden Visionsberichts-Paare und damit des Visionszyklus' im ganzen.

---

(206) vgl. Richter,W., Exegese als Literaturwissenschaft, a.a.O., S. 114; Fohrer/Hoffmann/Huber/Markert/Wanke, a.a.O., S. 77-79; 189-191

e_a) Die Strukturanalyse der ersten beiden Visionsberichte

Begonnen werden die ersten beiden Visionsberichte - wie die folgenden auch - zunächst einmal mit einer Einleitung (7,1a_a par 7,4a_a). Sie hat durch das Demonstrativpronomen kō hinweisenden Charakter auf den gesamten folgenden jeweiligen Visionsbericht - und nicht etwa nur auf das jeweils speziell Gesehene -, weil die refrainartige wörtliche Wiederkehr zu Beginn jedes Visionsberichtes als am meisten augenfälliges und einfachstes Gliederungselement des gesamten Visionszyklus' die Visionsberichte jeweils voneinander abhebt und als Ganze neu eingeleitet sein läßt. Dieser Blick auf die Gesamtheit des Visionszyklus', der schon hier notwendig geworden ist zur Begründung der Einleitungswendungen als Einleitungen zu jeweils dem gesamten Visionsbericht, bestätigt diese Sicht auch noch einmal durch die Klammerfunktion, die diese Einleitungswendungen für den gesamten Visionszyklus haben. Davon wird noch zu sprechen sein. Damit wird in der Einleitung durch das Demonstrativpronomen sowohl auf das folgende Gesehene, als auch auf das Gesprochene, als auch auf die Weise des Berichtes darüber - gedacht ist hier an die zum Teil schon aufgezeigte, zum Teil noch aufzuzeigende poetische Form - hingewiesen. In der Einleitung wird Jahwe als handelnde Person genannt und - in einem Suffix - der Berichterstatter als der, an dem gehandelt wird; die Handlung besteht in einem Sehenlassen.

An dieser Stelle erhebt sich sofort die Frage, ob nicht der folgende Aufmerksamkeitsruf (7,1a_b par 7,4a_b) mit zur Einleitung gezählt werden müßte. Immerhin kehrt auch er ständig mit der Einleitungswendung wieder, und außerdem scheint die in der semantischen Analyse wegen ihrer fast wörtlichen Deckungsgleichheit mit der vorliegenden Einleitung vergleichend herangezogene Wendung in Jer 38,21 die Sicht zu unterstützen, daß der Aufmerksamkeitsruf selbst mit zur Wendung gehört. Aber einerseits war schon in der semantischen Analyse auf die zu schmale Belegbasis hingewiesen worden, andrerseits würde die dort ebenfalls widerlegte Vermutung über das Vorliegen einer Formel oder geprägten Wendung wieder eingeführt und schließlich zeigen die Beobachtungen aus der syntaktischen Analyse, die hier noch einmal in Erinnerung gerufen seien, daß der Aufmerksamkeitsruf nicht zur Einleitung des jeweiligen Visionsberichtes zählt, sondern als gesondertes, eigenes Gliederungselement angesehen werden muß. Es war dort nämlich in Auseinandersetzung vor allem mit Oberhubers Erörterung über den Nominalsatz die Doppelfunktion des Aufmerksamkeitsrufes als Präsentativ und Imperativ und damit als Tempusmarkierung einerseits und An- bzw. Aufruf andrerseits herausgestellt worden. Diese Sicht hatte zur Folge, den Aufmerksamkeitsruf als unmittelbar in die Gegenwart projizierenden Impuls zu erfassen, der - genau wie es die Redeeinleitung beim aktuell Gesprochenen macht - das Zitat eines aktuell Gesehenen einleitet. Damit steht der Aufmerksamkeitsruf hier strukturell in einer Reihe mit der in 7,2 par 7,5 folgenden Redeeinleitung und dem in 7,3 par 7,6 vorfindlichen Redeabschluß. In allen genannten Fällen wird durch die aufgezählten Gliederungselemente - Aufmerksamkeitsruf, Redeeinleitung, Redeabschluß - etwas als Zitat kenntlich gemacht, d. h. es wird durch diese Gliederungselemente Berichtetes über Gesehenes und Gesprochenes als aktuell Gesehenes und Gesprochenes ausgewiesen; dabei wird aktuell gesprochen und gesehen.

Auf der anderen Seite muß dem Aufmerksamkeitsruf aber, insofern er in gleicher Weise Imperativ wie Präsentativ und damit nicht nur Aktualitätsindex für Gesehenes, sondern ebenso Appell zur Ausrichtung auf etwas Bestimmtes ist, eine verengende, konzentrierende, spezifizierende Funktion zuerkannt werden. Der Aufmerksamkeitsruf übernimmt hier also auch eine Bindeglied- und Gelenkfunktion von der allgemeinen Einleitung zum Besonderen des jeweils vorliegenden Visionsberichtes. Ein syntaktischer Hinweis auf die genannte spezifizierende Funktion des Aufmerksamkeitsrufes ist die ihm jeweils vorangestellte Konjunktion w^e, die ein direkter Verbinder zur Einleitungswendung ist. Dadurch erhält der Aufmerksamkeitsruf neben seiner Zitatmarkierung auch eine integrative Aufgabe, die den Visionsbericht nicht in einen Visions- und einen Redenteil auseinanderfallen läßt. Auf dem Hintergrund dieser integrativen Funktion des Aufmerksamkeitsrufes müssen alle weiteren Einzelgliederungs-Elemente verstanden werden, auch der Aufmerksamkeitsruf selbst, insofern er Zitatmarkierung des Gesehenen ist.

Danach lassen sich die ersten beiden Visionsberichte in vier Teile gliedern, die nach der allgemeinen Einleitung zum jeweiligen Visionsbericht jeweils durch den Aufmerksamkeitsruf (7,1a_b par 7,4a_b), die Redeeinleitung (7,2a_b par 7,5a_a) und den Redeabschluß (7,3b_b par 7,6b_b) markiert werden. Der Halbvers 7,3a par 7,6a gehört weder zu dem, was durch Zitateinleitung bzw. Zitatabschluß für Gesprochenes, noch durch Zitateinleitung für Gesehenes festgelegt wäre; er spielt daher jeweils eine unter diesen Gesichtspunkten exempte Rolle, die noch zu erörtern sein wird, darf aber dennoch nicht als eigener Teil in der Strukturierung betrachtet werden, worüber ebenfalls noch gesprochen werden muß. Damit umfaßt der erste Teil 7,1a_a par 7,4a_a, der zweite Teil 7,1$a_{b.\,c}$. 2a_a par 7,4a_b.b, der dritte Teil 7,2$a_{b.\,c}$. b par 7,5 und der vierte Teil - nachdem 7,3a par 7,6a zunächst aus der Diskussion ausgenommen bleiben - 7,3b par 7,6b.

Bei genauerer Analyse aber zeigt sich sogleich die Problematik einer solchen - sagen wir ruhig - flächigen Aufteilung der Visionsberichte, die natürlich für die Differenzierung der Teile in der Gliederung der Visionsberichte ihre Bedeutung hat. Dennoch kann nicht darüber hinweggegangen werden, daß hier sowohl gliedernde Elemente mit ihren noch zu nennenden Besonderheiten, als auch durch sie Strukturiertes unterschiedslos in den Teilen zusammengewürfelt wurde. Soll beides aber unterschieden bleiben, so wird man die gliedernden Elemente, also die Indizes, an denen die Struktur als eine solche und als nicht beliebig andere feststellbar und objektivierbar ist, aus den durch die Gliederung strukturierten Teilen ausnehmen müssen. Auch sie sind - genau wie der Halbvers 7,3a par 7,6a - weder dem Sehenszitat, noch den Redezitaten zusprechbar, sondern kennzeichnen diese erst als solche und heben sie voneinander ab.

In gleicher Weise stellt sich das Problem für die allgemeine Einleitung (7,1a_a par 7,4a_a), auch sie ist gliedernder Bestandteil des jeweiligen Visionsberichtes, freilich auf einer anderen Ebene: Während die schon genannten gliedernden Elemente die einzelnen Visionsberichte intern strukturieren, liegt die Funktion der allgemeinen Einleitung in einem umfassenderen Bereich, der notwendigerweise über den einzelnen Visionsbericht hinausgreift. Zwar wird durch sie jeder einzelne Visionsbericht eingeleitet, aber damit ist auch jeder Visionsbericht vom jeweils vorhergehenden abgehoben und alle Visionsberichte untereinander unterschieden oder - anders gewendet - der Visionszyklus als Ganzer ist in seine einzelnen Visionsberichte gegliedert. Auf der anderen Seite werden die Visionsberichte durch die ständig wiederkehrende identische Einleitung, die - wie die semantische Analyse gezeigt hat - zudem noch den Eindruck einer Formel oder geprägten Wendung in Anlehnung an die sehr gängige prophetische Botenformel erweckt, tatsächlich aber singulär ist, nicht nur als Komplex zusammengehalten, sondern durch die erwähnte Singularität bei gleichzeitiger abgezielter Eingängigkeit auch als Komplex abgesondert und herausgehoben. Diese Exklusivität wird auch durch die angewendeten lautlichen Mittel unterstützt und angezeigt: Es handelt sich um die in der Lautanalyse schon beschriebene Technik des lautlichen Beginns eines Wortes mit genau dem lautlichen Schluß des jeweils vorangegangenen Wortes - kō(h) hīr'anī Jhwh -, wodurch eine besondere Bindung der Wörter untereinander und Abhebung als Komplex von anderen erzeugt wird. Insofern erweist sich die allgemeine Einleitung zu den Visionsberichten nicht so sehr als ein Gliederungselement der einzelnen Visionsberichte, sondern vielmehr als ein Gliederungselement des Visionszyklus als Ganzem.

Bleiben wir zunächst bei den intern gliedernden Elementen der ersten beiden Visionsberichte, so fällt auf, daß sie in den Visionsberichten an den jeweils entsprechenden Stellen in wörtlicher Parallelität auftauchen; darüber wird noch zu sprechen sein. Ferner muß genannt werden, daß der Aufmerksamkeitsruf (7,1a_b par 7,4a_b) und die Redeeinleitung (7,2a_b par 7,5a_a) Gliederungselemente für das durch sie nachfolgend Strukturierte sind, während der Redeabschluß (7,3b par 7,6b) als Gliederungselement erst nachträglich in Erscheinung tritt und damit schon Gesagtes im Nachhinein in bestimmter Weise zu verstehen gibt und in bestimmter Weise seinen Ort in der Struktur des jeweiligen Visionsberichtes festlegt. Schließlich sei darauf hingewiesen, daß der Aufmerksamkeitsruf imperativischen Charakter besitzt und ein Sehen beinhaltet, wie seine schon festgestellte Verbindungsfunktion zur allgemeinen Einleitung und das, was durch ihn faktisch als Zitat eingeleitet wird, zeigen. Dagegen beinhalten die beiden übrigen bisher herausgestellten internen Gliederungselemente ein Sprechen und finden sich als Narrative. Sie unterscheiden sich allerdings wieder dadurch, daß die Redeeinleitung den Berichterstatter selbst zum Subjekt hat und also in der 1. Pers. Sing. Mask. Qal steht, während der Redeabschluß in der 3. Pers. Sing. Mask. Qal steht und explizit Jahwe zum Subjekt hat. Der Aufmerksamkeitsruf ist als Interjektionspartikel schwer darin einzuordnen, wen oder was er zum Subjekt hat; syntaktisch hat er selbstverständlich keines, aber semantisch kann der An- und Aufruf niemanden anders als den Berichterstatter zum Subjekt haben. Bleibt noch die Klärung des bisher ausgesparten 7,3a par 7,6a. Wie die weitergehenden strukturanalytischen Überlegungen zeigten, war es nicht mehr 7,3a par 7,6a allein, das aus dem, was als Strukturiertes gegliedert war, herausgelöst werden mußte, insofern die gliedernden Elemente es waren, die die im Text strukturierten Teile als in einer bestimmten Weise gegliedert sein ließen und an denen man - umgekehrt - dieses Gliederungsprinzip ablesen konnte. Dabei waren diese Gliederungselemente durchaus nicht in ihrer Verwendungsweise festgelegt, sondern begegneten - wie die syntaktischen und semantischen Untersuchungen ergeben haben - formal wie auch inhaltlich differenziert. Als ein solches Gliederungselement wird man nun auch 7,3b par 7,6b betrachten dürfen. Es hilft nämlich formal, die durch Redeeinleitung begonnene (7,2$a_{b2.c}$.b par 7,5$a_{a2.b}$.b) von der durch Redeabschluß zu Ende geführten Rede (7,3b_a par 7,6b_a) zu unterscheiden, die sonst - weil weder die erste Rede eine Abschluß-, noch die zweite Rede eine Einleitungsmarkierung besitzt - ineinanderfließen würden, und es trägt inhaltlich zum Verständnis der zweiten Rede bei, die ohne das zur Diskussion stehende Gliederungselement ihren Sinn nur erraten lassen könnte. Das vorliegende Gliederungselement beinhaltet eine Handlung Jahwes und nennt auch deren Bezugspunkt. Das Handeln besteht in einem Mitleiden und damit in einem Akt der Solidarität; als Bezug wird aber nun nicht darauf eingegangen, mit wem Jahwe sich im Mitleid solidarisiert, sondern weswegen, also wegen welcher Vorgänge er zu diesem Handeln kommt. Damit ist ein direkter Rückbezug zum Gesehenen des Visionsberichtes geschaffen.

Nach der Klärung der internen Gliederungselemente soll nun auf das durch sie Strukturierte eingegangen werden. Schon in der syntaktischen Analyse war ein gewisses Gliederungsprinzip im Zitat des Gesehenen aufgefallen: zunächst findet sich - dem Präsentativ der Einleitung entsprechend - konstatierend ein partizipialer Nominalsatz, der - so ließ sich im ersten Visionsbericht erkennen, während der zweite Visionsbericht darüber wegen seines fragmentarischen Zustandes selbstverständlich keine Aussage mehr erlaubt - durch eine Zeitbestimmung erweitert ist (7,1a_b - ohne w^ehinne -.$_c$par 7,4a_b - ohne w^ehinne -); danach folgen zwei Verbalsätze, die die starre Konstatierung des Gesehenen in Bewegung aufzulösen suchen (7,2$a_{a1.2}$ par 7,4$b_{a.b}$). Im ersten Visionsbericht beinhaltet der Nominalsatz das Bilden eines

Heuschreckschwarmes zu einer bestimmten Zeit, in der Heuschrecken eine besondere Gefährdung darstellen. Dieses "Bilden" ist partizipial wie in einer Momentaufnahme festgehalten, wobei dann die schon in der semantischen Analyse hervorgehobene mehr formale Bedeutung des Verfügens in den Vordergrund tritt. Ähnlich verhält es sich mit der Parallelstelle im zweiten Visionsbericht. Dort ist von einem "Rufen" des Feuers die Rede. Auch hier formalisiert die Konstatierung des partizipialen Nominalsatzes die Handlung zur Verfügungsgewalt des schon in der semantischen Analyse herausgestellten Herbeizitierens.

Dieses Gesehene bzw. der Teil des Gesehenen, über den Verfügungsgewalt konstatiert wurde, wird nun durch zwei folgende Verbalsätze in seiner Bewegungsaktivität und seinem Aktionsradius beschrieben. Dieser ist allumfassend, jene ist vernichtend und hat allemal mit zerstörerischem Fressen zu tun. Im ersten Visionsbericht ist uns der erste der beiden Verbalsätze - wie die Literarkritik erwiesen hat - nur so fragmentarisch erhalten, daß aus ihm direkt nichts mehr herauslesbar ist. Es muß aber, wie sowohl die Parallele im zweiten Visionsbericht als auch der nachfolgende Verbalsatz und dessen Parallele im zweiten Visionsbericht erschließen lassen, das zerstörerische Fressen in ihm eine Rolle gespielt haben. Mehr läßt sich zunächst über den ersten fragmentarisch rekonstruierbaren Verbalsatz hinter dem das Gesehene konstatierenden Nominalsatz im ersten Visionsbericht nicht vermuten. Der zweite Verbalsatz schildert den Vorgang des vollkommenen Abfressens des Krautes der Erde. Implizites Subjekt ist der Heuschreckenschwarm aus dem Gesehenen des vorangegangenen partizipialen Nominalsatzes. Im zweiten Visionsbericht schildert der erste Verbalsatz nach dem partizipialen Nominalsatz ein vernichtendes Gefressen-Haben; Ziel der Vernichtung war die "große Urflut"; implizites Subjekt ist das im Gesehenen genannte Feuer. Der zweite Verbalsatz berichtet wieder über den Vorgang eines Fressens; Ziel ist die aufgeteilte Flur, implizites Subjekt das Feuer aus dem Gesehenen. Während es also im zweiten Visionsbericht zunächst um ein Gefressen-Haben der mythologischen Größe "Urflut" und dann um ein noch andauerndes Fressen der objektivierbaren Größe "aufgeteilte Flur" geht, läßt sich aus dem zweiten Verbalsatz des ersten Visionsberichtes ein noch andauerndes Fressen der objektivierbaren Größe "Kraut der Erde" ablesen und für den ersten Verbalsatz ein Gefressen-Haben einer mythologischen Größe - wobei hier vor einer Lösung, die nichts als Spekulation sein könnte, resigniert werden muß (207) - durch den Heuschreckschwarm aus dem Gesehenen des ersten Visionsberichtes erschließen.

---

(207) Im Gegensatz zu den Parallelstellen im zweiten Visionsbericht, wo als Ziel der Vernichtung einfach die mythologische Größe t^{e}hōm und die objektivierbare Größe haḥēlæq genannt werden, findet sich im ersten Visionsbericht nicht einfach ’ǣrǣṣ als objektivier-

Danach zeigt die Redeeinleitung (7,2ab_1 par 7,5aa_1) - durch ihre grammatische Form die folgende Rede als Rede des Berichterstatters ausweisend - als Gliederungselement den Beginn eines neuen Strukturteiles an. Die Rede zerfällt - das zeigte schon die syntaktische Analyse - in drei verschiedene Sätze, die aber auch alle drei ihre eigene strukturelle Bedeutung haben. Der erste dieser Sätze (7,2ab_2 par 7,5aa_2) ist ein Imperativ-Satz, bestehend aus der für den Gebetsappell an Jahwe üblichen Anrede - vgl. die Literarkritik - "Herr Jahwe" und einem durch die Partikel -nā' verstärkten Imperativ, welcher im ersten Visionsbericht eine vertrauensvolle Vergebungsbitte und im zweiten Visionsbericht eine Aufforderung, aufzuhören oder zu unterlassen, beinhaltet. Unterstützt wird dieser Imperativ - in beiden Visionsberichten identisch - durch die zwei erwähnten nachfolgenden Sätze. Der erste, ein Fragesatz, fragt nach Jakob und seiner Chance zu bestehen; der zweite, ein mit begründendem kī eingeleiteter und im Personalpronomen mit demonstrativem Nebensinn Jakob als Subjekt implizierender Aussagesatz, stellt die Kleinheit Jakobs fest. Beide Sätze fallen aber besonders durch die lautlichen Mittel, die in ihnen verwendet werden, auf: Während der Fragesatz eine starke Konzentrierung der j/i-Laute aufweist, spielen im Aussagesatz Knacklaute eine wichtige Rolle, welche aber - wenn auch in anderer Hinsicht - ebenso für den Fragesatz ihre Bedeutung haben. Wie die lautliche Analyse zeigen konnte, wird zunächst - auch vorher war dieses Mittel schon angewendet worden (vgl. z.B. die

---

(Fortsetzung 207) bare Größe des Vernichtungszieles, sondern das, was darauf wächst. Folgerichtig kann im ersten Verbalsatz nicht nur eine mythologische Größe als Vernichtungsziel erwartet werden, sondern auch das - möglicherweise selbst mythologisch -, was in ihrem Bereich lebt. Jedenfalls wurde im zweiten Visionsbericht dem objektivierbaren aufgeteilten Land die mythologische Urflut gegenübergestellt, es wäre nicht nur denkbar, sondern es ist geradezu zu erwarten, daß im ersten Visionsbericht dem objektivierbaren Kraut der Erde eine mythologische Größe gegenübergestellt war. Wir haben es hier mit Vorstellungen zu tun, in denen die Allumfassendheit der Vernichtung beschrieben werden soll. Schließlich findet es der Berichterstatter im zweiten Visionsbericht - genau an der Parallelstelle - immerhin als Ausdruck der totalen Zerstörung möglich, daß das Feuer die große Urflut gefressen hat. Hier werden Gegensätze als Ausdruck der Totalität polarisiert. Wie das Feuer nicht nur dabei ist, die aufgeteilte Feldflur zu fressen, sondern die große Urflut schon gefressen hat, so ist der Heuschreckschwarm nicht nur dabei, sein Vernichtungswerk auf der Erde zu vollführen, sondern - das wäre die hypothetische Analogie - hat es schon vollführt im mythologischen Bereich.

allgemeine Einleitung) - die lautliche Verbindungstechnik verwendet, wo das nächste Wort genauso beginnt, wie das vorherige geendet hat (mī jāqūm); außerdem findet sich eine Alliteration mit j, die auch noch mit einer Paronomasie der Wörter verbunden ist, so daß auch hier Knacklaute eine Funktion erfüllen (jāqūm Ja'aqōb). Die lautlichen Eigenheiten sind - neben den syntaktischen - in der Lage, den Fragesatz auch strukturell, sowohl vom vorangegangenen Imperativ-Satz als auch vom folgenden Aussagesatz abzuheben. Der folgende Aussagesatz tritt lautlich durch eine Alliteration von Knacklauten hervor (kī qāṭōn). Dennoch heben sich die beiden genannten Sätze gemeinsam in mehrfacher Hinsicht von dem Imperativ-Satz ab: unter lautanalytischem Aspekt dadurch, daß sich im Imperativ-Satz nicht solche Mittel angewendet finden wie die genannten; in semantischer Hinsicht dadurch, daß die beiden zur Rede stehenden Sätze gegenüber dem Imperativ-Satz eine Begründungs- und Stützfunktion haben; aus der Perspektive des faktisch vorgefundenen Textes dadurch, daß nur der Imperativ-Satz einen im ersten und zweiten Visionsbericht differierenden Text hat. Die genannten Kriterien sprechen dafür, den Imperativ-Satz strukturell den beiden folgenden, stützenden und begründenden Sätzen überzuordnen.

Damit ist die Rede des Berichterstatters zu Ende geführt, wie das schon analysierte Gliederungselement 7,3a par 7,6a anzeigt, wodurch gleichzeitig eine Trennungslinie zum folgenden Ausspruch $7,3b_a$ par $7,6b_a$ gezogen ist, der dann nachträglich und abschließend durch das ebenfalls schon analysierte Gliederungselement $7,3b_b$ par $7,6b_b$ als Ausspruch Jahwes abgesichert wird. Zum Ausspruch selbst läßt sich noch sagen, daß er wieder in differierender Fassung im ersten und zweiten Visionsbericht vorliegt. Während im ersten Visionsbericht in denkbarer Kürze - Negationspartikel plus die entsprechende Form von hjh (vgl. die syntaktische Analyse) - vom nicht Eintreten des Gesehenen - nur darauf ist das implizite Subjekt aufgrund der Form von hjh beziehbar (vgl. die syntaktische Analyse) - spricht, wird diese Aussage im zweiten Visionsbericht noch durch eine vorangestellte Konjunktion mit Demonstrativpronomen ergänzt. Damit wird semantisch auf die Parallelstelle im ersten Visionsbericht verwiesen und der dort befindliche Ausspruch als Parallel-, nicht als Kongruenzaussage herausgestellt.

Bei der Strukturanalyse der ersten beiden Visionsberichte war es gar nicht ausgeblieben, daß es - wie auch schon in den vorangegangenen Analysen - immer wieder zu Parallelen-Vergleichen kam. Hier muß nun noch die Rede über deren strukturelle Bedeutung sein. Zunächst muß unterschieden werden zwischen wörtlichen Parallelen und Parallelen, die sich aus syntaktischen oder semantischen Gründen feststellen lassen. Der Einfachheit und Typisierung wegen sollen die wörtlichen Parallelen in den folgenden Überlegungen "Parallelen im engeren Sinne" und die übrigen "Parallelen im weiteren Sinn" heißen. Es fällt auf, daß Gliederungselemente, wie sie oben gekennzeichnet wurden, immer Parallelen im engeren Sinn sind (vgl. $7,1a_a$ par $7,4a_a$; $7,1a_b$ par $7,4a_b$;

$7,2a_b$ par $7,5a_a$; 7,3a par 7,6a; $7,3b_b$ par $7,6b_b$). Sie stellen gewissermaßen das gemeinsame tragende und gliedernde Gerüst für die ersten beiden Visionsberichte dar. Sie stehen strukturell in der Mitte zwischen beiden Visionsberichten, begründen so ihre strukturelle Zusammengehörigkeit und werden von zwei Seiten durch von ihnen Strukturiertes aufgefüllt, das seinerseits von dorther seinen Parallelismus im weiteren Sinne ableiten kann. In diesem Sinne bilden die Gliederungselemente das Strukturgerüst der beiden Visionsberichte.

Die Parallelen im weiteren Sinn weichen immer ganz oder teilweise von wörtlicher Deckungsgleichheit ab. Auch die Sätze $7,2a_c$.b par $7,5a_b$.b sind dafür k e i n Gegenbeispiel, denn die bisherige Strukturanalyse hat schon gezeigt, daß diese Sätze zusammengesehen werden müssen mit dem ihnen strukturell übergeordneten Satz $7,2a_{b2}$ par $7,5a_{a2}$; dennoch wird auch im Hinblick auf die wörtliche Übereinstimmung dieses Teiles noch auf das Verhältnis dieser Redestücke im ersten und zweiten Visionsbericht zurückzukommen sein. Was aber zunächst die große Linie der Auffüllungen des Strukturgerüstes von den beiden genannten Seiten betrifft, so geht es zunächst einmal jeweils in einem partizipialen Nominalsatz um das Zitat von etwas Gesehenem - einmal die Bildung eines Heuschreckschwarmes zu einer bestimmten Zeit, zum anderen das Rufen von Feuer. Dieses Gesehene - zunächst konstatierend bewegungslos präsentiert - wird dann in zwei Verbalsätzen in seiner Wirkung beschrieben - insofern unterstützen diese Sätze das in der Konstatierung Präsentierte nur und sind diesem nachgeordnet -, wobei einerseits das zerstörerische Fressen, das selbst wieder differenzierbar ist in ein Gefressen-Haben ($7,2a_{a1}$. $4b_a$) und ein noch andauerndes Fressen ($7,2a_{a2}$. $4b_b$), eine Rolle spielt und andrerseits vom Fressen betroffene Ortsangaben, die ihrerseits zweifach differenzierbar sind: einmal in mythologische, unauslotbare ($7,2a_{a1}$. $4b_a$) und reale, ausmeßbare ($7,2a_{a2}$. $4b_b$), zum anderen in solche, die als Wohnstätte oder Lebensgrundlage für etwas genannt werden ($7,2a_{a1.2}$) und solche, wo nur der Ort selbst interessiert ($7,4b_{a.b}$). Damit stellen sich die Verbalsätze hier nicht nur innerhalb des jeweiligen Visionsberichtes, sondern auch im Verhältnis der Visionsberichte untereinander als ein Block mit einem äußerst komplexen Beziehungsgefüge dar, in dessen Zentrum das zerstörerische Fressen steht. Sofern es um das Gleichheitsverhältnis von Gefressen-Haben und mythologischer Ortsangabe einerseits und andauerndes Fressen und eine reale, objektivierbare Ortsangabe andrerseits geht, sind die ersten bzw. die zweiten Verbalsätze der beiden Visionsberichte jeweils parallel. Sofern es um das Gegensatz-Verhältnis von Ortsangabe als Wohnstätte oder Lebensgrundlage für etwas und bloßer Ortsangabe geht, sind jeweils die ersten bzw. die zweiten Verbalsätze der beiden Visionsberichte parallel. Es findet sich also, was die beiden Verbalsatzpaare unter den genannten Gesichtspunkten betrifft, eine horizontale Parallelitäts-Verbindung. Sofern es um das Gegensatz-Verhältnis von Gefressen-Haben und andauerndem Fressen einerseits und mythologischer Ortsangabe und realer, objektivierbarer Ortsangabe andrerseits geht, lassen sich jeweils die beiden Verbalsätze in den einzelnen Visionsberichten parallelisieren. Sofern es um das Gleichheitsverhältnis von Ortsangabe als Wohnstätte oder Lebensgrundlage für etwas und bloßer Ortsangabe geht, lassen sich jeweils die beiden Verbalsätze in den einzelnen Visionsberichten ebenfalls parallelisieren. Es findet sich also hier, was die beiden Verbalsatzpaare unter den genannten Gesichtspunkten betrifft, eine vertikale Parallelitäts-Verbindung. Die Skizze (vgl. Abb. 4) zeigt deutlich einerseits das Gegensatzverhältnis sowohl der horizontalen als auch der vertikalen Gleichheitsverhältnisse untereinander und andrerseits das Gleichheitsverhältnis der sowohl horizontalen als auch vertikalen Gegensatzverhältnisse. Literarisch darf das, was hier zur Kennzeichnung der Differenzen "Gegensatzverhältnis" genannt wurde, aber nicht als Antithese aufgefaßt werden - wie die weiteren Überlegungen noch zeigen werden -, ebensowenig wie das, was hier als Gleichheitsverhältnis bezeichnet wurde, etwa einen synonymen Parallelismus darstellt. Legen aber die Verbalsätze hier die enge Verknüpfung dieses Zitates des Gesehenen in den ersten beiden Visionsberichten nahe, so kann diese Verbindung nicht an dem übergeordneten Nominalsatz vorübergegangen sein. Schon die syntaktische Analyse, aber auch die semantische Analyse - jṣr und qr' als Aspekte des Verfügenkönnens -, schließlich jedoch die stützenden Verbalsätze mit ihrem engen Beziehungsgeflecht haben den Parallelismus der Nominalsätze in den ersten beiden Visionsberichten deutlich gemacht. Parallelisiert werden hier "Heuschreckschwarm" und "Feuer". Wie der Heuschreckschwarm auf die entsprechend einzusetzende mythologische Größe und das Kraut des Feldes wirkt, so wirkt das Feuer auf die große Urflut und die eingeteilte Ackerfläche; damit ist die Welt von ihrer Wurzel und Unheimlichkeit her bis zu ihrer Alltäglichkeit und Vertrautheit hin erfaßt. Der herausgearbeitete Parallelismus membrorum der Nominalsätze, der durch den Parallelismus der folgenden Verbalsätze fortgesetzt wird, kann damit als ein synthetischer Parallelismus identifiziert werden.

Wir stehen immer noch bei der Auffüllung des Strukturgerüstes. Als nächstes folgt das Redestück des Berichterstatters selbst (7,2$a_{b2.c}$.b par 7,5$a_{a2.b}$.b). Wieder findet sich - wie schon oben erläutert - je ein strukturell übergeordneter Satz und je zwei nachgeordnete Sätze. Über die enge Verflochtenheit der nachgeordneten Sätze war schon die Rede. Über die Parallelität des übergeordneten Satzes kann aus denselben syntaktischen, semantischen und zusammengefaßten strukturanalytischen Argumenten kein Zweifel sein, wie das auch schon für das Zitat des Gesehenen zutraf. Auch hier findet sich der synthetische Parallelismus zwischen erstem und zweitem Visionsbericht fortgesetzt.

Schließlich muß das Strukturgerüst noch durch die Jahwerede aufgefüllt werden (7,3b_a par 7,6b_a). Sie besteht nur aus einem Satz und wird nicht, wie zuvor das Zitat des Gesehenen und das Zitat der Rede des Bericht-

Abb. 4

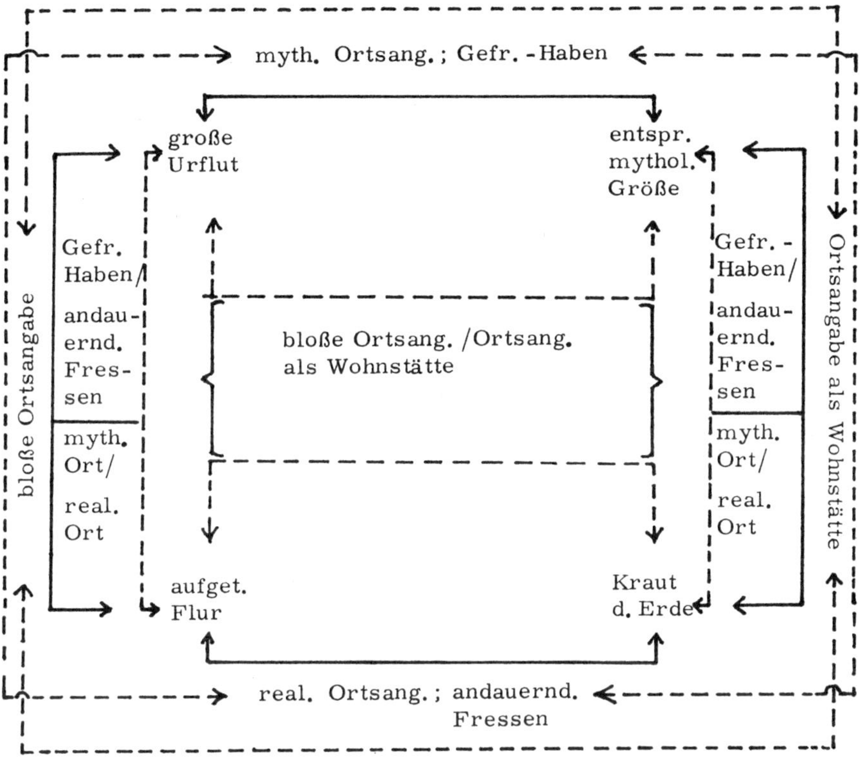

Die Abb. zeigt deutlich die Geschlossenheit und Homogenität des Komplexes, die auch noch die jeweiligen Gegensatzverhältnisse einzufangen vermag.

Zeichenerklärung:

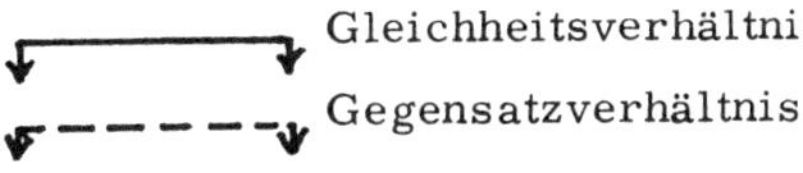

erstatters, durch je zwei nachgeordnete Sätze gestützt und begründet. Die Begründung findet sich nicht im Zitat selbst, sondern ist im vorangegangenen Gliederungselement eingeschlossen, das damit nicht nur als Trenner zur Rede des Berichterstatters fungiert, sondern anzeigt, daß die beiden Visionsberichte schon in ihrem gemeinsamen Strukturgerüst die Begründung der Antwort Jahwes geradezu institutionalisieren, indem sie sie formalisieren und nicht mehr - wie bei dem Zitat des Gesehenen und dem Zitat der Rede des Berichterstatters - innerhalb des Zitates als Abstützung bringen. Für dieses Zitat ist das Strukturgerüst selbst die Stütze. Es impliziert als Strukturschema - nach der Formalisierung von Strukturgerüst und Strukturteilen zum Strukturschema - das Ziel der ersten beiden Visionsberichte. Über den synthetischen Parallelismus membrorum der Jahwerede braucht hier nicht weiter die Rede zu sein; er steht in einer Reihe mit den schon genannten Parallelismen und versucht, durch das hinzugesetzte gam hī' die Totalität dessen, was im Zitat des Gesehenen im synthetischen Parallelismus zum Ausdruck kam, wiederaufzunehmen und zu umfassen. Darin aber wird nun auch deutlich, daß die drei "großen" Strukturteile in ihrem synthetischen Parallelismus im Vergleich der beiden Visionsberichte nicht isoliert gesehen werden dürfen, sondern als Teile zu betrachten sind, die für ihren Bereich dazu beitragen, die ersten beiden Visionsberichte in ihrer Gesamtheit als synthetischen Parallelismus zu verstehen. Damit ergibt sich für die ersten beiden Visionsberichte folgendes Strukturbild:

Abb. 5

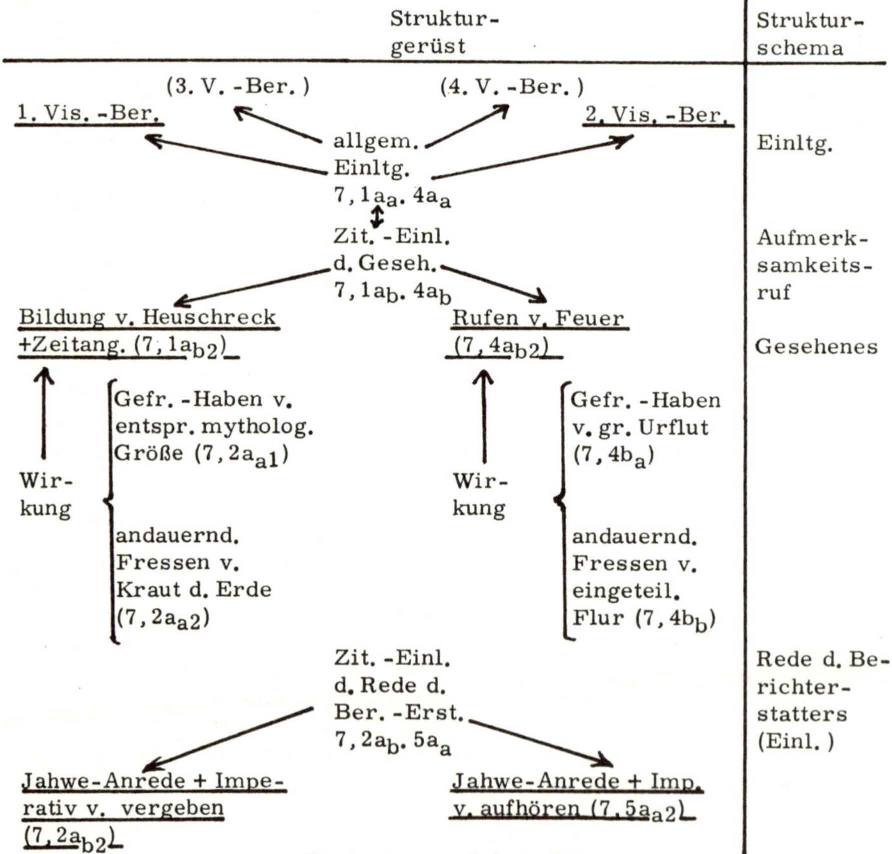

-- Fortsetzung nächste Seite --

-- Fortsetzung des Strukturbildes von Abb. 5 --

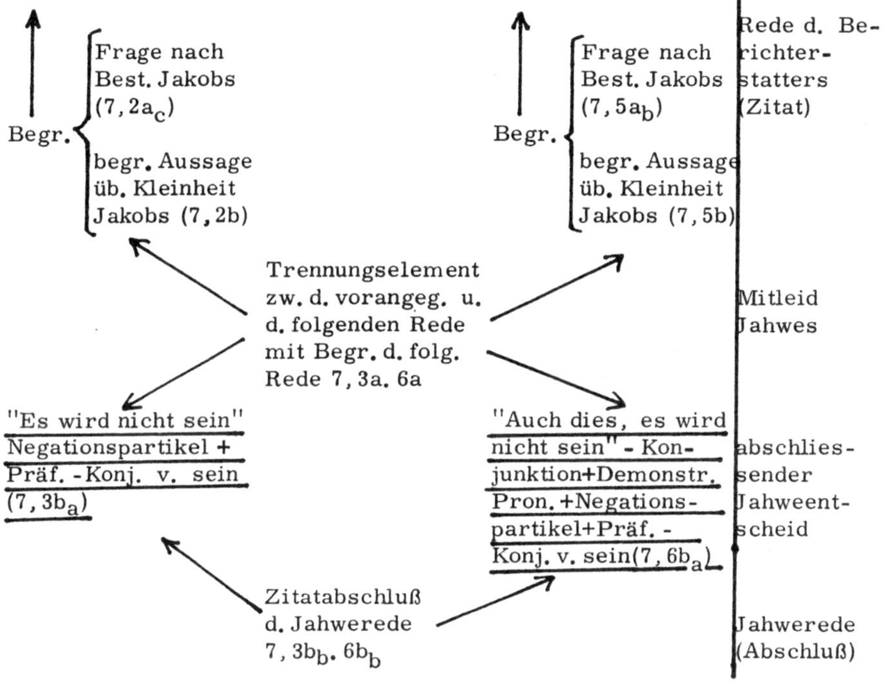

Die rechts außen noch einmal aufgeführten Angaben stellen das Strukur-Schema der ersten beiden Visionsberichte dar, das nicht etwa mit dem Strukturgerüst gleichgesetzt werden darf, sondern sich zusammensetzt aus der Gesamtheit der Gliederungselemente als dem Strukturgerüst und den formalisierten Struktur-Teilen.

e_b) Die Strukturanalyse des dritten und vierten Visionsberichtes

Es können hier - trotz der auf den ersten Blick anders sich darstellenden Struktur - eine ganze Reihe von Voraussetzungen übernommen werden, die in der Strukturanalyse der ersten beiden Visionsberichte erst Stück für Stück erarbeitet werden mußten. So läßt sich das Strukturgerüst anhand der Gliederungselemente schnell ermitteln. Es besteht zunächst aus der allgemeinen Einleitung (7,7a_a par 8,1a). Über sie und ihre im Visionszyklus übergreifende Funktion braucht hier nicht mehr die Rede sein. Als nächstes folgt der Aufmerksamkeitsruf als Zitateinleitung des Gesehenen (7,7a_{b1} par 8,1b_a); an seine Doppelfunktion als Zitateinleitung einerseits und als Verbindungselement zur allgemeinen Einleitung andrerseits soll auch nur kurz erinnert werden. Dann muß genannt werden eine Redeeinleitung (7,8a_{a1} par 8,2a_{a1}); ihr explizites Subjekt ist Jahwe, aber sie nennt - und das ist ein Novum - auch einen Adressaten: im Suffix der 1. Pers. Sing. nennt sich der Berichterstatter selbst. Ferner findet sich eine weitere Redeeinleitung (7,8a_{b1} par 8,2a_{b1}); sie leitet - erkennbar an der 1. Pers. Sing. - eine Rede des Berichterstatters selbst ein und hat damit diesen auch implizit zu ihrem Subjekt. Schließlich kann noch eine dritte Redeeinleitung aufgezählt werden (7,8b_{a1} par 8,2b_{a1}) mit Jahwe als explizitem Subjekt, aber ohne die Nennung eines bestimmten Adressaten. So haben auch hier alle Gliederungselemente ihre je eigene Form und sind jeweils in den beiden Visionsberichten wörtlich wiederholt.

Wie aber steht es mit dem Strukturierten, das von beiden Seiten das Strukturgerüst auffüllt? Zunächst - nach dem Aufmerksamkeitsruf - findet sich das Zitat des Gesehenen. Lautanalytisch durch Alliteration verbunden - im dritten Visionsbericht durch die anlautenden Gutturale ḥ und ʾ (vgl. 7,7a_{b2}), im vierten Visionsbericht durch die anlautenden labialen Knacklaute k und q (vgl. 8,1b_b) -, stellt sich das Zitat des Gesehenen wieder als Nominalsatz dar, hier allerdings syntaktisch bestehend aus zwei in Konstruktusverbindung stehenden Substantiven. Wie die semantische Analyse zeigen konnte, ist die vorfindliche Verbindung der Substantive hier singulär, die einzelnen Substantive selbst entweder höchst selten oder ebenfalls singulär. Es läßt sich also sowohl in lautanalytischer, als auch in syntaktischer, als auch in semantischer Hinsicht eine strenge Parallelität im Zitat des Gesehenen feststellen, ein Parallelismus membrorum - wie in den ersten beiden Visionsberichten - kann wegen einer vermißten gemeinsamen Aussage-Intention, die durch die parallelen Glieder nach verschiedenen Richtungen ausgelotet wird, hier aber nicht erkannt werden. Er wird auch nicht durch den Parallelismus nachgeordneter Glieder gestützt und bestätigt. Aufzeigbar ist zunächst nur die Parallelität des als Zitat des Gesehenen Strukturierten.

Auffällig ist aber die auch als "göttliche Vergewisserungsfrage" (F. Horst) bezeichnete Frage des folgenden Strukturteiles (7,8a_{a2} par 8,2a_{a2}), die nach dem fragt, was der namentlich angeredete Berichterstatter sieht, von Jahwe ausgeht - die Bezüge Jahwe/Berichterstatter gehen aus der vorangegangenen Redeeinleitung hervor (vgl. oben) - und eigenartigerweise in wörtlicher Wiederholung in beiden Visionsberichten auftaucht, womit ein in den ersten beiden Visionsberichten gefundenes Prinzip durchbrochen scheint; sonst galt die wörtliche Übereinstimmung nur für die Gliederungselemente des Strukturgerüstes. Die semantische Analyse hatte gezeigt, daß diese Frage, wenn sie auftaucht, ihren Platz immer in einem Visionsbericht hat, dort jedoch in Zusammenhängen und an Stellen erscheint, die zu differenzieren sind. Diese Frage führt aber da, wo sie nach dem Zitat des Gesehenen zu einer Wiederholung des Gesehenen aufzufordern scheint, regelmäßig zu einer Interpretation des Gesehenen. So verhält es sich auch hier, wie der nächste

Strukturteil (7,8a_{b2} par 8,2a_{b2}) zeigt: wie ḥōmat ʾ^{a}nāk auf ʾ^{a}nāk, so wird k^{e}lūb qājiṣ auf qājiṣ konzentriert: wieder Parallelismus bis ins Detail, aber kein Hinweis auf einen Parallelismus membrorum. Erst der letzte Strukturteil (7,8$b_{a2.b}$ par 8,2$b_{a2.b}$), der das auf eine Interpretationsform gebrachte Gesehene assoziativ aufnimmt und umdeutet, bringt einen synthetischen Parallelismus membrorum vom Jammer und vom Ende des Volkes Israel (7,8b_{a2} par 8,2b_{a2}). Er wird unterstützt und begründet durch den in beiden Visionsberichten wieder identisch wiederholten Entschluß Jahwes, nicht mehr an Israel vorüberzugehen (7,8b_b par 8,2b_b). Die Unterstützung durch diesen Satz geht neben den genannten syntaktischen und semantischen Argumenten auch aus dem in der Lautanalyse festgestellten dunklen und klagenden - es findet sich kein Wort ohne einen gedehnten ō-Laut - Nachklang, durch den dieser Satz den Parallelismus membrorum von 7,8b_{a2} und 8,2b_{a2} noch enger zusammenfügt und bestätigt.

Geht man nun noch einmal den Weg zurück, der auf den Parallelismus geführt hat, so stößt man zunächst auf die Interpretationsform des Gesehenen durch den Berichterstatter (7,8a_{b2} par 8,2a_{b2}). Diese bereitet die assoziative Aufnahme im Parallelismus einerseits vor und ist andrerseits ermöglicht und ausgelöst durch die Jahwefrage in 7,8a_{a2} par 8,2a_{a2}, über die die Konzentration des in 7,7a_{b2} par 8,1b_b zitierten Gesehenen stattfindet. Damit übernimmt die Jahwefrage eine Katalysatorfunktion vom Zitat des Gesehenen zur Interpretationsform des Gesehenen, mit der dann schließlich assoziativ - in der Zusammensicht von drittem und viertem Visionsbericht - in Form eines synthetischen Parallelismus membrorum gearbeitet wird. Die schon in der semantischen Analyse in ihrem formelhaften Charakter erkannte Frage in 7,8a_{a2} par 8,2a_{a2} gewinnt damit als Strukturteil eine objektive Funktion für ein anderes Strukturteil und kommt darin mit den Gliederungselementen überein. Insofern ist es auch erklärlich, warum dieses Strukturteil hier in wörtlicher Wiederholung auftaucht: Es erfüllt durch seinen Charakter als Formel in der gleichen Weise eine objektive Funktion, wie es auch die Gliederungselemente tun. Ein Strukturteil wird also als Formel zu einem das Strukturgerüst tragenden Gliederungselement, ohne aufzuhören, selbst durch Gliederungselemente gegliedertes Strukturteil zu sein. Aufgrund ihrer oben beschriebenen Funktion soll die Formel "Interpretationsformel" heißen. In dieser Weise wird sie nämlich auch in den anderen Texten angetroffen, wo ein zuvor zitiertes Gesehens durch ihre Vermittlung interpretierend wiederholt wird. Es soll hier nicht weiter der Frage nachgegangen werden, ob in den Fällen, wo sich die Formel gewissermaßen als Visionsberichtseinleitung vor der erstmaligen Nennung des Gesehenen findet, nicht a priori deutlich gemacht werden soll, daß von einer Interpretationsform und nicht von einem Zitat des Gesehenen ausgegangen wird. Möglich wäre auch eine das ursprüngliche Verständnis nicht mehr reflektierende Benutzung der Formel als Einleitung zu Visionsberichten. Jedenfalls ist die Benutzung der Formel in der Einleitung der Visionsberichte entwickelter und später, während die Formel ursprünglich eine Interpretationsformel im hier dargelegten Verständnis ist (208). Läßt sich aber durch Gliederungselemente und strukturierte Teile eine in der aufgezeigten Weise im dritten und vierten Visionsbericht in Parallelität konsequent angestrebte Linie zu dem gefundenen Parallelismus membrorum nachweisen, dann können die beiden Visionsberichte als Ganze in der Form eines synthetischen Parallelismus membrorum gesehen werden, wie das ja auch für die ersten beiden Visionsberichte zutraf. Während jedoch die ersten beiden Visionsberichte durch nacheinander parallelisierbare Strukturteile gewissermaßen nach und nach zu diesem Parallelismus zusammengesetzt wurden, lassen der dritte und vierte Visionsbericht eine Entwicklung zum Parallelismus erkennen, der erst explizit am Schluß zum Tragen kommt, im Verlaufe des Visionsberichtes jedoch konsequent vorbereitet wurde. Übereinstimmend bei den beiden Visionsberichtspaaren im Hinblick auf die vorliegende Frage ist jedoch, daß sowohl die ersten beiden als auch der dritte und vierte Visionsbericht erst von ihrem Schluß her als ein synthetischer Parallelismus des jeweiligen Visionsberichtspaares verständlich wurden. So konnten weder die ersten beiden Visionsberichte in drei separate Parallelismen zerfallen, noch der dritte und vierte Visionsbericht einen Parallelismus ablösen lassen. Damit zeigen der dritte und vierte Visionsbericht ein Strukturbild, wie es in Abb. 6 dargestellt ist.

Abb. 6

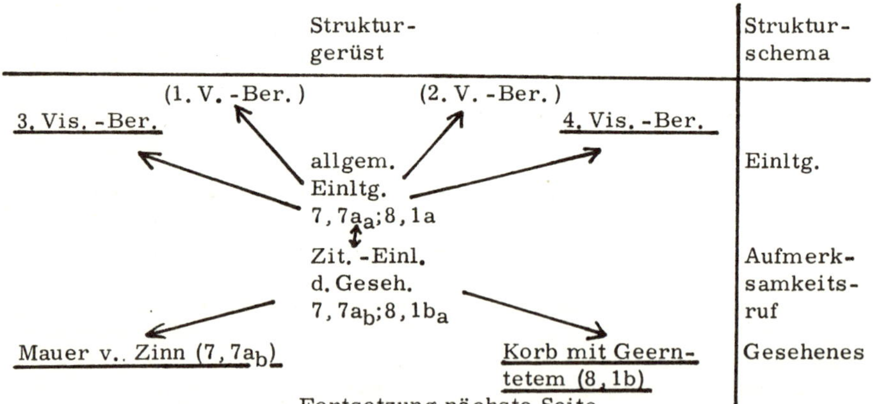

-- Fortsetzung nächste Seite --

---

(208) Der Terminus "göttliche Vergewisserungsfrage" geht demgegenüber allein von inhaltlichen Kriterien aus. Er kommt - wie die semantische Analyse gezeigt hat - in Differenzierungsschwierigkeiten und vermag die Funktion der Formel keineswegs zu klären helfen, weil er bei ihrem Inhalt verharrt, ohne auf ihre formale Fungibilität einzugehen.

-- Fortsetzung des Strukturbildes von Abb. 6--

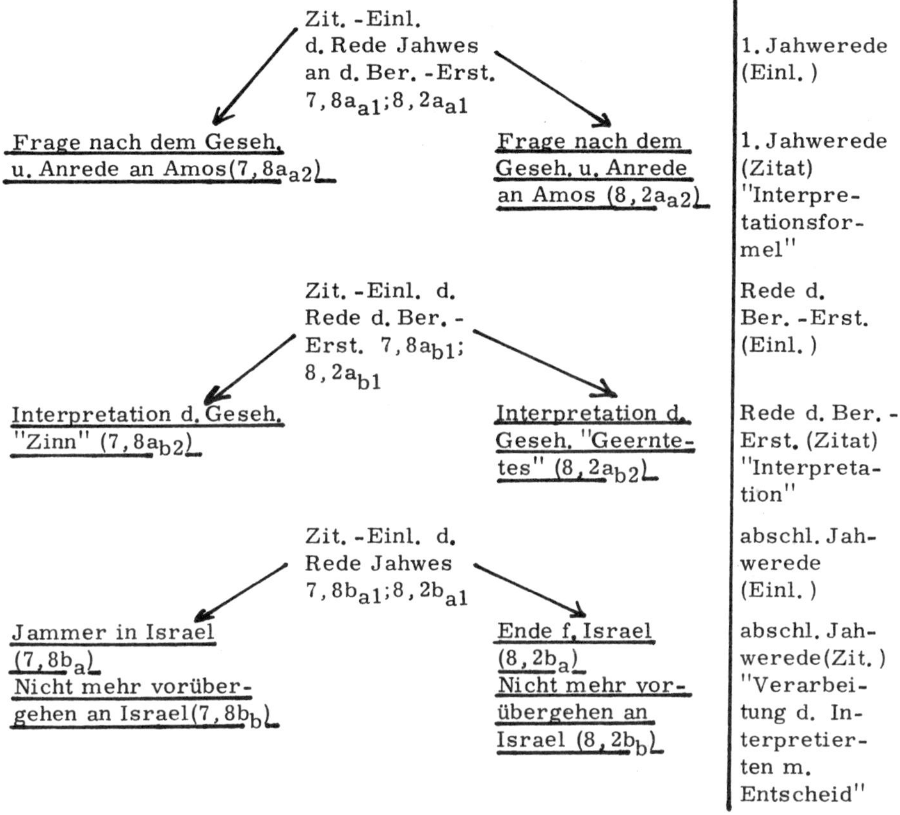

e_c) Die Strukturanalyse des Visionszyklus'

Nachdem die einzelnen Visionsberichte und das Verhältnis des ersten zum zweiten und des dritten zum vierten Visionsbericht auf ihre Struktur hin untersucht worden sind, soll nun versucht werden, über eine Strukturanalyse zu einem Strukturbild und damit zu einem Verständnis der Form des gesamten Visionszyklus' zu gelangen. Er wird auf diese Weise nicht nur in seinen Einzelteilen, sondern als Ganzer für einen Strukturvergleich verfügbar. Daß ein solcher Strukturvergleich des gesamten Visionszyklus' überhaupt sachgemäß, ja sogar notwendig ist, wurde schon an gelegentlichen Punkten, die für eine Zusammensicht des Visionszyklus' sprachen, deutlich. Ganz offensichtlich spricht dafür die ständig wiederkehrende allgemeine Einleitung zu den einzelnen Visionsberichten (7,1a_a. 4a_a. 7a_a;8,1a), bei der die folgenden

Überlegungen auch einsetzen sollen.

Man kann das Gliederungselement der allgemeinen Einleitung aufgrund seiner schon oft hervorgehobenen Klammerfunktion als einen in der Mitte stehenden Knotenpunkt verstehen, um den sich die beiden Visionsberichtspaare gruppieren. Es ist als Gliederungselement für ein Strukturgerüst des gesamten Visionszyklus' vergleichbar mit den Gliederungselementen für die Strukturgerüste der beiden Visionsberichtspaare: Einerseits fällt es durch seine wörtliche Wiederholung auf und andrerseits ist es in seiner objektiven Gliederungsfunktion - das machte schon die vorangegangene Analyse mit ihrem Hinweis auf die über den einzelnen Visionsbericht hinausgehende allgemeine Einleitung zu den Visionsberichten deutlich - im Visionszyklus erkennbar. Verfolgt man die Art der Anordnung der Visionsberichte um das Gliederungselement der allgemeinen Einleitung, so läßt sich feststellen, daß zunächst oder zuinnerst immer das Zitat des Gesehenen placiert ist und zuletzt oder zuäußerst immer das Zitat des Jahweentscheides. Gleichzeitig muß daran erinnert werden, daß die vier Visionsberichte - wie die bisherige Strukturanalyse gezeigt hat - nicht als Einzelberichte verstanden werden wollen, sondern jeweils als Visionsberichtspaar in der Form eines synthetischen Parallelismus membrorum. Zwischen dem Gesehenen und dem Jahweentscheid befindet sich immer ein Gespräch Jahwe/Amos, das allerdings in den beiden Visionsberichtspaaren unterschiedlich verläuft: Während im zweiten Visionsberichtspaar eine Entwicklung vom Gesehenen über dessen Interpretation zu dessen assoziativer Aufnahme und Verarbeitung im Jahweentscheid - Aufforderung zur Interpretation (Interpretationsformel), Interpretation und verarbeitende Aufnahme mit Jahweentscheid gehören zum Gespräch - nachvollziehbar ist, wobei die Form des synthetischen Parallelismus der Visionsberichte erst rückwirkend aus dem synthetischen Parallelismus der abschließenden Jahwerede (Verarbeitung des Interpretierten mit Entscheid) hervorgeht, läßt sich am ersten Visionsberichtspaar ein Weg vom Gesehenen und dessen Wirkung über einen Gebetsappell und dessen Begründung, worin faktisch eine Interpretation des Gesehenen impliziert ist, zum Jahweentscheid verfolgen, wobei die Form des synthetischen Parallelismus zwar an den einzelnen Teilen selbst ablesbar ist, deren Zusammengehörigkeit zum Parallelismus des Visionsberichtspaares als Ganzem aber wiederum aus der integrativen Funktion der letzten Jahwerede erkennbar wird.

Betrachtet man die Aussagesätze - 7,2$a_{c.}$b par 7,5$a_{b.}$b können als rhetorische Frage mit Begründung semantisch zu den Aussagen gezählt werden -, so läßt sich bei aller aufgezeigten Unterschiedlichkeit in der Struktur der Visionsberichtspaare doch so viel an struktureller Gemeinsamkeit festhalten, daß zunächst das Gesehene, danach eine Interpretation des Gesehenen durch den Berichterstatter und schließlich eine entscheidende Jahwerede aufgrund der Interpretation des Gesehenen folgt. Diese strukturellen Gemeinsamkeiten stehen jedoch in einem durchgängigen Kontrast zueinander, der sich anhand der Einzelstrukturierung der beiden Visionsberichtspaare aufweisen läßt: 1. Während das Gesehene in den ersten beiden Visionsberichten im verfügenden, herbeizitierenden Einsetzen einer selbstaktiven, in seiner verheerenden Wirkung unmittelbar einsichtigen zerstörerischen Kraft (Heuschreckschwarm, Feuer) besteht, stellt sich das Gesehene des dritten und vierten Visionsberichtes als Gebrauchsgegenstand (Mauer von Zinn, Korb mit Geerntetem) dar, das allerdings - wohl nicht zuletzt auch wegen der Exklusivität der Wortwahl (vgl. die semantische Analyse) - zu seinem Symbolcharakter (Mauer von Zinn ⟶ Kriegsgerät; Korb mit Geerntetem ⟶ abgeschlossene, endgültige Reife) relativ leichten Zugang erlaubt. Ferner gehört zum Gesehenen des ersten Visionsberichtspaares - wenigstens läßt sich dies für den ersten Visionsbericht belegen, während der zweite Visionsbericht wegen seines Erhaltungszustandes keine definitive Aussage gestattet und auch die Möglichkeit eines anderen Index' der schlimmsten Auswirkung offenläßt - die Zeitangabe für das verheerendste Ausmaß und außerdem in zwei Verbalsätzen die Beschreibung des Wirkens des Gesehenen. Das zweite Visionsberichtspaar bringt nur spotartig konstatierend das Visionsbild. 2. Während die Interpretation des Gesehenen durch den Berichterstatter in den ersten beiden Visionsberichten sowohl die Bedrohung durch das Gesehene und seine Wirkweise als auch den Adressaten der Bedrohung und damit die Bedeutung der Bedrohung für den Bedrohten nennt, ist die Interpretation durch den Berichterstatter im dritten und vierten Visionsbericht lediglich eine Konzentration auf das Intendierte aus dem Zitat des Gesehenen. Diese Gegensätzlichkeit ist selbst aber wieder zurückführbar auf den jeweiligen Auslöser der Interpretation, der damit - wegen der Betrachtung der Aussagen vorhin als imperativischer Appell einerseits und als Frage der Interpretationsformel andrerseits ausgeklammert - nun in seiner Funktion und für die jeweils nachgeordnete Interpretation in seiner vorgeschalteten Bedeutung wichtig wird: Der Gebetsappell zwingt zur Argumentation, die Interpretationsformel zur Konzentration. Beide Auslöser der Interpretation besitzen insofern imperativischen Charakter, wenn auch die Aufforderung der Interpretationsformel syntaktisch ein Fragesatz ist. Nach dem Gebetsappell gerät die Interpretation zum Argument gegen das Gesehene; nach der Interpretationsformel wird sie zum Konzentrat des Gesehenen. 3. Während die schon rein äußerlich vergleichsweise sehr kurz gehaltene entscheidende Jahwerede in den ersten beiden Visionsberichten sich von den in der Interpretation deutlich gemachten Auswirkungen distanziert und damit die Bedrohung zurücknimmt, greift die demgegenüber lange Jahwerede im dritten und vierten Visionsbericht das Konzentrat der Interpretation auf, arbeitet mit ihm in wortassoziativer Weise, stellt sich damit hinter das Gesehene und unterstützt mit einem ausdrücklich hinzugesetzten Entscheid die daraus resultierende Drohung. Dennoch - darauf hatte schon die syntaktische Analyse hingewiesen - unterstützt 7,8b_b par 8,2b_b nicht nur den Parallelismus von 7,8b_{a2} und 8,2b_{a2}, sondern ist auch syntaktisch in Anlehnung an 7,3b_a par 7,6b_a (lō' + Präformativkonjugation) formuliert und stellt damit die Beziehung, wenn auch die eines Gegensatzverhältnisses, von erstem und zweitem Visionsberichtspaar in dieser Hinsicht ebenfalls her.

Aus der Zusammenstellung dieser Beobachtungen ergibt sich für den Visionszyklus des Amosbuches das Strukturbild von je zwei im synthetischen Parallelismus zusammengeordneten Visionsberichten, die aus ihrer Gruppierung und der Gruppierung ihrer Strukturelemente eine Struktur erkennen lassen, die sich nicht allein aus dem wie in gleichem Wellenschlag von der bündelnden Klammer der allgemeinen Einleitung bis hin zur Peripherie verfolgbaren Anordnung der Strukturelemente beider Visionsberichtspaare bestimmt, sondern auch aus dem durchgängig ablesbaren Gegensatzverhältnis der Strukturelemente des ersten Visionsberichtspaares zu den Strukturelementen des zweiten Visionsberichtspaares. Aus der Spannung dieses Gegensatzverhältnisses lebt der Visionsberichtszyklus des Amos. Das Gegensatzverhältnis selbst muß als ein polares gekennzeichnet werden. Das gilt auch für das letzte oder äußerste Strukturelement, die entscheidende letzte Jahwerede: Hier reicht der Spannungsbogen von der Solidarität des Mitleids bis zum Jammer des Endes. Selbst der stützende Entscheid im zweiten Visionsberichtspaar redet zwar vom Nicht-mehr-Vorübergehen, vermeidet aber die sich nahegelegt habende antithetische Konfrontation mit dem vergebenden Ablassen des lō' tih^{e}jǣ im ersten Visionsberichtspaar. Allerdings berührt die Polarität besonders in diesem letzten Strukturelement fernste, zum Extrem gestreckte Grenzen und spreizt den Horizont von Jahwes Gericht schlechthin umfassend: von dem als Jammer und Ende konzentrierten Nicht-mehr-Vorübergehen bis zum in mitleidender Solidarität distanzierten vergebenden Ablassen des "Nicht soll es sein". Das polare Verständnis dieses Gegensatzverhältnisses impliziert auch dessen Umkehrbarkeit. Aus dem Gesagten ergibt sich für den gesamten Visionszyklus ein Strukturbild, wie es in Abb. 7 nachfolgend dargestellt ist.

Abb. 7

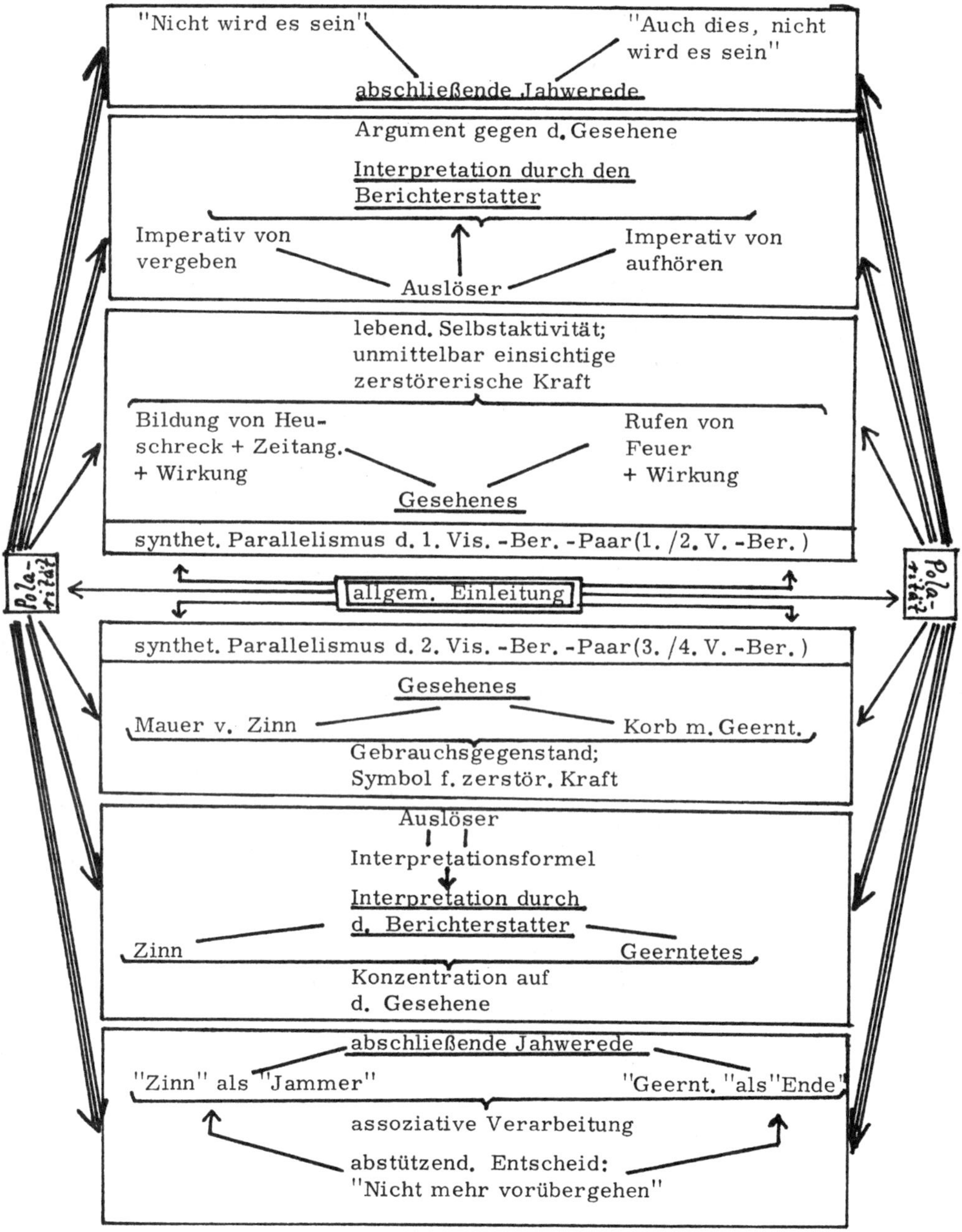
"Nicht wird es sein"
"Auch dies, nicht wird es sein"
abschließende Jahwerede
Argument gegen d. Gesehene
Interpretation durch den Berichterstatter
Imperativ von vergeben
Imperativ von aufhören
Auslöser
lebend. Selbstaktivität; unmittelbar einsichtige zerstörerische Kraft
Bildung von Heuschreck + Zeitang. + Wirkung
Rufen von Feuer + Wirkung
Gesehenes
synthet. Parallelismus d. 1. Vis.-Ber.-Paar (1./2. V.-Ber.)
Pola-rität
allgem. Einleitung
Pola-rität
synthet. Parallelismus d. 2. Vis.-Ber.-Paar (3./4. V.-Ber.)
Gesehenes
Mauer v. Zinn
Korb m. Geernt.
Gebrauchsgegenstand; Symbol f. zerstör. Kraft
Auslöser
Interpretationsformel
Interpretation durch d. Berichterstatter
Zinn
Geerntetes
Konzentration auf d. Gesehene
abschließende Jahwerede
"Zinn" als "Jammer"
"Geernt." als "Ende"
assoziative Verarbeitung
abstützend. Entscheid: "Nicht mehr vorübergehen"

4. Gattungskritische Erwägungen und vorbereitende Aspekte der theologischen Interpretation

Offenbar kann es nicht hinreichend sein, den vorliegenden text- und literarkritisch erhobenen und formkritisch analysierten Text einfach der Gattung der Visionsberichte zuzuschlagen und es dabei bewenden zu lassen. Einmal bedürfte es dazu keiner Gattungskritik, ein oberflächlicher Blick auf den Inhalt hatte schon vor jeder Analyse auch in den vorliegenden Ausführungen von "Visionsberichten" sprechen lassen. Zum anderen gehört es zu den Ergebnissen der vorangegangenen Überlegungen, daß die vorliegenden Visionsberichte in ihrer Gestaltung viel zu stark individuell geprägt sind, als daß die Gattungsbezeichnung "Visionsberichte" demgegenüber nicht pauschal und inhaltsleer wirken müßte. Schließlich hieße es aber, auf eine Typisierung verzichten - und damit innerhalb der Grenzen der Formkritik verbleiben -, stünden Differenzierungen und Profilierungen des vorliegenden Textes als Thema im Vordergrund der nachfolgenden Erörterung. Nur im Rahmen dieser Bandbreite zwischen typisierender Verallgemeinerung und differenzierend-spezifizierender Fixierung kann eine Gattungskritik zum Ergebnis führen, und sie wird nicht nur jeweils exakt den entweder typisierenden oder differenzierenden Aspekt ihrer Betrachtung, sondern auch die Formulierung der Kriterien für die Heranziehung des jeweiligen Aspektes, unter dem argumentiert wird, zu nennen haben. Dadurch aber werden sowohl Typisierung als auch Differenzierung objektiv nachvollziehbar.

Was die Vorgehensweise am vorliegenden Text betrifft, so legt es sich ja zunächst einmal nahe, den gesamten literar- und formkritisch aufbereiteten Visionszyklus auch gattungskritisch zu analysieren. Dennoch verspricht es hier ebenfalls von Vorteil zu sein, wenn zunächst wieder die ersten beiden Visionsberichte, danach der dritte und vierte Visionsbericht und schließlich der Visionszyklus im ganzen Gegenstand der Betrachtung werden; denn einerseits werden so die jeweiligen formkritisch sich herausgestellt habenden synthetischen Parallelismen erst einmal einzeln untersucht, bevor sie als Teil des polaren Parallelismus des gesamten Visionszyklus' zur Analyse gelangen, und andrerseits erlaubt die zunächst getrennte Betrachtung der beiden Visionsberichtspaare präziser und übersichtlicher eine Herausstellung von etwaigen Anleihen, Anklängen oder direkten (Teil-)Übernahmen anderer Gattungen. Bevor jedoch zu den einzelnen Visionsberichten gelangt werden kann, bedarf die allgemeine Einleitung in ihrer übergreifenden Funktion einer gesonderten Betrachtung.

a) Die allgemeine Einleitung der Visionsberichte

Als Klammer zwischen den Visionsberichtspaaren steht die allgemeine Einleitung. Diese weist die vorliegenden Berichte überhaupt als Visionsberichte aus, und das in mehrfacher und eindeutig um Absicherung bemühter Hinsicht. Im Mittelpunkt steht zunächst der für Visionsberichte so wichtige Terminus r'h, aus dem ihm angehängten Suffix geht als Seher der Berichterstatter hervor, und das kausative Hifil verweist auf einen Dritten als Initiator des Sehens, der dann im nachfolgenden Subjekt als Jahwe explizit genannt ist. Dem r'h vorangestellt ist das Demonstrativpronomen kō, wodurch summarisch-allgemein auf die folgenden Einzelheiten verwiesen wird. Auf diese Weise ist sowohl der Einleitungscharakter dieses Satzes, als auch der Berichtscharakter im Hinblick auf das Folgende, für das genauere Schilderung versprochen wird, festgelegt.

Eine weitere Beobachtung aber war schon in der Formkritik angemerkt worden: die Ähnlichkeit der allgemeinen Einleitung mit der Botenformel. Während das Demonstrativpronomen kō am Anfang und als Subjekt die Gottesbezeichnung Jhwh am Schluß erhalten geblieben ist, weicht das Prädikat in der Mitte ab: Statt der für die Botenformel vorfindlichen Form von 'mr begegnet hier das der Visionsterminologie angehörende r'h. Die Hifilform darf gegenüber der Qalform aus der Botenformel als Unterschied nicht ins Gewicht fallen, wenn andrerseits der Eigenname Jahwe als Subjekt erhalten bleiben soll. Gestützt wird die Ansicht, daß hier in bewußter Anlehnung an die Botenformel gearbeitet worden ist, vor allem dadurch, daß der Verfasser diese allgemeine Einleitung in ihrer Geprägtheit mit Hilfe der ständigen Wiederholung zu Beginn eines jeden Visionsberichtes herauszustellen sucht, obwohl die Formkritik schon zeigen konnte, daß die hier zur Disskussion stehende Wendung weder als Formel noch als geprägte Wendung festgelegt, sondern - im Gegenteil - singulär ist. Zum Eindruck der Geprägtheit trägt nicht zuletzt auch die Assoziation an die Botenformel bei; diese Assoziation kann als vom Verfasser beabsichtigt unterstellt werden, zumal er auch anderweitig schon Assoziationen als Mittel seiner Aussagegestaltung - vgl. z. B. die Anspielung auf das Charisma des Sehers in den Fragen von $7,8a_{a2}$ und $8,2a_{a2}$ oder die Wortassoziationstechnik bei '^{a}nāk ⟶ '^{a}nāḥā ($7,8a_{b}.b_{a}$) und qājiṣ ⟶ qēṣ ($8,2a_{b}.b_{a2}$) - verwendet hat.

Damit läßt sich gattungskritisch aus der allgemeinen Einleitung, die ja als Klammerelement sowohl die jeweiligen Visionsberichtspaare als auch den Visionszyklus insgesamt prägt, durch die beabsichtigte Verbindung von Visionsberichts- und Botenspruchterminologie erkennen, wie die Visionsberichte verstanden werden wollen: als Gesichte, die Botschaft sind und als Berichte, die Spruchautorität besitzen. Dabei kommt es gar nicht darauf an, ob sich nun tatsächlich die dem Botenspruch adäquaten Kriterien hier aufzeigen lassen (209), sondern entscheidend scheint mir zu sein, daß bewußt und gewollt Anklänge daran gesucht werden, worauf außer den oben angeführten Beobachtungen vor allem noch der performative Anspruch des zur Diskussion stehenden Satzes verweist. Schon in der syntaktischen Analyse war im Zusammenhang der Klärung des Aufmerksamkeitsrufes dessen Funktion als Zitateinleitung des Gesehenen erkannt worden - parallel mit der Funktion der Redeeinleitung bzw. des Redeabschlusses als der Zitatmarkierung des Gesprochenen. Beide Zitateinleitungen waren als eingebettet in die integrative Rolle der allgemeinen Einleitung gesehen worden. Diese konnte dadurch nicht lediglich als Überschrift verstanden werden, welche über eine von ihr selbst unabhängige Hergangsschilderung gesetzt ist, sondern als deklarativer Bestandteil des jeweiligen Visionsberichtes selbst, durch deren performativen Anspruch erst Aufmerksamkeitsruf, Redeeinleitung und Redeabschluß als Zitateinleitungen nicht nur innerhalb des Erzählrahmens des Visionsberichtes stehen sollten, sondern auch die Visionssituation selbst zu konstituieren suchten; denn sie ließen durch ihr Ausgesprochensein das Gesehene bzw. Gesprochene unmittelbar als präsentiert erscheinen, indem sie geschildertes Gesehenes bzw. Gesprochenes als Sehens- genauso wie als Redezitat jeweils indizierten. Gerade in einer solchen Weise, wie es der Anspruch der allgemeinen Einleitung zu erkennen gibt, ist die Redeweise der Botenformel performativ, wie Schmidt (210) für erwägenswert und Westermann (211) für erwiesen hält.

Wenn es aber so ist, daß damit die Botenformel nicht in dem Sinne instrumentalisiert werden kann, daß ein beliebiger Ausspruch durch sie zum Botenspruch erhoben wird - genauso wie die Sätze "Deine Sünden sind dir vergeben" oder "Die Autobahn (Handelsmesse, Kunstausstellung, Bundestagssitzung usw.) ist eröffnet" oder das "Ja" zur Eheschließung (212) nur aufgrund bestimmter Sprachkonventionen und der dazugehörenden gesellschaftlichen Rahmenbedingungen Gültigkeit und Wirksamkeit besitzen (ansonsten haben sie einen fiktiven Sinn; z. B. im Spiel oder

---

(209) vgl. Westermann, Grundformen prophetischer Rede, München [4]1971, S. 64-92; Schreiner, Formen und Gattungen im Alten Testament, in: Schreiner (Hrsg.), Einführung in die Methoden der biblischen Exegese, a. a. O., S. 210-221; vgl. ferner: die Einleitungswerke zum Alten Testament

(210) vgl. Schmidt, H. H., 'mr (Umschrift von mir), 'mr, sagen, in: Jenni/Westermann (Hrsg.), THAT I, a. a. O., Sp. 213

(211) vgl. Westermann, a. a. O., bes. S. 72 und 79

(212) Die Beispiele sind zum Teil entnommen aus: Wanke, G., Theologische Kritik, in: Fohrer/Hoffmann/Huber/Markert/Wanke, Exegese des Alten Testaments, a. a. O., S. 165

im Theater usw.) (213) -, dann bedarf es außer der vorangestellten Botenformel und einer bestimmten Form des Botenspruches auch bestimmter situativer Rahmenbedingungen, die den formellen Botenspruch erst als wirksamen und gültigen Botenspruch ausweisen, das heißt als einen Spruch, der durch sein Ausgesprochensein den Abstand zwischen Jahwe und den

---

(213) Insofern genügt es auch nicht allein - wie Westermann (a.a.O., S. 79) anführt -, "bestimmte und nachweisbare Formen" (ebd.) erfüllt zu sehen, "die es (cf.: das Prophetenwort) erst zum Botenwort machen". (ebd.) Auf der Theaterbühne z.B. können sämtliche Formen der Trauzeremonie genau eingehalten sein, und dennoch kann nicht davon gesprochen werden, daß damit eine Eheschließung des entsprechenden Schauspielerpaares zustande gekommen wäre. Tritt dasselbe Paar aber unter Einhaltung derselben Formen in den situativen Rahmen der dafür legitimierten gesellschaftlichen Konventionen, so besitzen diese Formen die Gültigkeit und Wirksamkeit dessen, was in ihnen ausgesagt wird. Ähnlich verhält es sich mit Eröffnungs- oder Bußriten usw. Zum Botenwort als Botenwort gehören damit bestimmte Formen, aber es gehört andrerseits dazu die Legitimation bestimmter Rahmenbedingungen, die die Gültigkeit und Wirksamkeit des Botenwortes verbürgen. Diese Rahmenbedingungen sind literarisch nicht zu erheben. Sie entziehen sich beim Botenwort des Jahweboten - beim ursprünglichen profanen Botenwort von König zu König ist das anders - aber auch gesellschaftlicher Konventionalisierung, indem sie sich weder als ritualisierte noch als institutionalisierte festschreiben lassen. Gültigkeit und Wirksamkeit des prophetischen Botenwortes wird so anzweifelbar und absprechbar, wie die zahlreichen Episoden über den Streit konkurrierender Boten zeigen, wessen Botenwort nun legitimiert ist, und wer ein Falschprophet ist. An der literarischen Form des Botenwortes hat sich der Streit jedenfalls nie entscheiden lassen, wenn auch die Rahmenbedingungen, die das jeweilige Botenwort in seiner Wirksamkeit und Gültigkeit legitimieren, nicht objektivierbar waren. Daß es aber dennoch ein Verständnis des Botenwortes als einer im Aussprechen unmittelbar wirksamen und gültigen - wenn auch unter gesellschaftlich nicht legitimierten Rahmenbedingungen - Spruchautorität gegeben hat, zeigen die ständigen objektivierenden Rekonstruktionsversuche an den nicht-objektivierbaren Rahmenbedingungen durch Ritualisierungen und Institutionalisierungen der Situation, in die hinein das Botenwort gesprochen wurde. (vgl. dazu auch Hossfeld/Meyer, Prophet gegen Prophet, a.a.O.)

Adressaten tatsächlich überbrückt (214) und nicht durch ledigliche Einhaltung der Form diese Überbrückung aus irgendeinem darstellerischen oder spielerischen oder eigennützigen oder vielleicht pädagogisch-didaktischen mit anderen Zielvorstellungen verbundenen Interesse fingiert. Darin, nämlich im Anspruch des performativen Charakters ihres Botenwortes, liegt ja die Legitimationsschwierigkeit aller Propheten - es wird in der theologischen Interpretation versucht werden, über die genannten Rahmenbedingungen etwas zu erheben -, aber es liegt darin auch die Autorität des Botenspruches in seiner unmittelbaren Wirksamkeit und Gültigkeit. Auf diese Autorität hebt auch jede andere Verwendung des Botenspruches ab: entweder indem sie sie entleiht und kulturell oder anderweitig überträgt oder indem sie sie kopiert und damit ihre Wirksamkeit und Gültigkeit fälschlich behauptet. Wird aber die Autorität des Botenspruches in der Aktualität seiner Bedeutung sogar fiktiv für verschiedene Zusammenhänge aus verschiedenen Gründen reklamiert, dann kann vernünftigerweise an der faktischen Autorität des tatsächlichen Botenspruches und seines performativen Charakters kein Zweifel sein.

Von hier aus ist nun auf die allgemeine Einleitung der Visionsberichte zurückzukommen. Wenn gattungskritisch von einer bewußten und gewollten Anlehnung an die Botenformel ausgegangen werden konnte, dann kann der Grund dafür nur darin liegen, daß die genannten Implikationen des Botenspruches für die Visionsberichte mitgewußt und mitgewollt sind. Damit wird selbstverständlich auch auf die aktuelle Autorität des Botenspruches abgehoben. Diese aber hat hier ihren performativen Charakter verloren; denn sie macht formelle und assoziative Anleihen bei der Botenformel und immitiert ihren Charakter der Geprägtheit, ohne daß diese Wendung ansonsten weder in Visionsberichten noch sonst überhaupt eine Rolle spielt. So wird sie im soeben genannten Sinne fiktiv reklamiert, wobei möglicherweise literarische, den Stil betreffende oder didaktische, auf einen Vergleich hinauslaufende oder beide sich ja nicht ausschließende oder auch überhaupt andere, adjunktiv anschließbare Interessen leitend gewesen sein können; das braucht hier gar nicht festgelegt zu werden.

Damit aber wird die Absicht für die Anleihe aus der Gattung des Botenspruches hier deutlich: Indem der Verfasser die allgemeine Einleitung, die - wie schon die Formkritik gezeigt hat - übergreifende Bedeutung für den gesamten Visionszyklus hat, assoziativ und formal mit der

---

(214) Vgl. Westermann, a. a. O., S. 73: "Die eigentliche Aufgabe der Propheten ist es, mit jedem ihrer Worte einen Abstand zu überbrücken. Der Überlieferung der Prophetenworte ist diese eigentliche Aufgabe des Prophetenwortes bewußt;.... Jedesmal neu hat der Prophet mit seinem Wort einen Abstand zu überbrücken."

Botenformel zu verbinden sucht, trachtet er damit keineswegs danach, für die Visionsberichte auch die Autorität des Botenspruchs zu erschleichen - allzu offensichtlich ist die Singularität der vorliegenden allgemeinen Einleitung und allzu geläufig die Formelhaftigkeit der Botenformel -, sondern er bemüht sich, die den Visionsberichten zugrundeliegende gewonnene Einsicht in ihrer aktuellen Autorität mit Hilfe der assoziativ herangezogenen Botenformel verständlich zu machen. Im Berichten der Visionsbegebenheiten ereignet sich keine originäre Einsicht, sondern der Vermittlungsprozeß einer solchen Einsicht. Es ist daher auch müßig, mit zahlreichen Kommentatoren nach einem Früher oder Später oder gar nach den Jahreszeiten für die Abfassung der Visionsberichte oder für das Erleben der berichteten Begebenheiten zu fragen. Dieser Vermittlungsprozeß aber beschränkt sich nicht einfach auf die Multiplikation, sondern wirbt gleichzeitig um ein Verständnis der Originalität der Einsicht in ihrer aktuellen Autorität für den Verfasser. Dadurch aber, daß der Verfasser der Visionsberichte nicht nur seine gewonnene Einsicht zu vermitteln sucht, sondern auch deren akutelle Autorität für ihn, holt er zwar ihre unmittelbare Gültigkeit und Wirksamkeit nicht zurück, legt sie also zwecks Verbreiterung nicht einfach neu auf, aber er rekurriert ausdrücklich darauf, indem er im Vermittlungsprozeß unter Anspielung auf die Botenformel die Unmittelbarkeit von Gültigkeit und Wirksamkeit assoziiert.

Auf diese Weise stellt die allgemeine Einleitung in ihrer besonderen Form deutlich die Differenz von originaler und vermittelter Einsicht heraus, aber so, daß nicht nur zwischen ursprünglicher und multiplizierter Geltung unterschieden wird, sondern auch durch die Vermittlung selbst Einblick in die Genese der Einsicht gewährt wird. Das will besagen: es wird in der Vermittlung durch die fiktive Reklamation der Botenformel und den damit verbundenen Anspruch auf die unmittelbare Gültigkeit und Wirksamkeit aus dem performativen Charakter des Botenspruches rekurriert auf die unmittelbare Gültigkeit und Wirksamkeit der originalen Einsicht, die aber erst als vermittelte Einsicht zu Wort kommt und erst dann nach einer Form auch der Unmittelbarkeit ihrer Wirksamkeit und Gültigkeit verlangt; diese wird der Gattung des Botenspruchs entlehnt. Durch die geschilderte Bemühung der Vermittlung wird der Rückschluß auf den performativen Charakter der originalen Einsicht möglich, die als solche in ihrer Form nicht bekannt ist, zu deren Vermittlung allerdings Anleihe bei der genannten Gattung mit den genannten Implikationen gesucht wurde. Wenn aber - über die Differenzierung von Originalität und Vermittlung hinaus - in der vorgeführten Weise von der Geltung auf die Genese und damit von dem entliehenen Anspruch der unmittelbaren Gültigkeit und Wirksamkeit auf tatsächliche unmittelbare Gültigkeit und Wirksamkeit geschlossen werden kann, dann lehrt die allgemeine Einleitung zu den Visionsberichten des Amos außerdem noch, daß nicht nur performative R e d e weise möglich ist, sondern auch performative S e h e n s weise, welche ihrerseits, nämlich als Sehensweise, jedoch in den vorliegenden Berichten nur vermittelbar ist durch eine Redeweise, eine entliehene und damit fiktiv performative: "So ließ mich sehen Jahwe". Darin zeigt sich das bewußte Festhalten am Vermittlungsmedium des Berichtes, wenn dieses auch nur in abgeleiteter Weise, nämlich als Redeweise, den performativen Charakter der Sehensweise ersetzt, der folgerichtig in der Redeweise als entlehnt erscheint. Gerade aber in der Verwendung der Rede- als Ersatzweise wird die Absicht des Verfassers deutlich, nicht nur Gesehenes zu berichten, sondern auch die aktuelle Relevanz des Gesehenen in der Autorität seiner unmittelbaren Gültigkeit und Wirksamkeit. Das heißt, berücksichtigt man die mehrfach erinnerte übergreifende Bedeutung der allgemeinen Einleitung, bei Amos: "Visions"-"Bericht".

b) Die ersten beiden Visionsberichte

Mit diesen beiden Visionsberichten liegt zur Untersuchung vor der eine Pol eines polaren Gegensatzverhältnisses von je zwei im synthetischen Parallelismus stehenden Visionsberichtspaaren. Darin wird - vgl. die Strukturanalyse - zunächst etwas Gesehenes, danach eine Interpretation des Gesehenen durch den Seher und schließlich ein Jahweentscheid geschildert. Mit dieser Beschreibung sind die abgrenzbaren Blöcke des Strukturschemas erfaßt, welche in ihrer Korrelation zum zweiten Visionsberichtspaar erkannt worden waren. Nicht außer acht gelassen werden darf die durch die allgemeine Einleitung bereits vorgeformte Tendenz des Textes als Visionsberichte im oben genannten Verständnis und dessen gattungs- und sprachtheoretische Implikationen. Die Überlegungen zu den einzelnen Visionsberichten können nur auf der Basis dieses Gesamtverständnisses stehen; sie sind dessen differenzierendes Explikat. Lassen sich aber - unbeschadet dieser Voraussetzung - die einzelnen, jeweils mit dem zweiten Visionsberichtspaar korrelierenden Blöcke voneinander abheben, dann erscheint es als sinnvoll, in der gattungsanalytischen Betrachtung zunächst auch anhand dieser Blöcke vorzugehen.

Der Block des Gesehenen bringt zunächst das Visionszitat, das ja in den ersten beiden Visionsberichten besteht aus dem Visionsbild und - so jedenfalls im ersten Visionsbericht erkennbar - einer Zeitangabe als verdeutlichender Erklärung und danach eine Schilderung der Wirkung in zwei folgenden Narrativen. Mustert man die alttestamentlichen Visionsberichte einmal insgesamt durch, so stößt man kaum auf eine so oder ähnlich gestaltete Schilderung des Gesehenen. Lassen wir die Schilderung über die Sehersprüche des Bileam in Num 23 und 24, die zudem keine Selbstberichte sind, einmal beiseite - sie kennen als Segensschilderung (215) auch keine eigentlichen Visionsbilder, wohl Metaphern und Vergleiche -, so findet sich in 1 Kön 22,17 eine

Situationsschilderung mit Vergleich, die unmittelbare Handlungsanweisung aus sich entläßt, in 1 Kön 22,19-23 und Jes 6 jeweils eine ausführliche Beschreibung der himmlischen Ratsversammlung zur eigenen Legitimierung, in Ez 1,1-3,15;8-11;37,1-14;40-48 breit angelegte Visionsdramen mit Schauplatzwechsel, in Dan 7,1ff;8,1ff;10,5-12,1ff; Sach 1,7ff;2,1-4. 5-9;3,1ff;4,1-14;5,1-4. 5ff;6,1ff detaillierte Geschehensschilderungen mit apokalyptischem Inhalt und nachfolgender Deutung und in Jer 1,11f. 13f;24,1ff die kurze Vorstellung von etwas Gesehenem aus dem alltäglichen Umgang, wobei Jer 24,1ff insofern unterschieden ist, als darin eine genaue Zeitbestimmung und eine Wiederaufnahme mit Differenzierung des Gesehenen enthalten ist.

Ganz zweifellos kommen die genannten Visionsberichte im Jeremia-Buch - damit ist hier nichts über ihre jeremianische Originalität entschieden - bezüglich der Schilderung des Gesehenen den Visionsberichten des Amos noch am nächsten, während die übrigen weit abweichen. Aber auch hier müssen Unterschiede beachtet werden: Während Jer 1,11f. 13f das Gesehene als Antwort auf eine Frage (Interpretationsformel) berichten, ohne jedoch zuvor das Gesehene mit vorangegangenem Aufmerksamkeitsruf zu zitieren - dadurch ergibt sich zunächst auch eine Differenz zum dritten und vierten Visionsbericht trotz der in gleicher Weise angewendeten Technik der assoziativen Verarbeitung des genannten Gesehenen -, findet sich in Jer 24,1ff zunächst ein mit w^{e}hinnē eingeleitetes Zitat des Gesehenen mit kurzer, konstatierender Nennung des Visionsbildes und nachfolgender, ausgiebiger Zeitbestimmung. Daran schließt sich eine genauere Beschreibung des Visionsbildes in zwei Nominalsätzen an. Die Ähnlichkeiten von Jer 24,1ff mit den vorliegenden beiden Visionsberichten des Amos liegen also auf der Hand, die Differenzen dürfen dabei freilich nicht unterschlagen werden: Einmal ist es beim Visionsbild in Jer 24,1ff nicht so, daß es schon per se eine Wirkung erkennen ließe; es zielt überhaupt nicht darauf ab. Infolgedessen ist die Zeitbestimmung historisierend, und entsprechend differenzierend-beschreibend sind die Nominalsätze. Ganz anders dagegen ist die Situation in den Amosvisionen, wo schon das Visionsbild unmittelbarer Indikator der damit verbundenen Wirkung ist -z. B. "Heuschreckschwarm" = zahllose Menge + vernichtendes Fressen (vgl. die semantische Analyse) -; ebenso zielt die Zeitbestimmung auf die Wirkung des im Visionsbild Genannten ab, indem sie den Zeitpunkt oder im zweiten Visionsbericht möglicherweise einen anderen Index des größten Ausmaßes aufgreift; schließlich beschreiben die Narrative explizit die umfassende Wirkung des im Visionsbild Gesehenen, Schlüsselwort ist hier 'kl mit seinen Implikationen (vgl. die semantische Analyse).

---

(215) vgl. Vetter, D., Seherspruch und Segensschilderung, Ausdrucksabsichten und sprachliche Verwirklichungen in den Bileam-Sprüchen von Num 23 u. 24, CThM 4, Stuttgart 1974

Es kann also - mit den formulierten Vorbehalten - als Ergebnis festgehalten werden: Die genannten Visionsberichte im Jeremia-Buch lassen mit Bezug auf die Schilderung des Gesehenen noch am ehesten einen Vergleich mit dem Gesehenen in den zur Diskussion stehenden Amosvisionen zu, wenn sie kurz ein Visionsbild aus der alltäglichen Begegnung (Mandelbaumzweig) (216), übersiedender Kessel, Körbe mit Feigen) nennen oder ein solches voraussetzen. Weitergehend ist noch eine Parallelisierung mit Jer 24,1ff möglich, wenn beachtet wird, daß hier das Visionsbild in einem Visionszitat steht mit Zeitbestimmung und zweifacher explizierender Beschreibung. Allen diesen Visionsberichten gemeinsam ist der Umstand, daß die tatsächlichen oder vorausgesetzten Visionsbilder Drohsiglen (217) sind. Hervorgehoben werden soll noch einmal, was sonst allzu leicht als Selbstverständlichkeit übergangen werden könnte, die kurze, spotartige Vorstellung eines Visionsbildes in diesen Visionsberichten im Gegensatz zu allen anderen Visionsberichten, die sonst immer eine Geschehensschilderung bringen.

Der Block der Interpretation des Gesehenen durch den Berichterstatter bringt zunächst einen Imperativ als Auslöser und danach die Interpretation selbst. Diese wiederum besteht aus einem Fragesatz und einem auf das Subjekt des Fragesatzes bezogenen (vgl. die syntaktische Analyse) Begründungssatz, wodurch sich die Frage als rhetorische Frage und der Fragesatz - semantisch - als negativer Aussagesatz herausstellt, dem eine Begründung folgt. Die so gestaltete Interpretation ließ sich semantisch als Argument gegen das zuvor zitierte Gesehene charakterisieren. Vergleicht man nun die vorliegenden Visionsberichte im Hinblick auf die Interpretation des Gesehenen mit den übrigen alttestamentlichen Visionsberichten, so stellt sich zunächst einmal heraus, daß Interpretationen des Gesehenen innerhalb von Visionsberichten keine Seltenheit sind. Sie finden sich außer in den Visionsberichten des Amos in vierzehn von - rechnet man die Bileamsprüche mit - fünfundzwanzig Visionsberichten (vgl. Jer 1,11f. 13f;24,3ff; Ez 9,8;11,13;37,11ff; Dan 7,15ff;8,15ff; Sach 1,9ff;2,2. 4. 6;4,4ff;5,2ff. 6. 8. 10f;6,4-6. 8).

---

(216) Das Wort wird auch in Nachahmung des hebräischen Wortspiels treffend mit "Wachebaumzweig" (vgl. Arenhoevel, D., /Deissler, A. /Vögtle, A. (Hrsg.), Die Bibel, Die Heilige Schrift des Alten und Neuen Bundes, Deutsche Ausgabe mit den Erläuterungen der Jerusalemer Bibel, Freiburg/Basel/Wien [5]1973) übersetzt.

(217) Das trifft ganz ohne Zweifel auch für das sqd in Jer 1,11f zu; Formen von sqd haben im Jeremia-Buch immer Jahwe zum Subjekt (vgl. Jer 31,28(2x)1,12;5,6;44,27); in ihnen ist ein strafendes Wachen - in 5,6 sogar im Sinne von Auflauern - Jahwes ausgedrückt, nur 31,28 ist ambivalent, bestätigt zugleich aber aus seinem Zusammenhang auch implizit das ansonsten gängige Verständnis.

Besonders zahlreich treten solche Interpretationen - wie sich zeigt - in Visionsberichten mit apokalyptischem Inhalt auf - einzige Ausnahme ist Dan 10,5-12,1ff -, wo bestimmte Gestalten und Vorgänge der Deutung bedürfen. Hier aber setzen auch schon die Differenzen an: Nicht alle Interpretationen sind strukturell gleichartig. Während also die Interpretationen in Dan 7,15ff;8,15ff; Sach 1,9ff;2,2.4.6.;4,4ff; 5,2ff.6.8.10f;6,4-6.8 und auch in Ez 37,11-14 Entschlüsselungen von Allegorien sind, sind Jer 1,11f.13f als Konzentration auf das Gesehene mit assoziativer Verbindung - ähnlich wie beim dritten und vierten Visionsbericht des Amos, worauf im Zusammenhang der Gattungskritik über diese Visionsberichte noch zurückzukommen sein wird - zu kennzeichnen, Jer 24,3ff hingegen als Vergleich, der das vorangegangene Visionsbild in seinem exemplarischen Charakter verstehen lehrt und Ez 9,8 schließlich als Zusammenfassung und pointierte Herausstellung der zuvor geschilderten Visionsbegebenheiten. Auch in Bezug auf den Auslöser der jeweiligen Interpretation lassen sich Differenzen und Parallelen sichtbar machen. In Dan 7,15;8,15 wird der Auslöser wie ein Hergang berichtet - 7,15: Erschrecken über das Gesicht und Bitte des Berichterstatters um Deutung; 8,15: Nachdenken über das Gesicht, Befehl von dritter Seite an den Deuteengel zur Deutung, Erschrecken über den Deuteengel -, wobei sowohl das Erschrecken, als auch die Aufforderung zur Deutung, als auch schließlich der Deuteengel feste Bestandteile des Auslöseberichtes sind. In Sach 1,9;2,2;4,4;5,6;6,4 ist der Auslöser eine Frage des Berichterstatters an den Deuteengel nach der Bedeutung des Gesehenen; in Sach 2,4;5,10 findet sich diese Frage modifiziert als Frage nach der Funktion; auch Sach 2,6 kann als eine solche Modifikation angesehen werden. Während in Ez 37,11; Sach 5,8;6,8 die Interpretation - eingeleitet durch eine Redeeinleitung - direkt und ohne weiteren gesonderten Auslöser an die Schilderung des Gesehenen angeschlossen wird, findet sich in Jer 1,11.13;24,3; Sach 5,2 die Interpretationsformel und in Ez 9,8;11,13 der dringende Gebetsappell an 'ªdōnāj Jhwh (vgl. dazu die Literarkritik von Am 7,2.5). Damit zeigt sich einerseits, daß die Frage nach der Bedeutung seitens des Berichterstatters und ihre Varianten ausschließlich als Auslöser zur Entschlüsselung von Allegorien fungieren, andrerseits aber, daß die Interpretation von Allegorien nicht notwendig eines gesonderten Auslösers bedarf - sie ist auch direkt an das Gesehene anschließbar -, ferner jedoch, daß die Interpretationsformel nicht auf eine Interpretationsart festgelegt, sondern vielseitiger verwendbar ist und schließlich, daß der Gebetsimperativ als Auslöser für eine indirekte Interpretation im Fürbittgebet auch außerhalb der Amosvisionen - nämlich in Ez 9,8;11,13 - eine Rolle spielt.

Nicht ganz einfach jedoch gestaltet sich der Versuch, typische Formen eines Fürbittgebetes herauszufinden, die dann in den Visionsbericht übertragen worden sind. Schon der Vergleich mit Ez 9,8 zeigt die Schwierigkeit der Parallelisierung: Während die Fürbitte in den Amosvisionen zunächst aus einer flehentlichen Anrede Gottes seitens des Berichterstatters, danach einem Imperativ, mit etwas einzuhalten, danach einer rhetorischen Frage und schließlich einem Begründungssatz besteht, wodurch die drohende Folge bei einem Nichtbeachten des Gebetsimperativs benannt wird, finden sich in Ez 9,8 zwar auch die Elemente "Anrede", "Gebetsimperativ", "drohende Folge", aber in anderer Form und Reihenfolge: Zunächst kommt die Anrede, aber sie besteht nicht nur in der flehentlichen Anrede Gottes, sondern diese ist erweitert durch den vorangestellten Klageruf ’^{a}hāḥ. Die Elemente "Gebetsimperativ" und "drohende Folge" sind in ihrem Nacheinander umgestellt, was aber dadurch bedingt ist, daß beide Elemente sich in *einer* rhetorischen Frage finden: Der erste Teil der Frage stellt die drohende Folge dar, der zweite die Handlung, wodurch die genannte drohende Folge hervorgerufen wird. Beide Teile stehen in einer rhetorischen Frage, mit dem mitlaufenden Verständnis, daß es doch nicht so sein soll. Daher läßt sich der erste Teil der Frage semantisch als Argument gegen das Gesehene verstehen, genauso wie es auch die "drohende Folge" in den Amosvisionen war, und der zweite Teil kann so als Gebetsimperativ verständlich gemacht werden, nämlich, daß der Grimm Jahwes nicht ausgeschüttet werde.

Schwieriger gestaltet sich der Vergleich bei Ez 11,13. Zwar ist auch hier das Fürbittgebet seiner Funktion nach Interpretation innerhalb eines Visionsberichtes, aber es scheint um eines der vorhin genannten Elemente verkürzt zu sein. Jedenfalls ist die Fürbitte auch hier wieder in der Form einer rhetorischen Frage vorgebracht. Sie enthält zunächst die durch den Klageruf ’^{a}hāḥ erweiterte flehentliche Gottesanrede und die Frage, in der man die Elemente "Gebetsimperativ" und "drohende Folge" als in einem zusammengefallen betrachten kann, wenn man berücksichtigt, daß die rhetorische Frage mit der Implikation der Darstellung der drohenden Folge ihren Sinn und ihr Ziel nur in dem Gebetsimperativ haben kann, daß es nicht so geschehen soll. Dennoch wird sich nicht leugnen lassen, daß das Element "Gebetsimperativ" - im Gegensatz zu den zuvor genannten Vorkommen - nicht gesondert und explizit hier auffindbar ist. Ansonsten besteht aber zwischen den Amos-Fürbitten und denen im Ezechiel-Buch weitgehende Übereinstimmung sowohl in struktureller, als auch in funktionaler Hinsicht: Sie weisen nicht nur parallele Strukturmerkmale auf, sondern sie finden sich auch in Visionsberichten und erfüllen dort die Aufgabe der Interpretation des Gesehenen als Argument gegen das Gesehene.

Eine andere Weise der Fürbitte liegt vor in Jer 14,13. Zunächst einmal kann hier nicht vom Kontext eines Visionsberichtes die Rede sein, sondern eine zunächst vorgetragene Schilderung der katastrophalen Situation (14,2-6) wird hier abgelöst von einer Bitte seitens des betroffenen Volkes an Jahwe (14,7-9), die jedoch abgewiesen wird (14,11-12), danach folgt die Fürbitte des Propheten (14,13), die in einer gegliederten Argumentation seitens Jahwes ebenfalls zurückgewiesen wird

(14,14-18) und schließlich eine erneute Bitte des Volkes (14,19-22) die wieder auf Jahwes Ablehnung stößt (15,1-2). Es zeigt sich hier eine eigentümliche Verschränkung zwischen Bitte des Volkes und Fürbitte des Propheten, zu deren Lösung neben der formal gefundenen Anlehnung an Volksklageriten für die vorliegende Fragestellung gerade auch die einfache Nacheinanderordnung der soeben genannten Teile beiträgt. So wird deutlich, daß die Fürbitte des Propheten eingebettet ist in zwei Bitten des Volkes. Sie erhält - genau besehen - drei Ablehnungen: eine direkte (14,14-18), eine vorbeugende - über die Vermittlung der ersten Bitte des Volkes - (14,11f) und eine abschließende, endgültige - über die Vermittlung der zweiten Bitte des Volkes - (15,1f). Alle Ablehnungen Jahwes sind an den Propheten gerichtet, auch, wenn eine Bitte des Volkes vorangegangen war. Damit zeigt sich die Fürbitte hier nicht als isolierter Einzelgang, sondern als eingebunden in die Bitte des Volkes. Umgekehrt sind die Bitten des Volkes zentriert um die Fürbitte des Propheten als dem durch Jahwes Antwort legitimierten Eintreten für jemanden. Durch die so eingebundene Fürbitte wird die angedrohte Situationsschilderung (14,2-6) nicht in dem Sinne interpretiert, daß sie - wie in den Visionsberichten - entweder die Aufmerksamkeit auf das Gesagte konzentrieren oder die Ablehnung des Gesagten durch Argumentation dagegen provozieren oder überhaupt in irgendeiner Weise das Gesagte in den Vordergrund rücken, sondern dadurch, daß sie den Hintergrund aufhellen, auf dem die Androhung steht, ja, fast im Sinne einer Kausalerklärung den Anlaß der Drohung herausstellen. Diese Funktion deutet sich sowohl in den einwendenden Gebetsappellen der Bitten des Volkes - Gib uns nicht auf! (14,9) Jahwe, Du weißt um unsere Bosheit..., wir haben gesündigt gegen Dich. Verschmäh uns nicht!... Wir harren auf Dich! (vgl. 14,20.21.22) -, als auch in der eigentlichen Fürbitte - Die Propheten haben zu sehr beschwichtigt (vgl. 14,13) - an, wo immer von der eingestandenen Schuld, die der Hintergrund oder Anlaß für die Drohung ist, ausgegangen wird. Was die Struktur der eigentlichen Fürbitte betrifft, so läßt sich sagen, daß zunächst - wie bei Ezechiel - die erweiterte flehentliche Anrede Gottes vorgefunden wird und danach die Zitierung der beschwichtigenden Propheten, in der indirekt die "drohende Folge" genannt wird, die - wie bei Ez 11,13 - mit dem "Gebetsimperativ" zusammenfällt, obwohl dieser durch den zwischengeschalteten Aufmerksamkeitsruf schon deutlicher als in Ez 11,13 erkennbar ist. Damit ist die Fürbitte aus dem Jeremia-Buch, wie das aufgeführte Beispiel zeigt, nicht nur darin mit den Amos-Fürbitten vergleichbar, daß auch sie Interpretation - freilich von etwas Gesprochenem und nicht von etwas Gesehenem - ist, sondern auch im Aufweis der Strukturelemente. Zugleich machten sie aber einen Aspekt besonders deutlich, der bisher nur indirekt, wenn überhaupt - vielleicht in der flehentlichen Anrede - angesprochen war, der jedoch zur Fürbitte offenbar gehört: das Bewußtsein von Schuld, das sowohl für die Amos-Fürbitten als auch für die Fürbitten des Ezechiel-Buches vorausgesetzt werden muß.

Schwieriger liegt der Fall in den Mose-Fürbitten. Obwohl gerade Mose als eine der großen Fürsprechergestalten auch von der Tradition immer wieder angeführt wird, finden sich ausgestaltet nur drei Fürbittgebete (Ex 32,11-14;34,8f;Num 14,13-19). Es kommt hier jetzt nicht darauf an, diese Fürbittgebete in das entwickelte Verständnis als Interpretation unbedingt einbeziehen zu wollen - vor allem Ex 32,11-14 scheint sich einer solchen Einpassung zu sperren -, sondern darum, daß auch hier einerseits gezeigt werden kann, daß das Bewußtsein von Schuld in Fürbittgebeten offenbar eine wichtige Voraussetzung ist, die auch für das Verständnis der Amos-Fürbitte fruchtbar gemacht werden kann (vgl. etwa allgemeine Schuldanerkenntnis in Ex 34,8f) und andrerseits die Argumentation gegen Jahwes Strafandrohung, die sich auf Jahwes Heilzusagen beruft und ihr Vertrauen darin reklamiert. So zeigt sich in der Fürbitte für das Volk auch der hier stark in den Vordergrund gerückte Aspekt einer Fürbitte für Jahwe, um seiner Glaubwürdigkeit und Treue willen. Auch dieser Aspekt steckt in der Amos-Fürbitte, wenn nämlich die Argumentation gegen das Gesehene als entscheidendes Argument den Zweifel am Bestehenkönnen des Volkes anführt, dessen Bestehenlassen selbstverständlich vorausgesetzt wird. Die "drohende Folge", die in der Argumentation angesprochen wird, wird in einem Antasten dieses Bestehenlassens gesehen und sticht erst dadurch als Argument.

Zwei Fürbitten eigener Art sind Gen 18,23ff und Jes 6,11. Einmal handelt Abraham um das Überleben Sodoms mit den Gerechten als Einwand, und einmal setzt sich Jesaja für Israel ein mit der Frage nach der Zeitdauer als Einwand. Beide Male wird Jahwes Strafandrohung durch die Einwände auf die Voraussetzungen hin, unter denen sie Gültigkeit hat, interpretiert. Auch in diesen Fällen ist also die Fürbitte Interpretation des Angedrohten, indem sie als Argumentation gegen das Angedrohte dessen Hintergrund diesmal nicht nur auf seine Voraussetzungen hin transparent macht, sondern auch die Grenzen für die Gültigkeit seiner Bedingungen aufzeigt.

Eigenartigerweise lassen sich Beispiele für Fürbittgebete im hier angesprochenen Sinn, daß nämlich jemand für jemanden bei Jahwe eintritt, in der Psalmenliteratur nicht auffinden. Am nächsten kämen dem noch einzelne Klagelieder, in denen gelegentlich Zuversichtsäußerungen an Jahwe für "die Gefangenen" (vgl. Ps 102,21), "die Guten" (vgl. Ps 125,4) oder ähnliche sehr allgemein und vage angesprochene Gruppen abgegeben werden, aber als Fürbitten im vorgebrachten Verständnis sind sie nicht anzusehen. Dazu ist weder dem kollektiven, noch dem individuellen Gebet des Psalters eine gezeigte oder gesprochene Drohung vorangegangen, gegen die einzutreten sowohl der autorisierte Seher bzw. Hörer, als auch - damit zusammenhängend - der autorisierte Interpret des Gesehenen bzw. Gesprochenen fehlt, dessen Interpretation als Argumentation gegen das angedrohte Gesehene bzw. Gesprochene legitim als Eintreten für jemanden bei Jahwe und damit als Fürbitte gekennzeichnet werden kann.

Auf dem Hintergrund des bisher schon Erhobenen zum Fürbittgebet ist das Schweigen der Psalmen eine zusätzliche Bestätigung dafür, daß Fürbitten Interpretationen durch autorisierte Interpreten sind (217a), deren Legitimation in der Autorität - d. h. in der unmittelbaren Gültigkeit und Wirksamkeit - der gehörten oder gesehenen Drohung besteht und deren Funktion Eintreten für die Bedrohten durch Argumentation gegen die Bedrohung ist. Zur Fürbitte gehört danach unverzichtbar die Autorität, die legitim für die Bedrohten eintreten kann, weil sie zuvor schon autorisierter Seher bzw. Hörer war; solche Autoritäten sind der Überlieferung namentlich bekannt und nie anonym. Auch in dieser Hinsicht lehrt das Schweigen der Psalmen, daß Vorbeten noch kein Fürbitten ist.

Abschließend läßt sich über den zweiten Block der ersten beiden Visionsberichte zusammenfassen: 1. Die Fürbitte ist als Argumentation gegen das Gesehene Interpretation des Gesehenen, wie auch die Strukturanalyse schon zeigen konnte. 2. Interpretationen des Gesehenen sind in den alttestamentlichen Visionsberichten keine Seltenheiten, sondern kommen - im Gegenteil - sehr häufig, ja sogar in der Mehrzahl aller Visionsberichte vor. 3. Neben zahlreichen anderen Formen von Interpretationen - Entschlüsselung von Allegorien, Konzentration auf das Gesehene mit assoziativer Verbindung, Vergleichen etc. -, findet sich auch außerhalb der Amosvisionen (vgl. Ez 9,8;11,13) die Form des Fürbittgebetes. 4. Meistens die in Visionsberichten vorkommenden Fürbittgebete Am 7,2.5; Ez 9,8;11,13 (auch Jer 14,13, das nicht in einem Visionsbericht steht) weisen gleiche Strukturelemente auf: Anrede Jahwes, Gebetsimperativ, Aufzeigen der drohenden Folge- und Funktion (Argumentation gegen das Gesehene). 5. Auch außerhalb von Visionsberichten sind Fürbittgebete immer (217b) Interpretationen von Jahwes Strafandrohungen, die aber nicht nur primär die Strafandrohung auf ihre Auswirkung hin, sondern zudem noch auf ihren Hintergrund (Schuld) oder auf die Grenzen der Belastbarkeit der Bedrohten (Bestehenlassen-Bestehenkönnen) oder

---

(217a) Natürlich soll damit ihr Charakter als Gebet mit seinem auch affektiven Sinn nicht unterschlagen werden; dieser kennzeichnet von hier aus noch einmal die Interpretations-Funktion, die über die rein formale Bestimmung hinaus natürlich als ein Ringen um das Verständnis des Gesehenen betrachtet werden muß. Die Fürbitte ist - so gesehen - ein Ringen des jeweiligen Fürsprechers mit Jahwe zur zunächst mehr reflexhaften Abwehr eines angedrohten Unheils; daraus aber wird der Sinn der Drohung verständlich, und insofern interpretiert die Fürbitte; dies geschieht jedoch nicht mit der kühlen Objektivierung, wie das die vorliegenden formalen Überlegungen bisweilen nahezulegen scheinen, sondern parteiergreifend und mit persönlichem Engagement des Fürsprechers.

(217b) vgl. aber d. Einschränkungen bei d. Mose-Fürbitten

auf die Grenzen der Gültigkeit (Rahmenbedingungen) des Angedrohten hin interpretiert werden. Diese Interpretationsziele decken nachträglich Implikationen der Fürbittgebete in den Visionsberichten zumindest bei Amos auf. 6. Ist die Fürbitte immer Interpretation von etwas Angedrohtem im Eintreten für Bedrohte, so bedarf sie grundsätzlich eines autorisierten Interpreten - das ist der zuvor autorisierte Hörer bzw. Seher -, dessen Argumentation erst dadurch kompetent und dessen Eintreten für jemanden erst dadurch legitim ist. Solche Interpreten sind daher nie anonym. -- Konsequent wird also in den ersten beiden Visionsberichten des Amos die Interpretation des Gesehenen in die Form eines Fürbittgebetes gebracht, das Fürbittgebet erweist sich aber hier - wie auch sonst - literarisch als Vermittlungsinstrument. Damit deutet sich in den vorliegenden Visionsberichten auch ein didaktisches Interesse an.

Es muß nun noch über den dritten aus der Strukturierung der Visionsberichte gewonnenen Block die Rede sein: die abschließende Jahwe-Rede, den Jahwe-Entscheid. Die Ausführungen darüber können jedoch knapp gehalten werden, weil der Jahwe-Entscheid, insofern er, als unmittelbare Reaktion auf das Fürbittgebet, keiner eigenständigen Untersuchung bedarf, sondern als Fortführung der Überlegungen um das Fürbittgebet und seinen Kontext in der alttestamentlichen Literatur betrachtet werden kann. Analysiert man die genannten Fürbittgebete einmal auf ihren Kontext hin, so gelangt man zu dem Ergebnis, daß der Fürbitte - wenn auch in verschiedener Form - immer die Darstellung einer Unheilsandrohung vorangeht. Fürbitte wird also nie ohne konkret vorliegenden Grund - etwa als allgemeine Bitte um Wohlergehen - geübt, sondern immer als Gegenzug zu bestimmten Unheilsdrohungen. Entsprechend ist der an die Fürbitte anschließende Jahwe-Entscheid immer auf den durch die Fürbitte interpretierten Einzelfall bezogen. Die Jahwe-Entscheide auf die verschiedenen Fürbittgebete sind nun ihrerseits von Fall zu Fall verschieden. Sie reichen von strikter Ablehnung (vgl. die Reaktionen auf Jer 14,13; Ez 9,8) über teilweise Einlenkung (vgl. das Eingehen auf Gen 18,23ff; Num 14,13-19; Jes 6,1) bis zur völligen Akzeptierung (vgl. die geduldete Antwort auf Ex 32,11-13; ebenso bei Am 7,2.5) des vorangegangenen Einspruchs. Gelegentlich bleibt ein expliziter Entscheid überhaupt aus, so daß es dem Schluß aus dem Zusammenhang überlassen bleibt, ob ein solches Schweigen ablehnend (vgl. Ez 11,13) oder zustimmend (vgl. Ex 34,8f) zu verstehen ist. Die Reaktion Jahwes auf das Fürbittgebet wird damit entweder zitiert (vgl. Gen 18,23ff; Num 14,13ff; Jes 6,11ff; Jer 14,2-15,2; Ez 9,8ff) oder berichtet (vgl. Ex 32,11ff; beachtenwert ist hier die Verwendung des Nifal von nḥm und die Konstruktion mit ʿal) oder verschwiegen (vgl. Ex 34,8f; EZ11,13). Die Verwendung von Bericht und zusätzlichem Zitat des Entscheides wird sonst nicht angetroffen im Zusammenhang mit Fürbittgebeten, wohl aber in anderen Zusammenhängen. Diese Besonderheit der Amos-Visionen wiegt daher auch nicht so schwer wie die, daß der Entscheid lediglich mit der 2. Pers. Sing. Fem. Präfixkonjugation Qal von hjh gefällt wird. Einmal fällt die Knappheit der

Formulierung auf - zitierte Entscheide sind sonst weiter ausholend -, zum anderen gibt es keinen weiteren Beleg dafür, daß tih^{e}jǣ, wenn auch hier mit vorangestellter Negationspartikel, je irgendwo einen eigenen Satz bildet - in Jes 7,7 und Dan 11,17 ist der Satz als jeweils zweites Glied eines Parallelismus membrorum nicht isoliert zu betrachten -, und schließlich wird tih^{e}jǣ nie in Entscheiden mit oder ohne vorangegangene Bitte oder gar Fürbitte verwendet. In der überwiegenden Zahl der Fälle gehört es in die Sprache von Gesetzestexten, gelegentlich wird es auch in prophetischen Ankündigungen angetroffen. Es muß also schon als Besonderheit hervorgehoben werden, was hier als Jahwe-Entscheid auf die Fürbitte den dritten Block in den Visionsberichten des Amos bildet, wenngleich an dieser Stelle noch einmal daran erinnert werden muß, daß auch dieser Block - wie der gesamte Visionsbericht - auf dem Hintergrund seines Parallelismus' mit dem zweiten Visionsbericht und unter Berücksichtigung des polaren Gegensatzverhältnisses zum zweiten Visionsberichtspaar zu betrachten ist, wodurch eine isolierte Sicht - auch des zitierten Entscheides - sich ohnehin verbietet. Dennoch bleibt ein solcher Entscheid auf die Fürbitte eines jeweiligen Visionsbildes bzw. -ereignisses oder einer gesprochenen Androhung in dieser Form singulär.

Inhaltlich stellt der Jahwe-Entscheid eine Zustimmung zum Argument der Fürbitte dar. Eine solche Entsprechung scheint immer dann gewährt zu werden, wenn die in der Fürbitte interpretierte "drohende Folge" der zuvor vernommenen Androhung grundsätzlich vernichtenden, die Basis des Bestehenkönnens antastenden Charakter besitzt; so sind auch teilweise Zurücknahmen der Drohung durch Modifizierungen (vgl. z.B. Num 14,13ff) erklärlich.

Bei diesen analytischen Betrachtungen zur Gattung des ersten Visionsberichtspaares soll es vorerst einmal belassen bleiben und zunächst zur Gattungskritik des zweiten Visionsberichtspaares übergegangen werden, um danach zu einer umfassenden Beschreibung der Gattung des Visionszyklus' des Amos zu gelangen.

c) Der dritte und vierte Visionsbericht

War mit den ersten beiden Visionsberichten bisher der eine Pol eines polaren Gegensatzverhältnisses Gegenstand der Untersuchung, so liegt mit dem zweiten Visionsberichtspaar nun der andere Pol zur Analyse vor. Es kann daher - genau wie beim ersten Visionsberichtspaar - ebenfalls von den Struktur-Blöcken ausgegangen werden, aus denen die Korrelation beider Visionsberichtspaare ersichtlich wurde. Dabei zeigt es sich, daß schon bei den Überlegungen zum ersten Visionsberichtspaar einige Gesichtspunkte zur Sprache gekommen waren, die für die nun anstehende Analyse von Bedeutung sind und daher nur noch kurz zu erläutern sein werden.

Das Zitat des Gesehenen als der erste der drei Blöcke besteht nur aus der knappen - zwei im Konstruktusverhältnis zueinander stehende Substantive (vgl. die stilistisch-syntaktische Analyse) - Vorstellung des Visionsbildes, das seinerseits Symbolcharakter besitzt (vgl. die semantische Analyse). Es war oben schon deutlich geworden, daß nur die Visionsberichte von Jer 1,11f. 13f;24,1ff lediglich ein kurzes Visionsbild als Gesehenes bringen. Allerdings läßt das Visionsbild in Jer 24,1f die prägnante Kürze des Zitats von Am 7,7 bzw. 8,1 vermissen. Eher scheinen sich schon die Visionsbilder in Jer 1,11.13 anzubieten. Hier ist freilich Vorsicht geboten im Hinblick auf einen Vergleich mit Am 7,7;8,1; während nämlich bei den Amosvisionen unmittelbar auf den Aufmerksamkeitsruf das Zitat des Gesehenen und nach der Interpretationsformel eine interpretierend-konzentrierende Form des zuvor zitierten Gesehenen folgt, beginnt die Vorstellung des Gesehenen in Jer 1,11. 13 sofort nach vorangegangener Interpretationsformel. Es muß also angenommen werden, daß die Visionsbilder in Jer 1,11.13 bereits interpretierte Konzentrate von etwas nicht in ursprünglicher Form zitiertem Gesehenen sind. Demnach gibt es in den vorliegenden Visionen aus dem Jeremia-Buch keine Entsprechung zum Zitat des Gesehenen; die Amosvisionen scheinen in diesem Punkt gewissermaßen tiefer und früher anzusetzen. Sie geben sich nicht zufrieden mit der Wiedergabe der Interpretation des Gesehenen, sondern sie zitieren das Gesehene selbst zunächst einmal, lassen also am Sehen des Gesehenen teilnehmen und ermöglichen auf diese Weise Einblick in den Umsetzungsprozeß durch den autorisierten Interpreten. Schaut man sich die zur Rede stehenden Visionsberichte jedoch genauer an, so kann doch nicht ausgeschlossen werden, daß das Zitat des Gesehenen hier nachträglich verlorengegangen ist. Zunächst einmal ist auffällig, daß beide Visionsberichte in der vorliegenden Fassung mit jeweils zwei Formeln eingeleitet werden: der Wortereignisformel und der Interpretationsformel. Es wäre ferner singulär, wenn ein Visionsbericht durch die Wortereignisformel eingeleitet würde, die Interpretationsformel aber hat ihren Platz durchaus im Visionsbericht. Damit konkurrieren hier Wortereignis- und Interpretationsformel miteinander. Da aber der weitere Zusammenhang den vorliegenden Text eindeutig als einen Visionsbericht ausweist, kann davon ausgegangen werden, daß die Wortereignisformel nicht ursprünglich in diesen Zusammenhang gehört. Wenn nun die vorliegenden Visionsberichte mit verlorenem oder nicht rekonstruierbaren Zitat des Gesehenen überliefert waren, dann war es aus der Sicht eines späteren Redaktors nur konsequent, die vielleicht nicht mehr als solche verstandene Interpretationsformel mit einer Einleitung zu versehen und den Text damit einem - wenn auch neuen - Verstehen zugänglich zu machen. Problematisch bleibt bei dieser Rekonstruktion jedoch, daß die Interpretation des Gesehenen - darauf wird zurückzukommen sein - in der konkreten Vorstellungsform verbleibt, die für das Zitat des Gesehenen zu erwarten ist. Obwohl dem Problem - ist das ursprüngliche Zitat des Gesehenen vielleicht in den Teil der Interpretation des

Gesehenen hineingezogen worden und wenn ja, unter welchen Umständen? oder liegt eine weiterentwickelte Interpretation vor? - hier nicht im einzelnen nachgegangen werden soll, spricht dennoch das Konkurrenzverhältnis der beiden genannten Formeln sehr stark für einen ursprünglich anderen Beginn der vorliegenden Visionsberichte, für den ein Zitat des Gesehenen der Interpretation des Gesehenen vorausgegangen sein muß. Daher kann meines Erachtens in Jer 1,11f. 13f in gleichem Sinne und mit gleicher Berechtigung von Visionsberichten die Rede sein wie in Am 7,7f;8,1f. Bei den vorliegenden Visionsberichten im Jeremia-Buch werden Interpretationsautorität und -legitimität damit nicht nur vorausgesetzt, sondern wie bei Amos begründet durch die Zitation des gesehenen Ausgangspunktes mit allen schon genannten und darin mitlaufenden Implikationen.

Anders liegt in dieser Hinsicht der Fall bei Jer 24,1ff: Hier wird zunächst das Gesehene vorgestellt und danach - veranlaßt durch die Interpretationsformel - interpretiert. Allerdings wurde schon auf das Problem der breiten Ausführung des Visionsbildes hingewiesen, wenn auch beachtet bleiben muß, daß hier überhaupt ein Visionsbild und nicht - wie sonst fast immer - ein Visionsgeschehen vorgestellt wird. Auch in Sach 5,1ff geht der durch die Interpretationsformel ausgelösten Interpretation das zitierte Gesehene - freilich als Geschehensschilderung - voran, wohingegen in Sach 4,1ff der durch die Interpretationsformel ausgelösten Interpretation kein eigens zitiertes Gesehenes zugrundegelegt wird.

Mit diesen Bemerkungen über den Block des Gesehenen - vor allem im Hinblick auf seine Stellung vor einer durch Interpretationsformel ausgelösten Interpretation - sind nun schon einige Punkte über den Block der Interpretation des Gesehenen durch den Berichterstatter angeschnitten worden. Klar ist bereits, daß in den vorliegenden Amos-Visionsberichten zunächst die Interpretationsformel die Interpretation einleitet und indiziert. Die darauf folgende Interpretation kann als eine Konzentration auf den Gehalt des Gesehenen unter Verzicht auf jegliche handgreifliche Vorstellungsform - es wird z.B. einfach von "Zinn" oder "Obst", nicht aber von deren Vorstellungsformen wie etwa Haufen oder Stück Zinn oder Korb oder Schale mit Obst geredet - beschrieben werden. Ganz ähnlich liegt der Fall, geht man zunächst von den Stellen aus, wo der Interpretation das Zitat des Gesehenen vorangeht und auf diese Weise ein direkter Vergleich möglich ist zwischen Gesehenem und Interpretiertem, in Jer 24,1ff, ganz anders geartet jedoch ist Sach 5,1ff. Auch in Jer 24,1ff wird nichts weiter als das Konzentrat des zuvor zitierten Gesehenen herausinterpretiert - keine gegenständliche Vorstellungsform, keine Orts- und keine Zeitangabe - und damit ein Zurückziehen ganz auf den Gehalt des Gesehenen erreicht (vgl. Jer 24,3). Dagegen scheint die Entwicklung in Sach 5,1ff eher umgekehrt zu verlaufen, obwohl sich schon das Zitat des Gesehenen sowohl in der Durchführung - es wird kein Visionsbild präsentiert, sondern ein

Visionsgeschehen geschildert -, als auch in der Art seiner inhaltlichen Füllung - es geht nicht um Gegenstände des täglichen Gebrauchs, sondern um Symbole aus apokalyptischer Vorstellung - gegenüber Jer 24,1f, aber auch gegenüber Am 7,7;8,1 als sehr unterschiedlich darstellt. Die Interpretation ist es in Sach 5,1ff nun, die konkretisiert und mit objektivierenden Bezügen versieht, was zuvor als ungedeutetes, aber nach Erklärung verlangendes Konzentrat das Gesehene des Visionsberichtes ausmachte.

Geht man nun von den Stellen aus, die - ohne ein vorangegangenes Zitat des Gesehenen - sofort mit der Interpretation des Gesehenen einsetzen, so zeigt sich in Sach 4,1ff gegenüber Sach 5,1ff kein Unterschied (möglicherweise ist hier ein ursprünglich vorhanden gewesenes Zitat des Gesehenen verlorengegangen oder auf an dieser Stelle nicht zu klärende Weise verschüttet worden), in Jer 1,11.13 ist die Frage nach Übereinstimmung oder Differenz schwierig zu klären. Einerseits läßt sich den Interpretationen das Bemühen entnehmen - ähnlich wie Am 7,8;8,2; Jer 24,3 -, das Gesehene zu konzentrieren auf einen Darstellungsaspekt, der zur assoziierend-weiterarbeitenden Formulierung der Aussageintention geeignet ist - Jer 1,12 bestätigt ausdrücklich das Gelingen dieser Konzentrierungsaufgabe der Interpretation -; andrerseits kann aber nicht übersehen werden, daß von einer Konzentrierung im oben angesprochenen Sinn, nämlich als Verzicht auf jede gegenständlich-handgreifliche Vorstellungsform, hier nicht zu sprechen ist. Und darin liegt formal ein erheblicher Unterschied zu den genannten Visionsberichten Am 7,8;8,2; Jer 24,3, zumal gerade dieser Punkt beim Vergleich der in Frage kommenden Visionsberichte eine differenzierende Rolle gespielt hat. Es ist zu vermuten, daß die vorliegenden Visionsberichte aus dem Jeremia-Buch gegenüber den Amos-Visionen, aber auch gegenüber Jer 24,1ff ein weiterentwickeltes Stadium repräsentieren. Die Konzentration wurde nicht mehr unter Verzicht gegenständlicher Vorstellungsformen geführt; über die Gründe könnte vielleicht das vermutlich verlorene Zitat des Gesehenen Auskunft geben. Dennoch lassen sich Jer 1,11f.13f gattungskritisch bezüglich des Blocks der Interpretation des Gesehenen durch den Berichterstatter - wenn auch als vermutlich weitergeführte (das Gesehene offenbar deutlich im Ausdruck des Interpretierten erkennen lassende) Form - mit Am 7,7f;8,1f; Jer 24,1ff parallel setzen.

Dagegen müssen Sach 4,1ff;5,1ff von den genannten Visionsberichten in dieser Hinsicht abgehoben werden. In ihnen ist zwar schematisch die alte Interpretationsformel zur Einleitung der Interpretation von etwas Gesehenem aufgenommen worden, aber mit einer neuen, abweichenden Funktion: Sie löst nun die Interpretation nicht mehr als Konzentration von etwas Gesehenem aus, sondern dient einem anderen Interpretationsverständnis und einem anderen Interpretationsziel: nämlich das zitierte Gesehene aus der Konzentration seiner Verdichtung herauszuführen - vorausgesetzt ist dabei nicht ein Visionsbild, sondern ein Visionsgeschehen -, es zu konkretisieren und in Vorstellungsinhalte umzusetzen oder zu übersetzen. Damit aber ist die Interpretation durchaus nicht abgeschlossen. Es steht nun noch die Deutung des interpretierten, also des so und nicht anders betrachteten Gesehenen im Sinne einer Dechiffrierung aus. Das gleiche Bestreben läßt sich auch in den übrigen, bisher nicht näher zum Vergleich herangezogenen Visionsberichten - durchweg apokalyptische oder am Übergang zur Apokalyptik stehende Berichte - erkennen (vgl. die Zusammenstellung im vorigen Abschnitt über das erste Visionsberichtspaar). Sie sollen daher hier nicht Gegenstand der Untersuchung sein.

Den dritten Block in der Struktur der Visionsberichte bildet die abschließende Jahwe-Rede. Sie beschränkt sich aber nicht auf den Jahwe-Entscheid - wie beim ersten Visionsberichtspaar -, sondern führt zuvor die Interpretation des Gesehenen durch den Berichterstatter fort, indem sie das aus dem Gesehenen Herausinterpretierte aufnimmt und wortassoziativ verarbeitet, wodurch dann auf den Jahwe-Entscheid hingeleitet wird; oder anders gewendet: der Jahwe-Entscheid setzt eine solche Weiterführung der Interpretation voraus. Damit ist nicht die Technik (wortassoziative Aufnahme), sondern die Tatsache der Weiterführung gemeint, die als verbindendes Element die Interpretation des Gesehenen durch den Berichterstatter und den abschließenden Jahwe-Entscheid in einen sinnvollen Zusammenhang fügt und ohne die sowohl die Interpretation durch den Berichterstatter, als auch der Jahwe-Entscheid isoliert und unverständlich wären.

Vergleicht man diese Vorgehensweise nun mit der der übrigen Visionsberichte, so wird man sagen müssen, daß sie singulär ist. Nirgendwo sonst findet sich auch nur ein Ansatz dazu, das durch den Berichterstatter interpretierte Gesehene in dieser Weise aufzunehmen und das durch den Berichterstatter zuvor erbrachte Interpretationsergebnis assoziativ umzumünzen in dessen eigene Verwertung: Ziel der Interpretation war in der Tat das jeweilige Interpretationsergebnis durch den Berichterstatter; es wird dann verwendet zur Erreichung der Aussage-Intention des jeweiligen Visionsberichts, die sich schließlich im Jahwe-Entscheid niederschlägt. Zwar kann nicht geleugnet werden, daß auch in Jer 1,11f.13f;24,1ff eine abschließende Jahwe-Rede auf die Interpretation durch den Berichterstatter folgt, und diese Jahwe-Rede nimmt auch direkt-assoziierenden Bezug auf das vorangegangene Interpretationsergebnis, aber es fehlt der abschließende, allgemein gehaltene Jahwe-Entscheid. Dieser Mangel könnte mit einer Fußnotenbemerkung übergangen werden - die abschließende Jahwe-Rede impliziert ohnehin auch einen Jahwe-Entscheid -, wenn dadurch nicht die Jahwe-Rede und die Art ihrer Aufnahme des Interpretationsergebnisses erheblich beeinflußt würden. Sie nimmt hier nämlich nicht mehr - wie bei den Amosvisionen - als Verbindung zwischen der Interpretation durch den Berichterstatter und dem Jahwe-Entscheid das Interpretationsergebnis auf, sondern in direkter Verwendung; sie verändert es daher auch nicht assoziierend, sondern kann mit ihm direkt die Aussage-Intention der abschließenden Jahwe-Rede assoziieren; jedenfalls wird in Jer 1,11f. 13f so verfahren. In Jer 24,1ff liegt der Fall ein wenig anders: Hier wird das Interpretationsergebnis in der abschließenden Jahwe-Rede zu einem einfachen Vergleich benutzt.

Festgehalten werden aber muß, daß in allen hier zum Vergleich vorliegenden Visionsberichten - Am 7,7f;8,1f; Jer 1,11f. 13f;24,1ff - etwas als Visionsbild (im Gegensatz zum sonst durchgängig vorgegebenen Visionsgeschehen) Gesehenes interpretierend auf seinen Gehalt ohne gegenständliche Vorstellungsbezüge konzentriert und dieses Interpretationsergebnis in einer folgenden abschließenden Jahwe-Rede aufgenommen und zur Aussage-Intention verwendet wird; dabei wird deutlich, daß das im Interpretationsergebnis erreichte Ziel der Interpretation immer nur ein vorläufiges Ziel (218) im Verlauf des jeweiligen Visionsberichtes ist, das in einem jeweils funktionalen Verhältnis zur abschließenden Jahwe-Rede steht. Dabei können nun drei Guppen von Visionsberichten aufgrund der differierenden Weise der Aufnahme des Interpretationsergebnisses unterschieden werden: Zunächst Am 7,7f;8,1f, in denen das Interpretationsergebnis mit einem anderen Wort assoziiert und so aufgenommen wird zur Hinleitung auf den abschließenden Jahwe-Entscheid; ferner 1,11f. 13f, wo das Interpretationsergebnis ohne Veränderung in der Jahwe-Rede assoziierend verarbeitet ist; schließlich Jer 24,1ff, wo überhaupt nicht assoziiert, sondern verglichen wird. Diese Variationsmöglichkeiten liegen aber innerhalb eines bestimmten Strukturmusters aus "Zitat des Gesehenen", "Interpretation des Gesehenen durch den Berichterstatter" und "abschließende Jahwe-Rede".

d) Der Visionszyklus im Zusammenhang

Entgegen sich nahelegendem Verständnis, das gattungskritische Betrachtungen in ihrer typisierenden Funktion als verallgemeinernden oder doch zumindest synthetisierenden Arbeitsprozeß erwarten läßt, hat die Untersuchung ihren analytischen Charakter beibehalten. Auf diese Weise wurde ein differnziertes Eingehen des typisierenden Vergleichs in den schon von der Strukturanalyse herausgestellten einzelnen Teilen durch Heranziehung der anderen alttestamentlichen Visionsberichte ermöglicht, und sowohl Scheinentsprechungen als auch Verallgemeinerungen blieben vermieden. Andrerseits hat gerade diese Vorgehendweise auch einen Einblick in die übereinstimmende bzw. abweichende Reihenfolge von

---

(218) Das trifft sogar noch für die vom engeren Vergleich schon zurückgestellten Visionsberichte Sach 4,1ff;5,1ff, wo die Interpretation auch in einem funktionalen Verhältnis zur eigentlich dechiffrierenden Deutung des Gesehenen steht (vgl. oben), zu.

analysierten Strukturteilen und damit eine objektiv nachvollziehbare Grundlage für eine synthetisierende Gesamtsicht geboten. Dennoch sind die bisherigen Ergebnisse Auflistungen von abgeschlossenen Einzelbetrachtungen geblieben, ohne daß aus ihnen die Relevanz für den Visionszyklus und dessen Zusammenhang von vornherein erkennbar wäre. Wenn aber der Visionszyklus des Amos insgesamt Gegenstand des Interesses ist, dann genügt es jedenfalls nicht, die Einzelergebnisse hier noch einmal zu summieren, sondern sie müssen ihrerseits auf ihren Kontext hin interpretiert werden, wie er sich formal schon einmal in der Strukturanalyse des Visionszyklus' als dessen Strukturbild - vgl. die Skizze in Abb. 7 - darstellen ließ (219).

Begonnen war in der Gattungsanalyse mit einem Teil, der schon in der Strukturanalyse als ein integrativer Teil erkannt worden war, durch den die Visionsberichte sowohl jeweils einzeln, als auch in ihrem Zusammenhang als Komplex von Visionsberichten betroffen und durchgängig festgelegt waren. Das primäre durch ihn angeschnittene Problem lautet: Wie kann sprachlich-berichtend und damit intersubjektiv grundsätzlich nachvollziehbar an etwas Gesehenes in der aktuellen Relevanz seiner unmittelbaren Gültigkeit und Wirksamkeit herangeführt werden? Oder schärfer gefaßt: Wie ist in deskriptiver - genauer: in fiktiv-performativer - Redeweise der performative Charakter von etwas Gesehenem einzufangen? Oder zugespitzt: Wie ist originäre Einsicht als solche vermittelbar? Wie ist Originalität mitteilbar? Wie kann die Evidenz der eigenen Sichtweise in ihrem Anspruch kommunikabel gemacht werden? Das didaktische Problem, das hier angegangen wird, besteht also zunächst einmal nicht in der Frage der günstigsten Übertragungstechnik von etwas Gesehenem in die Mitteilung darüber, sondern - dem vorgelagert - in der kommunikativen Probe auf's Exempel des unter dem Anspruch der unmittelbaren Autorität seiner Gültigkeit und Wirksamkeit stehenden Gesehenen. Indem diese Probe auf's Exempel durch bewußten Rekurs auf die originäre Einsicht in einer von dem performativen Charakter ihrer Sehensweise abgeleiteten fiktiv-performativen Redeweise tatsächlich durchgeführt wird, ist dadurch einerseits die Authentizität des Berichts über das Gesehene verbürgt, denn dieser Bericht will und kann nicht beim Referat verbleiben, sondern sucht Wirkung, Anspruch und Geltung mitzuberichten; andrerseits ist daraus ersichtlich, wie Gesehenes und Gesprochenes im "Visions"-"Bericht" auseinanderstehen und zusammengehören, denn Vermittlung von Gesehenem wird

---

(219) Damit werden die bisherigen Einzelergebnisse der Gattungskritik keineswegs lediglich auf den formalen Zusammenhang des Visionszyklus' verpflichtet, sondern auf den Gesamtkontext der Visionsberichte; formal hat sich dieser schon einmal umfassend darstellen lassen, seine materiale Darstellung steht noch als Ergebnis der Gattungskritik in der Beschreibung der Gattung aus.

nicht sehend, sondern sprechend, also in übertragener Weise zitiert. Aber zur adäquaten Zitation bedarf es auch - das ist die didaktische Aufgabe - der Heranführung an die Geltung des Gesehenen in seiner unmittelbaren Aktualität. Ferner ist darin eine Charakterisierung bzw. Qualifizierung der Autorität der gewonnenen und in ihrer Kommunikabilität erprobten Sichtweise des Berichterstatters impliziert, denn es ist eine Sichtweise Jahwes, wobei der zuletzt genannte Genetiv durchaus in seinem Doppelsinn als Gen. obj. und Gen. subj. zu verstehen ist. Schließlich ist aufgrund der durch das oben entfaltete Verständnismodell gewonnenen Einsicht in den Zusammenhang des vorliegenden Visionszyklus' prinzipiell der Weg zur Beschreibung der Gattung der Visionsberichte freigegeben, denn mit der oben durchgeführten Analyse der allgemeinen Einleitung wurde nicht - wie sich zeigte - ein Detail an den Visionsberichten zu klären gesucht, sondern die allgemeine Einleitung erwies sich im Laufe der Untersuchung vielmehr durch ihre Auskunftsfähigkeit gerade im Hinblick auf den literarischen Charakter der Visionsberichte als eine geeignete Möglichkeit, die anderen als Details analysierten Strukturteile der Visionsberichte in ein gemeinsames Konzept zu integrieren.

Was nun die Interpretation der einzelnen Struktur-Blöcke betrifft, so kann zunächst einmal festgehalten werden, daß die Visionsberichte ihre Aufgabe, nämlich die originäre Einsicht des Berichterstatters, die gleichermaßen als eine Sichtweise Jahwes und damit in ihrer unbestreitbaren Autorität qualifiziert ist, ohne Abstrich der zwingenden Verbindlichkeit ihrer Evidenz und des unmittelbar wirksamen Anspruchs ihrer Geltung auf ihre Kommunikabilität (220) zu prüfen, im Zitat des Gesehenen jeweils durch ein knapp skizziertes Visionsbild erfüllen. Diese Visionsbilder, die im ersten Visionsberichtspaar noch durch eine Explikation durch den Berichterstatter erläutert werden, werden im zweiten Visionsberichtspaar auch sprachlich wie auf eine Momentaufnahme beschränkt und konzentriert.

Darin liegt aber auch der wesentliche Unterschied der Bilder des ersten Visionsberichtspaares von denen des zweiten Visionsberichtspaares

(220) Aus den bisherigen Überlegungen mußte schon klar werden, daß mit "Kommunikabilität" ein weitergehendes Kürzel verwendet wurde, als durch "intersubjektive Nachvollziehbarkeit" abgedeckt werden konnte. Es wird darüberhinaus die Mitteilbarkeit, ja Zuteilbarkeit und Antragbarkeit nicht nur des distanzierten und referierbaren, sondern des engagierten, betroffenen und in die Macht des originären Anspruchs einbezogenen Verständnisses herangezogen, wodurch Gesehenes in seiner Unmittelbarkeit tatsächlich zitiert und nicht lediglich multiplizierend nacherzählt oder bestenfalls - wie wäre das authentisch? - nachempfunden wird.

begründet: Während die Bilder des zweiten Visionsberichtspaares Konstatierungen sind, unbewegte, entgegengestellte Konfrontationen, sind die Bilder des ersten Visionsberichtspaares auf ihrem Höhepunkt angehaltene Bewegungen, zwar nicht erstarrte, aber doch zur Geste stilisierte Handlungen (221). Sie sind die im Bild eingefangene Spannungspause der Drohung zwischen Ausholen und Zuschlagen, wie es auch die Explikationen des Berichterstatters deutlich machen, wenn sie von dem reden, was geschehen ist und dem, was zu geschehen droht. Können die Bilder des ersten Visionsberichtspaares damit den performativen Charakter des Gesehenen gemäß der durch die erkannte Funktion der allgemeinen Einleitung angezielten Absicht der Visionsberichte als Drohung mit all ihren Implikationen verständlich machen, sowie - umgekehrt - im Zitat des Gesehenen die Drohung mit im äußersten, wirkkräftigsten Moment ihrer Gestik festgehaltenen Bildern des täglichen Umgangs belegt ist, so erfüllen die Bilder des zweiten Visionsberichtspaares ihre Funktion in anderer, eigenständiger Weise. Sie sind nicht Drohungen, sondern Fakten, kein Bewegungsmoment, keine Spannung, sondern entladene, trutzig verharrende Entgegensetzung, keine aufgestellte Provokation zwar, aber die blockierende Last vollendeter Tatsachen, der lähmende Druck des unweigerlich Geschehenen, die grelle Konfrontation mit definitiv Gegebenem und abgeschlossen Präsentiertem. Die Bilder des zweiten Visionsberichtspaares suchen damit gemäß der in der allgemeinen Einleitung umrissenen Vermittlungsabsicht den performativen Charakter des Gesehenen im Zitat des Gesehenen als harsche Dekuvrierung und - durch ihre Definitivität - ausliefernde Konfrontation mit gesetzten Fakten verständlich zu machen. Auch hier sind die Bilder wieder aus der begegnenden Umwelt entnommen, um so didaktisch den Zugang ebenso zur unmittelbaren Wirkung und Geltung des Gesehenen sprachlich zu ermöglichen oder - umgekehrt - die beschriebenen und sprachlich formulierten Visionsbilder als Zitat des Gesehenen jeweils zu belegen. Allerdings - und der Unterschied muß festgehalten werden - sind die Visionsbilder des zweiten Visionsberichtspaares, betrachtet man sie für sich nur in der isolierten Konstatierung des Zitats des Gesehenen, im Gegensatz zu den Bildern des ersten Visionsberichtspaares keine Drohsiglen, als solche sind sie erst auf dem Hintergrund des Gesamtzusammenhanges dieser Visionsberichte qualifizierbar.

Die bisherigen Überlegungen zu den Visionsbildern und die Konkretisierung und Einordnung ihrer Funktion auf der Basis des gattungskritisch

---

(221) Was hier gemeint ist, kann noch verdeutlicht werden durch den "Stillstand" in der Anspannung nach dem Ausholen zur Bewegung und vor dem Loslassen der Bewegung, wie sie etwa klassisch dargestellt ist in dem in römischen Kopien erhaltenen Diskobolos des Myron; nicht die Erstarrung von Bewegung macht hier die Darstellung aus, sondern ihr Erfassen in extremer Spannung.

zu den Visionsberichten Erhobenen dürfen aber nicht in der Weise mißverstanden werden, daß der performative Charakter des in den Visionsberichten Vermittelten allein auf das Visionsbild und damit auf das Zitat des Gesehenen zu beziehen ist, sondern durch die allgemeine Einleitung und ihren verschiedentlich bereits angemerkten integrierenden, alle Strukturteile betreffenden und bestimmenden Sinn, wie er in der oben durchgeführten gattungskritischen Analyse sichtbar wurde, sind der Block der Interpretation des Gesehenen und die abschließende Jahwerede dabei ebenfalls zu berücksichtigen. Hierbei wird sich die Verklammerung und gegenseitige Abhängigkeit der einzelnen, bisher analysierend doch sehr voneinander gesondert behandelten Strukturteile erweisen. Aber zuvor müssen noch bezüglich des Zitats des Gesehenen zwei möglicherweise sich vorschnell ergebende Urteilsschlüsse in ihrer direkten Selbstverständlichkeit zumindest in Frage gestellt werden: Erstens - diese Frage stellt sich vor allem und zunächst im Hinblick auf das Visionsbild des ersten Visionsberichtspaares -, wenn das Subjekt der in der äußersten Spannung zur Ruhe gekommenen und dort zitierend festgehaltenen Bewegung nicht ausdrücklich - oder ausdrücklich nicht? - genannt ist, kann man dann selbstverständlich davon ausgehen, daß Jahwe, also derjenige, der auch "sehen läßt", als dieses Subjekt sinngemäß zu interpretieren ist? Zweitens - diese Frage soll in Verbindung mit der Klärung der übrigen Strukturteile und deren Zusammenhang in den Visionsberichten erörtert werden und dann über den internen Kontext der Visionsberichte hinausführen -, wenn im ersten Visionsberichtspaar der Berichterstatter direkt auf das Gesehene reagiert, und wenn ferner im zweiten Visionsberichtspaar der Berichterstatter es ist, der sogar namentlich in bezug auf das Gesehene angesprochen wird, kann dann selbstverständlich der Berichterstatter auch als exklusiver Adressat der Visionen - nicht der Visionsberichte - benannt werden?

Zur Beantwortung der ersten Frage, die - wie noch zu zeigen sein wird - das zweite Visionsberichtspaar indirekt in wenigstens ebenso großem Ausmaß betrifft, muß zunächst einmal von dem fehlenden Subjekt in der im Bild festgehaltenen und zitierten Handlung des Gesehenen des ersten Visionsberichtspaares ausgegangen werden. Unter Kommentatoren ist es - soweit ich sehe - einhellige Meinung, daß Jahwe als Subjekt hier angesehen werden muß, und dies wohl auch deshalb, weil es nie wirklich eine Frage war. Wenn das aber so ist, warum ist er als Subjekt dann nicht genannt? Wozu also die relativ seltene - vgl. die syntaktische Analyse - Konstruktion eines Part. Qal ohne explizites Subjekt? Etwa wegen der Selbstverständlichkeit, daß Jahwe auch tut, was er sehen läßt? Oder weil er es auch ist, der als Reaktion auf das Gesehene vom Berichterstatter um Gnade und Einhalt angefleht wird? Werden die genannten Einwände als beweiskräftig angesehen, muß man sich als Konsequenz darüber im klaren sein, daß Initiator und Subjekt von im Visionsbild Gesehenem prinzipiell Jahwe ist, daß also Jahwe, indem er sehen läßt, prinzipiell sich selbst darstellt. Eine weitere Konsequenz wäre, daß Jahwe, wird er um Verzeihung und Abwendung auf dem Hintergrund einer drohenden Gefahr gebeten, auch als Initiator bzw. als Subjekt dieser Drohung angesehen werden muß. Folgt man den Einwänden nicht, so wird damit nicht von vornherein das Gegenteil behauptet, wohl aber werden auch andere Möglichkeiten offengehalten, z. B. die, daß Jahwe auch Drohungen sehen lassen kann und um die Abwendung von Gefahren gebeten werden kann, deren Initiator er nicht selbst ist, zu deren Initiierung er aber veranlassen kann.

Bedenkt man nun die Erkenntnisse, die aus der Analyse der allgemeinen Einleitung und der unter ihrer Berücksichtigung durchgeführten konkretisierenden Analyse des Zitats des Gesehenen gewonnen wurden und aus der die Vermittlungsabsicht der Visionsberichte hervorging, dann muß es zunächst einmal zumindest als fraglich angesehen werden, Jahwe als Subjekt jeweils zu den Partizipien im Zitat des Gesehenen anzunehmen, denn es geht hier ja nicht um die nachträgliche Wiedergabe eines geschauten Visionsdramas mit Jahwe als Hauptakteur. Der Berichterstatter will ja nicht, wie die vorangegangenen Ergebnisse aus den Überlegungen zu Syntax, Redeweise und deren Umsetzungsstrategie in den Visionsberichten belegen, eine Episode nacherzählen, die sich exklusiv für ihn zugetragen hat und die ihm Einblick in Jahwes Aktivitäten ermöglicht hat. Und schließlich handelt es sich auch nicht, wie der gattungskritische Vergleich zeigen konnte, um apokalyptische Visionsberichte, die - anders als die vorliegenden - übergreifende, keinesfalls auf Israel beschränkte Erklärungshypothesen über Sinn und Ziel der Welt und über die Einordnung der Völker in Jahwes Machtbereich und Planungsgewalt mit entschlüsselbaren und in ihren Einzelheiten direkt übertragbaren chiffrierten und so die Wirklichkeit transzendierenden geschilderten Szenen (222) berichten. Auf diese Weise aber sind die alten Fragen, welchen Sinn es denn hat, geschautes Handeln Jahwes nachzuerzählen und anschließend dessen Annullierung zu erwirken bzw. noch darüber zu berichten, nicht mit der Übertragungstechnik der apokalyptischen Visionsberichte hier zu beantworten. Dies gilt umso mehr, als die Fragen nach den Zeit- und Redeverhältnissen des Sehens, des Widersprechens, des Erfolgs des Widersprechens und des Sprechens darüber als die Gesprächsebenen innerhalb der Visionsberichte auf diese Weise überhaupt nicht in den Griff zu bekommen sind. Dabei wurde noch ganz abgesehen von einer zu fordernden sinnvollen Geschehensabfolge, die nicht von einem gesehenen durchgeführten Handeln Jahwes ausgeht, daß

---

(222) Damit wird keineswegs beansprucht, apokalyptische Visionsberichte charakterisiert zu haben; das war in dieser als Verkürzung kritisierbaren Formulierung auch gar nicht beabsichtigt und ist auch nicht Thema der vorliegenden Überlegungen. Zur knappen Kennzeichnung der Unterschiedlichkeit von den Visionsberichten des Amos im Hinblick auf die zur Frage stehende Einzelproblematik mag sie jedoch hinreichen.

derselbe Jahwe nach einem Einspruch als überhaupt nicht von ihm geplantes Handeln wieder dementiert. Hier liegt vielmehr eine andere Vermittlungsabsicht und damit auch Redeweise zugrunde, wie durch die Analyse der Funktion der allgemeinen Einleitung auch schon geklärt werden konnte. Durch das zur vereinfachten Annäherung aus der begegnenden Umwelt entnommene Visionsbild als didaktisches Medium versucht der Berichterstatter, seine Sichtweise, die er als eine durch Jahwe autorisierte, also eine durch Jahwe gedeckte und durch ihn eröffnete und veranlaßte Sichtweise vorstellt, in ihrer unmittelbaren Autorität zu zitieren. Das geschieht im ersten Visionsberichtspaar dadurch, daß er Heuschrecken bzw. Feuer in der jeweils empfindlichsten Auswirkung so vergegenwärtigt, daß sie als Bilder jeweils in der Phase der äußersten zum Stillstand gekommenen Anspannung der Handlungsbewegung präsentiert werden, wodurch die Gültigkeit und Wirksamkeit der eröffneten und veranlaßten Sichtweise als Drohung mit vergegenwärtigt werden soll. So gesehen, fungiert das Partizip als ein Indikator, der das Visionsbild in seinen Bezugsrahmen stellt. Natürlich gehört ein solcher Indikator mit zum Bild, durch ihn wird aber nicht das Was, sondern das Wie des Bildes dargestellt, nämlich wie das Visionsbild gesehen wurde und als Zitat zu sehen ist.

Dennoch darf das Partizip nicht formalisierend verflüchtigt werden. Die Alternative dazu ist aber nicht als ein - wie schon die vorangegangenen Überlegungen über die Erzählabsicht der Visionsberichte vor allem im Hinblick auf das Visionsbild (Zitat des Gesehenen, keine Schilderung eines Visionsgeschehens; Vorstellung eines Visionsbildes und seines unmittelbaren Anspruchs, keine nachempfundene oder nach- bzw. neuerzählte Begebenheit) gezeigt haben - flaches Übertragen vom Gesehenen in den Bericht darüber zu betrachten, sondern muß in der Berücksichtigung des semantischen Gehalts der angesprochenen Partizipien gesehen werden. Es ist nun einmal nicht gleichgültig - wie die die Funktion innerhalb des Zitats des Gesehenen hervorhebenden Überlegungen vielleicht zu einseitig vermuten lassen -, das Partizip welches Verbs dort verwendet wird. Die semantische Analyse konnte darauf verweisen, daß hier in beiden Fällen Verben verwendet sind, die sehr stark theologisch besetzt sind und die einen verfügenden, die Differenz zum und die Souveränität über das Verfügte und Gestaltete als Bedeutungshintergrund mitführen. Wenn auch beide Partizipien aufgrund ihres semantischen Hintergrundes Jahwe als intendiertes Subjekt nahelegen - das soll gar nicht bestritten sein -, so muß aber doch vor einem Verständnis gewarnt werden, das darin schon die Legitimation zu einer gedanklichen Übertragung bzw. Eintragung des Jahwe-Subjekts in die aus welchen Gründen auch immer freigebliebene Stelle des Subjekts zu den Partizipien sieht, zumal auch stilistische Erwägungen eher Schwierigkeiten bereiten als ausräumen helfen. Hier muß trotz aller Einschränkung der sich zu verselbständigen drohenden Formalisierung an den Ergebnissen festgehalten werden, die durch Analyse der Redeweise und

Funktionsbeschreibung gewissermaßen den Verstehensrahmen dessen absteckten, auf dessen Hintergrund das Visionsbild jeweils unter Berücksichtigung der die Visionsberichte insgesamt bestimmenden allgemeinen Einleitung als Zitat des Gesehenen mit all den genannten Implikationen verstehbar werden konnte.

Die Partizipien gehören also mit zum Visionsbild, insofern sie dieses als Indikator in seiner Bewegungshandlung darstellen und in seiner Abzweckung - nämlich als Drohung - mitdefinieren. Als solche Indikatoren sind sie aber weder identische, noch starr formalisierte Zeichen, sondern gehen auf je verschiedene Verben zurück, deren grammatische Form in Verbindung mit einer bestimmten analysierten Redeweise auf dem Hintergrund einer erkannten bestimmten Vermittlungsstruktur sie erst in ihrer Funktion erkennbar werden läßt. Die hier zugrunde liegenden Verben sind weithin theologisch besetzte Termini, die geeignet sind, die sprachlich formale Indizierung semantisch zu differenzieren und religiös zu qualifizieren - die religiöse Qualifizierung des zitierten Gesehenen korrespondiert hier klar der religiösen Qualifizierung des Gesamtrahmens der Visionsberichte, wie sie in der allgemeinen Einleitung deutlich wurde, als die in ihr sich andeutende Sichtweise sich auch als Sichtweise Jahwes herausstellte -, wodurch einerseits verschiedene Aspekte der erfaßten Handlungsbewegung bei verschiedenen Visionsbildern zum Tragen kommen (223) und andrerseits durch die verwendete Sprache eine bestimmte Wirklichkeitserschließung beansprucht wird, die zunächst (224) nicht genauer denn als religiös charakterisiert werden kann. Wenn also zugestanden war, daß Jahwe als Subjekt zu den hier zur Diskussion stehenden Partizipien intentional nicht bestritten werden soll, dann ist das in dem Sinne zu verstehen, daß in den als Indikator

---

(223) Im ersten Visionsbericht wird das Visionsbild in seiner Drohung in Zusammenhang gebracht mit der Originalität schöpferischen Gestaltens, mit der Verfügbarkeit des so und in dieser Weise noch nicht Gekannten. Im zweiten Visionsbericht steht das Visionsbild in Zusammenhang mit der Wahl zu Gebote stehender Mittel, mit der Souveränität verfügenden Einsetzens ohne gesetzte Grenze oder etwa sich sperrendes Machtpotential. In beiden Visionsberichten sind damit verschiedene Aspekte verfügender Kraft zur Charakterisierung und Interpretation des aus der Analyse deutlich gewordenen Verständnisses des Visionsbildes als Drohung dargestellt, die - im Bild der Gestaltung - schöpferisch Suchendes, nicht Festgelegtes, auch Unberechenbares genauso wie - im Bild der souveränen Verfügungsgewalt - wählerisch Kalkulierendes, Gebietendes, Bemächtigendes und Erzwingendes implizieren.

(224) Weitere Erörterungen darüber müssen der theologischen Interpretation vorbehalten bleiben.

in ihrer Funktion beschriebenen Partizipien eine religiöse Sprache zur Qualifizierung des als Zitat des Gesehenen in seinem Drohcharakter Konkretisierten in Korrespondenz zur Qualifizierung des durch die allgemeine Einleitung vorgegebenen Rahmens verwendet wird, die für die sich eröffnende und zitierte Sichtweise Jahwe als Kronzeugen anführt und damit ihren unmittelbar gültigen Anspruch und ihre Wirksamkeit an Jahwe bindet. Jahwe ist damit hier - wenn man so will - Bedroher insofern, als er Drohendes als eine Sichtweise eröffnet, die in ihrer unmittelbaren Gültigkeit und Wirksamkeit auf Jahwe rekurriert. Jahwe ist hier jedoch nicht Bedroher insofern, als er Drohung ist, was in Redeweise und Sprache keinen Anhalt findet. Auf diese Weise kann die Verständnismöglichkeit als erledigt betrachtet werden, die in direkter Übertragung Jahwe als implizites Subjekt zu den Partizipien ansieht, weil sie Redeweise und Vermittlungsabsicht in keiner Hinsicht Rechnung zu tragen vermag, wenn sie von einem erzählerisch nachgestellten und nachempfundenen Visionsgeschehen auszugehen gezwungen ist. Demgegenüber muß an den rekonstruierbaren Gründen festgehalten werden, die den Berichterstatter veranlaßten, das Subjekt zu den Partizipien nicht explizit zu nennen und so die Visionsbilder im Zitat des Gesehenen als in bestimmter Weise dargestellte ihre Wirkung entfalten zu lassen.

Ist aber nicht mit Selbstverständlichkeit in den vorliegenden Visionsberichten davon auszugehen, daß Jahwe auch bewirkt, was er sehen läßt, so hat dieses auch Auswirkungen auf das Verständnis des Gesehenen des zweiten Visionsberichtspaares. Zwar stellt sich hier nicht die Frage nach dem impliziten Subjekt zu einem Partizip, aber wenn das Visionsbild hier jeweils als Konfrontation mit Gegebenem, als Last des vollendet und unweigerlich Entgegengesetzten umrissen war, dann bleibt schon das Problem, ob nicht explizit geklärt werden könnte, daß Jahwe es ist, der hier mit Gegebenem konfrontiert und vollendete Tatsachen entgegensetzt. Diese Vermutung legt sich ja auf den ersten Blick umso eher noch nahe, als Jahwe es ja ist, an den die folgende Interpretation des Gesehenen durch den Berichterstatter sich als Antwort zu richten scheint. Hier schlagen nun die Ergebnisse des ersten Visionsberichtspaares über das Subjekt zu den Partizipien im Zitat des Gesehenen auf das Verständnis der Visionsbilder im zweiten Visionsberichtspaar durch, weil für diese die Analyse des Zitats des Gesehenen und besonders deren Ergebnisse im Hinblick auf die das Wie in der Darstellung des Visionsbildes bestimmende Funktion des Partizips unter Berücksichtigung des Hintergrundes der aufgezeigten Bedeutung der allgemeinen Einleitung für den Visionszyklus insgesamt analog gelten. Eine erneute, für das Zitat des Gesehenen des zweiten Visionsberichtspaares eigene Analyse kann daher an dieser Stelle ausgespart bleiben.

Wir kommen nun zur zweiten der oben angeschnittenen Fragen. Wenn in ihr nach dem Adressaten der Visionen gefragt wird, dann steht damit gattungskritisch und theologisch für die Visionsberichte sehr viel mehr auf dem Spiel, als die akademisch und esoterisch anmutende Problemstellung zunächst erwarten läßt. Es geht nämlich nicht darum, die theologische Etablierung von Propheten als Visionsempfänger voranzutreiben, sondern einmal grundsätzlich die Frage nach dem Empfänger von Visionen unter der Rücksicht aufzuwerfen, daß diese - sofern wir überhaupt in der Lage sind, vernünftig über Visionen zu reden - sich immer und ohne denkbare Ausnahme in Visionsberichten niederschlagen, also weder Exklusivität in der Sache, noch Esoterik in der Untersuchung voraussetzen. Auch die hier vorliegenden Visionen wenden sich als Visionsberichte an einen breiteren Zuhörerkreis. Wie die sprachanalytischen Betrachtungen in der Gattungskritik bisher zeigen konnten, wird dabei aber nicht nur auf die im Bericht aufbereitete, gewissermaßen nachträglich aus der Hand gegebene intellektuelle Vermittlung abgehoben, sondern auch auf die effektive, in ihrer unmittelbaren Bedeutsamkeit verstandene und bewertete Übernahme.

Nun sind diese Überlegungen zunächst - dieser Einwand muß hingenommen werden - recht einseitig durch die Beschränkung auf das Zitat des Gesehenen belegt. Zu den vorliegenden Visionsberichten gehören aber als Struktur-Blöcke in gleicher Weise die Interpretationen durch den Berichterstatter und die abschließende Jahwe-Rede. Es wird also über die Betrachtung der übrigen Struktur-Blöcke unter Voraussetzung der für das Zitat des Gesehenen gewonnenen Ergebnisse und auf dem Hintergrund der erkannten integrierenden und auch für diese Teile bestimmenden Funktion der allgemeinen Einleitung auf die angeschnittene Fragestellung nach dem Adressaten der Visionen zurückzukommen sein.

Interpretationen im hier angesprochenen Sinn sind Verarbeitungen des jeweiligen Visionsbildes und Herausarbeitungen seiner praktischen Konsequenzen (225), einmal indem sie vor den erfolgten und projektierten Auswirkungen des Gesehenen warnen, zum anderen indem sie das Gesehene in der Weise auf seinen Gehalt vertiefen, daß es für eine assoziierende Umdeutung aufbereitet wird.

Damit aber ist - wenigstens gilt das zunächst einmal für das zweite Visionsberichtspaar - die unmittelbare Verbindung zwischen der Interpretation durch den Berichterstatter und der abschließenden Jahwe-Rede

---

(225) Natürlich sind diese praktischen Konsequenzen ohnedies bekannt; sie werden aber hier in ihrer gesamten Dramatik und Stoßkraft bzw. ihrer Assoziationspotenz vor Augen geführt. Vor allem für das zweite Visionsberichtspaar kann nicht ausgeschlossen werden, daß schon das Visionsbild im Zitat des Gesehenen - unbeschadet der vorgegebenen Sichtweise - in Abstimmung mit der Assoziierungsmöglichkeit in der Interpretation gewählt wurde, wodurch auch hier die besonders engen Bindungen zwischen dem Zitat des Gesehenen und der Interpretation durch den Berichterstatter hervorgehoben werden können.

freigelegt. Diese führt in ihrem ersten Teil die Interpretation des Berichterstatters, indem sie sie aufnimmt und assoziierend verarbeitet, ins Ziel, und sie stützt im zweiten Teil darauf ihren Entscheid. Aber auch im ersten Visionsberichtspaar ist die abschließende Jahwe-Rede nicht nur nicht als gesonderter Struktur-Block isoliert zu betrachten, sondern nur aus der unmittelbaren Verbindung mit der Interpretation durch den Berichterstatter zu verstehen (226). Zwar wird hier die Interpretation in der Jahwe-Rede nicht fortgeführt, sondern es wird lediglich der Jahwe-Entscheid zitiert. Der jedoch ist nur sinnvoll dadurch, daß auch hier - ebenso wie im zweiten Visionsberichtspaar - die Interpretation des Berichterstatters durch Jahwe ins Ziel geführt wird. Dieser Vorgang wird hier freilich nicht - wie im zweiten Visionsberichtspaar - zitiert, sondern berichtet, so daß er strukturanalytisch nicht zur abschließenden Jahwe-Rede, sondern auf der Ebene der Zitateinleitungen zu den - wie es oben genannt worden war - das Strukturgerüst tragenden Gliederungselementen gehört, wodurch an dieser Stelle die Berichterstatter-Interpretation und die abschließende Jahwe-Rede voneinander getrennt werden. Genau in diesem Trennungselement kommt die unmittelbare Verbindung zwischen Interpretation und abschließender Jahwe-Rede zum Tragen, die damit ihrerseits als eine Verbindung zweier getrennt zu betrachtender Vorgänge ausgewiesen ist. Auf diese Weise wird auch im ersten Visionsberichtspaar mit der abschließenden Jahwe-Rede in direkter Bezugnahme auf die Interpretation durch den Berichterstatter und außerdem in Wiederaufnahme des Zitats des Gesehenen durch das feminine Genus der Verbform mit neutralem Nebensinn auf die vorangegangenen Struktur-Blöcke zurückverwiesen und an sie angeknüpft.

Wenn es also so ist, daß die Untersuchung über Redeweise und Charakter der Visionsberichte vor allem anhand analytischer Betrachtungen des Blocks des Gesehenen zu Ergebnissen geführt hat, die für den gesamten Visionsbericht in Anspruch genommen werden müssen - und das vor allem wegen des als Reaktion auf bzw. Haltung zum Gesehenen erkannten performativen Charakters des zur Sprache Gebrachten und seiner Vermittlungsabsicht -, dann entsteht an dieser Stelle genau das Problem nach dem Adressaten der Visionen. Die Antwort, die sich sofort nahezulegen scheint, daß nämlich Adressat der Visionen selbstverständlich der Berichterstatter ist, wirft in ihrer Einfachheit Probleme auf, die sie selbst nicht mehr kontrollieren kann: z. B. wieso Visionen sich an diesen Einzelnen wenden, wenn sie immer einem breiteren Kreis zugänglich werden, oder warum Visionen in aller Regel dann nicht an die gerichtet sind, die sie betreffen.

Das Problem, das sich hier aber stellt, muß auf dem Hintergrund des

---

(226) Vgl. dazu die oben durchgeführte Untersuchung zum Fürbittgebet und ihre Beziehung zur abschließenden Jahwe-Rede.

bisher schon über Charakter, Redeweise und Vermittlungsabsicht der Visionsberichte Gesagten gesehen werden. Wenn Visionen nämlich über Visionsberichte - wie hier vorliegend - nicht einfach wiederholte und in Berichtform neu aufgelegte und verbreitete Vorgänge sind, deren Verbreitung zudem noch ziemlich wahllos wäre - es ist ja niemand gezielt angesprochen -, sondern gerade unmittelbar ansprechen wollen, direkt relevant und aktuell gültig und wirksam zu sein beanspruchen, dann kann die Erklärung über ihren Adressaten mit der Vorstellung - vielleicht sogar Selbstvorstellung - eines Berichterstatters nicht erschöpfend sein. Selbst das Zugeständnis, daß Visionen in einem weiteren Sinn - das zeige ja der Umstand, daß es Visionsberichte gebe - nach dem primären prophetischen Adressaten auch einen umfassenderen sekundär als Adressat in Frage kommenden Kreis ansprechen, kann nicht befriedigen, weil in diesem Konzept nicht Ernst gemacht ist mit dem, was die Analyse von Absicht und Redeweise der vorliegenden Visionsberichte vor allem in bezug auf die unmittelbar betreffende Autorität ihrer Sichtweise ergeben hat. Außerdem wird dabei in jedenfalls nicht intersubjektiv zu rechtfertigender Weise getrennt zwischen Original-Vision und Vision aus erster Hand oder welcher Hand auch immer, denn es kann ja - wie schon oben vermerkt wurde - über Visionen vernünftigerweise nicht anders gesprochen werden als über in Visionsberichten begegnende Visionen; ja es kann sogar - radikaler - vermutet werden, daß es Visionen ohne Visionsberichte gar nicht gibt, so wie es auch einen Punkt ohne Koordinaten nicht gibt, weil eine fehlende Zuordnungsverständigung dieses schlicht unmöglich macht. Dann gehörte zu Visionen notwendig ihre Kommunikabilität. Dann gäbe es keine Privat-Eröffnungen, exklusiv erfahren und verschwiegen bewahrt. Dann implizierte "Vision" zugelassene Öffentlichkeit und wäre darauf angelegt, ja, ihr verpflichtet. Über Visionen ohne die Implikation von Visionsberichten zu sprechen, muß an dieser Stelle jedenfalls abgelehnt werden, weil darüber nichts gewußt, sogar nicht einmal etwas Vernünftiges vermutet werden kann. Wenn aber die Vermutung recht behält, daß Visionen nur in Zusammenhang mit Visionsberichten denkbar sind, dann ist die Unterscheidung zwischen Vision und Visionsbericht eine methodische Unterscheidung, die auch die Ausgangsfrage nach dem Adressaten verschiebt.

In der Tat scheinen die vorliegenden Visionsberichte einigen Anhalt dafür zu bieten, daß sie als Berichte Visionen mitgestalten. Durch sie ist ja nicht einfach etwas Vorgegebenes mitteilend wiederholt, sondern es wird in ihnen etwas in seiner aktuellen Relevanz und unmittelbar gültigen und wirksamen Autorität zitiert. Wie die Betrachtungen über die Redeweise der Visionsberichte und die Funktion der einzelnen Struktur-Blöcke, vor allem aber auch über die integrative Funktion der allgemeinen Einleitung erweisen konnten, durch die die Visionsberichte grundsätzlich in ihrer Originalität und aktuelle Relevanz vermittelnden Absicht erkennbar wurden, bringen erst die Visionsberichte die genannte Sichtweise und auch deren performativen Charakter zum Ausdruck, sie formulieren diese gewissermaßen. Dieses Formulieren könnte leicht als selbständiger und nachträglich vermittelnder Vorgang verstanden werden, wenn nicht gerade der Vermittlungsvorgang selbst - wie aus den Ergebnissen der vorangegangenen Analyse ersichtlich ist - auf die Gültigkeit und Wirksamkeit der Sichtweise rekurrierte und sie also nicht mit Verweis darauf wiederholt oder neu auflegt, sondern ihr im Zitat belegte Form und legitimierten Ausdruck aus erster Hand verleiht. Wenn also an den Visionsberichten immer wieder das Bestreben deutlich gemacht werden konnte, nicht nur eine Sichtweise, sondern auch deren performativen Charakter zu vermitteln, dann war es auch schon oben in der Einzelanalyse wegen der die Visionsberichte insgesamt bestimmenden Funktion der allgemeinen Einleitung nicht überzeugend, nur von etwas Gesehenem und dessen erlebter oder erwarteter Wirkung auszugehen, sondern es muß nun davon ausgegangen werden, daß zur form- und ausdruckslosen Sichtweise der Vision die diese Sichtweise in ihrer Gültigkeit und Wirksamkeit formulierende und im Zitat belegende Vermittlung des Visionsberichtes gehört. Kommunikabilität heißt in diesem Zusammenhang - wie auch schon oben angedeutet (vgl. Anm. II/220) - also nicht lediglich Verbreiterung oder Multiplikation der Verständnisbasis eines exklusiv Vorgegebenen, sondern ebenso Erarbeitung von Form und Ausdruck einer Sichtweise, wie auch Inanspruchnahme für die Autorität und Geltung dieser Sichtweise in ihrer unmittelbaren Aktualität. Die vorliegenden Visionsberichte lassen damit erkennen, daß Visionen nicht einfach vorgegeben werden, sondern mindestens in gleichem Maße auch gestaltet werden müssen. Visionen zeigen sich hier als auf Kommunikabilität angelegte Sichtweisen.

In diesem Verständnis von Visionen erhält die Frage nach dem Adressaten der Visionen einen anderen Stellenwert, als ihr bisher zuzukommen schien: Sie ist jetzt zu einer nach der Funktion des Berichterstatters der Visionsberichte forschenden Frage geworden. Wenn nämlich von Visionen nur sinnvoll in Zusammenhang mit Visionsberichten gesprochen werden kann - und zwar nicht nur deshalb, weil faktisch nur Visionsberichte greifbar sind, sondern auch, weil an den Visionsberichten erkennbar wurde, daß sie Visionen mitgestalten, daß also Visionen nicht in Visionsberichten reproduziert, sondern insofern in ihnen entworfen werden, als sie die Bestimmung ihrer Sichtweisen durch die ihnen eigene Kommunikabilität leisten -, dann kann für sie nicht dieser oder jener und nicht ein primärer oder sekundärer Adressat ausgemacht werden, sondern sie müssen als ein einerseits zur Verfügung gestelltes, andrerseits durch ihre Autorität in Anspruch nehmendes und schließlich "zur Sprache" gebrachtes Angebot aufgefaßt werden, das gerade aufgrund des analysierbaren performativen Charakters seiner in der Redeweise erkennbaren Sichtweise praktisch verstanden sein will und nicht - wenn in den vorliegenden Überlegungen schon einmal die Pragmatik sprachlicher Zeichen in den Blick gerückt ist - theoretisch-deskriptiv als ein Reden über vorgegebene Praxis. Nur unter dem Vorbehalt dieses hier skizzierten Verstehenszusammenhanges und aus dem Grund, die Verständigung durch Einführen einer neuen Terminologie nicht unnötig zu belasten, soll weiterhin - an sich ist das, wie sich gezeigt hat, ein Mißverständnis - von Visions-"Berichten" und von "Bericht"-Erstatter auch für den hier zur Diskussion stehenden Komplex gesprochen werden.

Ist aber, wie nun deutlich wurde, der Berichterstatter nicht einfach als Adressat der Visionen in dem Sinne anzusehen, daß er in passiv-rezeptiver Haltung etwas empfängt und dann darüber berichtet, dann ist unter Voraussetzung des analysierten Hintergrundes der Visionsberichte in diesen selbst nach Indizien über den Berichterstatter zunächst zu suchen, um mit deren Hilfe zu Aussagen über die Funktion des Berichterstatters zu gelangen. Zunächst taucht der Berichterstatter in der allgemeinen Einleitung (Suffix der 1. Pers. Sing. Mask.), dann im ersten Visionsberichtspaar als Sprecher der Interpretation des Gesehenen in der Fürbitte (deutlich durch vorangegangene Redeeinleitung) und schließlich im zweiten Visionsberichtspaar wieder als Interpret des Gesehenen durch Konzentration auf das Gesehene (deutlich durch vorangegangene Interpretationsformel mit namentlicher Anrede des Berichterstatters durch Jahwe) auf. Damit muß die Funktion des Berichterstatters einmal in Zusammenhang mit der integrativen Funktion der allgemeinen Einleitung und zum anderen auf dem differierenden Hintergrund der Interpretation des Gesehenen betrachtet werden.

Es soll an dieser Stelle nicht erneut die Funktion der allgemeinen Einleitung innerhalb des Visionszyklus' erörtert werden, wohl aber deren Form, die bei den vorangegangenen Überlegungen unter anderem auch als gattungskritisches Argument gedient hatte. Wenn oben die beabsichtigte assoziative Aufnahme der Botenformel zwar nicht zur Kopierung ihrer Funktion, aber doch zur übertragenden Heranziehung ihrer Autorität für die allgemeine Einleitung der Visionsberichte geltend gemacht worden war, so wird es jetzt, wo die Funktion des Berichterstatters in Zusammenhang mit den genannten Implikationen der Frage nach dem Adressaten der Visionen zur Diskussion steht, notwendig, auf den Unterschied zwischen Botenformel und allgemeiner Einleitung einzugehen. Natürlich waren auch oben schon eine ganze Reihe von Differenzen genannt worden, die selbstverständlich aus der Übertragungsabsicht der allgemeinen Einleitung erklärlich waren, zumal auch herausgestellt worden ist, daß weder die Formelhaftigkeit der Botenformel, noch deren Sitz im Leben für die vorliegenden Visionsberichte in Anspruch genommen werden sollte, sondern nur die eigene Aussageabsicht der Visionsberichte durch die integrative Funktion der allgemeinen Einleitung in der Weise zum Ausdruck gebracht werden sollte, daß an die Formelhaftigkeit und Autorität der Botenformel - gewissermaßen darauf verweisend - erinnert wurde. So wurde weder die Singularität der allgemeinen Einleitung etwa als Formel suggeriert, wenn auch darauf angespielt war, noch wurde die Autorität der Botenformel bzw. des Botenspruchs für die Visionsberichte reklamiert, wenn sie auch assoziativ aufgenommen wurde.

Dennoch muß ein Unterschied betont werden - und auf ihn kann sich die Betrachtung hier nicht nur wegen der zur Rede stehenden Funktion des Berichterstatters, sondern auch wegen der aus der Übertragungsabsicht schon erklärten Differenzen beschränken -, daß in der allgemeinen Einleitung im Gegensatz zur Botenformel der Berichterstatter genannt ist bzw. sich selbst nennt. Demgegenüber tritt der Bote in der Botenformel völlig hinter die auszurichtende Botschaft zurück, bleibt anonym, konsequenterweise - wie man sagen muß -, wenn man bedenkt, daß nicht der Überbringer, sondern der auch stets genannte Auftraggeber und seine Botschaft interessiert. In der Botenformel ist also kein Platz für den Boten. Anders jedoch ist das in der allgemeinen Einleitung der vorliegenden Visionsberichte. Zwar kann dadurch nicht das Verständnis der assoziativen Aufnahme der Botenformel beeinträchtigt werden, wohl aber meldet sich hier ein eigenes Verständnis dessen, was Visionsberichte, auch wenn sie Formelhaftigkeit und Autorität zur Erklärung der eigenen Aussageabsicht aus einer anderen Gattung assoziieren, in Abhebung davon selbst sein wollen. Es gehört nämlich zur Gattung der Visionsberichte, daß der Seher in ihnen genannt wird bzw. in der Einleitung zu den Visionsberichten sich jeweils - und wenn auch nur durch ein Suffix oder durch die 1. Pers. Sing. einer Verbform - selbst nennt.

Auf dem Hintergrund dessen, was über die Visionsberichte im Hinblick auf die allgemeine Einleitung ermittelt werden konnte, ergibt sich daraus für den Berichterstatter, daß die Visionsberichte nicht nur mitgestaltete Visionen insofern sind, als sie die zur Rede stehende Sichtweise mit Bindung an Jahwe und damit in religiös qualifizierter Sprache in ihrer unmittelbaren Gültigkeit und Wirksamkeit aktuell zum Ausdruck bringen, sondern sie sind auch mitgestaltete Visionen insofern, als sie den Berichterstatter als denjenigen nennen, der sich die Sichtweise zu eigen gemacht und ihren Anspruch durch die diesen Anspruch zur Sprache bringende Redeweise mitkonstituiert hat. Daß dabei der Berichterstatter selbst sogar in der allgemeinen Einleitung mit ihrer für den übrigen Verlauf der Visionsberichte integrativen Funktion auftaucht, bestätigt und erfüllt das Verständnis der religiös qualifizierten Sprache der Visionsberichte insgesamt, indem dadurch nicht nur die Sichtweise an Jahwe gebundene Artikulation ist, sondern auch auf jemanden bestimmten verwiesen werden kann, der sich in dieser Weise artikuliert.

Auch die Interpretation des Gesehenen vermag Aufschluß über die Funktion des Berichterstatter zu geben. Zunächst einmal ist es auffällig, daß der Berichterstatter nicht nur in der die Visionsberichte gewissermaßen generell bestimmenden allgemeinen Einleitung eine Rolle spielt, sondern auch intern, in einem Teil der Visionsberichte noch einmal auftaucht. Nun ist zwar schon bei den zuvor angestellten Untersuchungen klar geworden, daß der Berichterstatter im ersten Visionsberichtspaar die Interpretation in der zur Hilfe genommenen Gattung des Fürbittgebetes als Argumentation gegen das Gesehene verwendet, wohingegen er sie im zweiten Visionsberichtspaar als sich einlassende und zur weiteren Verarbeitung aufbereitende Konzentration auf das Gesehene verwendet. Es muß nun aber, nachdem bislang die Funktion der jeweiligen Interpretation im Mittelpunkt des Interesses stand, auf dem Hintergrund der Frage nach der Funktion des Berichterstatters, die ihrerseits im Zusammenhang des Problems des Adressaten der Visionen steht, der Interpret und seine Funktion in den Vordergrund treten.

Wenn auf die Betrachtungen über das Fürbittgebet zunächst rekurriert werden darf, dann ergab sich aus dessen Gebrauch, daß es als Interpretation dort verwendet wird, wo der Interpret individuell ausgemacht werden kann (227). Fürbittgebete hängen demnach mit bestimmten Fürsprechern zusammen. Wenn also eine Interpretation durch die Gattung des Fürbittgebetes vermittelt wird, dann wird damit der Interpret nicht nur genannt, sondern ihm wird eine bestimmte Funktion zuerkannt, die - wie die Analysen zum Fürbittgebet oben schon gezeigt haben - nur innerhalb eines bestimmten Zusammenhanges zum Tragen kommt, nämlich dann, wenn die Interpretation Argument gegen etwas Drohendes (innerhalb von Visionsberichten mit den Struktur-Elementen: Anrede Jahwes, Gebetsimperativ, Aufzeigen der drohenden Folge) ist. Dieser Zusammenhang verlangt einen autorisierten Interpreten, der nicht anonym bleibt, sondern benannt werden kann und faktisch deshalb auch stets benannt wird. Als autorisierter Interpret ist er aber nicht nur leigitimierter Fürsprecher, sondern auch Vermittlungsinstanz, durch die das, was als Sichtweise in ihrer unmittelbaren Gültigkeit und Wirksamkeit verständlich gemacht werden soll, an einen konkreten Bezugspunkt festgemacht werden kann bzw. erst zu Ausdruck und Formulierung und damit zu Wirkung und Geltung gebracht zu werden vermag. Die Funktion der im Drohzusammenhang des ersten Visionsberichtspaares herangezogenen Gattung der Fürbitte als Offenhalten der Drohung und damit - in der Opposition gegen ihre Auflösung in das Faktum des Angedrohten - als Vermittlung der Differenz von Drohung und Durchführung bis über die Grenzen ihrer Wirksamkeit und Gültigkeit in der möglichen Abwendung des Angedrohten hinaus war schon oben erläutert worden.
Die Funktion des Interpreten darf hingegen nur mittelbar von der Funktion des Fürsprechers her bestimmt werden, weil die Fürbitte hier als eine zur Pronouncierung der mitgestaltenden und mitkonstituierenden Vermittlungsinstanz der genannten Sichtweise in ihrer Gültigkeit und Wirksamkeit geeignete Gattung herangezogen worden ist. Umgekehrt

(227) Das gilt unabhängig davon, ob die Fürbittgebete eines Prophetenbuches oder eines anderen Zusammenhanges sich auch nach exegetischer Überlegung als Fürbittgebete dieses Propheten oder der jeweils anderen genannten Person erweisen. Entscheidend für den vorliegenden Zusammenhang ist lediglich, daß faktisch immer ein bestimmter Fürsprecher für das Fürbittgebet namhaft gemacht wird und sollte dieses auch nur einer bestimmten Person als Fürsprecher zugeschrieben sein.

darf daraus aber keine die Bedeutung der Fürbitte für das vorliegende Visionsberichtspaar unterschätzende Folgerung hergeleitet werden, wenn nämlich berücksichtigt bleibt, daß Fürbitten immer Interpretationen sind, die eine besondere Autorität und Legitimität des Interpreten voraussetzen und nicht zuletzt deshalb wohl auch Eingang als Interpretation in Visionsberichte gefunden haben, wo sie die Autorität und Legitimität des Interpreten herausheben.

Im zweiten Visionsberichtspaar ist die Interpretation durch den Berichterstatter eine vorbereitende und für weitere Ausführung bereitstellende Interpretation. Dennoch ist die Funktion des Interpreten hier nicht grundsätzlich unterschieden von der des ersten Visionsberichtspaares. Die Interpretation ist auch als Konzentration auf das Gesehene als Auseinandersetzung damit zu verstehen, wenn auch die Voraussetzung der zur Sprache gebrachten Sichtweise nicht als Drohung, sondern als Konfrontation gegeben ist. Die Heranziehung der Gattung des Fürbittgebetes wird durch diese Voraussetzung unmöglich. Was die Autorität und Legitimität des Interpreten in diesem Zusammenhang betrifft, so wird diese nicht durch eine herangezogene Redegattung verbürgt, sondern einerseits dadurch, daß der Interpretation die Interpretationsformel mit namentlicher Anrede des Interpreten als Auslöser vorangeht und andrerseits dadurch, daß die Interpretation als adäquat dadurch bestätigt wird, daß sie in ihrem einlassend-auseinandersetzenden und aufbereitenden Charakter in der abschließenden Jahwe-Rede assoziativ verarbeitet und ins Ziel geführt wird.

Wenn man nun einmal die Stellen, an denen der Berichterstatter in den Visionsberichten eine Rolle spielt, zusammen betrachtet, dann läßt sich über seine Funktion folgendes ausmachen: Er kann als derjenige angesehen werden, der den schon vorher festgestellten religiösen Anspruch in der Sprache der Visionsberichte garantiert, indem dieser religiöse Anspruch nämlich nicht nur allgemein behauptet wird, sondern durch den Berichterstatter explizit getragen wird; d.h. der Berichterstatter interpretiert die unmittelbare Autorität der Sichtweise als eine religiös qualifizierbare und erschließt sie in ihrer Dimensionalität nicht nur dadurch, daß er sie auf Jahwe bezieht, sondern dadurch, daß er sich selbst in der Interpretation engagiert und die Sichtweise über sich an Jahwe bindet. Erst über diese grundsätzliche, den Interpreten einschließende Qualifizierung der in den Visionsberichten zur Sprache gekommenen Sichtweise wird verständlich, welche Funktion dem Berichterstatter auch außerhalb der die Visionsberichte insgesamt bestimmenden allgemeinen Einleitung intern zukommt. Es ist ja kein Zufall, daß es bei den einzelnen Struktur-Blöcken nur jeweils derjenige der Interpretation des Gesehenen ist, der für die vorliegenden Betrachtungen als einschlägig anzusehen ist. Damit muß die Funktion des Berichterstatters darin gesehen werden, daß er, indem er die genannte Sichtweise in der unmittelbaren Aktualität ihrer Gültigkeit und Wirksamkeit zur Sprache bringt, diese in ihrer religiösen Dimension interpretiert und damit sich selbst als Vermittlungsinstanz mitsamt der darin implizierten Autorität und Legitimität in diesen Interpretationsprozeß einbezieht.

Wenn nach dieser Funktionsbestimmung nun erneut auf die Frage nach dem Adressaten der Visionen zurückzukommen ist, so zeigt sich jetzt deutlich, daß die Visionen über einen Berichterstatter, der als Vermittlungsinstanz und damit als legitimierter und autorisierter Interpret selbst darin impliziert ist, erarbeitete und zur Sprache gebrachte Sichtweisen in ihrer Gültigkeit und Wirksamkeit sind und daher nicht diesen Berichterstatter zum Adressaten haben können, sondern auf einen breiteren Adressatenkreis abzielen. Dieser Adressatenkreis ist jedoch nicht genauer definiert, ja, er ist überhaupt nicht in irgendeiner Weise eingegrenzt. Diese prinzipielle Offenheit in bezug auf den Adressaten der Visionen würde bei aller schon oben angemeldeten und der auch unter dem Aspekt, daß der Berichterstatter als Vermittlungsinstanz in den Interpretationsprozeß einbezogen ist, sich zudem noch nahelelegenden Reserve doch die Beibehaltung der Gattungsbezeichnung "Bericht" im Terminus "Visionsbericht" außer aus Gründen der Verständigungskonvention auch aus sprachtheoretischem Interesse - wie sich gezeigt hat - rechtfertigen helfen.

e) Typisierung und abgrenzende Gattungsbeschreibung der Visionsberichte des Amos und seiner Parallelen aus dem Strukturvergleich

Was hier als gattungskritische Reflexion bisher vorgelegt wurde, orientierte sich hauptsächlich an den Visionsberichten des Amos, auch da, wo gattungskritische Vergleiche die literarische Gattung "Visionsbericht" insgesamt zu fassen suchten. Einmal hatte diese Vorgehensweise zur Folge, daß die Untersuchung durch das ständige Zurückkommen auf den zugrunde liegenden Text allzu allgemeine Spekulationen über Visionen verhinderte und die Visionsberichte weder mystifizierend, noch - in den letzten Jahren zunehmend in der Diskussion bedeutungsloser werdend, wenn auch noch immer nicht verschwunden - psychologisierend (228), sondern aufgrund ihres Sprachzusammenhanges und ihrer Rede-

---

(228) Spekulationen über Wachbewußtsein, erhöhtes oder geschwächtes, tragen für mich zum Verständnis von Visionsberichten nichts bei, zumal die klassische Prophetie seit Amos - darauf wies erst kürzlich Valentin (AARON, Eine Studie zur vor-priesterlichen Aaron-Überlieferung, masch. Diss., Münster 1976, vgl. S. 763f u. 787 mit Berufung auf Vaweter (Mahner und Künder, Die Propheten Israels vor dem Exil, Salzburg 1963; orig.: The Conscience of Israel, New York 1961), Albright (Von der Steinzeit zum Christentum, Bern 1949) u. a. in Absetzung von Kuhl (Israels

weise zu verstehen und einzuordnen. Zum anderen erlaubte die Konzentration auf die vorliegenden Visionsberichte nicht nur einen Strukturvergleich mit anderen Visionsberichten, sondern auch die Heranziehung anderer Gattungen zur Bestimmung der Funktion einzelner Strukturteile der Visionsberichte. Schließlich aber muß doch auf eine Lücke hingewiesen werden, die durch die genannte Vorgehensweise nur schwach geschlossen werden konnte: Die von einer Gattungskritik erwartete Typisierung war gerade wegen der massiven Orientierung an den Visionsberichten des Amos nicht durchgängig und - damit zusammenhängend - von der Einzelheit dieses oder jenes Visionsberichtes abstrahierend objektiviert dargeboten worden. Das lag an der weitgehend individuellen Gestaltung sowohl der einzelnen Visionsberichte - es ließen sich zwar Parallelen mit Jer 1,11f. 13f;24,1ff und in bezug auf einen Strukur-Block auch mit Ez 9,8;11,13 (und andere Vergleichsstellen außerhalb von Visionsberichten) anführen -, als auch des Visionszyklus' insgesamt - nur für die Bileam-Sprüche läßt sich ein ähnlicher paarweiser Aufbau nachweisen -, so daß die Analyse großenteils darauf angelegt sein mußte, sich anbietende Parallelen zunächst zum Verständnis von Aufbau, Charakter und Redeweise der Visionsberichte heranzuziehen, um von da aus zu einem Gattungsvergleich zu gelangen, der über den formalen Strukturvergleich hinaus auch etwas über die sprachliche Konvergenz der zum Vergleich herangezogenen Texte zu sagen vermag. Es kann also nun mit Recht auf den Vergleich zunächst mit den Texten zurückgekommen werden, die als herangezogene Parallelen überhaupt etwas zur Gattungsbeschreibung der Visionsberichte des Amos beizutragen vermochten.

(Fortsetzung 228) Propheten, Bern 1956) wieder hin - nichts von einer psychologisch nachvollziehbaren und so erklärbaren Sensibilisierung (Ekstase oder Ähnliches) erkennen läßt. "Auch das 'Wort'... 'überwältigt'" (Kuhl, a.a.O., S. 20) darf nicht zu rasch zu Schlüssen über "ekstatisches Erleben" (ebd.) und "psychologische (...) Struktur" (ebd.) führen, weil - wie aus den schon erfolgten Untersuchungen hier deutlich wird - die unmittelbar sich herausstellende Gültigkeit und Wirksamkeit des "Wortes" auch sprachlich aus den formalen und situativen Bedingungen erklärlich ist, die eine performative Redeweise voraussetzt. Damit wende ich mich in Übereinstimmung schon mit H. Graf Reventlow (Das Amt des Propheten bei Amos, FRLANT 80, Göttingen 1962) u.a. entschieden gegen eine Propheteninterpretation, wie sie - vor allem bei der Erklärung von Visionsberichten - durch Vermischung theologisch-literarischer und psychologischer Erkenntnisse von F. Häussermann (Wortempfang und Symbol in der alttestamentlichen Prophetie, BZAW 58, Gießen 1932), I. P. Seierstad (Erlebnis und Gehorsam beim Propheten Amos, ZAW 52, 1934) u.a. vertreten wird.

Ez 9,8;11,13 halfen, die Funktion des Fürbittgebetes zu erklären und für den Zusammenhang von Visionsberichten zu bestätigen. Auch in ihnen folgt jeweils das Fürbittgebet auf das Gesehene, aber es geht kein Visionsbild vorauf, sondern die Schilderung eines Visionsdramas, in dessen Geschehensablauf der Fürsprecher integriert zu sein scheint. Die Fürbitte hilft in diesem Zusammenhang nichts abwenden, aber sie erfüllt - in sich betrachtet - eine zu den Amosvisionen (und übrigens auch zu allen anderen Vorkommen von Fürbittgebeten) entsprechende Funktion, wenn sie Vorgegebenes interpretiert und dadurch gegen dieses Vorgegebene argumentiert. Im Kontext dieser Visionsberichte betrachtet, wird sie jedoch mit genau entgegenlaufender Zielsetzung eingesetzt, nämlich nicht - wie bei den Amosvisionen und z. B. bei den Mose-Fürbitten - zum Überdenken des Vorgegebenen und zu dessen Rücknahme oder Modifizierung, sondern gerade zu dessen Bestätigung, und zwar dadurch, daß die einwendende Interpretation als literarisches Mittel zur Bekräftigung und endgültigen Durchführung des Vorgegebenen dient. Damit deutet sich hier für das Fürbittgebet ein eigener, von meist anderem verschiedener, den Sitz im Leben verfremdender Sitz in der Literatur trotz unterschiedlicher literarischer Form und Intention an.

Jer 1,11f.13f;24,1ff setzten ein Visionsbild voraus und kamen damit den Amosvisionen sehr nahe, zumal es keine anderen Visionsberichte mit einem statischen Bild als Gesehenes gibt. Eine genauere Betrachtung zeigte, daß nur Jer 24,1ff das Visionsbild als Gesehenes auch tatsächlich zitiert, während Jer 1,11f.13f gleich mit der Interpretation des vorausgesetzten Visionsbildes einsetzen. Dabei muß wohl ein Verlust des Zitats des Gesehenen angenommen werden - vgl. die oben aufgeführte Konkurrenz von Wortereignisformel und Interpretationsformel -, so daß auch hier ursprünglich von jeweils einem Visionsbild als Zitat des Gesehenen ausgegangen werden kann. Die Parallelität von Jer 1,11f.13f mit dem zweiten Visionsberichtspaar ist dann unverkennbar, während Jer 24,1ff mit dem ersten Visionsberichtspaar parallelisierbar ist, obwohl man auch hier beachten muß, daß die Interpretation durch die Interpretationsformel ausgelöst wird. Dennoch kann auf die durchgängig parallele Struktur - Zitat des Gesehenen (Visionsbild), Interpretation des Gesehenen durch den Berichterstatter, abschließende Jahwe-Rede - hingewiesen werden. Freilich finden sich - wie schon oben festgestellt - auch in anderen Visionsberichten, sogar in deren überwiegender Mehrzahl, Interpretationen des Gesehenen, aber sie können hier nicht zum Vergleich herangezogen werden, denn: Sie sind nicht Interpretationen eines Visionsbildes, sondern eines Visionsgeschehens; sie sind als Interpretationen, obwohl - wie in Sach 5,2 - durch die Interpretationsformel eingeleitet, direkte Transformationen zur Dechiffrierung des jeweils als Gesehenes Berichteten; sie sind nie Deutungen d e s Berichterstatters, sondern Deutungen f ü r den Berichterstatter durch Jahwe oder einen Deuteengel, die zumeist ausdrücklich erfragt sind, wobei die Interpretationsformel, wenn sie überhaupt auftaucht, einen lediglich vorbereitenden, das Gesehene wiederholenden Beitrag des Berichterstatters nach sich zieht (229). In Jer 1,11f. 13f fehlt zwar die allgemeine Einleitung - die Wortereignisformel kann nicht die allgemeine Einleitung zu den Visionsberichten sein -, aber man wird aufgrund der vorangegangenen Überlegungen dort auch eine allgemeine Einleitung konjizieren dürfen. Diese könnte genauso oder ähnlich der von Jer 24,1 sein, die ihrerseits ja durch das fehlende Demonstrativpronomen zu Beginn sich von der allgemeinen Einleitung der Visionsberichte des Amos unterscheidet (230). Sicher ist das aber keineswegs; denkbar sind auch völlig andere allgemeine Einleitungen.

---

(229) In den Visionsberichten des Amos und denen des Jeremia-Buches leitet die Interpretation zwar auch eine vorläufige, der abschließenden Interpretation zuarbeitende und diese vorbereitende Interpretation durch den Berichterstatter ein, diese beschränkt sich aber nicht auf bloße Wiederholung.

(230) Zwar wird der allgemeinen Einleitung zu Jer 24,1 in C. Alexandrinus kaî vorangestellt und in C. Sinaiticus kaî korrigierend dort nachgetragen, was BHS offenbar veranlaßt, auf Am 7,1. 4. 7;8,1 zu verweisen und kō zu Beginn von Jer 24,1 als Ergänzung vorzuschlagen, aber das Belegmaterial ist meines Erachtens für eine Ergänzung einfach zu schwach. Selbst ein Hinweis auf die offenbar verlorengegangene allgemeine Einleitung zu Jer 1,11f. 13f, für die möglicherweise - genau wie für Jer 24,1 - die schon in Am 7,1. 4. 7;8,1 begegnende Wendung angenommen werden muß, sticht nicht, weil einmal gefragt werden muß, warum denn eine derart eingängige Wendung zur Einleitung von Visionsberichten so selten gebraucht wird (vielleicht müßte ihr sparsamer Gebrauch dann mit einer Beschränkung auf Visionsberichte mit einem Visionsbild im Zitat des Gesehenen erklärt werden). Zum anderen muß an den oben gemachten Beobachtungen festgehalten werden, die davon ausgehen lassen, daß es auszuschließen ist, daß der allgemeinen Einleitung zu den Visionsberichten des Amos die Selbständigkeit einer Formel oder auch nur geprägten Wendung zuzusprechen ist, sie scheint vielmehr eine der Botenformel entlehnte und auch von ihr die Eingängigkeit beziehende mit bestimmter Absicht - vgl. die Ausführungen oben - gebrauchte Wendung des Autors der Amosvisionen zu sein. Schließlich wäre zu fragen, wenn es sich schon um eine Formel zur Einleitung von Visionsberichten handelt, zudem noch in einer derart pointierten Form, die eine "Visionsformel" oder Ähnliches neben einer Botenformel nahelegt, warum ist sie dann in Jer 24,1 nicht korrekt, weil unvollständig wiedergegeben, warum konnte sie in Jer 1,11f. 13f überhaupt verdrängt werden, warum also taucht sie faktisch nirgendwo sonst mehr auf! Aus diesen erheblichen Zweifeln heraus soll an der Singularität

Was nun die Vergleichbarkeit dieser Visionsberichte mit den Amosvisionen betrifft, so muß diese trotz der für die Amosvisionen herausgestellten Bedeutung der allgemeinen Einleitung nicht eingeschränkt sein. Dort war der allgemeinen Einleitung in Anlehnung an und mit der Entlehnung der Autorität der Botenformel eine die Redeweise und den Charakter der Visionsberichte bestimmende und die einzelnen Struktur-Blöcke darauf hinordnende integrative Funktion zuerkannt worden. Aber erstens war auch die Singularität der gebrauchten Wendung betont worden und damit ein sprachlich normierender Anspruch für die genannte Funktion zurückgewiesen worden, und zweitens wurde die Charakterisierung der allgemeinen Einleitung ebenso von den einzelnen Struktur-Blöcken selbst - vgl. z. B. das Visionsbild als Zitat des Gesehenen und (im ersten Visionsberichtspaar) dessen nähere Bestimmung im Zitat - getragen und bestätigt. Es ist also offengelassen, ob nicht ein anderer Autor mit einer anderen allgemeinen Einleitung vergleichbare Charakterisierungen beabsichtigen und verwirklichen kann. Die allgemeinen Einleitungen zu Jer 1,11f. 13f sind nicht bekannt. Das Zitat des Gesehenen konnte als Visionsbild mit einer den Visionsbildern in den Amosvisionen vergleichbaren Funktion erschlossen werden. Die Interpretation durch den Berichterstatter nach vorangegangener Interpretationsformel in ihrer sich einlassenden Auseinandersetzung ist genauso parallelisierbar wie die abschließende Jahwe-Rede mit ihrer verarbeitenden Weiterführung des in der Interpretation durch den Berichterstatter Aufbereiteten und ihrem darauf gründenden und die ins Ziel gebrachte Interpretation abstützenden Jahwe-Entscheid (231).

(Fortsetzung 230) der Wendung von Am 7,1. 4. 7;8,1 festgehalten werden, man kann nicht davon ausgehen, daß im Jeremia-Buch dieselbe Wendung als Einleitung zu den Visionsberichten ursprünglich ist, und man kann ebensowenig davon ausgehen, daß die Wendung in Jer 24,1 korrigierend der von Am 7,1. 4. 7;8,1 angeglichen werden muß. Auch das kaî in den genannten LXX-Überlieferungen bieten dafür kein Argument, eher sind sie sogar ein Gegenargument, wenn man bedenkt, daß aus dem invertierten Verbalsatz Am 7,1a_a. 4a_a. 7a_a;8,1a - x-qatal - nun ein Verbalsatz - qatal-x - mit vorangestelltem w^e werden soll. Oder sollte gar an die yiqtol-x-Entsprechung zum x-qatal gedacht sein? Dann dürfte die Verbform mit Suffix aber nicht mehr hīr'anī sein, sondern müßte aus der Präformativkonjugation gebildet sein.

(231) In Jer 1,14 scheint die Differenzierung zwischen aufnehmender Weiterführung der Interpretation und Jahwe-Entscheid nicht eindeutig durchgeführt zu sein; in die interpretierende Aufnahme ist der Entscheid schon mit hineingenommen. Auch in Jer 1,12 waren beide Elemente schon sehr eng zusammengerückt, aber die ausdrückliche Hervorhebung der Ausführung des Gedeuteten sondert den Entscheid hier doch noch eindeutig von der Interpretation ab.

Entsprechendes gilt auch für Jer 24,1ff. Dort ist die allgemeine Einleitung erhalten: Sie impliziert - genau wie in den Amosvisionen - eine religiöse Qualifizierung der Sprache des Visionsberichtes auch ohne Anlehnung an die Botenformel. Die übrigen Struktur-Blöcke unterscheiden sich insofern von den - vor allem wegen der durch die Interpretationsformel als Auslöser der Berichterstatter-Interpretation - sich zum Vergleich nahelegenden Jer 1,11f. 13f; Am 7,7f;8,1f, als sie durchgängig doppelspurig verlaufen. Indem das Visionsbild in einem Doppelaspekt präsentiert wird, vollziehen sich alle weiteren Teile entsprechend diesem Doppelaspekt. Es findet sich nicht ein monolithisches, sondern ein gegliedertes und differenzierendes Visionsbild mit entsprechender Berichterstatter-Interpretation und abschließender Jahwe-Rede. Diese Differenzierung bezieht sich aber nicht auf eine denkbare Ambivalenz des Jahwe-Entscheids, der unter bestimmten Bedingungen den positiven und unter anderen den negativen Aspekt des Visionsbildes gelten läßt, sondern sie bezieht sich auf eine vorgenommene Einteilung in Gruppen, wobei für die eine der positive und für die andere der negative Aspekt gilt. So betrachtet, liegt Jer 24,1ff genau auf der Linie von Am 7,7f; 8,1f; Jer 1,11f. 13f, wo auch das Visionsbild zur Vermittlung der Konfrontation mit vorgefundenen Fakten diente und nicht zur Anregung irgendeiner Entscheidung. Das Eigentümliche an Jer 24,1ff liegt also nicht in einer der monolithischen Konfrontation entgegengesetzten, sondern in einer diese weiterführenden und weiterentwickelnden Differenzierung, wobei die Unterscheidung einerseits in der genannten Doppelspurigkeit zu finden ist und andrerseits darin, daß nicht nur - wie sonst durchgängig - negative Aspekte, sondern auch positive Aspekte eröffnet werden, wenn dieses auch in Zusammenhang mit und - als Antithese - unter Voraussetzung des negativen Aspekts geschieht.

Diese Visionsberichte zeichnen sich aus durch eine relativ streng angelegte Struktur. Sie bedürfen einer die verschiedenen Struktur-Blöcke charakterisierenden und sie integrierenden allgemeinen Einleitung. Aus den übrigen Visionsberichten heben sie sich heraus durch die exklusive Verwendung eines Visionsbildes, das der alltäglichen Begegnung entnommen ist und nicht als solches der Deutung bedarf, sondern auf dem Hintergrund der Klärung der Sichtweise, zu deren Erläuterung es jeweils herangezogen worden ist, zu erschließen ist. Ferner trägt zur gegenüber anderen Visionsberichten abgrenzenden Gattungsbeschreibung bei, daß die Interpretation zunächst durch den Berichterstatter - ausgelöst durch die Interpretationsformel - begonnen und dann an-

---

(Fortsetzung 231) In Jer 1,14 dagegen sind beide Elemente ineinander verklammert, sie sind aber sehr wohl aufgrund des Vergleichs mit den anderen, gleichstrukturierten Visionsberichten und mit Blick auf den Inhalt - vor allem unter Berücksichtigung der Konstruktion mit al in Jer 1,14b_b - unterscheidbar.

knüpfend an die Berichterstatter-Interpretation in der abschließenden Jahwe-Rede fortgesetzt, verarbeitet und ins Ziel geführt wird. Daraus resultiert dann der Jahwe-Entscheid im zweiten Teil der abschließenden Jahwe-Rede. Damit wird - anders als in der oben schon erwähnten überwiegenden Mehrzahl von Visionsberichten, die auch eine Interpretation des Gesehenen kennen - der Berichterstatter in seiner Funktion erheblich aufgewertet: Er übernimmt nicht nur Gesehenes mitsamt der dazugehörenden Interpretation und gibt es weiter, sondern - das zeigten auch schon die sprachtheoretischen Überlegungen zu den Visionsberichten (und damit wird das auf diese Weise bestätigt) - er arbeitet an der Interpretation des Gesehenen (genauso wie zuvor schon durch das Visionsbild an der Vermittlung des Gesehenen in seiner Wirksamkeit und Gültigkeit) mit, seine Interpretation wird aufgenommen, weiterverarbeitet, ins Ziel geführt und damit durch Jahwe legitimiert. Wenn der Jahwe-Entscheid also durch die vorangegangene Interpretation erklärt und begründet wird, so wird er durch den Berichterstatter - diese Bedeutung wird ihm zugemessen - miterklärt und mitbegründet.

Aus dieser abgrenzenden Gattungsbeschreibung scheinen die ersten beiden Visionsberichte des Amos (Am 7,1ff.4ff) zunächst ausgeschlossen zu sein. Sie kennen kein Visionsbild als Konfrontation mit Gegebenem, die Interpretation durch den Berichterstatter wird nicht durch die Interpretationsformel ausgelöst, sie ist keine sich auf das Visionsbild konzentrierende Deutung, sie ist keine vorbereitende, zur weiteren Verarbeitung bereitstellende Interpretation, es folgt auch keine weiter- und ins Ziel führende Interpretation seitens Jahwes. Aber es bleiben trotz dieser Differenzen auch über die formalen Übereinstimmungen hinaus - Verwendung eines Visionsbildes, Interpretation durch den Berichterstatter, Entscheid durch Jahwe - noch andere Gemeinsamkeiten zu berücksichtigen, die die beiden hier zur Diskussion stehenden Visionsberichte gattungskritisch in die Gruppe Am 7,7f;8,2f; Jer 1,11f.13f; 24,1ff einordnen lassen. Entscheidend dafür scheint mir die Verhältnisbestimmung der Interpretation des Berichterstatters zum abschließenden Jahwe-Entscheid zu sein. Die Interpretation des Berichterstatters ist zunächst einmal - wie oben erläutert - der Gattung des Fürbittgebetes entlehnt, was ermöglicht ist - wie ebenfalls schon deutlich wurde - durch die Darstellung der besonderen Verständnisbedingungen des Visionsbildes im Zitat des Gesehenen (vgl. die Diskussion um das Partizip im Zitat des Gesehenen). Die Interpretation ist daher nicht Konzentrierung auf, sondern Einspruch und Argumentation gegen das Gesehene; die Interpretation verbleibt damit nicht beim Gesehenen, sondern denkt alternativ dazu. Es wird nun nicht zitiert, ob und wie die Interpretation durch den Berichterstatter von Jahwe aufgenommen oder verworfen wird. Zitiert wird lediglich der Jahwe-Entscheid in der abschliessenden Jahwe-Rede, aber aus ihm geht hervor, daß die vom Berichterstatter in seiner Interpretation zunächst durch Gegenargumentation und Einspruch negativ angesprochene Alternative nun positiv aufgenommen wird. Auch hier ist der Berichterstatter als Miterklärer und Mitbegründer des Jahwe-Entscheides akzeptiert. Weil hier - anders als z.B. im zweiten Visionsberichtspaar - nicht schrittweise durch Aufnahme und Weiterverarbeitung, sondern aufgrund des Charakters des Zitats des Gesehenen alternativ entschieden wird, kann es auch keinen ersten Teil der Jahwe-Rede geben, in dem an das Interpretierte angeknüpft wird, um es ins Ziel zu führen, sondern es wird lediglich durch ein Strukturglied, das die beiden Zitate - Interpretation des Berichterstatters und Jahwe-Entscheid - formal voneinander trennt, das Entsprechen der vom Berichterstatter angesprochenen Alternative erläutert.

Dennoch sollen hier die vorliegenden Unterschiede nicht einfach eingeebnet werden. Das erste Visionsberichtspaar geht nun einmal nicht von etwas faktisch Vorgegebenem aus, sondern hält alternative Möglichkeiten der Lösung - und damit nicht nur des Jahwe-Entscheides, sondern auch der Interpretation durch den Berichterstatter - aufgrund des in seinem Drohcharakter erkannten Gesehenen offen. Dazu muß berücksichtigt werden, daß auch das mit Jer 1,11f.13f;24,1ff - vor allem wegen des konfrontierenden Visionsbildes, der durch die Interpretationsformel ausgelösten vorbereitenden Berichterstatter-Interpretation, der in der abschließenden Jahwe-Rede aufgenommenen, verarbeiteten und ins Ziel geführten Berichterstatter-Interpretation durch Jahwe und des daraus resultierenden Jahwe-Entscheids - in engen Zusammenhang gebrachte zweite Visionsberichtspaar nicht isoliert betrachtet werden darf, sondern - wie die Überlegungen zur allgemeinen Einleitung gezeigt haben - mit dem ersten Visionsberichtspaar zusammengehört. Es wird Aufgabe der theologischen Interpretation sein, diese Zusammengehörigkeit genauer zu erläutern, für die vorliegenden gattungskritischen Erörterungen ist es hinreichend, daß die Visionsberichte des Amos nicht isoliert, sondern als Zyklus zu sehen sind und damit neben der Faktizität des Gesehenen, der vorbereitenden Konzentrierung der Berichterstatter-Interpretation und der aufnehmenden und ins Ziel führenden Jahwe-Interpretation mit dem anschließenden Jahwe-Entscheid auch das Alternativen zulassende Gesehene, die alternativ argumentierende Interpretation durch den Berichterstatter und den unter der Voraussetzung dieser Alternativität stehenden Jahwe-Entscheid kennt. Auch in Jer 24,1ff hatte sich ja gezeigt, daß die vorliegende Gruppe von Visionsberichten durchaus variabel auch in Form und Aussage-Intention - vgl. z.B. die durchgängige Zweispurigkeit und die dort angedeutete Möglichkeit auch des positiven Aspekts in den drei Struktur-Blöcken - sein kann. Diese Variabilität scheint geradezu dazuzugehören, wenn man bedenkt, daß unter den genannten Gesichtspunkten unterschieden werden muß zwischen dem Zyklus Am 7,1ff.4ff.7f;8,1f, dem Paar Jer 1,11f.13f und dem Einzelbericht Jer 24,1ff.

Dennoch muß doch auf eine Gemeinsamkeit wieder hingewiesen werden, die bei diesem Vergleich geradezu ins Auge springt: Die paarweise Zusammenordnung scheint für diese Gruppe von Visionsberichten charakteristisch zu sein. Zunächst fällt sie an Jer 1,11f.13f auf , dann an

Am 7,1ff. 4ff einerseits und Am 7,7f;8,1f andrerseits, die als Paare selbst wieder in einem paarweisen Verhältnis zueinander stehen, und schließlich kann auch in der durchgängigen Doppelspurigkeit von Jer 24,1ff das Bestreben erkannt werden, das Prinzip der paarweisen Zusammenordnung, wenn auch intern innerhalb eines Visionsberichtes, aufrechtzuerhalten. Eine solche paarweise Strukturierung findet sich nur noch in den Bileam-Sprüchen (Num 23-24), wenn man sie schon in Zusammenhang mit Visionsberichten bringen will, was ohne weitere Differenzierung nach den oben durchgeführten Analysen immerhin zur Vorsicht veranlassen muß (232). Auf jeden Fall aber lassen sich nach

---

(232) Vetter (Seherspruch und Segensschilderung, a. a. O.) sieht den Seherspruch, den er als eine nach dem "Wechsel von der Familien- bzw. Sippengeschichte zur Stammesgeschichte" (S. 82) auftretende "Veränderung der Segensvermittlung" (ebd.) in Form einer zuvor in Gesichten erfahrenen und anschließend in eigenen Worten beschreibenden "Segensschilderung" betrachtet, als "die Vorform für den prophetischen Visionsbericht" (S. 75) an. Entsprechend sei der Visionsbericht als Selbstbericht geformt, bei dem das Ich des Propheten in den Vordergrund trete, so daß der "Visionsbericht deutlich von den Formen der Botenrede und auch von denen der 'freien Zeugenrede'" (ebd.) unterschieden sei. Von Jahwe werde daher im Visionsbericht - wie auch im Seherspruch - in der dritten Person gesprochen. "Wie der Seher in der Einführung der Wiedergabe seines Gesichts, so bezeichnet sich der Prophet in der mit r'h Qal gebildeten Einleitungsformel als den Schauenden, der das visionäre Erleben in einen Bericht auflöst. Die aus dem Seherspruch stammende Einleitungsformel in den prophetischen Visionsberichten begegnet in variierter Gestalt, ein Zeichen dafür, daß sie der Botenformel angenähert wurde; das zeigt die Abwandlung der ursprünglichen Fassung in PK zur AK-Form (Anm. 737: z.B. Am 9,1; Jer 4,23; Ez 37,8; Sach 1,8; vgl. PK cons. Jes 6,1; Ez 11,1.); oder sie wurde der Botenspruchformel völlig angeglichen, wie in der mit r'h Hi. konstruierten Gestalt, in der sie Jahwe als den Urheber der Schauung hervorhebt (Anm. 738: Z. B. Am 7,1. 4. 7; 8,1; Jer 24,1; vgl. PK cons. Sach 3,1.)." (Ebd.) Demgegenüber konnten die vorangegangenen Detailanalysen, die einen differenzierteren Einblick in Struktur und Gattung der Visionsberichte ermöglichten, jedoch zeigen, daß im Hinblick auf die allgemeine Einleitung nicht von Formeln- zumindest nicht bei der analysierten Gruppe von Visionsberichten gesprochen werden kann. Es muß ferner daran festgehalten werden - vgl. dazu die Analysen zum "fünften Visionsbericht" und die Gegenüberstellung von Am 9,1 und Jes 6,1, so wie die Heranziehung anderer Belege für die 1. Pers. Sing. Afformativkonjugation Qal -, daß hier genaue Grenzen gezogen werden müssen zwischen Afformativ- und Präformativkonjugation (bes. auch

den Analysen Vetters (233) die Sprüche Num 23,7-10. 18-24 einerseits und Num 24,3-9. 15-19 andrerseits parallelisieren; dazu kommt noch eine Gruppe von drei durch eine jeweils gemeinsame Einleitung als Klammer zusammengehaltenen Sprüchen (Num 24,20. 21f. 23f). Es ist an dieser Stelle nicht möglich, die Bileam-Sprüche in ähnlicher Weise zu analysieren wie die Gruppe von Visionsberichten, die gattungskritisch mit den Amosvisionen zusammengeordnet werden müssen, aber es liegt mit diesen Segensschilderungen doch ein anderes Genre vor - auf Einzelheiten kann dabei verzeichtet werden -, wenn es sich hier offensichtlich um erfragte Sprüche handelt: Es geht also um eine Spruchgattung, die ihren Sitz im Leben in der Vorbereitung auf den Kampf hat, um in

---

(Fortsetzung 232) Präformativkonjugation cons. !) Qal. Die vermutete Annäherung der Visionsberichtseinleitung in Afformativkonjugation an die Botenformel aus einer ursprünglichen Präformativkonjugation-Form der Einleitung des Seherspruchs kann daher kaum durch die soeben zitierte Zusammenordnung a.a.O. Anm. 737 gestützt werden. Zwar kann der Beobachtung (vgl. die soeben unter a.a.O. zitierte Anm. 738) der Ähnlichkeit und des Zusammenhangs der Einleitungen zu den Amosvisionen - es ist freilich unwahrscheinlich, daß Jer 24,1 in diese Reihe gehört (vgl. oben die Argumente dagegen); Sach 3,1 gehört auf keinen Fall hierher - mit der Botenformel zugestimmt werden. Allerdings konnten die vorangegangenen Analysen verständlich machen, daß nicht eine Angleichung der allgemeinen Einleitung an die Botenformel stattgefunden hat - Warum sollte sie das auch, wenn doch Vetter selbst (vgl. a.a.O., S. 75) völlig zu Recht die Einleitungen zu Seherspruch und Visionsbericht wegen der Form des Selbstberichts entschieden vom Botenspruch abgehoben wissen will? -, sondern es ist bei den Amosvisionen - umgekehrt - die Botenformel aus Gründen der Vermittlung von Charakter und Redeweise der Visionsberichte in der allgemeinen Einleitung assoziativ herangezogen worden. Ein entscheidender Ansatzpunkt für die Differenzen scheint darin zu liegen, daß nach den vorliegenden Überlegungen die allgemeine Einleitung - entgegen Vetter, op. cit. - nicht als Formel angesehen werden darf. Entsprechend sind Visionsberichte - nach der (einer Formel widersprechenden) Funktionsbestimmung der allgemeinen Einleitung und der daraus resultierenden Vermittlung von Charakter und Redeweise der Visionsberichte - nicht als nachträglich in eigenen Worten repetierende Visionserlebnis-Schilderungen zu betrachten. Die Gattungsbezeichnung "Visionsbericht" - darauf wird zurückzukommen sein - scheint ohnehin sehr Verschiedenes unter einer Bezeichnung zusammenzufassen.

(233) Vetter, a.a.O., S. 10-57

Erwartung des Segensspruches des Sehers "selbst als der Gesegnete, d. h. als der Stärkere und Erfolgreiche im Kampf bezeichnet zu werden, dessen Stamm wächst, gedeiht und von anderen gefürchtet und wegen seines Glücks respektiert wird" (234), wobei die Vorstellung vom Wachstum Nomadenstämmen zuzuschreiben ist, die sich als wandernder Verband besonders gefährdet sahen und für die im Interesse am Wachstum sich der Wunsch der Gruppe manifestierte zu überleben (235). Die Visionsberichte des Amos sind in diesem Sinne nicht erfragt. Sie vermitteln nicht Fluch und nicht Segen, sondern Einsichten, indem sie mit Berufung auf Jahwe mit performativem Anspruch der Redeweise auch die Gültigkeit und Wirksamkeit dieser Einsichten in ihrem drohenden oder faktisch konfrontierenden Charakter unter Heranziehung bestimmter Bilder und ihrer Interpretation kommunikabel machen. Damit entziehen sich die Visionsberichte prinzipiell einer Instrumentalisierung wie sie etwa der Gattung der Seherspruche bis zu einem gewissen Grade selbstverständlich eigen ist. In einer Hinsicht jedoch besteht eine wichtige Übereinstimmung: Auch der Seherspruch berichtet nicht über Segen, sondern schafft Segen, das will besagen, daß er durch sein Ausgesprochensein Segen in unmittelbarer Gültigkeit und Wirksamkeit vermittelt, und zwar nicht im Sinne eines magischen Übertragungsmechanismus' - ein Mißverständnis, das bei der Analyse der Visionsberichte zu keiner Zeit aufkommen konnte, weil Visionsberichte im Gegensatz zu Sehersprüchen nicht Fluch oder Segen und damit Unglücks- oder Glücksqualifikationen mit den entsprechenden Entscheidungskonsequenzen in ihrer Gültigkeit und Wirksamkeit vermittelten, sondern Sichtweisen in ihrer Gültigkeit und Wirksamkeit als Unentschiedenes oder Entschiedenes charakterisierten und kommunkabel machten -, vielmehr in der Weise, daß das Gesegnet- oder Verfluchtsein erst durch die performative Redeweise des Seherspruchs zu Wirkung und Geltung gelangt (236).
Zur sprachlichen Unterscheidung sollen die hier analysierten und als Gruppe zusammengesehenen Visionen - ohne die Bileam-Sprüche - wegen ihres gemeinsamen Merkmals "Bildvisionen" heißen. Damit soll keine Einteilung der alttestamentlichen Visionsberichte in Bidlvisionen und andere - vielleicht Geschehensvisionen o. Ä. - vorgenommen werden, wozu ja auch die Untersuchung überhaupt nicht hinreicht, weil sie wohl diese Gruppe von den anderen Visionsberichten absetzen und vom Gesichtspunkt der Gattungskritik her als zusammengehörig aufweisen konnte, aber nicht alle anderen Visionsberichte in gleicher Weise zu

---

(234) Vetter, a. a. O., S. 81

(235) vgl. Vetter, a. a. O., S. 80

(236) Auf diese Verbindung von Seherspruch und Visionsbericht weist Vetter, op. cit., leider nicht hin. Dort scheinen aber Ansatzpunkte zu einem Gattungsvergleich gegeben zu sein.

analysieren vermochte, was den Rahmen der vorliegenden Untersuchung zweifellos gesprengt hätte. Hier wäre weiterzuarbeiten. Der Terminus "Bildvisionen" darf daher zunächst nicht anders denn als unterscheidende Bezeichnung der zur Rede stehenden Visionsberichtsgruppe verstanden werden.

f) Überlegungen zur Frage nach dem Sitz im Leben der vorliegenden Visionsberichte

Es ist auf diesem Hintergrund nicht unproblematisch, die Frage nach dem Sitz im Leben der in dieser Weise als Gattung beschriebenen Visionsberichte zu stellen. Die Frage kennt auf jeden Fall verschiedenartige Rücksichten, von denen her sie angegangen werden muß. Sie bedarf vergleichend-gattungskritischer Beschreibung, die nach der formkritischen Einzelbetrachtung die literarische Typisierung der Visionsberichte dadurch zu erreichen suchte, daß sie nicht nur inhaltliche und strukturelle Übereinstimmungen in verschiedenen alttestamentlichen Texten aufspürte und zum Vergleich heranzog, sondern auch unter Voraussetzung der Analysen über Redeweisen und Charakter der Visionsberichte zu einem Vergleich der jeweiligen Vermittlungsfunktion und zur Erfassung von Ähnlichkeiten und Unterschieden in der sprachlichen Umsetzung von zitiertem Gesehenen gelangte. Die genannte Frage bedarf aber ebenso redaktionskritischer und traditionsgeschichtlicher Einordnung, um sowohl den Ort des vorliegenden Textes innerhalb eines literarischen Zusammenhangs, als auch seinen Ort innerhalb eines geistesgeschichtlichen Zusammenhangs bestimmen und berücksichtigen zu können (237).

---

(237) Da es in den vorliegenden Überlegungen nicht um eine Analyse des Amos-Buches, sondern um eine theologische Interpretation des Visionszyklus' aus dem Amos-Buch geht, kann nach text- und literarkritischer Erhebung, sowie nach form- und gattungskritischer Beschreibung die theologische Interpretation des Visionszyklus' einsetzen. Dabei werden redaktionskritische und traditionsgeschichtliche Betrachtungen der theologischen Interpretation nicht als selbständige Reflexions- und Analysestadien vorausgeschickt, sondern sie sollen als flankierende Überlegungen innerhalb der theologischen Interpretation sowohl für eine sachgemäße Berücksichtigung der Stellung des Textes im Konzept - falls es ein solches gibt (ebenfalls ein redaktions-kritisches Problem) - des literarischen Zusammenhanges des Amos-Buches, als auch für ein kritisches Zurückfragen nach der Herkunft der Gattung "Visionsbericht", seine Tradierung und der Stellung des vorliegenden Visionszyklus' in diesem Traditionszusammenhang einstehen. Auch die Gattungskritik - wie sie bis hierher entwickelt wurde - kam nicht ohne vorausgeschickte theologische Implikationen aus.

Ist also ganz offenbar die Festlegung über den Sitz im Leben ebenso von den Ergebnissen der Form- und Gattungskritik wie auch von denen der Redaktions- und Traditionskritik bzw. Traditionsgeschichte abhängig, dann ist dazu nicht nur eine rein formal-synchrone Betrachtung zur Feststellung von Parallelen und Differenzen, Nuancierungen und Abgrenzungen aufgrund der Struktur, der Redeweise und des Charakters zum Vergleich herangezogener Texte erforderlich, sondern auch eine diachrone Untersuchung, die einerseits - auf der Ebene des vorliegenden Textes - das Stadium der Einordnung in den zugrundeliegenden Zusammenhang klärt und andrerseits - auf der Ebene der Gattung des vorliegenden Textes - die Entwicklung der Gattung aus ihren Anfängen nachzeichnet und eine Verhältnisbestimmung bzw. Zuordnung des vorliegenden Textes zur Traditionsgeschichte der für ihn gefundenen Gattung zu leisten sucht. Gerade letzteres scheint für die Überlegungen zum Sitz im Leben von Visionsberichten auf dem Hintergrund der Diskussion um die Visionsberichte des Amos vor allem auch deswegen bedeutsam zu sein, weil mit den Visionsberichten des Amos erstmals solche Selbstberichte eines Propheten überliefert sind. Zwar war auch schon vorher von Visionen Elias, Elischas und anderer in deskriptiver Weise die Rede, als Gattung greifbar waren diese Visionen aber nicht, und das nicht zuletzt wohl auch deswegen, weil sie nicht als Visionsberichte vom Berichterstatter unter der Autorität unmittelbarer Gültigkeit und Wirksamkeit mitgestaltete, auf Kommunikabilität im oben angesprochenen Sinn angelegte Visionen waren.

Es scheint daher sinnvoll zu sein, den Sitz im Leben der Visionsberichte des Amos unter dem Vorbehalt des bisher Erarbeiteten zunächst vorläufig - und damit aufgrund noch fehlender Einsicht in die redaktionellen und kompositorischen Zuordnungsverhältnisse und aufgrund des noch nicht geklärten geistesgeschichtlichen Zusammenhangs notgedrungen erst einmal formal - zu bestimmen. Danach können die Visionen ihren Sitz im Leben nicht im Privaten und Exklusiven des Erlebnisbereichs des Propheten haben - über einen solchen Erlebnisbereich offenbaren sie prinzipiell überhaupt nichts -, sondern sie sind auf Öffentlichkeit hin angelegt. Diese Anlage auf Öffentlichkeit hin bedeutet aber in keiner Weise eine Instrumentalisierung etwa zum Zwecke der Multiplikation (vgl. die oben vorgebrachte Reserve gegen den Terminus "Bericht") oder der Entscheidungskonsequenzen nach sich ziehenden Qualifizierung (vgl. die Absetzung vom Seherspruch als Segensschilderung) oder gar der Überzeugung heischenden Einflußnahme etwa in der Predigt - und sei es auch im weitesten Sinne -, denn: angeredet wird niemand; aufgefordert wird zu nichts; es wird nicht gewarnt - auch nicht im ersten Visionsberichtspaar (vgl. ebenso Jer 1,11f. 13f) -, sondern gedroht (238);

(238) Darin ist nicht - wie die obigen Ausführungen deutlich machen mußten - etwa ein Umkehrpostulat impliziert (daher die Absetzung von der Warnung), sondern der bannende Druck der in ihrer

es wird nicht auf das Ende verwiesen, sondern es wird ernst damit gemacht, indem mit Heulen und Ende konfrontiert wird - ohne Einspruchsmöglichkeit, ohne Wohlverhaltensklausel: ein factum brutum (vgl. das zweite Visionsberichtspaar: ebenso - abgewandelt - in Jer 1,11f. 13f; ebenso - entweder zum Positiven oder zum Negativen gewendet - in Jer 24,1ff); es werden keine Alternativen aufgezeigt (auch nicht da, wo zur Herausstellung des Drohcharakters und zur Interpretation auf seine Grenzen hin alternativ argumentiert wird, und Jer 24,1ff kann, wie oben deutlich gemacht wurde, in seiner Doppelspurigkeit dafür ohnehin nicht in Anspruch genommen werden), sondern es wird konstatiert.

Wenn aber die genannte Anlage auf Öffentlichkeit hin sich in dieser Weise öffentlicher Beachtung geradezu verschließt, wie ist sie dann - vor allem unter dem Gesichtspunkt der Frage nach dem Sitz im Leben der Visionsberichte - zu verstehen? Bedenkt man einmal die Überlegungen, die zum Ergebnis der auf Kommunikabilität und Öffentlichkeit hin angelegten Visionsberichte geführt haben - vgl. besonders die Ausführungen über den Adressaten der Visionen und die Funktion des Berichterstatters als eines in das Vermittlungsgeschehen der in ihrer Gültigkeit und Wirksamkeit kommunikabel gemachten Sichtweise integrierten Interpreten - und berücksichtigt man auch die Form, in der die Visionsberichte vorliegen (damit ist nicht nur der zweimal paarweise Strukturaufbau des Visionszyklus' gemeint, sondern die Tatsache, daß überhaupt in religiös qualifizierter und dichterisch gebundener Sprache und unter Verwendung des nur einer bestimmten Gruppe von Visionsberichten eigenen Visionsbildes gearbeitet wird, ist damit ebenso angesprochen), dann muß ihr Sinn in der vermittelnden Betrachtung einer den eigenen Standpunkt bestimmenden Sichtweise gesehen werden: Diese Sichtweise liegt nicht entfaltet vor, so wenig wie der Standpunkt nur erläutert und charakterisiert zu werden braucht, sondern erarbeitet und erstritten werden muß. Die Entfaltung der Sichtweise und die Erarbeitung des Standpunktes stehen in einem gegenseitigen Vermittlungsverhältnis, in dem der Fortschritt in der Erarbeitung des Standpunktes einer weiteren Entfaltung der Sichtweise entspricht und so erst deutlich werden läßt, was der Anspruch unmittelbarer Gültigkeit und Wirksamkeit impliziert. Die Bilder, die dazu aus der begegnenden Umwelt herangezogen werden, zeigen dabei gleichzeitig, daß das angesprochene Vermittlungsverhältnis nicht allein als interne stumme Beziehung anzusehen ist, sondern offengelegt ist und auf Verständnis abzielt. Damit kann die Frage nach der Anlage auf Öffentlichkeit hin unter dem Aspekt

---

(Fortsetzung 238) Gültigkeit und Wirksamkeit als äußerste, zur Ruhe gekommene Spannungsbewegung, die als Drohung charakterisiert wurde, zu erfassen gesucht; diese war als Sichtweise verstanden, in der auch der Anspruch ihrer unmittelbaren Autorität ermittelt war.

des Problems des Sitzes im Leben in der Weise beantwortet werden, daß die Vermittlung zwischen der Erarbeitung des Standpunktes und der Entfaltung der Sichtweise in ihrer unmittelbaren Gültigkeit und Wirksamkeit - ablesbar an den zur Deutung und Verständigung herangezogenen Bildern - offengelegt ist und so auch Zugang ermöglicht, ja sogar anbietet.

Der Sitz im Leben ist in dieser Charakterisierung vorerst nur formal bestimmt worden, gewissermaßen aufgrund der literarischen Vorgegebenheiten des Textes bzw. - unter Einbeziehung von Jer 1,11f.13f; 24,1ff - der zur Diskussion stehenden Textgruppe. Es wird darin eine Vermittlungsabsicht deutlich, diese darf aber nicht als auf praktische Zwecke ausgerichtete Äußerung im oben in Beispielen angedeuteten Sinne aufgefaßt werden, sondern ist zu verstehen als ein Erarbeiten eines Standpunktes aufgrund einer ihrerseits sich dabei entfaltenden - und so Zugang und Verständigung ermöglichenden - Sichtweise. Die Anlage auf Öffentlichkeit hin ist damit nicht eigentlich vorgegeben, sondern tritt erst zutage in der Vermittlung von Erarbeitung des Standpunktes und Entfaltung der Sichtweise durch die dabei herangezogenen Bilder. Die Bilder stehen jedoch weder für den erarbeiteten Standpunkt, noch für die entfaltete Sichtweise; durch sie, die als Ergebnis des Vermittlungsgeschehens anzusehen sind, ist dieses erst zugänglich und verständlich, ohne daß - etwa als didaktisches Mittel - darauf abgezielt wäre. Damit stellen sich diese Visionsberichte als Reflexionen dar. Ihr Sitz im Leben ist nicht die spontane Äußerung (239), auch nicht - obwohl in strenge Formen gefaßt (vgl. die Formkritik) - ein Anlaß zu einer offiziellen, etwa liturgischen oder anderweitig kultisch legitimierten Aussage (240). Der Sitz im Leben dieser Visionsberichte scheint überhaupt nicht in dem Sinne erfaßbar zu sein, daß durch sie der Blick auf typische Lebenssituationen frei wird, die dann ihrerseits zur genaueren Bestimmung der Gattung der vorliegenden Visionsberichte beitragen können. Die Visionsbilder offenbaren in dieser Hinsicht nichts, wenn man berücksichtigt, welche Funktionen ihnen aufgrund der vorangegangenen Überlegungen zugesprochen werden müssen bzw. auf welche Weise sie jeweils in den Visionsberichten herangezogen worden sind. Sie könnten damit Auskunft geben über das Metier, aus dem

---

(239) Dazu liegen viel zu viele komplizierte Zusammenhänge - vgl. die voraufgegangenen Analysen - vor; dagegen spricht vor allem die literarisch konstruierte Form in Parallelismen usw. (vgl. auch die Lautanalyse); über die Spontaneität der erwähnten Sichtweise - kein gattungskritisches Problem - ist damit nichts entschieden.

(240) Dagegen müssen die Überlegungen zum Sinn des Vermittlungsgeschehens als eines offengelegten Ringens um einen Standpunkt aufgrund einer dabei sich entfaltenden Sichtweise angeführt werden.

sie herangezogen worden sind, nicht aber über den Sitz im Leben der Visionsberichte. Ebensowenig sind etwa die Fürbittgebete dazu in der Lage, wenn sie als herangezogene Gattung in einer bestimmten Form mit deren Implikationen Interpretationen sind (241). Über die einzelnen Strukturteile kann die Frage also nicht entschieden werden. Betrachtet man aber die Visionsberichte insgesamt, so kann sie bis zum gegenwärtigen Stand der Überlegungen vorerst nur formal und negativ beantwortet werden, wobei Tendenzen zur Reflexion, vielleicht zur Vorstellung oder Legitimation erkennbar werden.

Damit sind die Überlegungen zur Gattung der Visionsberichte durchaus nicht abgeschlossen; der Sitz im Leben bedarf noch der materialen Bestimmung.

g) Diskussion zum Verständnis der Visionsberichte - Eine Bestandsaufnahme

Es wurde bisher schon in der Weise der Analyse so unterschiedlich zu bisherigen Verfahren der Betrachtung von Visionsberichten vorgegangen, daß eine Diskussion der Hauptlinien der Visionsberichtsuntersuchungen des Amos-Buches Übereinstimmungen und Grenzen der Übereinstimmung abzeichnen muß. Damit wird auch gleichzeitig die Bedeutung für den jeweiligen theologischen Standpunkt deutlich.

Während bei Krenkel (242), Marti (243), Duhm (244) u. a. meist literarkritische Probleme und Verständnisfragen bezüglich des Inhalts der Visionsberichte im Vordergrund stehen, beginnt Gunkel (245) Visionen

---

(241) Überlegungen zu Amos, dem Fürsprecher, müssen daher mit Zurückhaltung begegnet werden; denn es geht hier ja nicht um eine Darstellung des Amos in einer bestimmten Funktion, sondern um eine festgelegte Weise der Interpretation des Gesehenen durch den Berichterstatter und damit um die literarische Lösung des Problems der Aussagegestaltung der Visionsberichte in dem zur Diskussion stehenden Struktur-Block. Spekulationen darüber, ob die Fürbitten nun Teil oder Folge der Visionen sind - dies muß gegen die allgemein herrschende Ansicht festgehalten werden -, erübrigen sich damit.

(242) vgl. Krenkel, M., Zur Kritik und Exegese der kleinen Propheten, ZwTh 9, 1866, S. 266-281, bes. S. 269-272

(243) vgl. Marti, K., Dodekapropheton, Kurzer Hand-Commentar zum Alten Testament 20/1, Tübingen/Leipzig 1903

(244) vgl. Duhm, B., Anmerkungen zu den zwölf Propheten, Gießen 1911; vgl. auch noch: Duhm, B., Israels Propheten, Tübingen [2]1922

und Auditionen voneinander zu trennen und für Visionen ein außergewöhnliches Bewußtsein zu reklamieren.

In gleicher Weise versuchen Hölscher (246) und Hänel (247) Visionen in Unterscheidung von anderen Wahrnehmungsarten auszugrenzen. Auf Hölscher als dem Begründer der Ekstasen-Theorie, der überall wieder zitiert wird, will ich hier nicht näher eingehen. Bei Hänel erscheinen Visionen - zusammen mit den Auditionen - in dem Kapitel über die halluzinatorische Wahrnehmung, welche streng zu trennen ist von der inneren Wahrnehmung, der das innere Sehen und das innere Hören zugeordnet sind; beide sind wieder von der nächtlichen Wahrnehmung, die sich einerseits in Nachtgesichte und andrerseits in Träume aufteilen läßt, abzuheben. Halluzinatorische Wahrnehmungen "sollen die Tatsache ausdrücken, daß psychologisch vermittelt Abbilder irgendwelcher Wirklichkeiten, nicht die Wirklichkeiten selbst, wahrgenommen werden." (248) Diese Abbilder können - mit Verweis auf die Dogmatik und unter expliziter Ablehnung einer eigenen Begründung - ihren Ausgangspunkt entweder im Subjekt oder in Gott haben (249). Eine Vision liegt nun dann vor, wenn das Geschaute in die Außenwelt verlegt ist und nicht mit der Kraft der Phantasie erfaßt ist; sie zeichnet sich durch die plastische Anschaulichkeit des Gesichts aus (250); ein weiteres Indiz kann in der Entrückung als dem Beweis für das Einwirken auf den Visionär von außen, ja von woandersher gesehen werden (251); schließlich gehört zur Vision auch das Aufhören des Gesichts im Sinne des Entschwindens in die Höhe (252). Hänel gelangt danach zu dem Ergebnis, daß die genannten Kriterien sich

---

(245) vgl. Gunkel, H. Einleitungen, Die großen Propheten, hrsg. v. D. H. Schmidt, Göttingen 1923; vgl. dazu auch die Zusammenfassung von Long, B. O., Reports of Visions among the Prophets, JBL 95, 1976, S. 353-365, hier: S. 353 in der Charakterisierung von Gunkels Standpunkt: "The prophet not only is a messenger of Yahweh, delivering a word which he has received, but he also reports what he has seen, what has been uncovered for him, in extraordinary states of consciousness (Isa 21: 1-10)".

(246) Hölscher, G., Die Propheten, Gießen 1914

(247) Hänel, J., Das Erkennen Gottes bei den Schriftpropheten, BWAT N. F. 4, Berlin/Stuttgart/Leipzig 1923

(248) Hänel, J., a. a. O., S. 42

(249) vgl. ebd.

(250) vgl. Hänel, J., a. a. O., S. 55/56

(251) vgl. Hänel, J., a. a. O., S. 58

(252) vgl. Hänel, J., a. a. O., S. 60

ausschließlich bei Ezechiel und Daniel finden und vermutet: "Vielleicht sind Hesekiel und Daniel die einzigen Propheten, die wirkliche Visionen erzählen wollen." (253) Von der Vision ist streng zu unterscheiden das innere Sehen, das ja - wie bereits vermerkt - nach Hänel nicht der halluzinatorischen, sondern der inneren Wahrnehmung zugehört. Obwohl beide Weisen des Wahrnehmens "auf dem gleichen Boden entstanden" (254) sind, ist jedoch beim halluzinatorischen Wahrnehmen "die betonte Vorstellung derart zur Herrschaft gelangt, dass das übrige Bewusstsein verdunkelt ist und infolgedessen die Massstäbe verloren sind, um Sinneswahrnehmung und innere Wahrnehmung gegeneinander abzugrenzen. Das Wahrnehmen, das wir das innere nennen, ist frei von diesen Übertreibungen. Die Vorstellung wird ebenfalls greifbar,... aber der normale Verlauf der Seelenvorgänge wird in keiner Weise beeinträchtigt. Man sieht und hört und vergisst doch nicht, dass Bilder und Stimmen nicht der Aussenwelt entstammen, sondern nur im eigenen Innern leben." (255) Bei dieser Beschreibung aber wird dennoch daran festgehalten, daß die Propheten ihre Gesichte auf Gott zurückführen und sie nicht für Ausfluß ihrer Phantasie halten. Sofern diese innere Wahrnehmung in Form eines Gesichts geschieht, ist bei Hänel vom inneren Sehen die Rede. Als typisches Beispiel außerhalb der Prophetenschriften dafür führt er die Bileam-Sprüche Num 24, 3ff und Num 24, 15ff an. Diese Weise des Prophetenverständnisses sei umso mehr zu berücksichtigen, als die Schriftpropheten nicht weniger auch Poeten sind. Dennoch seien Visionsberichte nicht - wie Knobel, de Wette, Köster und Reuss mehr oder weniger differenziert annehmen; einige Jahre nach Hänel wird Cramer (256) wieder entschieden darauf zurückkommen - lediglich als schriftstellerische Kunstprodukte anzusehen, sondern man müsse berücksichtigen, daß trotz des Körnchens Wahrheit, welches diese Betrachtungsweise impliziere, die Propheten nicht in erster Linie geistreich und kunstvoll sein wollten, sondern die Herzensstellung ihrer Hörer beeinflussen wollten (257). Abschließend zu diesem Komplex resümiert Hänel: "Nach allem ist es deutlich, dass man im inneren Sehen den Vorgang zu erkennen hat, den häufig die Propheten meinen, wenn sie ihre Gesichte schildern. ... Männer wie Hesekiel und Daniel haben erst von Gesichten geredet, wenn das Bild der Phantasie ausserhalb von ihnen zu sein schien. ... Für andere Propheten ist das innere

---

(253) Hänel, J. a. a. O., S. 66

(254) Hänel, J. a. a. O., S. 83

(255) Hänel, J., a. a. O., S. 83/84

(256) Cramer, K., Amos, Versuch einer theologischen Interpretation, Stuttgart 1930

(257) vgl. Hänel, J., a. a. O., S. 89/90

Bild selbst Gesicht genug." (258) Auch die Amosvisionen ordnet er in diese Kategorie des inneren Sehens ein. Wichtig ist für ihn noch, daß solche Erlebnisse nie als Ausnahmezustand weder für bestimmte Personen noch für bestimmte Zeiten aufgefaßt werden dürften, weil sich sonst ein Anspruch auf Gegenwartswert nicht erkennen ließe (259).

In anderer Weise, wenn auch gelegentlich in den Ergebnissen übereinkommend, versucht Lindblom (260) prophetische Literatur als Revelationsliteratur verständlich zu machen: "Wir meinen, dass die prophetische Literatur des Alten Testaments ihrer literarischen Gattung nach als Revelationsliteratur zu bezeichnen ist. Dieser Terminus 'Revelationsliteratur' hat sein eigentliches Heimatrecht auf dem Gebiete der mystischen Literatur des Mittelalters. Was die Mystiker... in ihren ekstatischen bzw. halbekstatischen oder überhaupt inspirierten Zuständen hörten, sahen und erlebten, wurde als Revelationen bezeichnet. Und durch die Aufzeichnung solcher Revelationen entstand das, was man Revelationsliteratur zu bezeichnen pflegt." (261) Mittelalterliche Mystiker und alttestamentliche Propheten verkündigen aufgrund desselben seelischen Zustandes (262). Nicht aber der Mystiker ist Subjekt der Revelation, sondern Gott. Von hier aus - so Lindblom - sei die prophetische Literatur neu zu durchdenken; er selbst macht einen Anfang am Beispiel des Amos-Buches. "Das Buch des Amos ist eine Sammlung von Revelationen. Für jeden, der das Buch recht verstehen will, ist es eine unerlässliche Aufgabe, es in Einzelrevelationen zu zerlegen." (263) Alles in diesem Buch, auch der Bericht 7,10-17 ("Bethelrevelation" (264)), ist als Revelation in diesem Sinne zu verstehen, und es kommt nur noch darauf an, es jeweils als Wort- oder Gesichtsrevelation oder ähnlich zu kategorisieren. Die hier zur Diskussion stehenden Visionsberichte, die er mit 7,1-3;7,4-6;7,7-9 angibt, "sind sämtlich Gesichtsrevelationen, d.h. sie enthalten Schilderungen von ekstatischen Visionen. Sie stellen drei verschiedene Ereignisse aus dem inneren

---

(258) Hänel, J., a.a.O., S. 100

(259) vgl. Hänel, J., a.a.O., S. 260

(260) Lindblom, J., Die literarische Gattung der prophetischen Literatur, Eine literaturgeschichtliche Untersuchung zum Alten Testament, Uppsala 1924; vgl. dazu auch: Lindblom, J., Die Religion der Propheten und die Mystik, ZAW N.F. 16, 1939, S. 65-74

(261) Lindblom, J., Die literarische Gattung der prophetischen Literatur, a.a.O., S. 16

(262) vgl. Lindblom, J., a.a.O., S. 17

(263) Lindblom, J., a.a.O., S. 69

(264) Lindblom, J., a.a.O., S. 92

Leben des Propheten dar und haben von Anfang an selbständig existiert. Im Buche des Amos sind sie von dem Redaktor wegen ihrer gegenseitigen Verwandtschaft in Form und Inhalt zusammen gestellt worden. Ursprünglich sind sie von Amos selbst gleich nach den ekstatischen Erlebnissen aufgezeichnet oder nach seinem Diktamen von einem Vertrauten niedergeschrieben worden. Die beiden früheren scheinen zeitlich eng zusammen zu gehören. ... Die dritte fällt in einen späteren Zeitpunkt." (265) Für den vierten Visionsbericht stellt Lindblom die formelle und inhaltliche Verwandtschaft mit dem dritten Visionsbericht fest und erklärt den Umstand, daß beide im vorliegenden Text als derart weit auseinandergezogen erscheinen, mit der "sachgemässe(n) Placierung der Bethelrevelation nach 7:9" (266). Auch der allgemein als fünfter Visionsbericht angenommene Beginn von Kap. 9, den er allerdings als den Zusammenhang 9,1-4. 7-8a versteht, wird in dieser Weise betrachtet: "Sie (cf.: die Revelation 9,1-8a) beginnt als Gesichtsrevelation, entwickelt sich aber allmählich zu einer Audition, ein in der Revelationsliteratur sehr gewöhnliches Phänomen. Die konkrete Schilderung im Anfang zwingt uns, eine ekstatische Vision vorauszusetzen. ... Von unserem Gesichtspunkt aus muss jedoch hervorgehoben werden, dass die (cf.: textkritischen) Schwierigkeiten, die die Ausleger in den unbestimmten Imperativen sehen, irrelevant sind. Anonyme und nicht näher bestimmte Personen ... gehören zum festen Apparat der Revelationen. ... Der Grundgedanke der Vision ist die radikale Vernichtung des Volkes...; dieser Gedanke wird dann nachher in scharf zugespitzten Wendungen variiert. Die Kulmination wird v. 7-8a erreicht. ... Die Verse 5-6 unterbrechen den Zusammenhang und sind ein fremder Zusatz. Mit v. 8a endigt die Revelation; die gewaltsame Kulmination verträgt nicht mehr hinter sich." (267) Lindblom glaubt, damit auch die Schwierigkeiten im Aufbau des Amos-Buches aufgeklärt zu haben. In seiner Sicht sind die Probleme, die Löhr, Baumann, Riedel u. a. formulieren - fehlender Zusammenhang der verschiedenen literarischen Einheiten, ganz oder zum Teil abgerissene Sprüche, vermengt mit einer dazwischengeschobenen Erzählung, das ständige Versetzen des Lesers in neue Situationen, das unvermittelte Zurückversetzen in schon bekannte Situationen, die Planlosigkeit des Konzeptes - eine genaue Beschreibung und Charakterisierung dessen, was er als Revelationsliteratur bezeichnet. "Sie (cf.: die Charakterisierung) treibt uns gerade dazu, im Buche des Amos eine Sammlung von Revelationen zu sehen, aber mitnichten eine gewaltsame Umgestaltung zu unternehmen, die von für das Buch selbst fremden Gesichtspunkten aus bestimmt ist." (268)

---

(265) Lindblom, J., a. a. O., S. 88/89

(266) Lindblom, J., a. a. O., S. 92

(267) Lindblom, J., a. a. O., S. 95

(268) Lindblom, J., a. a. O., S. 97, Anm. 1

Wie schon bei den vorangegangenen Lösungsversuchen wird auch bei Budde (269) versucht, die Visionen auf den privaten Bereich des Berichterstatters einzuengen. Er spricht ihnen eine Erlebnisqualität zu, wenn er "das Gesicht (als)... das denkbar persönlichste, subjektivste Erlebnis" (270) bezeichnet, wobei das visionäre Erleben gleichzeitig als ein "Schauen von nicht Wirklichem" (271) und doch als "Gewißheit der Wirkung durch Jahwe" (272) charakterisiert wird. In Anlehnung an Wellhausen werden sie als Berufungsvisionen verstanden, durch die - so auch schon Wellhausen - der Prophet "'zum erstenmal aus seinem gewöhnlichen Bewußtsein herausgerissen wird'" (273). Ein mündlicher Vortrag der Berichte wird als unwahrscheinlich betrachtet, ja, die Möglichkeit wird faktisch ausgeschlossen (274). Die Visionsberichte erscheinen insofern als zum Audruck gebrachte Bedingungselemente der folgenden Verkündigung.

Entschiedener geht Seierstad (275) auf den Erlebnisaspekt bei der Verkündigung der Propheten vor allem mit Berufung auf Gunkel, Hölscher und Mowinckel ein, jedoch unter Absetzung von deren Ekstasentheorie, die er für ungeeignet zur Lösung der Frage hält, wie nämlich das Verhältnis zu bestimmen sei "zwischen der religiös bestimmenden Macht und dem menschlichen Ich bzw. der menschlichen Selbstbestimmung" (276). Dabei kommt uns für die vorliegenden Überlegungen zur Hilfe, daß er sich auf Amos beschränkt und in den Visionsberichten sein Induktionsmaterial findet; in ihnen wird - so Seierstad - deutlich, daß der Prophet sich mitteilen wolle (277), "daß Jahwe anwesend und wirksam ist" (278) und ferner erweist sich die Absicht des Propheten zu zeigen, "wie er zu der furchtbaren Erkenntnis von Israels unmittelbar bevorstehenden Untergang gekommen war" (279). Über die Klärung des

---

(269) vgl. Budde, K., Zu Text und Auslegung des Buches Amos, JBL 44, 1925, S. 63-122

(270) Budde, K., a. a. O., S. 63

(271) Budde, K., a. a. O., S. 64

(272) ebd.

(273) Budde, K., a. a. O., S. 65

(274) vgl. ebd.

(275) vgl. Seierstad, I. P., a. a. O., S. 22-41

(276) Seierstad, I. P., a. a. O., S. 24

(277) Vgl. Seierstad, I. P., a. a. O., S. 25

(278) ebd.

(279) Seierstad, I. P., a. a. O., S. 26

Verhältnisses zwischen göttlichem und prophetischen Ich (280), die eine ekstatische Vereinigung beider aus exegetischen (Verweis auf Text, wo Jahwe den Amos anredet) und psychologischen (zu starke Betonung des affektiven Aspekts religiöser Erlebnisse vernachlässige "den eigentümlichen Ideeninhalt" (281) eben dieser Erlebnisse) Gründen verneint und über die Diskussion des Problems, wie Erlebnisinhalt und Ich des Propheten in ihrem Gegenüber zu bestimmen sind (282) - es wird an der "Fähigkeit zur persönlichen Stellungnahme dem Inhalt gegenüber" (283) festgehalten, wodurch der Zwang zum Weissagen bei Amos nicht als unwiderstehlicher Naturzwang, sondern als Zwang einer ethisch selbstwirksamen und verantwortlichen Persönlichkeit charakterisierbar wird (284) -, gelangt Seierstad durch die Abgrenzung der prophetischen Eingebung von der sich nahelegenden bezwingenden Macht dichterischer Inspiration (285) und vom energicum der mittelalterlichen Mystik zu seiner These: Das Ich des Propheten hat sich in den Dienst eines anderen gestellt; es folgt der Forderung Gottes, weil es in Einklang mit dieser Forderung steht: "man muß selbst wollen, was Gott will - allein weil Gott es will." (286)

In eigener Weise versucht Sister (287) durch gattungskritische Typisierung das Wesen der prophetischen Visionen zu erfassen. Dabei trifft er zuvor schon eine wichtige Vorentscheidung, indem er nämlich Visionen auf Träume zurückführt: "Wie der 'Botenspruch' in der prophetischen Literatur ... seinen Ursprung in der Art des Verkehrs und Übermittlung von Nachrichten im Altertum hat,... so ist der Ursprung der literarischen Form der Visionsgattung in der Schilderung und Deutung von Träumen zu finden." (288) "Die Form der Schilderung der Träume

---

(280) vgl. Seierstad, I. P., a. a. O., S. 27: "Die Visionserlebnisse haben ... formell den Charakter einer Mitteilung von Person zu Person. ... Es verhält sich nicht so, daß Jahwe in oder aus dem Propheten zum Volke redet, sondern Jahwe redet zu dem Propheten (vgl. 7,15;7,8;8,2) und der Prophet bringt sein Wort weiter zum Volke." (ebd.)

(281) Seierstad, I. P., a. a. O., S. 29

(282) vgl. Seierstad, I. P., a. a. O., S. 31

(283) Seierstad, I. P., a. a. O., S. 34

(284) vgl. Seierstad, I. P., a. a. O., S. 38/39

(285) vgl. Seierstad, I. P., a. a. O., S. 39

(286) Seierstad, I. P., a. a. O., S. 41

(287) Sister, M., Die Typen der prophetischen Visionen in der Bibel, MGWJ N. F. 42, 1934, S. 399-430

(288) Sister, M., a. a. O., S. 422

und ihrer Deutungen ist das Muster (der Prototypus) für die Form der Visionsgattung." (289) Aufgrund dessen gelangt er zu einer Typeneinteilung der Visionen, die an jeweils verschiedenen Inhalten orientiert ist:

"1. Typ. Visionen in der Form eines Traumes, dessen Inhalt eine Gottes-oder Engelerscheinung ist.

2. Typ. Visionen in der Form eines Traumes, dessen Inhalt ein Bild ist, das ohne Weiteres verständlich ist.

3. Typ. Visionen in der Form eines Traumes, dessen Inhalt ein Bild ist, das gedeutet werden muß." (290)

Nach dieser Kategorisierung versucht Sister, die alttestamentlichen Visionsberichte einzuordnen und die Typen genauer zu charakterisieren. Danach ist das geschaute Visionsbild beim ersten Typ eine Theophanie; folglich wird ihm u. a. auch Am 9,1-4 zugewiesen (291). Dem zweiten Typ fallen u. a. Am 7,1-3.4-6 zu und dem dritten Typ Am 7,7-9;8,1-3 (292). Das verwendete Visionsbild findet sich zwar meist am Anfang des jeweiligen Visionsberichtes, ihm kommt aber nicht - so Sister (293) - eine bedeutendere Rolle als die der Veranschaulichung zu. Oft könnten die Bilder in den Visionen - das gilt u. a. auch für Am 7,1-3;7,7-9; 8,1-3 - als literarischer Vergleich oder Metapher angesehen werden (294). Dahinter wird nun das Verständnis der Visionsberichte als dichterische Einkleidungen für bedrohlich oder verheißend oder sonstwie Erlebtes sichtbar. Visionsberichte sind nicht Erkenntnisvermittlungen, sondern die Kunst, Empfundenes in seinem drohenden, verheißenden o. ä. Sinn darzustellen. Sie sind damit eine Kunstgattung für dichterisch Empfundenes, das prinzipiell auch anders hätte gesagt werden können.

Ebenfalls den Versuch einer Typisierung von Visionsberichten unternimmt in einer weiteren Arbeit J. Lindblom (295), ohne dabei jedoch auf die vorangegangenen genannten Bemühungen M. Sisters Bezug zu nehmen. Er geht aus von der allgemeinen Übereinstimmung, daß prophetische Äußerungen "Erzeugnisse einer Art Inspiration" (296) sind, die er auf dem Hintergrund des psychischen Erlebens der Propheten zu fassen

---

(289) Sister, M., a. a. O., S. 423

(290) Sister, M., a. a. O., S. 425

(291) vgl. Sister, M., a. a. O., S. 426

(292) vgl. Sister, M., a. a. O., S. 427/28

(293) vgl. Sister, M., a. a. O., S. 429

(294) vgl. ebd.

(295) vgl. Lindblom, J., Die Gesichte der Propheten, Versuch einer Klassifizierung, StTh (Riga) 1, 1935, S. 7-28

(296) Lindblom, J., a. a. O., S. 7

sucht. Den verschiedenen Äquivokationen über das, was Ekstase meint, setzt er darauf seine Definition, die er - wie auch schon in seiner genannten früheren Arbeit - in Anlehnung an die mittelalterliche Mystik findet, entgegen: "Ich meine unter Ekstase einen psychischen Zustand, in dem der Mensch von einem einzigen Gefühl, einer einzigen Vorstellung, einer einzigen Idee oder einer eng zusammengehörigen Gruppe psychischer Erlebnisse so vollständig absorbiert wird, daß der normale Bewußtseinsstrom abgebrochen wird und die normale psychische Selbstkontrolle verloren geht." (297) In diesem Sinne - so Lindblom - könne man in aller Regel nicht von prophetischer Ekastase reden, es sei vielmehr so, daß das prophetisch charakteristische Erlebnis eine Inspiration ist, "die auf dem Wege der Ekstase liegt und sich bisweilen zur wirklichen Ekstase entwickelt" (298). Dies sei jedoch jeweils schwer bestimmbar, so daß vorgeschlagen wird, alle prophetischen Inspirationen als Revelationen und die zugrundeliegenden psychischen Zustände als revelatorische Zustände zu bezeichnen (299). Eine Gruppe - und zwar eine charakteristische - solcher Revelationen sind die Visionen der Propheten. Diese teilt Lindblom in fünf Kategorien ein: Erstens fallen darunter die visuellen Halluzinationen; sie sind "ein in die Aussenwelt verlegtes seelisches, objektloses Bild, wenn dieses Bild sonst ganz und gar die allgemeine Art der sinnlichen Wahrnehmung teilt und von dem Halluzinierenden selbst als eine objektive, sinnfällige, mit dem körperlichen Auge geschaute Wirklichkeit aufgefasst wird" (300). Solche Halluzinationen sind aber gerade nicht als eine Eigentümlichkeit von Ekstatikern anzusehen; hier muß eine Trennung zu den inneren Wahrnehmungen vorgenommen werden, die mit einem Ausdruck V. Kandinskys als "Pseudohalluzinationen" (301) "mit 'dem Auge' der seelischen Einbildungskraft" (302) geschaut werden. Damit ist hier eine zweite Gruppe von Visionen abgehoben, die als ekstatische innere Gesichte von Lindblom mit dem Terminus "ekstatische Visionen" (303) belegt werden. "Ihr Inhalt ist seinem Wesen nach irrationell (sic) und unaussprechlich, etwas, was über das Alltägliche und Normale hinausgeht." (304) Sie werden mit Traumerlebnissen in Analogie gesetzt und in zwei Untergruppen eingeteilt: den plastischen Visionen, wo das Gewicht auf dem

(297) Lindblom, J., a.a.O., S. 8

(298) Lindblom, J., a.a.O., S. 9

(299) vgl. ebd.

(300) Lindblom, J., a.a.O., S. 10

(301) vgl. Lindblom, J., a.a.O., S. 12

(302) ebd.

(303) Lindblom, J., a.a.O., S. 13

(304) ebd.

Geschauten selbst liegt, bei seinen Gegenständen und Gestalten und den dramatischen Visionen, wo es auf die Handlung, den Geschehensablauf, die Handelnden und ihre Rolle ankommt; von autodramatischen Visionen kann noch für den Fall die Rede sein, daß der Visionär selbst in das Geschehen integriert ist (305). Bei der literarischen Wiedergabe kann es sowohl zur Alterierung (306), als auch zur Stilisierung (307) der Visionen kommen, so daß sie den Eindruck erwecken können, rein literarische Produkte zu sein. Als dritte Gruppe sind die sublimierten Wahrnehmungen zu nennen, die etwas tatsächlich in der Sinnenwelt Geschautes als etwas von Gott Gezeigtes verstehen und ihm so einen höheren Sinn beimessen (308). Sie sind in Analogie zu setzen mit den Illusionen, freilich mit dem Unterschied, daß Illusionen trügerische Umwandlungen der Wirklichkeit sind, während sublimierte Wahrnehmungen einen tieferen Sinn der Wirklichkeit erschließen helfen (309). Die vierte Gruppe bilden die revelatorischen Phantasiegebilde, "die der normalen schöpferischen Phantasie, aber nicht der Ekstase entstammen" (310). "Diese revelatorischen Phantasiegebilde entsprechen den künstlerischen Phantasieschöpfungen eines Dichters. Sie dienen dazu, die Gedanken und Vorstellungen des Propheten zu illustrieren und zu veranschaulichen oder plastisch eindrucksvolle Symbole zu schaffen." (311) Eine besondere Gruppe darunter sind die revelatorischen Allegorien (312). Fünftens nennt Lindblom schließlich die literarischen Gesichte, die als visuelle Schilderungen angesehen werden müssen, "in denen das 'Visuelle' nichts als eine stilistische Form für ganz prosaische und nüchterne Schriftstellerprodukte ist" (313). Sie sind daher als Imitationen einer bestimmten prophetischen Stilform anzusehen, die sowohl von prophetischen Schriftstellern, als auch von Propheten selbst nachgeahmt werden konnten (314). Die ersten drei und die von Lindblom so angesehene fünfte Amos-Vision finden in diesem Konzept ihren Platz unter den ekstatischen Visionen, und zwar dort genauer bei den plastischen Visionen (315);

---

(305) vgl. Lindblom, J., a. a. O., S. 14

(306) vgl. Lindblom, J. a. a. O., S. 15f

(307) vgl. Lindblom, J., a. a. O., S. 17f

(308) vgl. Lindblom, J., a. a. O., S. 19

(309) vgl. Lindblom, J., a. a. O., S. 22

(310) Lindblom, J., a. a. O., S. 22/23

(311) Lindblom, J., a. a. O., S. 23

(312) vgl. Lindblom, J., a. a. O., S. 24

(313) Lindblom, J., a. a. O., S. 27

(314) vgl. ebd.

(315) vgl. Lindblom, J., a. a. O., S. 14/15

die vierte Vision wird zu den sublimierten Wahrnehmungen gerechnet (316).

Nur gelegentlich wird Herntrichs Verständnis vom Visionsbericht in seinem Kommentar über das Amos-Buch sichtbar (317). Sie sind nicht als Berufungsberichte zu betrachten: "Amos wird nicht durch eine dieser Visionen in sein Amt berufen, und diese Berufung liegt auch nicht zwischen dem Erleben der zweiten und dritten Vision. Schon in der ersten Vision steht Amos als Fürsprecher ein für sein Volk und übt damit eine wesentliche Funktion des prophetischen Amtes aus."(318) Damit ist sowohl ein gewisses Amtsverständnis vorausgesetzt, zu dessen Aufgaben die Fürbitte gehörte, als auch eine persönliche Erlebnisqualität, die nicht als solche, sondern in ihrer Ausdeutung zum Gegenstand der Auseinandersetzung wird. Wehrt sich Herntrich auf der einen Seite gegen das Berufungsverständnis Weisers, so läßt er aber auf der anderen Seite auch ein Verständnis der Visionsberichte - trotz einer zugegebenen Stilisierung - als bloße Stilform im Sinne Cramers nicht gelten (319). Visionen sind "innerste Erlebnisse" (320) des Propheten, die zum Zeugnis über das Geschaute zwingen. Sie erlauben einen "Blick... hinter den Vorhang" (321), der in seiner Exklusivität - "Er sieht, was der natürliche Mensch nicht sieht" (322) - die Verkündigung des Propheten begleitet, sie als existenziell betreffende Macht ausweist und somit als "äußerste Zuspitzung der Prophetie " (323) begriffen werden muß. Es wird dadurch "übersinnliches Geschehen" (324) geschaut, ein Blick in "die Welt und den Willen Gottes" (325) getan und die Zukunft erschlossen.

Diese Auffassung der Visionsberichte wird in der Folgezeit praktisch nicht weitergeführt; stattdessen spielen psychologische Überlegungen und Fragen um das Verständnis als Berufungsvisionen (326) die ent-

---

(316) vgl. Lindblom, J., a.a.O., S. 21/22

(317) vgl. Herntrich, V., Amos, Der Prophet Gottes, Wege in die Bibel, Heft 4, Göttingen 1941

(318) Herntrich, V., a.a.O., S. 70

(319) vgl. ebd.

(320) ebd.

(321) ebd.; vgl. auch: a.a.O., S. 79

(322) ebd.

(323) ebd.

(324) ebd.

(325) ebd.

scheidende Rolle. Erst Würthwein (327) versucht Visionsberichten - hier immer bezogen auf die Visionsberichte des Amos - eine variable Funktion zuzuerkennen. Dabei ist sein Visionsverständnis wesentlich abhängig von seiner Interpretation über Am 7,14: Danach war Amos zunächst Inhaber des Heilsamtes eines Nabi - "Ein Unheilsnabi ist im Grunde ein Widerspruch in sich selbst." (328) -, zu dessen Aufgaben es gehörte, "den šalom - den (politischen) Frieden, das Wohlergehen, das Heil im umfassenden Sinne des Wortes - derer zu fördern, für die er da war, in erster Linie des Königs und des Gesamtvolkes" (329). Wenn nun ein Nabi über seine Amtspflichten hinaus zu einer persönlichen, auch Unheil in Rechnung stellenden Prophetie gelangte, dann blieb er zwar ein Nabi, sofern er dieses Amt innehatte, aber er überschritt damit auch die Grenzen seines Amtsbereichs. Die Auseinandersetzung mit Amazja zielte damit - so Würthwein - aus der Sicht des Amazja dahin, daß er Amos in dem Rahmen sehen wollte, der von einem Nabi erwartet wurde; aus der Sicht des Amos liegen demzufolge keine Schwierigkeiten bezüglich des Nabi-Amtes vor, sondern nur gegenüber der starren Beschränkung darauf. Unter Voraussetzung dieses Zusammenhanges erfüllen die Visionsberichte nun eine bestimmte Funktion, nämlich die, daß sie den Weg zeigen, "auf dem Amos aus dem Nabi durchschnittlicher Prägung zum Unheilsprediger für sein Volk wurde" (330). Genauer formuliert er zum Verständnis der Visionen: "Amos war zunächst ein Nabi, der die Funktionen seines Amtes, unter denen, wie wir sahen, die Fürbitte eine wesentliche war, ausübte, und erst allmählich zu der ganz persönlichen Gewißheit des kommenden Unheils geführt wurde. Die Bedeutung seiner fünf Visionen liegt zum wesentlichen darin, daß sie uns seine Entwicklung vom Nabi zum Unheilspropheten erkennen lassen. Sie liegen zeitlich *nach seiner Berufung zum Nabi*; denn nur als Nabi konnte er jene Fürbitte üben. Aber sie liegen *vor seinem Auftreten als Un-*

(326) vgl. dazu die Diskussion Weiser, A., (Die Prophetie des Amos, BZAW 53, Berlin 1929) - Rudolph, W. (Imago dei, Beiträge zur theologischen Anthropologie, Gustav Krüger zum 70. Geburtstag dargebracht, Gießen 1932, S. 19-31) - Herntrich, V. (Das Berufungsbewußtsein des Amos, CuW 9, 1933, S. 161-176; vgl. ferner: ders., Amos, der Prophet Gottes, a. a. O.); zur übrigen ausgedehnten Diskussion, die hier zwar berücksichtigt ist, nicht aber im einzelnen entfaltet werden kann, vgl. das Literatur-Verzeichnis.

(327) vgl. Würthwein, E., Amos-Studien, ZAW 62, 1949/50, S. 10-52

(328) Würthwein, E., a. a. O., S. 26

(329) ebd.

(330) Würthwein, E., a. a. O., S. 28

heilsprophet, dessen Vorbereitung sie sind." (331) Zur Erklärung des Unterschiedes zwischen erstem und zweitem Visionsberichtspaar greift er auf das psychologisierende Verständnis Häussermanns zurück, der dem "Empfang des Wortes" (332) eine "aus einer entscheidungsschweren Fragestellung" (333) hervorgegangene Bereitschaft für den Wortempfang vorangehen ließ. Auch hier, so Würthwein, werde Amos von der Bedrückung über die Schuld des Volkes Israel umgetrieben. "Die Frage nach der Zukunft Israels angesichts seiner Schuld mußte sich dem Nabi Amos besonders nahe legen. Als Nabi hatte er ja in Fürbitte und Zukunftsverkündigung für das Heil Israels einzutreten. Ein Mann, der nicht von vornherein sich von Wunschträumen leiten ließ, mußte sich nach der inneren Berechtigung seines Tuns fragen. Das tat offenbar auch Amos und geriet damit auf die Bahn, an deren Ende die Visionen als die göttliche Antwort stehen." (334) Während in den ersten beiden Visionen noch deutlich wird, wie Amos - seinem Amtsverständnis entsprechend - Fürbitte übt, obwohl er das Unheil kommen sieht, löst er sich von diesem Verständnis immer mehr über die Einsicht des Nicht-mehr-Vergebens im dritten Visionsbericht und die Einsicht des Endes im vierten Visionsbericht bis hin zur Zerstörung des Altars und des Tempels im fünften Visionsbericht, die auch keine Hilfe und Sicherheit mehr zu bieten vermögen. "In diesen Erlebnissen, die individuelle Gotteserlebnisse sind, wird aus dem Nabi Amos der Unheilsprediger." (335) Den eigentlichen Einschnitt sieht Würthwein dabei zwischen dem zweiten und dem dritten Visionsbericht (336). Dieser Einschnitt ist eine Zäsur in der durch die Visionen gekennzeichneten inneren Bewegung des Propheten; sie läßt ihn zu seiner neuen Position gelangen, ohne die alte deswegen aufzugeben, sondern sie als neue Aufgabe der Unheilsverkündigung in sein Nabi-Amt zu integrieren (337).

Horst zeigt in seinem Aufsatz (338) zunächst, daß es zur prophetischen Aufgabe gehört, nicht nur Gehörtes, sondern auch Gesehenes zu vermitteln. Ein solches Sehen weist er einem "außergewöhnlichen Wahrnehmungs-

(331) Würthwein, E., a.a.O., S. 29/30

(332) Häussermann, F., a.a.O., S. 27

(333) ebd.

(334) Würthwein, E., a.a.O., S. 30

(335) Würthwein, E., a.a.O., S. 32

(336) vgl. Würthwein, E., a.a.O., S. 33

(337) vgl. Würthwein, E., a.a.O., S. 34

(338) vgl. Horst, F., Die Visionsschilderungen der alttestamentlichen Propheten, EvTh 20, 1960, S. 193-205

akt" (339) zu, ohne diesen genauer zu charakterisieren, und er leitet es "aus einer verhaltenen Hintergründigkeit" (340) her, ohne diese eingehender zu analysieren; er läßt im Gegenteil eine deutliche Reserve gegen derartige Erklärungsversuche erkennen. Ihn interessiert vor allem das Problem, wie Visionsberichte unter dem Aspekt der zur Mitteilung drängenden Schauung einzuordnen sind. Vor allem aufgrund inhaltlicher Kriterien gelangt er dann zur Unterscheidung von drei Visionstypen: erstens den Anwesenheitsvisionen, die dort vorliegen, wo der Prophet "im visionären Erleben bei Beratungen oder Entscheidungen am Thronsitz Gottes bzw. am Himmelseingang zugegen" (341) ist; es kann sich dabei um Berufungsvisionen handeln, das muß aber nicht notwendig der Fall sein: zweitens den Wortsymbol- bzw. Wortassonanzvisionen, die hinter einem "vordergründigen Bildwort... (eine) durch den Anklang zusammengebundene Sinnwirklichkeit" (342) erkennen lassen, indem sie entweder mit "Symbolen und Symbolhandlungen, in denen vordergründiges und hintergründiges Geschehen zeichenhaft in eines kommt" (343) (Wortsymbolvisionen) arbeiten oder mit dem Wortklang des gesehenen Zeichens auf den gemeinten Sachverhalt zu verweisen suchen (Wortassonanzvisionen) (344); drittens den Geschehensvisionen, die "nichts anderes als die erlebte Schauung wiederzugeben" (345) trachten und bisweilen die Verbindung von visionärem Widerfahrnis und dichterischer Gestaltung erkennen lassen (346). Entsprechend dieser Einteilung ordnet Horst das erste Visionsberichtspaar des Amos u. a. in die Gruppe der Anwesenheitsvisionen, das zweite Visionsberichtspaar dagegen u. a. in die Gruppe der Wortassonanzvisionen.

Reventlows (347) Verständnis der prophetischen Visionsberichte muß in Zusammenhang mit seinen Erwägungen über den Sitz im Leben prophetischer Verkündigung überhaupt betrachtet werden. "Der Ort, an dem sie (cf.: die verschiedenen Gattungen und Formen der Verkündigung

---

(339) Horst, F., a. a. O., S. 194

(340) ebd.

(341) Horst, F., a. a. O., S. 198

(342) Horst, F., a. a. O., S. 201

(343) Horst, F., a. a. O., S. 202

(344) vgl. Horst, F., a. a. O., S. 201

(345) Horst, F., a. a. O., S. 202

(346) vgl. Horst, F., a. a. O., S. 203

(347) vgl. Reventlow, H. Graf, Das Amt des Propheten bei Amos, FRLANT 80, Göttingen 1962

des Propheten Amos) ihre Heimat haben, ist die kultische Situation des Bundesfestes." (348) Das Schriftprophetentum darf nicht als Alternative zum Nabitum oder Kultprophetentum aufgefaßt werden. Heils- und Unheilsverkündigung gehören zu einem Prophetentum. "Beides sind nur die verschiedenen Seiten der einen göttlichen Selbstoffenbarung, wie sie sich in Gehorsam oder Ungehorsam, Anbetung oder Empörung, Annahme oder Ablehnung der über das Gottesvolk hereinbrechenden Entscheidung kundtun. Die göttliche Offenbarung ist in ihrer Wirkung grundsätzlich doppelseitig, denn sie bringt die krísis, in der über das seinem Gott gegenübertretende Volk entschieden wird. ... Wer eine von diesen beiden Seiten streichen will, verkürzt die Fülle der Offenbarung." (349) Was nun die Visionen betrifft, so wurde ihnen schon wegen ihrer Stellung im letzten Teil des Buches offenbar keine besondere Bedeutung von den Redaktoren zugesprochen; sie reihen sich vielmehr in das übrige Spruchmaterial ein; (350) ihre Auffälligkeit bestehe vornehmlich in der "Einheitlichkeit in der Formulierung" (351); die daraus hergeleiteten Betrachtungen über die lediglich literarische oder erlebnismäßige oder rhetorische Bedeutung der Visionen werden als Mißverständnis herausgestellt; Aufschluß biete allein eine formgeschichtliche Vorgehensweise (352). Diese führt Reventlow zu einem parallelen Aufbau aller vier Visionsberichte - der fünfte wird als eigenständig zuvor schon abgetrennt und mit dem Auftrag zu einer symbolischen Handlung in Zusammenhang gebracht -, wodurch er eine Verbindung mit dem Aufbau des Völkergedichtes herzustellen sucht, für das er eine liturgische Begehung als Sitz im Leben annimmt. Wenn nun die Visionen Bestandteil der prophetischen Verkündigung sind, dann kann für sie kein Ausnahmestatus vor oder außerhalb der Verkündigung oder des prophetischen Amtes in Anspruch genommen werden (353). Das darf aber nicht dazu verleiten, die Visionen lediglich als eine Stilform der prophetischen Verkündigung im Sinne Cramers aufzufassen, wobei der Gesichtspunkt, daß es sich um Visionen handelt, nicht mehr ernst genommen wird: "Wir werden deshalb nach einer Parallele zu den Visionen suchen müssen, die ebenfalls ein Geschehen darstellt, denn das scheint bei den Visionsberichten das Entscheidende zu sein, daß sie jedesmal den Ablauf einer Handlung darstellen, die in mehreren, liturgisch anscheinend genau geordneten Akten verläuft." (354) Eine solche findet er in den von Fohrer beschrie-

---

(348) Reventlow, H. Graf, a. a. O., S. 111

(349) ebd.

(350) vgl. Reventlow, H. Graf, a. a. O., S. 30

(351) Reventlow, H. Graf, a. a. O., S. 32

(352) vgl. Reventlow, H. Graf, a. a. O., S. 32-36

(353) vgl. Reventlow, H. Graf, a. a. O., S. 43

(354) Reventlow, H. Graf, a. a. O., S. 44

benen symbolischen Handlungen der Propheten, die einerseits homiletisches Mittel sind, andrerseits jedoch in der Eigenständigkeit ihres Geschehensablaufs verstanden werden wollen; auch im formalen Strukturaufbau sieht er Parallelen (355). Ein wichtiger Unterschied aber wird genannt: Während sich bei den Symbolhandlungen die Vorgänge in der sichtbaren Wirklichkeit abspielen, bleiben sie in den hier diskutierten Berichten im Visionshaften: "Entsprechend ist es auch nicht der Prophet selbst, der die Handlungen ausführt, sondern die Mittlergestalt, der ml'k (Umschrift von mir); ein ganzes Stockwerk ist zwischen Jahwe, den Propheten und seine Zuhörer dazwischengeschoben." (356) Als Gesamtbild ergibt sich daraus für Reventlow: "Was in den symbolischen Handlungen der Propheten geschieht, geschieht also auch in den Visionen des Amos. Der ganze Vorgang ist nur sozusagen eine Ebene höher gerückt: er spielt sich nicht mehr in der realen Wirklichkeit ab, sondern auf einer visionären Bühne, auf der die Mittlergestalt die Handlung ausführt. Darunter steht der Prophet mit seiner Fürbitte und seiner Antwort, ganz oben steht Jahwe selbst als der eigentlich Handelnde, von dem auch Zurücknahme oder Verwirklichung des Geschauten ausgeht. Zuallerunterst ist aber das Volk zu denken, das nun den Bericht von den Visionen aus dem Munde des Propheten zu hören bekommt; im Hinblick auf diese Hörer... erhält das Ganze erst seine eigentliche Bedeutung." (357) In den Visionsberichten wird ein Handlungsablauf gesehen, der aber erst zur Verkündigung wird, indem er abgeschlossen ist; ein zeitlicher Abstand zwischen den Visionen spielt daher für die Verkündigung, in der sie zusammengerückt sind, keine Rolle (358). Der Ort dieser Verkündigung ist der Kult. Das Gleichmaß der Gestaltung weist auf die kultische Verwurzelung der Form: "Auch in den Visionen scheint ein Ritual vorzuliegen, das bestimmten Funktionen des prophetischen Amtes entspricht. Hierzu gehört das Amt der Fürbitte, das nicht aus dem Bereich der prophetischen Aufgaben herausgeschoben werden darf, hierzu auch die Handlung, die so enge Beziehungen zu den eigentlichen Symbolhandlungen aufweist." (359) Als Sitz im Leben kommt daher das Heiligtum bei Gelegenheit eines Festes in Betracht, wo ein festes Ritual mit geregeltem Handlungsablauf, Festlegung der einzelnen Rollen (Gott - Mittler - Prophet - Volk) und der großen Hörerschaft ablaufen kann. "So ist nach allem der Schluß nicht von der Hand zu weisen, daß das in den Visionen vorliegende Ritual des Visionsempfangs und der

---

(355) vgl. Reventlow, H. Graf, a.a.O., S. 44/45

(356) Reventlow, H. Graf, a.a.O., S. 45

(357) Reventlow, H. Graf, a.a.O., S. 47

(358) vgl. Reventlow, H. Graf, a.a.O., S. 48

(359) Reventlow, H. Graf, a.a.O., S. 53

Übermittlung des Geschauten einer prophetischen, im Rahmen des Kultes ausgeübten Funktion entspricht. In ihr tritt der Prophet als Mittler auf zwischen Gott und Volk, wie er selbst durch einen Mittler die göttliche Wahrheit empfing. ... Die Visionen gehören in ihrer Gesamtheit in das eine prophetische Amt hinein. Die Fürbitte ist ebenso legitime prophetische Funktion wie die Verkündigung des Gerichts." (360)

Robinson (361) äußert sich grundsätzlich zu den Visionen nur kurz, aber klar festgelegt. Das typische äußere Kennzeichen wird im Ich-Bericht gesehen; als charakteristisch wird auch der Dialog zwischen Jahwe und Prophet herausgestellt. Ob hier Berufungsvisionen vorliegen, wird offengelassen; Visionen dieser Art könnten auch im weiteren Verkündigungsverlauf an den Propheten ergehen. Was das Verständnis der Visionsberichte auf dem Hintergrund der prophetischen Erfahrungen betrifft, so werden sie im Anschluß an Hölscher als Äußerungen der Ekstase verstanden: "Ein an sich bedeutungsloser äußerer Gegenstand... kann den Anstoß dazu geben, daß der Prophet sich in eine andere Welt hineinversetzt fühlt." (362) Visionen werden damit auch als Entrückungen verstanden.

Weiser (363) versteht die Visionsberichte als Selbstaussagen des Propheten, die ursprünglich in einer eigenen Visionsschrift - zusammengestellt von Schülern - vereinigt waren (364). Alle Visionsberichte gehören in einen gegliederten und auf einen Höhepunkt - die fünfte Vision - ausgerichteten Zusammenhang. "In den Worten über seine Visionen gibt der Prophet einen Einblick in persönliche Erlebnisse, in Begegnungen mit Gott, die für seine prophetische Botschaft von grundlegender Bedeutung geworden sind und gewissermaßen die Marksteine des Weges bezeichnen, der von dem Hirten von Tekoa zu dem Gerichtspropheten Gottes geführt hat." (365) Dennoch geht es nicht um ein biographisches Interesse, sondern um ein eingehenderes Verstehen Gottes (366). Die Visionserlebnisse werden vor der Zeit des prophetischen Auftretens angesetzt, was nicht impliziert, daß es sich um Berufungsberichte handelt, sondern um die Darstellung eines die Verkündigung grundlegenden Prozesses der persönlichen

---

(360) Reventlow, H. Graf, a. a. O., S. 55

(361) vgl. Robinson, Th. H., Hosea bis Micha, in: Robinson, Th. H./Horst, F., Die Zwölf Kleinen Propheten, HAT 14, Tübingen [3]1964

(362) Robinson, Th. H., a. a. O., S. 97

(363) vgl. Weiser, A., Das Buch der zwölf Kleinen Propheten, I: Die Propheten Hosea, Joel, Amos, Obadja, Jona, Micha, ATD 24, Göttingen [5]1967

(364) vgl. Weiser, A., a. a. O., S. 181; vgl. ebenso: a. a. O., S. 129/130

(365) Weiser, A., a. a. O., S. 181

(366) vgl. Weiser, A., a. a. O., S. 181/182

Gottesgewißheit (367). "Die verschiedenen persönlichen Erlebnisse werden dadurch, daß sie auf Gott zurückgeführt sind, zu einer sinnvollen inneren Einheit zusammengebunden und gewinnen so ein Gewicht, das sie über den Rahmen gewöhnlichen Erlebens hinaushebt und sie gegen den Verdacht der reinen Subjektivität sichert." (368) Die Fürbitte - so Weiser - lasse die lebendige Beziehung zwischen Jahwe und dem Propheten erkennen, sie zeige aber auch liturgischen Stil, was jedoch in keiner Weise ausschließlich ein Kultprophetentum vermuten lasse; auch in den Psalmen sei Fürbitte geübt, ohne daß ein Kultprophetentum, ja überhaupt ein Prophetentum angenommen werden müsse; Amos werde allein aus Liebe zu Volk und Heimat zur Fürbitte veranlaßt (369). Die Bilder seiner Visionen sind Anregungen aus der realen Umwelt, die ihn zur Reflexion veranlassen. Die Zusammensicht der beiden Visionsberichtspaare gibt Einblick in das sich ändernde, vertiefende Verstehen Jahwes durch den Propheten, die eine Festlegung Jahwes wie des Propheten ausschließt: "Dort der Versuch, Gott durch Fürbitte umzustimmen, hier die demütig schweigende Unterwerfung unter seinen unabänderlichen Ratschluß, die dann Voraussetzung für die prophetische Verkündigung des Amos geworden ist." (370) Dahinter steht ein persönliches Ringen mit diesen Erfahrungen, das aber nicht - wie bei Jeremia - auch dargestellt wird, die Berichte über die persönlichen Erlebnisse des Amos lassen das Ich des Propheten nur soweit hervortreten, "als es zum Verständnis des Wesens Gottes erforderlich ist." (371) Die fünfte Vision, die nach der gewonnenen Gerichts-Gewißheit darstellt, auf welche Weise dieses Gericht kommt, bildet den Höhepunkt und Abschluß des Visionszyklus', und zwar sowohl schon in der von Weiser angenommenen zuvor schon erfolgten mündlichen Verkündigung durch den Propheten, als auch in der von Schülern zusammengestellten Visionsschrift (372). Damit setzt Weiser im wesentlichen sein Verständnis über die Visionsberichte fort, das er schon früher (373) grundgelegt hatte.

Rad (374) ist sehr zurückhaltend gegenüber psychologischen Erklärungen im Zusammenhang mit Visionsberichten; die gewonnenen Einsichten

---

(367) vgl. Weiser, A., a.a.O., S. 182

(368) ebd.

(369) vgl. Weiser, A., a.a.O., S. 182/183

(370) Weiser, A., a.a.O., S. 186/187

(371) Weiser, A., a.a.O., S. 187

(372) vgl. Weiser, A., a.a.O., S. 187/188

(373) vgl. Weiser, A., Die Profetie des Amos, BZAW 53, Gießen 1929

(374) vgl. Rad, G. v., Theologie des Alten Testaments, Band II: Die Theologie der prophetischen Überlieferungen Israels, München 1968

seien nicht differenziert genug, der seit Hölscher mit Visionen verbundene Begriff der Ekstase möglicherweise nicht adäquat; auch Lindbloms Versuch der schärferen Fassung des Ekstasenverständnisses sei gescheitert und der Kritik zu unterwerfen; die Analogie zur mittelalterlichen Mystik begegne erheblichen Bedenken (375). Es liege vielmehr ein außergewöhnlicher Offenbarungsempfang vor, bei dem der Prophet für sein Amt zugerüstet werde (376). Dieser Offenbarungsempfang wird dahingehend gedeutet, "daß der Prophet in solchen visionär-auditionären Zuständen in sonderlicher Weise von sich selbst, von seinen persönlichen Lust- und Unlustgefühlen abgelöst und in das Pathos Gottes selbst einbezogen wurde, daß nicht nur die Kenntnis von Geschichtsplänen, sondern auch Affekte des göttlichen Herzens auf ihn übertragen wurden: Zorn, Liebe, Sorge, Abscheu und sogar Ratlosigkeit. ... Von all dem, was sich bei Jahwe zutragen mochte, ist etwas in die prophetische Psyche übergegangen und hat sie zum Zerspringen ausgefüllt." (377) So sei der Prophet im Anschluß an A. Heschel als homo sympathetikos zu kennzeichnen (378). Was nun die Visionen des Amos betrifft, so bringt Rad sie in Zusammenhang mit der Berufung des Propheten. Das wird einerseits von der Auffälligkeit hergeleitet, daß in den Visionen kein Verkündigungsauftrag über das Wahrgenommene ergeht, andrerseits jedoch in ihnen von einem unvermittelten und exklusiven Sich-Wenden Jahwes an den Propheten die Rede ist und schließlich die Logik der sich bildenden Erkenntnis in ihrer Schrittfolge erkennbar wird: "Diese Visionen enthalten ein dramatisches Geschehen, das sich in tiefster Einsamkeit zwischen Jahwe und Amos abspielte." (379) Die zunächst geübte Fürbitte im ersten Visionspaar entspringe dem anfänglichen Unvermögen des Propheten, die Gesamtheit der Schuld und die Ernsthaftigkeit des Gerichtswillens Jahwes voll zu erfassen; erst in der dritten Vision beginne er sich zu ergeben, die Botschaft vom Ende und die Darstellung der Katastrophe in der vierten und fünften Vision nehme er stumm hin. (380) Der Visionszyklus des Amos wird als singulär in der prophetischen Literatur angesehen, der keine Abhängigkeit aus der Tradition erkennen läßt; aber es läßt sich auch kein unmittelbarer Anschluß an die übrige Botschaft sichtbar machen, so daß angenommen wird, daß "dem Propheten zuerst nur das Daß des Endes und des Gerichtes mitgeteilt worden (ist), während er über das Wie erst unter besonderen Umständen und

---

(375) vgl. Rad,G.v., a.a.O., S. 69/70

(376) vgl. Rad,G.v., a.a.O., S. 71

(377) ebd.

(378) vgl. ebd.

(379) Rad,G.v., a.a.O., S. 137

(380) Rad,G.v., a.a.O., S. 137/138

gewiß nicht ohne eigenes Nachdenken und Beobachten Gewißheit erhielt" (381). Die Visionen bilden damit die formale Grundlage der Botschaft des Amos.

Die Überlegungen Wolffs (382) zu den Visionsberichten müssen ganz auf dem Hintergrund seiner Bemühungen um das Amos-Buch gesehen werden. Die Visionsberichte - er zählt mit Am 9,1-4 fünf zu einem Zyklus gehörende Visionsberichte - dienen als Ausdrucksmedium dazu, die Art und Weise darzustellen, in der Jahwe dem Propheten "die nie zuvor gehörte Botschaft vom jetzt eintretenden Ende Israels aufgenötigt hat..." (383). Dabei müssen die Visionsberichte literarisch zunächst einem der drei Grundtypen der Redeformen des Amos neben der freien Zeugenrede und der Botenrede zugeordnet werden (384). Über die Visionsberichte wird vermutet, daß sie "von Anfang an Literatur" (385) waren, möglicherweise aber auch einem engen Schülerkreis mündlich anvertraut waren. Obwohl das prophetische Ich stark in den Vordergrund tritt und andere Adressaten, um deren Geschick es ja geht, im Hintergrund bleiben - "Israel (tritt) nicht einmal in einer Auftragserteilung an den Propheten in die Szene ein" (386) -, kann man nach Wolff trotzdem nicht von Berufungsvisionen sprechen: "Amos bleibt einsam vor dem, was Jahwe ihm zeigt und sagt. Ihm gewährt Jahwe die Schau, ihn fragt er, ihm sagt er seinen Entscheid. Zu Jahwe schreit Amos auf, Jahwe muß er antworten. Aber kein Sendungsbefehl schickt ihn ins Volk Israel, obwohl es einziger Gesprächsgegenstand ist." (387) Die literarische Verschiedenartigkeit der Visionsberichte - er weist dabei auf die Differenz zwischen dem ersten Visionsberichtspaar, dem zweiten Visionsberichtspaar und dem fünften Visionsbericht hin - nimmt Wolff zum Anlaß, ihre Entstehung von seiten des Autors auf singuläres Erleben zurückzuführen, das eben die Lebhaftigkeit in der Auswahl und Prägung der Berichtsformen bewirke (388). In diesen Visionsberichten spreche sich die unverwechselbare Individualität des Propheten aus, die von einem unwiderstehlichen Gotteswiderfahrnis beherrscht sei (389).

---

(381) Rad, G.v., a.a.O., S. 138

(382) vgl. Wolff, H.W., Dodekapropheton, Joel/Amos, BK XIV/2, Neukirchen-Vluyn 1969

(383) Wolff, H.W., a.a.O., S. 108

(384) vgl. Wolff, H.W., a.a.O., S. 109

(385) Wolff, H.W., a.a.O., 113; vgl. aber auch schon a.a.O., S. 109

(386) ebd.

(387) ebd.

(388) vgl. ebd.

(389) vgl. Wolff, H.W., a.a.O., S. 114

Vor allem in den Visionsberichten komme zum Ausdruck, daß die Botschaft, die Amos verkündigt, Botschaft von Jahwe ist, die grundlegend von ihm selbst bestimmt ist (390). "Jahwe redet durch den Propheten. Dieses Widerfahrnis beherrscht Amos weit stärker als alle Jahwe-Überlieferungen. ... Nicht selten mag es durch Visionen eröffnet worden sein (7,1.4.7;8,1;9,1); aber auch in diesen Fällen war immer das Wort Jahwes das Entscheidende (7,3.6.8; 8,2;9,1a$_{a2}$-4."(391) Damit - so Wolff - müssen die Visionsberichte, weil sie dem Verfasser Amos zuzusprechen sind, ob sie nun von ihm oder Schülern niedergeschrieben wurden, spielt dabei keine Rolle mehr, jedenfalls als autobiographische Memorabilien angesehen werden (392). Was die variierende Art der Berichterstattung betrifft, so müssen drei verschiedene Visionstypen angenommen werden: die Ereignisvision (Am 7,1f.4f;9,1ff), in der "das Geschaute direkt das Kommende anzeigt" (393) und wobei der Gegenstand des Gesehenen "zwar deutlich auf die konkreten Existenzgrundlagen Israels bezogen, aber nicht in der alltäglichen Gegenwart vorfindbar und darum auch nicht von etwas natürlich Geschautem ausgelöst (ist)" (394); die Symbolvision, in der das Entscheidungswort Jahwes eine direkte Aufnahme des im Visionsbild gegebenen und in der Deutung weiterverwendeten Stichworts ist und nicht nur - wie bei Horst (vgl. a.a.O.) vermutet und in den hier vorgelegten Überlegungen vertreten und begründet (vgl. oben) - dessen Assonanzaufnahme bzw. dessen assoziative Verarbeitung (395); die Wortspielvision, in der Bildwort und Deutewort nicht mehr identisch sind, sondern nur im Wortklang einander ähneln, im Inhalt aber voneinander abweichen (396). Hinweise auf dichterische Gestaltung findet Wolff nicht, er glaubt aber aufgrund der einheitlichen Stilisierung der verschiedenen Inhalte und der darstellerischen Verwandtschaft mit dem Völkerspruchzyklus an einen größeren zeitlichen Abstand zwischen den vorliegenden Visionsmemorabilien und den zugrundeliegenden Erlebnissen. Dies wird von ihm auch dadurch untermauert, daß er die Berichte weder als Berufungs- noch als Legitimationsberichte benutzt, weil sowohl Verkündigungsauftrag als auch Schuldaufweis fehlen; sie könne daher nur nach Beendigung der prophetischen Tätigkeit als begründungslose, aber unabweisbare Gewißheit Schülern anvertraut worden sein (397). Auch zu psychologischen

---

(390) vgl. Wolff, H. W., a.a.O., S. 121

(391) Wolff, H. W., a.a.O., S. 123

(392) Wolff, H. W., a.a.O., S. 339

(393) Wolff, H. W., a.a.O., S. 343; vgl. a.a.O., S. 340

(394) Wolff, H. W., a.a.O., S. 345/346

(395) vgl. Wolff, H. W., a.a.O., S. 347; vgl. auch schon a.a.O., S. 340

(396) vgl. Wolff, H. W., a.a.O., S. 367; vgl. auch schon a.a.O., S. 340

Erwägungen nimmt Wolff kurz Stellung: es sei weder an normales Wachsein, noch an ein ekstatisches Erlöschen des Ichbewußtseins, sondern an überhöhtes Wachbewußtsein zu denken (398); dies wird jedoch nicht weiter begründet oder erklärt.

In einem weiteren Beitrag Wolffs (399) wird vom Wesen der Visionen - nach Wolffs Verständnis - noch sichtbar, daß sie Zwangscharakter besitzen, indem sie den Propheten überkommen; andrerseits aber erlauben sie Gegenwehr und Solidarität mit denen, gegen die sie gerichtet sind, wodurch der Prophet dann in seiner erhaltenen und nicht gebrochenen Selbstbehauptung betrachtet werden kann.

Rudolphs (400) grundsätzliches Verständnis zu Visionsberichten tritt nur gelegentlich zwischen den Zeilen seines Kommentars zutage; er wendet sich dieser Fragestellung vornehmlich im Zusammenhang der direkten Beschäftigung mit dem Text, kaum jedoch mit allgemeinerem Blick auf die Person oder Verkündigung des Propheten, hier speziell des Amos, zu. Visionen sind danach "auf unmittelbare göttliche Einwirkung zurückzuführen" (401), und in ihnen ist sichtbar, wie Jahwe selbst am Werk ist (402), wobei Rudolph den Visionsvorgang jedoch nicht näher kennzeichnet. Die vorliegenden Visionen selbst sind keine Berufungsvisionen, sondern sind vor der Berufung des Amos zum Propheten anzusetzen (403); der Ruf zum Auftreten habe nicht einen Ahnungslosen getroffen (404). "Die Kenntnis des gegen sein Volk unerbittlichen Gottes besaß er schon, als der Ruf zum Auftreten an ihn erging, und dieser war nur Ermächtigung und Auftrag Jahwes, das, was er ihn hatte erkennen lassen, seinem Volke zu verkündigen." (405) Es fehle, sollte es sich um Berufungsvisionen handeln, nicht nur - wie mit Verweis auf N. Habel festgestellt wird - die "unumgängliche Aufforderung,

---

(397) vgl. Wolff, H. W., a. a. O., S. 340/341

(398) vgl. Wolff, H. W., a. a. O., S. 346

(399) vgl. Wolff, H. W., Jahwe und die Götter in der alttestamentlichen Prophetie, EvTh 29, 1969, S. 397-416, insbes.: S. 414/415; auch abgedruckt in: Wolff, H. W., Gesammelte Studien zum Alten Testament, TB 22, München [2]1973, (Sonderdruck des Anhangs), S. 418-441

(400) vgl. Rudolph, W., Joel-Amos-Obadja-Jona, KAT XIII/2, Gütersloh 1971

(401) Rudolph, W., a. a. O., S. 230

(402) vgl. ebd.

(403) vgl. Rudolph, W., a. a. O., S. 231

(404) vgl. Rudolph, W., a. a. O., S. 97

(405) Rudolph, W., a. a. O., S. 249

in den Dienst Jahwes zu treten" (406), sondern es müsse auch darauf hingewiesen werden, daß hier das Erzählte über einen längeren Zeitraum verteilt sei, während die Berufung als ein einmaliger Akt zu sehen sei (407). Die Visionen zeigen - so Rudolph - ein enges Verhältnis zwischen dem Propheten und seinem Gott, einen regen Gebetsverkehr, und sie machen auch die allgemeinen Probleme des Propheten mit dem gotteswidrigen Verhalten weiter Volkskreise deutlich, die ihm schon vor seiner Berufung zu schaffen machten (408). Visionen haben daher etwas Exklusives an sich, sie sind Vorgänge, "die sich nur zwischen Amos und seinem Gott abspielten" (409) und dann einer breiteren Öffentlichkeit durch den Propheten zugänglich gemacht wurden. Rudolph bezieht noch Stellung dagegen, daß für die Visionsberichte eine längere prophetische Tätigkeit vorauszusetzen sei, weil die Fürbitte als ein prophetisches Vorrecht angesehen werde; dagegen spreche, daß Amos während seines öffentlichen Auftretens nie als Fürsprecher auftrete (410).

Zimmerli (411) läßt sein Visionsverständnis immer nur am Rande durchblicken, ohne dieser Offenbarungsweise jedoch eine eigene Bedeutung neben der Wortverkündigung wirklich zuzugestehen. Zwar weist er auf die sehr alte Komponente der Schau in der Gotteserfahrung und die von dort abgeleitete Bezeichnung "Seher" für den Propheten hin und charakterisiert diese Schau dahingehend, daß sie gelegentlich mit dem Traumgesicht zusammenhängen kann, gelegentlich aber auch - vor allem bei Jeremia - gerade vom Traum kritisch abgehoben wird und schließlich von Bileam über Elisa, die klassischen Schriftpropheten bis hin zu einer stark bei Ezechiel in den Vordergrund tretenden Äußerungsform und darüber hinaus noch bei Sacharja durchgängig aufzufinden ist (412), aber Bedeutung und Gewicht wird allein der damit in Zusammenhang stehenden Audition, der im Wort übermittelten Botschaft, zuerkannt. Das zeigt sich einerseits in der starken Hervorhebung des Gotteswortes, seines Empfangs in der Audition und seiner Weitergabe im z. B. Botenspruch; (413) es wird ferner deutlich in seiner knappen Berücksichtigung der Amosvisionen - sie sind nach Zimmerli nicht als Berufungsvisionen zu verstehen -, bei deren erlebnismäßigen Betreffen er vornehmlich

---

(406) Rudolph, W., a. a. O., S. 248

(407) vgl. ebd.

(408) vgl. Rudolph, W., a. a. O., S. 231

(409) Rudolph, W., a. a. O., S. 248

(410) Rudolph, W., a. a. O., S. 248/249

(411) vgl. Zimmerli, W., Grundriß der alttestamentlichen Theologie, Stuttgart/Berlin/Köln/Mainz 1972

(412) vgl. Zimmerli, W., a. a. O., S. 87

(413) vgl. Zimmerli, W., a. a. O., S. 87ff

den auditiven Aspekt herausstellt; (414) dies gilt ebenso für das Verständnis über Jeremia (415), - mit Einschränkung - Ezechiel (416) u. a. (417).

Den Versuch einer Kategorisierung von Visionsberichten unternimmt erneut Long (418). Nach einem kurzen Überblick über die bisherige Diskussion, in der die Arbeiten Gunkels, Sisters, Lindbloms und Horsts Berücksichtigung finden, versucht er über eine Analyse der Struktur von Visionsberichten zu einer Differenzierung verschiedener Typen und deren Sitz im Leben zu gelangen. Durch alle Verschiedenheiten hindurch findet er ein sich durchhaltendes Strukturprinzip, das an Jer 38,21b-22 als typischem Beispiel abgelesen werden kann:

"Announcement of Vision
- This is the matter (dābār) which Yahweh showed me (hir'ānî Yhwh) -
Transition
- wehinnēh -
Vision Sequence
- All the women left in the house of the king of Judah were being led out to the princes of the king of Babylon and were saying, 'Your trusted friends have deceived you, and have prevailed against you. Now that your feet are sunk in mire, they turn from you.' -" (419)

Diese drei Basiselemente - announcement, transition, vision sequence - finden sich dabei in einem vornehmlich in autobiographischem Stil gehaltenen Kontext (420), womit keine Aussage über die Realität der Visions-Erfahrung gemacht werden soll: "It is simply the literary fact that, save for a few cases, reports of vision are given in the first-person mode, as though it were a personal report of a private experience. See Dan 10:7." (421) Damit ist von vornherein irgendeine psychologische Fragestellung ausgeschaltet und die Aufmerksamkeit allein auf die literarischen Zusammenhänge gerichtet. Für die Ankündigung (annoncement) wird als charakteristisch das r'h hervorgehoben, wobei kein grundsätzlicher Unterschied zwischen den Vorkommen in Präformativ- und denen in Afformativkonjugation gemacht wird, sondern lediglich zwischen Qal

---

(414) vgl. Zimmerli, W., a. a. O., S. 160/161

(415) vgl. Zimmerli, W., a. a. O., S. 176

(416) vgl. Zimmerli, W., a. a. O., S. 181-183

(417) vgl. Zimmerli, W., a. a. O., S. 198;201

(418) vgl. Long, B. O., Reports of Visions among the Prophets, JBL 95, 1976, S. 353-365

(419) Long, B. O., a. a. O., S. 355

(420) vgl. ebd.

(421) ebd., Anm. 8

und Hifil, je nachdem, wer als Subjekt fungiert: Jahwe oder der Prophet. Dagegen wird dem Überleitungselement (transition) lediglich die Funktion eines verbindenden, möglicherweise mit r'h in einem idiomatischen Zusammenhang stehenden Übergangs zugesprochen. In der Visionsfolge (vision sequence) jedoch werden trotz des ständig variierenden Inhalts der Beginn mit einer Partizipialkonstruktion, die aneinandergereihten Bilder, die wörtlichen Reden und der meist nicht durch eine Formel markierte, sondern durch sich selbst verständliche Schluß als typisch angesehen (422). Diese Grundstruktur - so Long - läßt sich nun in den verschiedenen Visionstypen immer wieder auffinden. Zunächst nennt er die "Oracle-Vision" (423), die einen kurzen Bericht und einen dominierenden Frage-Antwort-Dialog kennt; weitere Kennzeichen sind: einfaches, plakatives Visionsbild, die Voraussetzung einer Orakel-Situation und der mehr zufällige Hinweis auf einen göttlichen Ausspruch, veranlaßt durch die Form der prophetischen Ansage; als typisches Beispiel dafür führt er Am 8,1f an und als Parallelen dazu Am 7,7f; Jer 1,11-14; 24,1-10; Sach 5,1-4. Das Visionsbild ist nur mehr Anlaß für das gegebene Orakel; auf keinen Fall kann von einem Erfahrungsbericht oder biographischen Erklärungen die Rede sein. Mit Bezug auf Reventlow und Horst formuliert Long: "Its important intent was to announce a revelatory word." (424) Bei Jeremia jedoch weiche die Unmittelbarkeit prophetischen Aussagens zurück, Visionsberichte würden zum literarischen Vehikel zur Reflexion theologischer Sachverhalte. Als zweiter Typ wird die "Dramatic Word-Vision" genannt (425). "This type is a report which depicts a heavenly scene, or a dramatic action, a situation altogether supramundane taken as a portent presaging a future event in the mundane realm." (426) Der Unterschied zur oracle-vision muß darin gesehen werden, daß hier weder eine zufällige Assoziation des göttlichen Wortes, noch ein öffentlicher Charakter vorliegt; ferner ist es nicht nötig, den Sinn des göttlichen Wortes durch ein Bild zu verdeutlichen, weil das Gotteswort ins Visionsdrama integriert ist und darin aufgeht (427). Als typische Beispiele sieht Long u. a. Am 7,1-6 genauso wie z. B. Am 9,1-4; 1 Kön 22,17. 19-22; Jes 6,1-11 usw. an (428). Solche dramatic word-visions dienen häufig zur Legitimation eines Propheten und seiner Botschaft. Ihr ursprünglicher Sitz im Leben

---

(422) vgl. Long, B. O., a. a. O., S. 355/356

(423) vgl. Long, B. O., a. a. O., S. 357-359

(424) Long, B. O., a. a. O., S. 358

(425) vgl. Long, B. O., a. a. O., S. 359-363

(426) Long, B. O., a. a. O., S. 359

(427) vgl. ebd.

(428) vgl. Long, B. O., a. a. O., S. 360; vgl. insbes. auch: ebd., Anm. 23

ist die dringende Frage an den Propheten nach einem Orakel; ihre inneralttestamentliche Bedeutung ist aber im Test legitimierter Prophetie zu sehen. Einen dritten Typ von Visionen findet Long schließlich und bezeichnet ihn mit "Revelatory-Mysteries-Vision" (429). Hier werden in verschlüsselter Form Geheimnisse göttlicher Aktivität und Ereignisse der Zukunft übermittelt. Die Bildauswahl ist symbolisch, gelegentlich bizarr. Immer wird das esoterische Zeichenmaterial durch einen Dialog entziffert (430). Es gibt keinen direkten Dialog Jahwe-Prophet mehr; dazwischen ist ein Gottesbote geschaltet, der gefragt wird und interpretiert; hier wird nicht mehr der Prophet gefragt, und sein Wort läuft nicht mehr auf ein Gotteswort hinaus. Als typisches Beispiel wird Sach 2,1-2 betrachtet; als Parallelen werden Sach 2,3-4;4,1-6a.10b-11. 13-14;5,5-8 genannt (431). Was nun den jeweiligen Sitz im Leben der Visionsberichte betrifft, so geht Long von 1 Kön 22,13-23 aus und verallgemeinert es dahingehend, daß er Visionsberichte als eine allgemein anerkannte Form der Antwort der Propheten auf von ihnen erfragte Orakel versteht; sie gehörten gewissermaßen zum Handwerkszeug der Propheten: "An important Sitz-im-Leben, but not necessarily the only one, appears to have been in the acts of divination practiced by the prophets." (432) Die vorliegende Form der alttestamentlichen Visonsberichte lasse allerdings in der Regel nichts davon oder von irgendeinem anderen die Gesellschaft, eine Institution oder den Kult betreffenden Sitz im Leben erkennen: "Except for the examples in Amos, they are rather more like literary devices, deemed most important for their rhetorical utility as traditions were edited, or as particular theological claims and defenses were made. ... As literary convention, we must infer that its societal and cultural setting became increasingly narrow and sectarian." (433) Damit haben Visionsberichte - die des Amos ausgenommen - aber die Legitimation der Unmittelbarkeit ihres Ursprungs eingebüßt; sie sind für theologische Ziele oder rhetorische Nützlichkeitserwägungen in Dienst genommen. Kriterien für die Ausnahme der Amos-Visionen und ihren nun positiv zu bestimmenden Sitz im Leben führt Long nicht an.

Fohrer (434) versteht Visionen in Verbindung mit dem Entstehen prophetischer Verkündigung überhaupt. Er ordnet sie zusammen mit dem Traum, der Audition, der plötzlichen Eingebung und dem wunderbaren Wissen in die erste Stufe der prophetischen Verkündigung, nämlich dem

---

(429) vgl. Long, B. O., a. a. O., S. 363/364

(430) vgl. Long, B. O., a. a. O., S. 363

(431) vgl. ebd.

(432) Long, B. O., a. a. O., S. 365

(433) ebd.

(434) vgl. Fohrer, G., Die Propheten des Alten Testaments, Bd. 1-7, Gütersloh 1974-1977

Augenblick persönlicher Gottergriffenheit (435). Vision und Audition werden noch genauer charakterisiert als "die innere Schau, in der der Prophet etwas wahrnimmt, was außerhalb der gewöhnlichen Wahrnehmungswelt des Menschen liegt" (436) bzw. "das innere Hören, in dem der Prophet die Stimme Jahwes oder andere Stimmen vernimmt" (437). Visionen, die in Auditionen ein direktes Pendant haben, begründen damit als Transzendenzerfahrungen die prophetische Verkündigung, die ihrerseits zu ihrer Realisierung noch verschiedener Schichtüberlagerungen bedarf. Die hier zur Diskussion stehenden Berichte des Amos werden immer als Kombination aus einer vorangehenden Vision und einer nachfolgenden Audition betrachtet (438). Visionen werden damit streng auf das berichtete Visuelle beschränkt. Auf diese Weise behält Fohrer seinen Standpunkt über das Verständnis von Visionsberichten im wesentlichen so bei, wie er ihn auch schon früher vertreten hat (439). In einem Punkte war dort noch eine genauere Charakterisierung von Visionen angefügt, wenn sie als im Wachzustande sich ereignende halluzinatorische Erfahrungen gekennzeichnet werden (440). Obwohl solche Äußerungen in dem später erschienenen Werk über die Propheten des Alten Testaments faktisch keine Rolle mehr spielen, muß doch vermutet werden, daß das "Erlebte", dem bei den Visionserfahrungen indirekt - nämlich durch die dritte Verarbeitungsstufe in der Genese des Verkündigungsvorganges (vgl. Anm. II/434) - eine Funktion eingeräumt ist, in der genannten Vorstellungsform umschrieben werden muß.

Versucht man nun einmal, die verschiedenen Typisierungen und anderen Bemühungen um ein adäquates Verständnis der Visionsberichte in eine charakterisierende Beschreibung zu ordnen, so stellt sich das bunte Nebeneinander und Gegeneinander der Lösungsvorschläge trotz des häufigeren zustimmenden oder ablehnenden Verweises auf andere Erklärungen als eine Diskussion ohne Konzept dar. Ein einigermaßen kontinuierliches Vorwärtsschreiten der Erkenntnis über die Gattung der Visionsberichte läßt sich kaum feststellen (441), nicht selten findet

---

(435) Vgl. Fohrer,G., a.a.O., Bd. 1 (1974), S. 12; nach der genannten ersten Stufe folgen: 2. die Deutung und Auslegung, 3. die verstandesmäßige Bearbeitung des Erlebten und Gedeuteten, 4. eine gewisse künstlerische oder dichterische Ausformung (vgl. ebd.)

(436) ebd.

(437) ebd.

(438) vgl. Fohrer,G., a.a.O., S. 30-32

(439) vgl. Fohrer,G., Geschichte der israelitischen Religion, Berlin 1969, S. 240/241;246

(440) vgl. Fohrer,G., a.a.O., S. 98

(441) Dies muß, wenn auch mit Abstrichen, trotz der kürzlich mir

sich ein Zurückgreifen hinter schon gewonnen geglaubte Positionen. Schließlich wird durch die relativ beliebig erscheinende Gewichtung

---

(Fortsetzung 441) zugänglich gewordenen neuen Untersuchung K. Kochs und seiner Mitarbeiter (Amos, Untersucht mit den Methoden einer strukturalen Formgeschichte, Teil 1: Programm und Analyse, Teil 2: Synthese, Teil 3: Schlüssel, AOAT 30, Kevelaer/ Neukirchen-Vluyn 1976) so festgehalten werden, deren Interesse allerdings nur zu einem sehr untergeordneten Teil den Visionsberichten des Amos - sie, nämlich die Visionsberichte 7,1-8,3, werden "von der Ausdrucksgestalt her... als abschließende(r) Unterteil zu einem 5,1ff beginnenden Hauptteil" (a.a.O., Teil 1, S. 81) gesehen, während der als solcher nicht literar- bzw. formkritisch hinterfragte Visionsbericht 9,1-4 "als Schlußspruch der Kette 8,4ff" (ebd.) aufgefaßt wird, die ihrerseits wieder als Anhang Unterteil des genannten, mit 5,1ff beginnenden Hauptteils ist - und im Zusammenhang damit überhaupt Visonsberichten gehört. Unter dem Vorbehalt dieser Einordnung werden im synthetischen Teil der Untersuchung die Visionsberichte als deutliche Ausdrucksweise eines prophetisch geschulten Fachmannes verstanden; die kurzen Texte in ihrer außerordentlich festgeprägten Fassung, sowie auch die in Jes 6 und 1 Kön 22 vorgeprägte, ungefähr gleichzeitig entstandene Form, die zu dieser Zeit wohl schon vorgegeben war, weisen darauf hin. (vgl. a.a.O., Teil 2, S. 87) Für die Gattung sei es unerheblich, ob Jahwe selbst, ein überirdisches Wesen oder ein irdischer Gegenstand erschaut werde (vgl. ebd.) "Auch der Unterschied zwischen einem ins Irdische übergreifenden Ereignis (7,1.4;9,1ff), einem hintergründig bleibenden Symbol (7,7) oder einem Wortspiel (8,1f, falls richtig,...) bedingt keine Änderung im Ausdruck... ." (ebd.) Das unterschiedliche abschließende Jahwewort ändere allerdings die Form. (vgl. ebd.) Durch die Anfangs- und Schlußrubrik (genauere Erklärung an Am 1,2-2,16, vgl. a.a.O., Teil 2, S. 74) wird eine spezifische Sprachweise signalisiert, "die von geheimen, anderen Menschen nicht zugänglichen Erfahrungen ausgeht und mit göttlicher Rede schließt, nach den Gesetzen der Gattung Visionsschilderung schließen muß. Neben das für Rubriken kennzeichnende 'mr tritt synonym r'h, ebenfalls in konstatierender Afformativkonjugation." - Auch hier bleibt, weil es auch nicht das eigentliche Erkenntnisinteresse der Untersuchung ist, ungeklärt, welche Funktion denn die Visionsberichte des Amos bzw. Visionsberichte überhaupt erfüllen, was nun einen Visionsbericht als solchen charakterisiert, warum sich gerade hier in Visionsberichten, ja sogar in einem durchdacht aufgebauten Zyklus von Visionsberichten geäußert wird, ob eigentlich Visionsbericht gleich Visionsbericht ist oder ob man verschiedene Typen unterscheiden muß, welche Konsequenzen

inhaltlicher Gesichtspunkte eine höchst unterschiedliche Sicht in der Typisierung und Charakteristik der Visionsberichte, sowie deren vermuteter Funktion veranlaßt, die häufig bereits fest gefaßte theologische Vorentscheidungen impliziert. Angesichts dieser Lage mag es kaum als sinnvoll erscheinen, den ohnehin schon bestehenden Dissens noch durch einen weiteren Beitrag zu vergrößern. Andrerseits muß es als höchst unbefriedigend angesehen werden, vor der Vielfalt der Ansichten mit dem Verzicht auf einen eigenen Lösungsversuch zu resignieren. Wenn aber zu einem neuen Verständnis gelangt werden soll, dann muß die Erklärung anders ansetzen als unter der Voraussetzung, daß Visionsberichte eine bekannte Weise der prophetischen Äußerung sind, dann darf nicht als selbstverständlich unterstellt werden, was ein Visionsbericht ist (442), dann muß zunächst ein Konsens angestrebt werden über das, was Visionsberichte überhaupt als solche konstituiert, welche Vereinbarungen eigentlich hinter einer solchen Gattungsbezeichnung stecken. In der Tat wird man sagen müssen, daß es einen solchen Konsens heute nicht gibt. Aufgabe der gattungskritischen Überlegungen mußte es daher zunächst einmal sein, mit Hilfe einer solchen Übereinkunft die Basis zu schaffen, von der aus man vernünftigerweise weitere

---

(Fortsetzung 441) eine solche Unterscheidung für die vorliegenden Visionsberichte des Amos nach sich zieht und viele andere offengebliebene Fragen mehr.

(442) Damit ist nicht gemeint, daß man sich methodisch unwissend stellen soll: Ein gewisses Vorwissen bringt - das muß akzeptiert werden, ohne daß hier jetzt in extenso hermeneutische Zusammenhänge entfaltet werden können - natürlich jeder mit, wodurch zumindest sehr plakativ sichergestellt ist, daß dann von Visionsberichten die Rede sein kann, wenn in prophetischen Schriften in einem Selbstbericht von einem gesehenen Bild oder Geschehen gesprochen wird. Dieses Vorwissen ist objektiv undifferenziert - es sammelt zunächst alles, was in diesem Sinne unter "Visionsbericht" gefaßt werden kann, das, was nach einer Untersuchung u. U. sehr am Rande liegt genauso wie das, was mitten hineingehört -, subjektiv gewichtet es aber durchaus und kann massiv den Verlauf einer Untersuchung mitbestimmen; aufgrund einer solchen, auf den Gang der Untersuchung durchschlagenden subjektiven Gewichtung wird dann in der Regel schnelles Einverständnis vorausgesetzt über das, was erst Gegenstand der Untersuchung wäre, und es kommt nur noch auf eine Explikation und zumeist auch Verteidigung der von vornherein eingenommenen Position an, was oft dadurch auffällt, daß nahezu ausschließlich inhaltliche Gesichtspunkte für die Argumentation noch als entscheidend erscheinen, nachdem ja theoretisch alle Würfel bereits gefallen sind.

Überlegungen zu Visionsberichten anstellen kann. Dabei sollte nicht der Gebrauch des Terminus "Visionsbericht" autoritär normiert werden - mit welcher Legitimation hätte dies auch geschehen können? -, sondern, ausgehend von einem allgemeinen und durchaus unreflektierten Verständnis von Visionsberichten, sollte unter Voraussetzung der literarischen Analysen rekonstruiert werden, welche Verständnisvoraussetzungen bei dem Text, der als Visionsbericht im allgemeinen Verständnis zur Diskussion steht, gemacht worden sind; es wurden also - anders gewendet - die eingebrachten Grundlagen thematisiert, bevor ein Konsens angeboten wurde als Basis für weitere Überlegungen, vor allem auch zur theologischen Interpretation im Hinblick auf die untersuchte Gattung. Ob diese nun mit dem Terminus "Visionsbericht" belegt wurde oder mit anderen hierfür zu vereinbarenden Termini, ist ein sekundäres Problem, wenn man sich nach Klärung der Voraussetzungen und Übereinkunft über die so rekonstruierte Verständigungsbasis überhaupt erst einmal einig ist, worüber man denn eigentlich spricht. In der vorliegenden Untersuchung ist, in Übernahme der allgemeinen Bezeichnung, von Visionsberichten die Rede, weil ein Gegenvorschlag, soweit ich sehe, für eine Übereinkunft nicht besteht und weil hier die ältesten zugänglichen Berichte dieser Art im Alten Testament vorliegen; das ist eher eine Motiv-Angabe als eine Begründung für die Terminus-Wahl. Wenn aber für die vorliegenden, in bestimmter Weise auf ihre Voraussetzungen und Implikationen hin thematisierten Texte, die noch mit einer weiteren Gruppe zusammengestellt wurden, die Gattungsbezeichnung "Visionsbericht" zur Vereinbarung vorgeschlagen wurde, dann bedeutet das nicht, daß alle anderen, im allgemeinen Verständnis zu den Visionsberichten zählenden Texte nicht mehr so bezeichnet werden dürften, sondern es bedeutet lediglich, daß sie sich - vor allem in Hinblick auf ihre Struktur - nicht in einer Gruppe mit den hier analysierten Visionsberichten behandeln ließen; das Zusammenstellen anderer möglicher Strukturgruppen mit den vorauszuschickenden literarischen Analysen und eine neu anzusetzende Rekonstruktion der dort als maßgeblich erscheinenden Voraussetzungen kann aber im Rahmen der vorliegenden Untersuchung nicht mehr geleistet werden. Weitere Untersuchungen können vielleicht zu ähnlichen Ergebnissen oder zur Entdeckung anderer Typen von Visionsberichten gelangen; je nachdem, wie weit diese Typen u. U. auseinanderstehen, wird man dann überlegen müssen, was man noch von den Texten aus dem Reservoir der Visionsberichte im allgemeinen Verständnis nun - nach der kritisch rekonstruierten Verständigungsbasis - zur Gattung der Visionsberichte tatsächlich zählen will und was aus diesem Rahmen herausfällt; aber das kann Gegenstand einer eigenen Diskussion sein, wenn weitere Rekonstruktionen vorliegen, spielt also für diesen Zusammenhang keine Rolle. Um prinzipiell den Weg für weitere Typen von Visionsberichten offenzuhalten, wurde die hier untersuchte Gruppe nach einem äußeren gemeinsamen Kennzeichen "Bildvisionen" genannt.

Ausgegangen wurde bei der so verstandenen gattungskritischen Analyse zunächst von den einzelnen Struktur-Blöcken und dem Integrations-Element "Allgemeine Einleitung". Bei der allgemeinen Einleitung war zunächst ihre Ähnlichkeit mit der Botenformel aufgefallen. Die Vermutung, es könne sich dabei um eine bewußte und gewollte Anlehnung an die Botenformel handeln, wurde gestützt durch die Beobachtung, daß auch sonst schon in den Visionsberichten mit Assoziationen gearbeitet wurde, daß eine Verklammerung von Visionsberichts- und Botenspruchterminologie sich zeigen ließ und daß ein performativer Anspruch der Redeweise erkennbar wurde; dies war grundsätzlich so erklärbar: Die vorangegangenen Analysen hatten den Aufmerksamkeitsruf als Zitateinleitung des Gesehenen und die Zitateinleitungen bzw. -abschlüsse des Gesprochenen eingebettet gesehen in die integrative Funktion der allgemeinen Einleitung; weil aber die Zitateinleitungen bzw. -abschlüsse insgesamt nicht nur das Referat von Gesprochenem bzw. Gesehenem indizieren, sondern das Aussprechen bzw. Sehen grundsätzlich einleiten, konnte die allgemeine Einleitung nicht lediglich als allgemeiner Rahmen zu diesen Zitaten betrachtet werden, sondern als deklarativer Bestandteil des jeweiligen Visionsberichtes selbst, durch den erst klar wird, daß hier nicht verschiedene Zitatarten (Aufmerksamkeitsruf, Redeeinleitung bzw. -abschluß als deren jeweilige Indizes) Verschiedenes aktuell zum Ausdruck bringen, sondern daß durch dieses Zum-Ausdruck-Bringen der verschiedenen Zitate die Situation der vorliegenden Visionsberichte konstituiert wurde. - Ferner wurde die Vermutung der bewußten und gewollten Anlehnung der allgemeinen Einleitung an die Botenformel gestützt durch die Beobachtungen, daß die allgemeine Einleitung als Formel oder geprägte Wendung herausgestellt werden soll, obwohl sie eindeutig weder als Formel noch als geprägte Wendung zu qualifizieren war und daß in genau der angesprochenen Weise, wie für die allgemeine Einleitung gezeigt, die Botenformel performativen Anspruch erhebt. Gleichzeitig wurde klar, daß - wie performative Redeweise überhaupt (Beispiel: Theater; Kinderspiel) - auch die Autorität des Botenspruchs in ihrer Unmittelbarkeit fiktiv verwendbar ist. In diesem Sinne war der performative Anspruch der allgemeinen Einleitung als fiktiv erkannt worden, weil in ihr auch - aus welchem Grund zunächst auch immer - der performative Anspruch der Botenformel entliehen wird. Die Vermutung einer Assozitation an die Botenformel wurde dadurch noch einmal bestätigt.

Vier Ergebnisse ließen sich aus diesen Beobachtungen ermitteln: 1. Der Verfasser trachtet keineswegs danach, für die Visionsberichte die Autorität der Botenformel zu erschleichen - dagegen sprechen die offensichtliche Singularität der für die allgemeine Einleitung gebrauchten Wendung und die geläufige Formelhaftigkeit der Botenformel -, sondern die den Visionsberichten zugrunde liegende Einsicht in ihrer aktuellen Autorität mit Hilfe der assoziativ herangezogenen Botenformel verständlich zu machen. Im Berichten der Visionsberichte ereignet sich damit keine originäre Einsicht, sondern der Vermittlungsprozeß einer solchen Einsicht. 2. Die allgemeine Einleitung stellt durch ihre besondere Form die

Differenz von originaler und vermittelter Einsicht heraus. Dadurch wird der Rückschluß auf die unmittelbare Einsicht in ihrer aktuellen Gültigkeit und Wirksamkeit möglich. In diesem Sinn kann auch vom performativen Charakter dieser Einsicht gesprochen werden. 3. Für das Gesehene des Visionsberichtes ergibt sich daraus, daß es nicht nur eine performative Redeweise (Index: Redeeinleitung bzw. -abschluß auf dem Hintergrund des Gebrauchs der allgemeinen Einleitung), sondern auch eine performative Sehensweise (Index:Aufmerksamkeitsruf auf dem Hintergrund des Gebrauchs der allgemeinen Einleitung) gibt, die im Visionsbericht aber nur in einem Redezitat - und damit in einer entliehenen Weise, also fiktiv-performativ - vermittelbar ist. 4. "Visions"-"Bericht" heißt demnach, trotz des Zwanges zur Redeweise als Ersatz die Absicht und Wirksamkeit zu vermitteln.

Für das erste Visionsberichtspaar ergab sich in bezug auf das Zitat des Gesehenen, daß es in der vorliegenden Form zwar singulär ist, jedoch eine gewisse Ähnlichkeit mit Jer 1,11f.13f;24,1ff aufgrund des verwendeten Bildes als Gesehenes aufweist. Mit Blick auf die Berichterstatter-Interpretation zeigte sich, daß, obwohl Interpretationen in Visionsberichten nicht selten sind, sie sich in der Form des Fürbittgebetes nur noch in Ez 9,8;11,13 finden, wobei eine strukturelle (Elemente: Anrede, Gebetsimperativ, Aufzeigen einer drohenden Folge) wie funktionale (Argument gegen Gesehenes) Übereinstimmung festgestellt werden kann. Zur Erklärung trugen auch Fürbittgebete außerhalb von Visionsberichten bei, die sich immer als Interpretationen herausstellten, deren Interpret dadurch autorisiert ist, daß er als Fürsprecher legitimiert ist, bei Jahwe für jemanden einzutreten. Fürbittgebete, deren Fürsprecher-Interpret nie anonym ist, erweisen sich damit als Vermittlungsinstrument. Was die abschließende Jahwe-Rede betraf, so ist sie in dieser Knappheit singulär, was auf ein Zusammensehen der abschließenden Jahwe-Reden in beiden Visionsberichten verweist und so ein nachträgliches Argument für den durchgängigen Parallelismus der Visionsberichtspaare liefert. Die abschließende Jahwe-Rede war - wie auch sonst - in engem Zusammenhang mit dem Fürbittgebet zu sehen.

Beim zweiten Visionsberichtspaar zeigte sich im Hinblick auf das Zitat des Gesehenen, daß die Visionsberichte Jer 1,11f.13f;24,1ff nach Rekonstruktion bzw. Literarkritik und nach einer Absonderung und Unterscheidung von anderen Visionsberichten als einzige mit den Visionsberichten des Amos strukturell vergleichbar sind; ebenso verhielt es sich in bezug auf die Berichterstatter-Interpretation. Die abschließende Jahwe-Rede war in der Hinsicht als singulär zu betrachten, wenn in ihr das durch den Berichterstatter Interpretierte so im ersten Teil aufgenommen wird, daß es - assoziativ umgemünzt - zum Ziel der durch den Berichterstatter angesetzten Interpretation wird, die dann Voraussetzung für den Entscheid im zweiten Teil der Jahwe-Rede ist.

Ein Überschauen des Visionszyklus' auf dem Hintergrund dieser Beobachtungen insgesamt führte zu folgenden Ergebnissen, die die Visionsberichte in ihren Verständigungs-Grundlagen für eine Übereinkunft über das, was die Gattung "Visionsbericht" impliziert, kritisch rekonstruierten:

1. Die allgemeine Einleitung hatte mit ihrer für den Visionsberichtskomplex übergreifenden Bedeutung das Problem der Visionsberichte zunächst als ein Vermittlungsproblem aufgerissen. Dabei ging es nicht um Multiplikationstechniken, sondern - grundsätzlich - um die Frage, wie deskriptiv etwas Gesehenes in seiner unmittelbaren Gültigkeit und Wirksamkeit vermittelt werden kann.

2. Auf den skizzierten Problemhintergrund hin mußten die einzelnen Struktur-Blöcke in ihrer Zusammenordnung bezogen gesehen werden, so daß jeder auf seine Weise aus seiner Funktion in der Erarbeitung des Vermittlungsproblems zu verstehen ist. a) Das Zitat des Gesehenen erfüllte diese Aufgabe durch das Visionsbild und die Weise, wie dieses jeweils zitiert wurde. Hier konnte die Untersuchung jeweilige Qualifikationen der Visionsbilder als zur Geste stilisierte Handlungen in der Drohung (erstes Visionsberichtspaar) oder als entladene entgegengestellte Konfrontationen (zweites Visionsberichtspaar) herausarbeiten. b) Die Frage, ob für das fehlende Subjekt bei den Partizipien im Zitat des Gesehenen des ersten Visionsberichtspaares sinngemäß Jahwe als der, der auch sehen läßt, eingesetzt werden darf, führte über die interne Problematik des Zitats des Gesehenen und des vorliegenden Visionszyklus' hinaus, indem sie die Stellung und Funktion des Visionsbildes in den Visionsberichten als Vermittlungsmedium (aus der begegnenden Umwelt) reflektierte, und zwar unter Berücksichtigung des von der allgemeinen Einleitung indizierten Sinnes der unmittelbaren, von Jahwe autorisierten Gültigkeit und Wirksamkeit des Gesehenen. Zugleich wurde eine Abgrenzung gegenüber anderen Visionsberichten vorgenommen, in deren gesehenen Verlauf als Visionsdramen Jahwe handelnd eine Rolle spielt. Formal erwiesen sich die Partizipien in diesem Kontext als Indikatoren, die insofern zum Visionsbild gehören, als sie dessen Wie bestimmen, wie es nämlich in den Bezugsrahmen des Zitats des Gesehenen einzuordnen ist. Inhaltlich war die starke theologische Besetztheit der verwendeten Partizipien hervorzuheben, wodurch die sprachlich formale Indizierung semantisch differenziert und religiös qualifiziert wurde - eine religiöse Qualifizierung, die wiederum der religiösen Qualifizierung des Gesamtrahmens der Visionsberichte korrespondiert und durch die besondere Weise der Korrespondenz auch von anderen Visionsberichten abgehoben ist. So gesehen war Jahwe als Bedroher anzusehen, insofern er Drohendes in seiner unmittelbaren Gültigkeit und Wirksamkeit eröffnet, nicht jedoch, insofern er als Drohung Gegenstand des Visionsberichtes ist. Die Frage nach dem Subjekt zu den Partizipien war damit im Rahmen rein syntaktischer und auch semantischer Möglichkeiten schlechterdings nicht entscheidbar. Es hätte sich dann auch nicht um eine wirkliche Frage gehandelt,

sondern um den Hinweis auf einen Fehler oder eine stilistische Finesse. Hier wurden auf rekonstruktivem Wege die Voraussetzungen für das Fehlen des expliziten Subjekts thematisiert, daß nämlich auf jeden Fall verhindert wurde, Jahwe - wie in einem Visionsdrama - als Akteur auftreten zu lassen, daß aber dennoch die Eröffnung der angesprochenen Drohung mit Jahwe in Zusammenhang gesehen wird und daß schließlich das Zitat des Gesehenen als Darstellung eines Visionsbildes erhalten bleibt und nicht in ein Geschehen aufgelöst wird, womit die Abgrenzung gegen andere Visionsberichte auf dem Spiele steht. Ein analoges Problem stellte sich für das Zitat des Gesehenen im zweiten Visionsberichtspaar, wo gefragt werden mußte, ob Jahwe als im Bild implizierter, direkter Initiator der angesprochenen Konfrontation angesehen werden darf; es wurde analog dagegen argumentiert.

3. Die Frage, ob angesichts der Tatsache, daß der Berichterstatter auf die Visionsbilder direkt reagiert bzw. zur direkten Reaktion veranlaßt wird, dieser auch als direkter oder gar exklusiver Adressat der Visionsberichte zu betrachten ist, bezog auch die anderen Struktur-Blöcke in die Funktionsbeschreibung der Erarbeitung des gestellten Vermittlungsproblems mit ein und verlagerte dieses auf eine weitere Ebene. a) Das Vermittlungsbestreben im Zitat des Gesehenen bestand nicht allein in einer aus der Hand gegebenen intellektuellen Vermittlung, sondern vor allem im affektiven Erfassen ihrer Geltung, wodurch die unmittelbar wirksame und gültige Erfahrung des Gesehenen oder die Einsicht kommunikabel gemacht werden sollte. b) Die Berichterstatter-Interpretationen waren als Verarbeitungen des jeweiligen Visionsbildes im angesprochenen Sinn und als Herausarbeitungen seiner praktischen Konsequenzen zu verstehen, die entweder die im Visionsbild festgehaltene Drohung auf ihre projektierten Auswirkungen hin entwarf oder die im Visionsbild präsentierte Konfrontation in der Auseinandersetzung damit vertiefte. c) Die abschließende Jahwe-Rede vermittelte die im Zitat des Gesehenen und in der Berichterstatter-Interpretation erarbeitete Einsicht als eine bestätigte und legitimierte Einsicht dadurch, daß die Berichterstatter-Interpretation von ihr zunächst ins Ziel geführt und anschließend der daraus sich ergebende Jahwe-Entscheid gefolgert wurde; das galt auch für das erste Visionsberichtspaar, wo das "Ins-Ziel-Führen" zwar nicht zitiert, aber vorausgesetzt und in einem Gliederungselement berichtet wurde. d) Wenn also - wie die soeben noch einmal knapp zusammengestellte Auflistung der Funktionen der Struktur-Blöcke im Hinblick auf das gestellte Vermittlungsproblem zeigte - darin zugestimmt werden mußte, daß die Überlegungen über Redeweise und Charakter der Visionsberichte nicht auf die Vermittlungspotenz des Visionsbildes im Zitat des Gesehenen unter Berücksichtigung der übergreifenden Funktion der allgemeinen Einleitung eingeschränkt werden konnte, sondern die Leistung jedes Struktur-Blocks am gestellten Vermittlungsproblem erweisbar war, dann gewann die Frage nach dem Adressaten der Visionsberichte eine neue Perspektive: Wenn näm-

lich Visionen nun nicht mehr - wie bisher, soweit ich sehe, durchgängig geschehen - in Gesichts- und Wortsegmente aufteilbare Erfahrungen waren, die in Berichten an nicht genauer genannte Adressaten weitergegeben wurden, wenn folglich auch nicht die Relevanz des Visionsbildes verabsolutiert werden durfte, weil eben die anderen Struktur-Blöcke an den Problemen in ihrer Funktion mitarbeiten, die auch dem Visionsbild aufgegeben sind, und wenn schließlich vernünftigerweise über Visionen nur im Zusammenhang mit Visionsberichten gesprochen werden konnte, dann war Visionen eine notwendige Kommunikationsstruktur und die Implikation "zugelassener Öffentlichkeit" entgegen aller Exklusivität zuzusprechen, was nicht bedeutete, daß Abgeschlossenes zum Bericht darüber freigegeben wurde, sondern daß Visionen auf Mitteilen und Berichten hin angelegt waren, ja, daß sie so erst zu ihrer Gestaltung gelangten. Vision/Visionsbericht war so zu einer rein methodischen Unterscheidung geworden. e) Damit war die ursprüngliche Frage nach dem Adressaten der Visionsberichte umformuliert in eine Frage nach der Funktion des Berichterstatters; denn von einem engeren oder weiteren Adressatenkreis konnte nun nicht mehr die Rede sein, weil Visionsberichte ja nicht mehr als sprachlich reproduzierte Visionen aufzufassen waren, sondern als ein Angebot oder Modell, das - gerade aufgrund des aus der Analyse der Redeweise erkennbaren performativen Anspruchs seiner Einsicht - selbst praktisch sein wollte und nicht theoretisch-deskriptives Reden über eine vorgegebene Praxis. An dieser vorgegebenen Praxis orientieren sich die den Visionsberichten redaktionell - vielleicht auch ursprünglich - vorangestellten Gerichtssprüche, indem sie sie kritisieren. In den Visionsberichten dagegen wird ein eigenes, neues Praxismodell erstellt, das aufgrund seiner religiös qualifizierten Sprache als ein durch Jahwe legitimiertes und von ihm autorisiertes Praxismodell verstehbar gemacht werden konnte. Die Funktion des Berichterstatters war nun darin zu sehen, daß er in der Gestaltung der in der skizzierten Weise verstehbar gemachten Visionsberichte - zu erkennen an den direkten und indirekten Selbstnennungen (vgl. die allgemeine Einleitung und die jeweiligen Berichterstatter-Interpretationen) - sich selbst als tragendes Element mit einbrachte. Dadurch wurde der vorliegende Selbstbericht nicht lediglich als Schilderung eigener Erfahrungen in dem Sinne erwiesen, daß es um ein Weitergeben von Erlebnissen ging - eine zumindest einseitige Betrachtungsweise, die in der einen oder anderen Art durchgängig anerkannte Voraussetzung in der Exegese bis in die jüngsten Beiträge zu diesem Thema zu sein scheint, die aber im Zurückziehen auf die Psyche und Persönlichkeit des Propheten sich weitgehend aufs Spekulieren verlegen mußte, weil dann die Selbst-Äußerungen des Propheten als prinzipiell nicht nachvollziehbare Konstatierungen (443) aufzufassen waren mit m. E. zweifelhaftem Wert für

(443) Konstatierungen in diesem Sinn sind - im Unterschied zu Protokollsätzen und Basissätzen -, wie die Diskussionen des Logischen

theologische Überlegungen -, sondern in dem Sinne, daß die eigenen Erfahrungen an dieses Praxismodell gebunden wurden und so sich in seiner sprachlichen Formulierung artikulierten und auslegten. Der Adressat der Visionen war damit nicht im Berichterstatter zu sehen, sondern konnte nur im Vorgriff als möglicher Adressatenkreis verstanden werden, der wiederum abhängig ist von der Offenheit und Geschlossenheit des vorliegenden Praxismodells: Seine Offenheit lag in der Integrationsfähigkeit des Spektrums an Erfahrungen, die in ihm ausgelegt werden konnten - hier muß die theologische Interpretation ansetzen -; seine Geschlossenheit verwies auf die - ebenfalls in der theologischen Interpretation zu erwartenden - Grenzen und Abhängigkeiten der Interpretation.

4. Die Frage nach dem Sitz im Leben der Visionsberichte war auf diesem Hintergrund vorläufig nicht anders als formal beantwortbar, weil die notwendige, auf die vorliegende Visionsberichtsgruppe (Bildvisionen) konzentrierte formal-synchrone Betrachtung redaktionskritische und traditionsgeschichtliche Gesichtspunkte, die mit ihren Beiträgen über den Standort im Gesamtzusammenhang des Buches und über den geistesgeschichtlichen Standort auch material zur Frage nach dem Sitz im Leben hätten Stellung nehmen können, zunächst ausgeklammert hatte. Diese Ausklammerung - vor allem des traditionsgeschichtlichen Komplexes - war begründet in der Konsequenz des rekonstruktiven Verfahrens, in dem andere als die unter den genannten Rücksichten zusammengestellten Visionsberichte bezüglich ihrer Voraussetzungen und ihrer weiteren oder engeren oder genau adäquaten Vergleichbarkeit solange als ungeklärt angesehen werden müssen, wie sie in der angeführten Weise nicht auf ihre Voraussetzungen hin analysiert worden sind. Dennoch konnte natürlich nicht ignoriert werden, daß die vorliegenden Visionsberichte des Amos sowohl in einer bestimmten Einordnung im Amos-Buch, als auch in einer - biblischen und außerbiblischen - Tradition von Visionsberichten stehen, die vorher begonnen hat und später fortgesetzt wurde. Sofern die Einordnung der Visionsberichte und der Umstand, daß sie einer gepflogenen Tradition entstammen, für die Frage nach dem Sitz

---

(Fortsetzung 443) Empirismus' des Wiener Kreises gezeigt haben, situationsabhängige Aussagen über eigene Erlebnisse, die als solche zwar unanfechtbar (man kann niemandem ein Erlebnis absprechen), aber nicht mitteilbar (Erlebnisse sind nicht übertragbar; es hat daher keinen Sinn, sie durch andere absprechen oder bestätigen zu lassen) und deswegen privaten Charakters sind. Das hat zunächst nichts mit der Intimität des Verhältnisses von Jahwe und Prophet zu tun, sondern mit der Unmöglichkeit zu garantieren, daß die als verständlich erachtete Aussage des Propheten über sein Erlebnis auch im adäquaten Sinn - d.h. ohne einen Zweifel, daß eine nachvollzogene Aussage über das Erlebnis dem Erlebnis denselben Sinn zuschreibt - verstanden wird.

im Leben bedeutsam sind, müssen sie unter dem Vorbehalt der nicht analysierten Voraussetzungen im Zusammenhang der theologischen Interpretation herangezogen werden. Vorerst ließen sich dazu formal einige charakterisierende Markierungen festlegen und Tendenzen beschreiben. a) Die Visionsberichte konnten ihren ursprünglichen Sitz nicht aus dem Privaten und Exklusiven des Erlebnisbereichs erklärlich machen. b) Sie waren von ihrer Kommunikationsstruktur her als auf Öffentlichkeit hin angelegt verstehbar, aber dennoch nicht instrumentalisierbar, etwa als Vermittlung aus zweiter Hand - erster Adressat: Prophet; zweiter Adressat(enkreis): das Volk durch den Propheten - (vgl. die geäußerte Reserve gegen der Terminus "Bericht") oder als Konsequenzen fordernde Qualifizierung (vgl. die Absetzung vom Seherspruch) oder als Überzeugung heischende Einflußnahme (vgl. die Absetzung von einem Verständnis als Predigt). c) Anlage auf Öffentlichkeit hin war positiv zu verstehen als Vermittlung der den eigenen Standpunkt bestimmenden Einsicht. Die Entfaltung der Einsicht und die Erarbeitung des Standpunktes standen dabei in einem sich gegenseitig bedingenden Vermittlungsverhältnis, das auf Verständnis abzielte und sich in Bildern aus dem täglichen Umgang äußerte oder veröffentlichte. Weder die entfaltete Einsicht, noch der erarbeitete Standpunkt noch die Anlage auf Öffentlichkeit waren damit vorgegeben. d) Sitz im Leben der Visionsberichte konnte daher nicht die formelle, offizielle oder gar kultische Äußerungsmöglichkeit sein, weil sie sich an Vorgegebenem hätte orientieren müssen und damit "Anlage auf Öffentlichkeit hin" nicht aus einem die eigene Praxis imitierenden, sondern aus einem auf bereits vorgegebene Praxis ausgerichteten Modell (institutionalisiertes Kommunikations-Forum) zu interpretieren gewesen wäre, was aber in den Visionsberichten keinen Anhalt fand. Ihr Sitz war eher im Bereich der spontanen Äußerungsmöglichkeit der reflektierenden Verständigungssuche zu sehen, also in einem Lebensbereich, der genauso intuitiv-schöpferische Entwürfe zuläßt, wie er auch Modelle zur Interpretation eigener Erfahrungen und Neuorientierungen solcher Erfahrungen einschließt und der, gegen jedes privatistische Elitebewußtsein, nach Vermittlung und allgemeiner Zugänglichkeit verlangt.

III VERSUCH EINER THEOLOGISCHEN INTERPRETATION DER VISIONSBERICHTE DES AMOS

1. Ort und Absicht der theologischen Interpretation

Wenn man einmal den Gang der bisherigen Überlegungen Revue passieren läßt, dann zeigen besonders die literarischen Analysen, wie in ihren zergliedernden Verfahrensweisen und in ihrer Konzentration aufs Detail häufig der Textzusammenhang als Gegenstand der Reflexion aus dem Blick zu geraten droht. Ebenso verhält es sich mit dem Autor, seiner Zeit, erst recht seiner Absicht oder gar seiner und seines Werkes Ausstrahlung, will sagen seiner Wirkung, seines Impulses, seines Themas, seiner Akzentsetzungen, aber auch seines Anspruchs in der heutigen Auseinandersetzung. Bisher bewegte sich die Untersuchung gewissermaßen unter Labor-Bedingungen fort, aber die Genauigkeit und Reinheit des Labors mußte bezahlt werden mit der steifen Exaktheit und rigorosen Sterilität, die keine lebendige Auseinandersetzung, keine Farbe des Engagements, auch keine Betroffenheit für die heutige Diskussion oder kaum etwa Anstöße für heutige Fragestellungen erkennen zu lassen schien.

Dennoch wurde im Verlauf der Analysen gelegentlich angemerkt, wo die theologische Interpretation einsetzen muß. Dies war immer dort der Fall, wo es auf die Reflexion und Tragfähigkeit als vorausgesetzt gefundener Bedingungen für die Rekonstruktion der vorliegenden Gattung ging: z. B. bei der Frage nach den legitimierenden Randbedingungen für den performativen Anspruch der Redeweise im Botenspruch, die für die Vermittlungsabsicht der Visionsberichte entliehen war oder in der Frage der Integrationsfähigkeit (und deren Grenzen) des Praxismodells zur Neuorientierung sich in ihm auslegender Erfahrungen. Solche Fragen sind interpretationsbedürftig; sie sind nicht a priori festzulegen, so daß man nur darauf zurückzugreifen brauchte. An solchen Stellen zeigten auch die sonst in so geschlossen erscheinender Systematik sich präsentierenden formalen Betrachtungen, daß sie keinen Totalitätsanspruch erheben und die Labor-Situation in ihnen durchaus reflektiert ist.

Einerseits war dadurch also eine ideale Beobachtungssituation hergestellt, andrerseits war aber auch klar, daß das Raster für die Beobachtung von außen an die Visionsberichte herangetragen wurde, daß - überspitzt formuliert - die Visionsberichte sich unter dem Maßstab darstellten, der an sie angelegt wurde. Dabei trugen selbstverständlich Vorklärungen Sorge dafür, daß die Bedingungen der Beobachtung dem Gegenstand der Betrachtung adäquat waren; dennoch blieben wichtige Aspekte ausgeklammert, die vor allem die Dynamik und freie Entfaltung der Visionsberichte betrafen.

Dies geschah zum Teil deshalb, weil wir über Visionsberichte einfach noch zu wenig wissen, um daraus weitere Bedingungen für die Betrachtung von Visionsberichten formulieren zu können. Die angetroffenen Versuche, im direkten Zugriff über den Inhalt an die Visionsberichte heranzukommen, ihre literarische Form, ihre Gattung, ihre Beheimatung im Lebenszusammenhang des Berichterstatters und seiner sozialen und kulturellen Umwelt, ihren - damit verbundenen - funktionalen Sinn (warum überhaupt in Visionsberichten und nicht anders geredet wurde) und ihre theologische Relevanz, waren mir angesicht der Unterschiedlichkeit von Typisierungen, Meinungen zum Sitz im Leben und zum theologischen Verständnis wenig überzeugend. Dies hatte nämlich nichts mit Interpretationsspielraum zu tun, sondern damit, daß auf diesem Wege natürlich doch eine Reihe formalisierter Maßstäbe mit eingebracht und an die Visionsberichte angelegt wurde, was wiederum nichts mit hermeneutischem Vorverständnis zu tun hat, sondern damit, daß unkontrolliert eine Reihe verschiedener Beobachtungsraster, erstellt nach nicht geklärten Voraussetzungen, die selbstverständlich aufgrund dessen oft irrtümliche Annahme unterstützten, man beobachte in derselben Beobachtungssituation, obwohl bisweilen nicht sichergestellt scheint, ob überhaupt im selben Labor beobachtet wurde. Der - zugegeben - mühselige Weg über die Klärung formaler Voraussetzungen zur Vereinbarung einer vergleichbaren Beobachtungssituation als Verständigunsbasis weicht solchen Mißverständnissen aus und garantiert - obwohl vielleicht hier und da verfeinerungsbedürftig oder auch zu korrigieren - prinzipiell den simplen, aber nicht unwichtigen und offenbar auch nicht selbstverständlichen Sachverhalt, daß man über dasselbe spricht. Erst nach einer solchen Übereinkunft haben hermeneutische Vorverständnisse ihren Platz in der Interpretation. Danach ist mit einer größeren Erfahrung und Differenzierung bezüglich der Gattung der Visionsberichte zu rechnen, die auch ein weitergehendes Einbeziehen vorerst ausgeklammerter Aspekte erlauben mag.

Ein anderer Grund für die genannte Ausklammerung muß darin gesehen werden, daß die Dynamik und freie Entfaltung der Visionsberichte, ihr Aufnehmen und Verarbeiten stets neuer Erfahrungen und Entwürfe, die Praxis ihres Orientierungsangebots nicht in diesem Sinne formalisierbar sind, ohne zu Formeln restringiert zu werden. Solcher Aspekte ist nicht dergestalt habhaft zu werden, daß sie als von außen an die Visionsberichte herangetragenes Verständnisraster zu Bedingungen für ihre Beobachtung werden könnten. Hier werden sie sich immer wieder an sie angelegter Schemata entziehen, werden neue Perspektiven eröffnen und andere Erklärungsweisen entfalten, werden nicht gekannte Erfahrungen sichtbar machen und wirksam werden lassen und wechselnde Horizonte miteinschließen. Hier wird die Sterilität der idealen Beobachtungssituation zu einer die Initiative und schöpferische Integrationsfähigkeit abtötenden Objektivierung, die keine Abweichungen mehr zuläßt.

An dieser Stelle setzt die theologische Interpretation ein, nicht um eine objektivierend-rationaler Kategorisierung unzugängliche Lücke zu füllen, ein irrationales Reservat, in dem alles wuchern kann, solange es die festgefügten Grenzen der rationalen Sicherheiten nicht überschreitet. Von einer Lücke in diesem Sinn kann nämlich überhaupt nicht gesprochen werden, weil es hierbei ja nicht um ein noch unbewältigtes Stück Objektivierungsarbeit geht, sondern um die nicht festlegbare schöpferische Adaptions- und Verarbeitungsfähigkeit, also um eine Auslegung unter Bedingungen, die sich nicht in den Rahmen der im voraus planbaren und nur in kontrollierter Begrenztheit Einflüsse zulassenden Beobachtung fügt, sondern das Labor verläßt und so ihre eigenen Erfahrungen mit der Entfaltung des zuvor beobachteten und als auf Praxis vermittelnde Orientierung ausgerichteten Modells zu machen. Damit verrät die Ortsbestimmung der theologischen Interpretation gleichzeitig auch ihre Absicht: Indem nämlich der künstlich geschützte Beobachtungsstand verlassen wird, wird einerseits ohne weitere Schutzvorkehrungen die Probe aufs Exempel vorausgesetzter Rekonstruktionsbedingungen und ihre Tragfähigkeit gemacht und andrerseits ermöglicht, die Visionsberichte in ihrer Eigenart und Wirkung zu verstehen und auf ihre Konsequenzen hin zu entfalten.

Dazu bedarf es zunächst einmal eines Ausgehens von den literarischen und geistesgeschichtlichen Einordnungen, in denen der Text steht, womit nicht gemeint sein kann, daß hier die zahlreichen Äußerungen über die Zeit und die Umwelt des Amos abermals Gegenstand der Erörterung sein können. Sie werden - mit Verweis auf die Kommentare und die anderen Darstellungen dazu (vgl. das Literaturverzeichnis) - als bekannt vorausgesetzt und finden so gelegentlich Eingang in die Diskussion. Es kann aber auch nicht darum gehen, zunächst die theologische Situation der Zeit, ihre Strömungen und Einflüsse zu analysieren - hier wäre auf die verschiedenen Theologien und Religionsgeschichten des Alten Testaments aufmerksam zu machen (vgl. das Literaturverzeichnis) -, in die hinein die Visionsberichte gehören; auch diese werden dort, wo sie die Interpretation fördern, herangezogen. Schließlich trifft es nicht die Sache, das Ausgehen von der Ursprungssituation des zur Rede stehenden Textes in der Weise zu verstehen, daß eine Basisinterpretation, die sich allein an den geistigen und redaktionellen Gegebenheiten der Entstehung des Textes orientiert, einer Interpretation unter heutigen Reflexionsvoraussetzungen grundgelegt werden soll. Das wäre nichts anderes als eine Neuauflage der Labor-Betrachtung unter jeweils verschiedenen, festgelegten Versuchsanordnungen mit vielleicht interessanten Vergleichsdaten, aber ohne Anstoß zur Auseinandersetzung, ein Wiederbelebungsversuch restaurativer Ausprägung, der als Interpretation nichts betrifft und nichts bewegt. Wohl aber ist mit dem Ausgehen von literarischen und geistesgeschichtlichen Gegebenheiten eine Auslegung gemeint, die die Stellung der Visionsberichte in dem sie umgebenden Text beachtet, um zu erfassen, welche Bedeutung ihnen in ihrer überlieferten Position zugesprochen wurde. Ferner - eine ebenfalls mitgemeinte Frage - wäre zu klären, auf welchem geistigen Hintergrund Visionsberichte eigentlich stehen, was es denn heißt, in Visionsberichten zu sprechen, was u. U. damit für die Person dessen, der in dieser Weise redet und für das, was er sagt, verbunden ist, vor allem in Hinblick auf seine soziale Rolle. Aber auch diese Fragen, von deren Klärung noch eine weitere, auch material aufgefüllte Auskunft über die Funktion und den Sitz im Leben erhofft wird, sollen nicht im Mittelpunkt stehen, sondern im Dienst der Interpretation herangezogen werden, wobei nicht außer acht bleibt, daß für diesen Komplex keine in der oben genannten Weise auf ihre Voraussetzungen hin befragten Verständigungsbedingungen erstellt werden konnten, so daß der Gebrauch des Terminus "Visionsbericht" dem undifferenzierten, allgemeinen Gebrauch entspricht, also u. U. verschiedene Typen oder einerseits sehr am Rande liegende und andrerseits genau das formulierte Verständnis treffende Visionsberichte vermischt nebeneinanderstehen.

2. Vision und Bild

Es entsprach natürlich zunächst einmal der Absicht, die vorliegenden Visionsberichte mit Jer 1,11f. 13f;24,1ff in eine Gruppe zusammenzuordnen, wenn sie als Bildvisionen von anderen Visionsberichten abgehoben worden waren. Vorläufig war damit zwar nichts über den Ausschluß anderer Visionsberichte aus dieser Gruppe direkt entschieden, aber die Zugehörigkeits- bzw. Verhältnisbestimmung wäre erst über die erneute Rekonstruktion anderer Visionsberichte auf ihre Voraussetzungen hin und deren Typisierung möglich. Das kann hier jedoch nicht die Aufgabe sein, sondern wenn hier von Bildvisionen die Rede war, dann entsprach der rein von dem äußerlichen Kriterium des Bildes im Zitat des Gesehenen genommenen Bezeichnung auch die Beobachtung, daß sonst nirgendwo in der vorliegenden Weise eine Vision ausgestaltet wurde, und dieser Besonderheit wird hier nachzugehen sein.

Wenn sonst Visionen zu ihrer Ausgestaltung gelangen, dann präsentieren sie sich in einer szenischen Dramatik, in der sich eine gewisse Kommunikation vollzieht zwischen Jahwe oder - später - dem Deuteengel (vgl. oben) und dem Visionär. Es werden Anweisungen gegeben, Fragen gestellt, Bereitschaftserklärungen abgegeben, Sendungsaufträge erteilt und dieses alles in verschiedener Intensität und Kombination: ein lebendiger und farbiger Austausch und eine rege oder auch mehr sparsame, in gegenseitiger Beeinflussung und aufeinander eingehender Reaktion stattfindende Aussprache. Ferner spielen sonst in der Gestaltung von Visionen der Schauplatz, die Aktionen und die Angabe näherer Umstände eine wichtige Rolle: Zeit- und Ortsbestimmungen gehören zu Visionen (444), die auf diese Weise - wenn auch herausgehoben - in das Leben des Visionärs integriert werden; sie lassen sich damit in Kategorien fassen, in die auch andere Lebensvorgänge eingeordnet werden; Handlungen bestimmen das Visionsgeschehen und lassen Entwicklungen in ihm erkennen; Schauplätze werden gelegentlich gewechselt (vgl. z.B. bei Ezechiel), wodurch sich die entworfene Szenerie vielgestaltiger, variationsreicher, aber auch komplexer darstellt, vor allem was die Fortsetzung, Umdisponierung oder Wiederaufnahme von Situationen betrifft. All dieser Reichtum an szenischer Gestaltung läßt die Person des Visionärs als eingebunden in einen Prozeß erscheinen, dessen Rahmen teils abgesteckt ist, teils entworfen wird.

Demgegenüber unterscheiden sich die hier vorliegenden Visionsberichte erheblich: Sie kennen zunächst einmal keine Zeit- und/oder Ortsangaben, wann bzw. wo sich die Visionen zugetragen haben. Es scheint seitens des Propheten kein Interesse zu bestehen, sie dem eigenen Lebensvollzug

---

(444) Wenn - wie z.B. bei Sacharja - ein Visionszyklus vorliegt, dann bedarf es nicht vor jedem Visionsbericht erneut einer solchen Bestimmung.

einzugliedern. Lapidar wird das Faktum des Sehens angemerkt, es steht wie im luftleeren Raum. Nicht zuletzt auch dadurch entsteht ja für den gesamten Visionsberichtskomplex sehr stark der Eindruck des Abgesonderten und in der Schwebe Gehaltenen, der seinerseits vermutlich - das soll hier nicht abschließend geklärt werden - dazu beigetragen hat, die Visionsberichte redaktionell mit der Person des Propheten (vgl. vor allem Am 7,10-17) oder mit Sprüchen zu verbinden (vgl. nach dem dritten und dem vierten Visionsbericht). Auch innerhalb der Visionsberichte wird der Bezug zu irgendeiner Handlung des Propheten oder an ihm - wie z.B. bei Jesaja die Berührung seiner Lippen mit einer glühenden Kohle oder bei Ezechiel die Versetzung an verschiedene Schauplätze des Geschehens - nicht erkennbar.

Die Bilder der vorliegenden Visionsberichte lassen deutlich eine Dominanz innerhalb ihres Zusammenhanges erkennen, sie sind es, bei denen die Vermittlung angedrohten Unheils einsetzt und mit denen sich die Originalität, das nicht hergeleitete, Praxis beschreibende oder nachvollziehende, sondern selbst praktische Modell der kritischen Neuorientierung eigener Initiativen und Entwürfe verständlich machen ließ. Die Bilder selbst sind es ja, durch die die Drohung unmittelbar eingeht und sich in ihrem vollen Ernst darstellt: nicht irgendeine abstrakte Rede von Drohung und Konsequenzen, auch nicht von Geltung und Wirkung - so versuchen erst wir das Verständnis und das, was dazu geführt hat, zu rekonstruieren -, sondern ein unübersehbares Heer von Heuschrecken, eine vernichtende Feuersbrunst, dazu die erst im Verlauf der jeweiligen Visionsberichte entschlüsselten Bilder vom Jammer und vom Ende in der kriegerische Assoziationen weckenden Zinn-Mauer und in dem die Abgeschlossenheit und Reife symbolisierenden Korb mit Obst (vgl. dazu jeweils die theologische Interpretation), das ist es, was vorgestellt wird, und das ist es auch, woran die weiteren "Rede-Teile" hängen, bzw. ohne die sie schlicht nicht vorstellbar sind. Es findet sich daher auch die Unterscheidung zwischen Vision und Audition in den vorangegangenen Betrachtungen nicht, und es wird ihr, wo sie auftaucht, mit großer Zurückhaltung zu begegnen sein.

Visionen sind nicht teilbar. Sie sind Bilder insgesamt.

Wenn dies schon für die Amosvisionen gilt, um wieviel mehr gilt es für die Visionen, in denen das Drama des Visionsgeschehens immer wieder als solches vor Augen geführt wird, in denen innerhalb der entworfenen Szene gesprochen oder gehandelt wird oder in denen ein unterschiedlicher Schauplatz eine Rolle spielt! In den Amosvisionen ist ja von alledem nichts vorhanden, und die "Rede-Teile" könnten in der Tat in der Weise mißverstanden werden, daß sie abgetrennt und wie eine kommentierende Interpretation angesehen werden; dies läßt sich jedoch nach den vorangegangenen Überlegungen nicht halten, vielmehr handelt es sich jeweils um eine einheitlich gestaltete Vision, und sie ist bestimmt von ihrem Bildcharakter. Diese Bestimmung bezieht sich nicht allein darauf, daß das Bild dominant und die übrigen Teile von ihm abhängig seien - wenn damit auch ein erster Schritt zum Verständnis getan war, welcher freilich die Gefahr der Abtrennung in sich barg -, sondern auch darauf, daß das Bild als das Einigende oder der Fluchtpunkt betrachtet werden muß, auf den alle Linien hinweisen und von dem - umgekehrt - die Perspektive der Visionen entworfen wird.

Bei den Amosvisionen ist es doch nicht einfach so, daß zu Beginn das Bild steht, danach die Fürbitte als Interpretation des Bildes und zuletzt die abschließende Jahwe-Rede - natürlich trifft das von der Analyse her zu -, vielmehr findet das Bild seine Ausgestaltung von verschiedenen Seiten her: einmal in der Darstellung und im Ausmalen des Bildes, der vielfältigen Zerstörungskraft der Heuschrecken, des Feuers, der Zinn-Mauer und des noch zu erklärenden, in dieser Aufzählung jedenfalls eigentümlich anmutenden Obstkorbes; ferner in der Auseinandersetzung und Interpretation der Auswirkungen des Bildes; und schließlich in der Beurteilung des Bildes und seiner vertiefenden Deutung, die auch über den abgezirkelten Rahmen der in der Vision jeweils vom Bild bestimmten, ausgestalteten Sichtweise hinausweist und so die weiterwirkende Ausstrahlung des Bildes zu verstehen gibt. Damit erschöpft sich der Bildcharakter der Visionen nicht im darstellerischen Ausmalen des Bildes, er berücksichtigt auch das Bild in seiner Wirkung und Ausstrahlung und kennzeichnet es als ein solches, das keinen Rahmen verträgt und dessen Perspektiv-Linien von der gemeinsamen Grundlage her über deren Rand hinausschießen. Im Bild wurde hier nicht auf ein Konterfei abgezielt mit fest umrissenen Vorgegebenheiten, dieses wäre in der Tat auf die Fixierung im Zitat des Gesehenen determiniert und müßte die Fürbitte und die abschließende Jahwe-Rede in irgendeiner Abhängigkeit zum statisch verstandenen Bild sehen. Hier jedoch wird die Problematik des Bildes, das Ineinanderwirken und Auseinanderstreben verschiedener Kräfte in ihm und über es hinaus, dargestellt. Es geht also nicht um realistische oder phantastische Wiedergabe, es geht überhaupt nicht um Wiedergabe, sondern um die Gestaltung und den Entwurf von Visionen in Bildern mit alledem, was an Auseinandersetzung und über sich hinausstrebenden Kräften in ihnen steckt.

Insofern deutet sich in den Visionsberichten die eigentümliche und für prophetische Verkündigung überhaupt kennzeichnende Dialektik von Festlegung und Offenheit an: einerseits die sehr klare und bestimmte Rede z. B. in der Ankündigung von Gericht, andrerseits die in der Schwebe gehaltene, in die Zukunft weisende Aussage. Dieses Auseinanderscheren von definitiver Gegenwartsaussage und indefinitiver "Zukunftsgewißheit" (W. H. Schmidt) wird selbst bei so extremen Gegenpositionen wie denen von W. H. Schmidt und G. Fohrer im Prinzip gleich erklärt: beide führen, wenn auch in unterschiedlicher Weise (vgl. oben), die kritischen Gegenwartsaussagen der Propheten zurück auf nicht rationalisierbare Erfahrungen oder Gewißheiten, die aber ihrerseits bestimmend sind für die Festlegungen der Gegenwartskritik. Darin steckt die zu Recht zur Sprache gebrachte, hier angedeutete Dialektik, aber über die Analyse von Visionsberichten läßt sich die angesprochene Offenheit anders denn als unerklärt betreffende Erfahrung oder Gewißheit verständlich machen, nämlich aus dem, was über den Bildrand hinausstrebt, was ihm die Ausstrahlung und Wirkkraft gibt, die nicht in den internen Grenzen abbildender Schematisierung verbleibt, sondern in der Auseinandersetzung der das Bild gestaltenden Kräfte liegt. Die Dialektik von Festlegung und Offenheit prophetischer Äußerung wäre damit aus ihrem Bildcharakter erklärt, womit nicht einfach bildhafte sprachliche Übertragungsfertigkeiten gemeint sind, es ist vielmehr der Bilderreichtum prophetischer Äußerungen angesprochen, der über die Quantität orientalischer Ausmalungskunst hinaus auch in qualitativer Neuorientierung die Offenheit und das Hinausweisende (445) des Bildes für prophetische Sprache fruchtbar macht.

Prophetie ist daher visionär, auch wenn sie nicht ausdrücklich Visionen ausgestaltet; denn sie lebt aus dem Bild der Vision, der sie ihre jeweilige Spannung von definitiver Bindung des angesagten Unheils und offengehaltenem, sich der Festlegung verweigerndem Wissen um die Zukunft verdankt.

Dies konnte nun anhand der Visionsberichte des Amos, die mit einigen anderen, zu einer Gruppe zusammengefaßten Visionsberichten als Bildvisionen aufgrund des gemeinsamen Kennzeichens eines Visionsbildes im Zitat des Gesehenen ausgesondert worden waren, so verständlich gemacht werden, muß aber auch für andere Visionsberichte in seiner Geltung hervorgehoben werden. Schon die Formulierung von der visionären Prophetie setzte dies im Grunde genommen voraus, aber auch die Charakterisierung der zunächst unterschiedenen Geschehensvisionen in ihrer szenischen Ausgestaltung wies darauf hin. Hier sind die Bilder in ihrer bewegten Dramatik ja gerade auf die Wechselwirkungen der Aktionen und die weiterverweisende Neukonstituierung der Szene in der Geschehensabfolge ausgerichtet. Demgegenüber mußte bei den Bildvisionen die Durchdringung der jeweils ganzen Visionsberichte von den verschiedenen Aspekten der Gestaltung des Bildes her erst deutlich gemacht werden, und so wurde dann das Geflecht von Wechselwirkungen, Auseinandersetzungen und Vor- bzw. Weiterverweisungen verständlich. Es war also auf schwierigerem Wege für die Bildvisionen nachzuweisen, was sich bezüglich der Bedeutung des Bildes von der Ausgestaltung der

---

(445) Ob dies auf ein Verweisen in die Zukunft festgelegt werden muß, ist schon wegen der darin implizierten abendländisch-objektivierenden Zeit-Schematisierung fraglich; es soll daher, der Sache - wie mir scheint - eher angemessen, von einem Hinausweisen die Rede sein, das sein Verständnis im oben entwickelten Sinn auf die Offenheit des Bildes, wie es etwa die Ausgestaltung der Vision bestimmt, zurückführen kann; darin liegt auch ein Vorgriff auf Zukünftiges.

Geschehensvisionen her von vornherein anzubieten schien, aber es war so für Visionen generell die Bestätigung zu erhalten, daß sie in der durchgängigen Einheitlichkeit ihrer bildhaften Ausgestaltung sowohl die Spannung zwischen sicherer Ankündigung und in der Schwebe gehaltener "Zukunftsgewißheit" vermitteln, als auch prophetische Verkündigung insgesamt bestimmen und als visionäre zu kennzeichnen vermögen.

In den Bildvisionen des Amos ist dies gewissermaßen exemplarisch geleistet und bedarf daher gerade zur Beschreibung der Gattung besonderer Herausstellung. Wenn nämlich ausgerechnet die ältesten biblisch greifbaren Visionsberichte Bilder und nicht entworfene Geschehensabläufe in den verschiedenen Aspekten ihrer Bildhaftigkeit zu ihrer Auswirkung gelangen lassen, dann darf das sicher nicht damit erklärt werden, daß eben später mit dem Entwurf von Visionsdramen ein weiterentwickeltes Stadium erreicht gewesen sei, welches zu Anfang in der Gestaltung von Bildvisionen angehoben habe. Dagegen sprechen nicht nur Jer 1,11f. 13f;24,1ff, obwohl ihre ursprüngliche Zusammengehörigkeit mit Jeremia nicht geklärt worden ist und auch hier ohne Belang ist, (446) sondern auch die Vision des nur wenig später auftretenden Jesaja und ebenso aus Mari bekanntgewordene Visionsberichte; es ist außerdem äußerst zweifelhaft - eigene Rekonstruktions verfahren der Geschehensvisionen müßten da erst einen Nachweis erbringen -, ob Visionsdramen als weiterentwickelte Visionsbilder angesehen werden dürfen. Wenn aber hier mit Bildern gestaltet wird, dann kann der Grund darin vermutet werden, daß durch Bilder eine größere Distanz von Konkretionen welcher Art auch immer erreichbar ist.

Schaut man sich die Visionsberichte einmal insgesamt an, dann ist doch auffällig - genau wie in Jer 1,11f. 13f;24,1ff (mit Einschränkung) auch -, daß nirgendwo gegen irgend etwas vorgegangen oder irgend etwas in Gang gebracht wird: keine Auflistung von Verfehlungen, keine Verurteilung von Verhaltensweisen im privaten oder öffentlichen Bereich, kein Bestellen des Visionärs zum Prophetenamt; schon oben war die fehlende Zeit- und/oder Ortsangabe angemerkt worden. Ganz offenbar werden die Bildvisionen als Ausdruck einer Grundhaltung angesehen, der es nicht um die Auseinandersetzung geht, wie etwa in der Gerichtspredigt (grob umrissen Am 1-6), wo Scheltrede und Gerichtsandrohung Vorwürfe erheben und die Strafe vor Augen stellen; vielmehr scheint die Auseinandersetzung auf ihrem Hintergrund ausgetragen zu werden, und sie wird so in ihnen sichtbar. Geben die Visionsberichte aber den Hintergrund von Aktivitäten ab, dann lassen diese sich wohl im Rahmen der Visionsberichte interpretieren - und darin wird dann das Ineinanderwirken, Auseinanderstreben und auch das Überquellen und den Rahmen sprengende Hinausgehen der verschiedenen Kräfte deutlich, die

(446) Es genügt der Hinweis auf den in eine spätere Zeit deutenden Inhalt z. B. von der Gefahr aus dem Norden.

die Wirkung und Ausstrahlung des Bildes ausmachen -, aber als Auseinandersetzung, als Scheltrede oder auch als Strafandrohung für Verfehlungen sind die Visionsberichte mißverstanden. Natürlich sind sie Unheilsdrohung, aber sie sind nicht Reaktion auf etwas gegen jemanden. Sie sind insofern Interpretation des Unheils als Drohung gegen Israel. Damit ziehen sich die Visionsberichte gewissermaßen aus dem "Alltagsgeschäft" zurück, sie distanzieren sich aber nicht, weil sie die Position geändert haben, sondern um der Position eine Basis zu geben, auf der sie sich wiederfinden kann in all der Vereinzelung und im Verheddern in den unterschiedlichsten Streitigkeiten des Scheltens und Strafandrohens.

Diese Distanzierung ist in den Bildvisionen - auch in Jer 1,11f. 13f zeigt sich das - sehr konsequent vollzogen: Man muß sich doch ganz entschieden vor Augen führen, daß hier gegen nichts und gegen alles vorgegangen wird, eine Art Totalkritik, die gerade deswegen nichts konkret angreift. Ferner ist zu berücksichtigen, daß hier ja auch keine konkreten Strafandrohungen vorliegen: Die Vorstellung, daß Jahwe zuerst mit einem Heuschreckenschwarm droht, dabei vorführt, wie dieser fressen kann und ihn dann wieder beiseitenimmt, um anschließend ebenso mit der Feuersbrunst zu verfahren, ist doch so schlicht unhaltbar, zumal eine analoge Erklärung beim zweiten Visionsberichtspaar, besonders beim vierten Visionsbericht, notwendig in Verlegenheit geraten muß. Wozu dieses befremdende Spiel mit Heuschreckenschwarm und Feuersbrunst, um nach der Erleichterung der Zurücknahme über die Interpretation von "Zinn-Mauer" und "Korb mit Obst", zweier zunächst unverständlich, auf jeden Fall aber zusammenhanglos erscheinender Siglen, doch bei der Ankündigung von Unheil in Jammer und Ende zu verbleiben? Ein solches Verständnis, das auch ein Agieren in einem Visionsgeschehen voraussetzen würde, verkennt den Charakter der Visionsberichte als Bildvisionen, isoliert die Darstellung des Bildes von der Ausgestaltung seiner Wirkung und Ausstrahlung und überträgt den Inhalt der Visionen in unmittelbarer Umsetzung einer vorgegebenen, unerklärt gebliebenen und von sibyllinischer Verschleierung umhüllten Begebenheit. Demgegenüber muß an der Funktion der Visionen in ihrer Ausgestaltung als Bildvisionen zur Herstellung bzw. Vermittlung der Basis festgehalten werden, auf der die Einzelauseinandersetzungen der verkündigten Botschaft ihren Sinn finden. Nicht überall wird die Distanzierung in Visionsberichten so scharf gezogen, wie es aus den Bildvisionen ersichtlich wurde. Geschehensvisionen bieten häufig, vielleicht sogar immer - dem kann hier nicht im einzelnen nachgegangen werden - in mehr oder weniger großer Übernahme Einlassungen auf Konkretionen, die nicht nur den Boden und das Austragungsfeld von Aktionen abgeben, sondern solche auch beinhalten, wie z.B. die Berufung bei Jesaja. Hier liegt ein Übergang vor, der in Bildvisionen wegen der strikten Trennung der Vielfalt einzelner Aktionen von deren Hintergrund in der Visionsgestaltung so nicht möglich ist.

Wenn also auch von hier aus ein Schritt zur Bestimmung des Sitzes im Leben der Bildvisionen unternommen werden soll, dann ist negativ zunächst einmal so viel klar geworden, daß sie nicht als Berufungsberichte oder sonst in irgendeiner Weise als Träger einer Handlung oder eines Geschehens mißverstanden werden dürfen. Sie sind - positiv gewendet - die distanzierte und abgesetzte Grundlage, von der aus die vielfältigen Einzelauseinandersetzungen ihren Sinn erhalten bzw. in der sie ihre gemeinsame Ausprägung finden. Diese Distanzierung ist bei den Bildvisionen mit äußerster Konsequenz durchgeführt; sie geben damit ihre strenge Zurückgezogenheit von der direkten Einflußnahme im täglichen Umgang zu verstehen. Neben den formalen Bestimmungen zum Sitz im Leben im vorangegangenen Abschnitt wird nun auch - freilich vorerst nur negativ abgrenzend - eine materiale Bestimmung möglich: Die Visionsberichte sind keine unmittelbare Verkündigungsarbeit, sie sind nicht Streitgespräch, nicht Predigt, auch nicht verbreitete räsonierende Darlegungen; sie sind in der Ausgestaltung ihrer Bildhaftigkeit die Widerspiegelung der verschiedenen Einzelauseinandersetzungen der Verkündigung, aber nicht so, daß sie sie einfach abbilden, sondern so, daß sie sie gestaltend problematisieren und strukturieren.

Von dieser Interpretation von Visionen als Bilder und von Prophetie als visionärer Bestimmtheit in der Spannung ihrer Offenheit und Festlegung her kann nun noch einmal der Gang der gattungskritischen Betrachtungen verständlich gemacht werden. In ihnen ging es ja nicht um eine definierende Beschreibung von Visionsberichten - dies stellte sich bald wegen der Unterschiedlichkeit der Visionsberichte als unmöglich heraus und hätte auch nicht die Gattung vorstellen helfen, allenfalls eine Bündelung ähnlich eingeleiteter Inhalte -, sondern um das Problem, wie Visionsberichte als solche zu charakterisieren sind, was zu ihrer Bestimmung herangezogen werden kann, und in welcher Weise sie zu differenzieren sind. Die Frage, wie sie sich als so rekonstruierte Gattung von anderen Gattungen mit einer vergleichbaren theologischen Intention unterscheiden, soll erst nach der abschließenden Klärung des Sitzes im Leben in der theologischen Interpretation ein Thema sein. Scharf nachgezeichnet geht es um die Herausstellung folgender Konturen: In der allgemeinen Einleitung läßt sich durch ihre bewußte und gewollte Anlehnung an die Botenformel die Übernahme von deren performativen Anspruch in den Visionsberichten zeigen. Damit war aber nicht die Redeweise der Visionsberichte als performativ charakterisiert, sondern die hinter ihr greifbar werdende Sichtweise, für die dadurch der Anspruch unmittelbarer Gültigkeit und Wirksamkeit erhoben war. So stellte sich heraus, daß die Visionsberichte nicht selbst die Begegnung der genannten Einsicht sind, sie ereignet sich nicht in ihnen, sondern wird vermittelt durch sie. Eine vergleichende Durchsicht durch den Gesamtbestand biblischer Visionsberichte anhand der einzelnen Struktur-Blöcke führte zu dem Ergebnis, daß sich eine Gruppe von Visionsberichten herausfiltern ließ, die in Aufbau und Funktion ihrer Teile zusammengehörten; sie wurden später "Bildvisionen" genannt. Es kam nun darauf an, aus der Analyse der Visionsberichte in ihrem Zusammenhang verständlich zu machen, was es denn bedeutete, wenn zunächst aus der Analyse der allgemeinen Einleitung sich die Vermittlung einer Sichtweise angedeutet hatte, die nicht einfach ihre Weitergabe oder Vervielfältigung beinhaltete, sondern in der Vermittlung unmittelbar ihre Geltung und Wirkung entfaltete. Es konnte nun gezeigt werden, daß jeder der Struktur-Blöcke auf seine Weise an der Lösung des Vermittlungsproblems arbeitete, wobei zunächst dem Zitat des Gesehenen das größte Gewicht zufiel, weil es am augenfälligsten in der Darstellung des Visionsbildes und auch in der differenzierten Art, wie dies geschah, den Vermittlungsprozeß bestimmte; aber ebenso für die übrigen Struktur-Blöcke konnte ihr Mitwirken daran deutlich gemacht werden. Dies geschah über die Frage nach dem Adressaten der Visionen, der nicht einfach im Berichterstatter vermutet werden durfte, sondern in den Visionen einen Gestaltungswillen des Berichterstatters erkennbar machen konnte und sie damit in ihrer Vermittlung auf Öffentlichkeit und Kommunikabilität hin angelegt sein ließ. Über Visionen zu reden, erwies sich nur im Zusammenhang mit Visionsberichten als sinnvoll. Die Frage nach dem Adressaten machte auf diese Weise ihren zweiten Aspekt als Frage nach der Funktion des Berichterstatters deutlich. Sie war dadurch bestimmt, daß von Exklusivität des Visionsvorganges keine Rede mehr sein konnte, weil Visionsberichte ja nicht mehr als Wiedergaben von Visionen (welcher geheimnisvollen Herkunft auch immer) anzusehen waren, sondern als Modelle, die selbst praktisch sind - daher die Assoziation an performative Redeweise - und nicht nur deskriptiv nachvollziehend. Die Funktion des Berichterstatters bestand damit in der Gestaltung so verstandener Visionen, die sich aber auf gewonnene Erfahrungen und die Berufung auf Jahwe zurückführen konnten und nicht etwa einer einsamen Sichtweise entsprangen.

Wenn daher hier das Verhältnis von Vision und Bild diskutiert wurde, dann kam darin einerseits zum Ausdruck, daß die Bildhaftigkeit als ein Konstitutivum der Visionen diese in ihrem Vermittlungsgeschehen ganz durchdringt, indem sie sie nicht nur mit dem darstellenden Aspekt vergleicht, sondern Bewegungen, Konflikte, aufeinander einwirkende Kräfte, Ausstrahlung und anderes mehr mitberücksichtigt, das in der Gestaltung des Bildes sichtbar wird. Visionen sind so eine durch und durch sinnfällige Ausdrucksgestaltung. Sie sind ein eigenes Genre, das schöpferisch formgebend arbeitet. Sie malen nicht, und sie gestalten nicht bildhaft Entworfenes literarisch nach. Sie sind schon Originale, in deren Vermittlungsbemühen sich eine entwerfende, nicht nachempfundene Ausdruckshaltung oder -bewegung formt, die als praktisches Modell genauso offen und auf Kommunikation und Verständigung hin angelegt ist, wie sie an den Propheten gebunden ist. Vielleicht rührt daher, wenn Prophetie schon als visionär von ihrer Bestimmung her charakterisiert werden konnte, ihr alter Zusammenhang auch mit körperlicher

Ausdrucksmöglichkeit im Tanz, später in der Raserei oder einfach im starren Vor-sich-hin-Sehen. Jedenfalls ist in Visionen aber der sinnenhafte Zauber und die schöpferische Phantasie des Bildes wirksam und darin liegt die Geltung ihres praktischen Anspruchs.

3. Vom Sinn, in Visionsberichten zu reden

a) Zur theologischen Einordnung der biblischen und außerbiblischen Tradition von Visionsberichten

Die vorliegenden Berichte des Amos, die in den vorangegangenen Überlegungen zunächst allgemein als Visionsberichte angesprochen wurden und über die im weiteren Verlauf eine explizite Vereinbarung vorgeschlagen worden war, was nämlich als Visionsbericht gelten soll, wcbei gleichzeitig die Möglichkeit verschiedener Typen dieser Gattung offengelassen, ja - mehr noch - unterstellt wurde, lassen gleich in der Einleitung erkennen, daß es um die Schilderung von etwas Gesehenem geht, für das der Berichterstatter selbst einsteht. Das wird nicht nur deutlich dadurch, daß er sich selbst als Gewährsmann nennt, sondern vor allem auch durch die besondere Form, wie er das tut: nämlich in der oben so bezeichneten allgemeinen Einleitung mit ihrer die Visionsberichte als einen Komplex zusammenbindenden, gegen andere Teile abgrenzenden und aus ihnen heraushebenden Funktion, mit ihrem den unmittelbaren Geltungs- und Wirksamkeitsanspruch unterstreichenden und auf die gemachten Erfahrungen konzentrierenden Interesse. Hier zeigt sich, daß es nicht allein darum geht, Vorgegebenes möglichst genau wiederzugeben, sondern engagiert zu berichten, sich im Berichten zu identifizieren mit den so ausgestalteten Erfahrungen des Gesehenen (Einsicht). Aber auch die Berufung auf Jahwe als demjenigen, der den so verstandenen Bericht des Gesehenen verbürgt, auf den als Subjekt der genannten Einsicht, die dann der Mitteilung bedarf, ausdrücklich verwiesen wird, gehört mit zur gestaltenden Vermittlung der vorliegenden Berichte. Das Engagement erweist sich damit als notwendig mit Jahwe verbunden. Ihm wird die Initiative bei der Eröffnung der Einsicht zugesprochen, die der Berichterstatter auf dem Hintergrund ihrer unmittelbaren Autorität unter Heranziehung von gemachten Erfahrungen in Bilder aus der begegnenden Umwelt dann auslegt und kommunikabel macht. Grob gesagt, präsentieren sich die vorliegenden Visionsberichte also als Entfaltungen einer Einsicht, die - von Jahwe initiiert - aber erst durch bereits gemachte Erfahrungen ausgelegt, zum Sprechen gebracht und damit in ihrer Wirksamkeit und Gültigkeit vermittelt werden kann, wodurch - umgekehrt - gemachte Erfahrungen eine neue Einordnung und einen anderen Stellenwert erhalten.

Was aber qualifiziert nun im besonderen Visionsberichte zu dieser Vermittlungsabsicht? Sind Visionsberichte - seien sie nun Bildvisionen oder andere - von ihrer Tradition her für diese Absicht festgelegt oder läßt sich ein Weg erkennen, der dorthin führt? Dazu ist zunächst einmal festzustellen, daß von Visionsberichten - auch in einem sehr weiten Verständnis - vor Amos, wenn man einmal von einer gewissen Konzentrierung in Mari absieht, kaum etwas aufzufinden ist. Greift man daher zunächst auf die ältesten bekannten Prophetien aus den Mari-Briefen zurück (1), so kann auf verschiedene dieser Briefe hingewiesen werden, in denen Propheten und Prophetinnen genannt werden oder sich sogar selbst nennen und auf diese Weise Visionsberichte zur Sprache gebracht werden.

Zunächst findet sich im Brief des Itūr-Asdu an Zimri-Lim (A 15) (2) die Wiedergabe eines Visionsberichtes, den Malik-Dagan vorgetragen hat. Dort ist von einem Traum oder einem Gesicht die Rede - das ist nicht genauer unterschieden, scheint sogar parallelisiert zu sein -, das den Ort des Geschehens in den Tempel des Dagan verlegt und dort zunächst einen Informationsdialog zwischen dem Propheten und Dagan und danach einen Auftrag Dagans mit einer Anweisung an den König enthält. Ein weiterer Beleg wird in einem Brief des Kibri-Dagan an Zimri-Lim (ARMT XIII, 112) (3) angetroffen, wo auf Anrede und Einleitung eine kurze Situationsschilderung folgt und nach einer Lücke von sechs Zeilen mit einer Einleitung zu einem Bericht über Gesehenes angesetzt wird; es ist danach von einem Haus die Rede, das nicht mehr errichtet werden soll; der Brief schließt ab mit dem Bericht darüber, daß der - offenbar ein Diener (der Schluß weist darauf hin) -, der dies sah, seitdem krank ist; eine genauere Vorstellung des Visionärs etwa mit Namen oder Amtsfunktion erfolgt nicht. In einem anderen Brief des Kibri-Dagan an Zimri-Lim (ARMT XIII, 113) (4), der allerdings erheb-

---

(1) vgl. Soden, W. Freiherr v., Das altbabylonische Briefarchiv von Mari. Ein Überblick., WdO 1, 1950, S. 187-204; Soden, W., Freiherr v., Verkündung des Gotteswillens durch prophetisches Wort in den altbabylonischen Briefen aus Mâri, WdO 1, 1950, S. 397-403; Westermann, C., Die Mari-Briefe und die Prophetie in Israel, in: Forschung am Alten Testament, München 1964, S. 171-188; Malamat, A., Prophetic Revelations in New Documents from Mari in the Bible, SVT XV, 1966, S. 207-227; Schult, H., Vier weitere Mari-Briefe "prophetischen" Inhalts, ZDPV 82, 1966, S. 228-232; Ellermeier, F., Prophetie in Mari und Israel, ThOrAr 1, Herzberg 1968; Koch, K., Die Briefe "prophetischen" Inhalts aus Mari, Bemerkungen zu Gattung und Sitz im Leben, UF 4, 1972, S. 53-77; Fohrer, G., Geschichte der israelitischen Religion, a. a. O., S. 225ff

(2) vgl. Ellermeier, F., a. a. O., S. 24-27; Soden, W., Freiherr v., Verkündung des Gotteswillens durch prophetisches Wort in den altbabylonischen Briefen aus Mari, a. a. O., S. 398/399

(3) vgl. Ellermeier, F., a. a. O., S. 42-45; Malamat, A., a. a. O., S. 223; Schult, H., a. a. O., S. 231

(4) vgl. Ellermeier, F., a. a. O., S. 44-47; Schult, H., ebd.

licher Rekonstruktionshilfen bedarf, um einen verständlichen Zusammenhang erschließen zu lassen, wird der Visionär nicht genauer vorgestellt; sein berichteter Traum läßt erkennen, daß hier von - einigen oder vielen? - tausend Mann die Rede ist, von den befestigten Städten Mari, Terqa und vermutlich Sagaratum und außerdem von der Festung eines - seines? - Herrn. Es läßt sich ferner die Anweisung des Mannes erkennen, an den König zu schreiben. Ob der Brief des Baḫdi-Lim an Zimri-Lim (ARM(T) VI, 45) (5) eine Botschaft der als muḫḫūtum vorgestellten Prophetin aufgrund einer Visions oder eines Wortempfangs weitergibt, ist nicht auszumachen, weil eine Art Protokoll der Prophetie dem Schreiben des Baḫdi-Lim als Anlage beigegeben wird, ohne nochmals zitiert zu werden. Sicher aber wird im Brief der Šibtu an Zimri-Lim (ARM X, 10) (6) von einer Vision berichtet, die Kakkalîde im Tempel des Itur-Mer widerfuhr. Einmal ist der Ort des Geschehens neu: Während sonst die Propheten offenbar immer zum Statthalter mit ihrer Botschaft, die aufgrund einer Vision ergangen sein konnte, hingingen, und dieser für die Weitergabe zuständig war (7), wird hier vermutlich von einem Ereignis aus dem Tempel berichtet, wie das auch in den Briefen des Mukanniš̌um an Zimri-Lim (ARMT XIII, 23) (8) und des Lānasûm an Zimri-Lim (A 455) (9) der Fall ist, nur, daß dort nicht von Visionen, sondern von einer Botschaft aufgrund eines Wortempfangs die Rede ist. Der Visionsbericht ist wegen seiner Andersartigkeit gegenüber den bisher gefundenen Visionsberichten auffällig: Er entwirft eine Szenerie, aus der die Botschaft ohne weitere Erklärungen oder Anweisungen ableitbar ist. Es ist dort von zwei großen Schiffen die Rede, die den Fluß sperrten, während der König und die Soldaten darin fuhren. Von rechts und links werden dem König Zimri-Lim Huldigungen zuteil, daß Zepter, Thron und Land in seiner Macht seien; diese Huldigungen werden von den Soldaten zunächst wiederholt und dann - in einer Art synthetischem Parallelismus - auf den Reichtum der beladenen Schiffe ausgedehnt.
Ein Brief der Addu-Dūri an Zimri-Lim (ARM X, 50) (10) berichtet selbst über eine eigene Vision, die eigentlich auf zwei, wenn auch aufeinander bezogenen Visionen beruht. Der erste Traum spielt im Tempel der Bēlet-ekallim, und was die Visionärin sieht, ist ein leeres Heiligtum, in dem die Göttin und die Statuen, die vor ihr zu stehen pflegen, fehlen. Die Visionärin selbst ist in diese Vision miteinbezogen, indem sie -

(5) vgl. Ellermeier, F., a. a. O., S. 38-39

(6) vgl. Ellermeier, F., a. a. O., S. 62-63

(7) vgl. auch Koch, K., a. a. O., S. 56/57

(8) vgl. Ellermeier, F., a. a. O., S. 40-41

(9) vgl. Ellermeier, F., a. a. O., S. 53

(10) vgl. Ellermeier, F., a. a. O., S. 64-67

wie sie berichtet - bei ihrem Schauen ständig weint. Der zweite Traum zeigt zunächst Dada, den Priester der Ištar-pišra, wie er im Tor der Bēlet-ekallim steht; dann wird eine feindliche Stimme gehört, die wiederholt den Ruf "Komm zurück, Dagan" (oder in ähnlicher Weise zu verstehen (11)) ausstößt; schließlich wird gesehen, wie eine muḫḫūtum im Tempel der Annunitum aufsteht und Zimri-Lim rät, nicht ins Feld zu ziehen, sondern in Mari zu bleiben und auf sich achtzugeben. Im Anschluß an die Schilderung dieser Vision wird der Brief mit Bemerkungen über Beglaubigung und Versiegelung abgeschlossen. Ein anderer Brief der Addu-Dūri an Zimri-Lim (ARM X, 51) (12) führt den Traum eines gewissen Idin-ili, eines Priesters des Itur-Mer, an. Der habe in seinem Traum vernommen, wie Bēlet-bīri zu ihm herangetreten sei und ihm gesagt habe, daß Zimri-Lim nicht müde werden solle, auf sich achtzuhaben. Schließlich wäre noch der Brief der Dannana an Zimri-Lim (ARM X, 100) (13) zu erwähnen. Er ist insofern eine Besonderheit, als er ein eigenartiges Gemisch von Selbstbericht einer Vision, eines im täglichen Umgang widerfahrenen tragischen Erlebnisses und einer Bitte darstellt. Zugrunde liegt die Begebenheit, daß der Briefschreiberin auf einer Reise (genaue Angabe) die Tochter geraubt wird; aufgrund eines Traumes, den sie wohl im Tempel des Dagan sieht - vielleicht, weil sie sich dorthin gewandt hat, um etwas über den Verbleib ihrer Tochter zu erfahren -, weiß sie, wo ihre Tochter sich aufhält und daß sie sie freiwillig nicht zurückbekommt; Dagan macht ihr aber Hoffnung, indem er sie an Zimri-Lim verweist, der allein die Freilassung der Tochter wieder erwirken kann. Mit dieser Botschaft aus dem gesehenen Gesicht wendet sich die Frau nun tatsächlich an Zimri-Lim und bittet um Freilassung ihrer Tochter.

Eine Rückschau auf die genannten Prophetien zeigt, daß in Mari Visionsberichte und überhaupt Offenbarungsempfang durch Visionen (14) offenbar gar nicht so selten waren. Ferner sind die Visionäre durchaus bekannt; sie werden fast immer vorgestellt, und zwar entweder mit ihrem Namen

---

(11) Über die Nuancierung vgl. Ellermeier, F., a. a. O., S. 146

(12) vgl. Ellermeier, F., a. a. O., S. 66-69

(13) vgl. Ellermeier, F., a. a. O., S. 72-75

(14) Es wird hier von "Visionen" bzw. "Visionsberichten" gesprochen, obwohl klar ist, daß dabei ein sehr weiters Verständnis zugrunde gelegt ist, das u. U. auch Träume miteinschließt, zumal das in Mari - wie oben gezeigt werden konnte - offenbar ohnehin nicht sehr deutlich unterschieden, möglicherweise ineinsgesetzt oder als ein umschreibendes Parallelitätsverhältnis verstanden war. Worauf es ankommt, ist der Aufweis, ob und in welcher Weise Orakel aufgrund von Offenbarungen erteilt wurden, die auf Gesehenes zurückgeführt werden konnten.

oder in ihrer Funktion, die wohl eine Tempelfunktion gewesen sein dürfte (15). Damit soll aber nicht eine einfache Einstufung als Kultprophetie vorgenommen werden (16), dagegen spricht - trotz Kochs Erklärungsversuch (17) - nicht nur ARM X,100 (18), sondern vermutlich auch ARMT XIII,113. Dennoch ist es auffällig, daß offenbar sehr starke Beziehungen zum Heiligtum bestehen, indem die Visionen entweder inhaltlich in ihrem Geschehensablauf dorthin verweisen oder in ihrem Ereignen durch die Äußerung des Propheten dorthin verlegt werden. Wichtig ist in diesem Zusammenhang, daß in aller Regel der Visionär und der Berichterstatter nicht identisch sind. Der Visionär geht vielmehr zum Statthalter, teilt ihm seine Vision mit, und es ist dessen Aufgabe, diese dann an den König weiterzugeben (19).

Einerseits läßt sich die hohe Achtung vor solchen Prophetien in Mari daraus ersehen - der jeweilige Beamte konnte für die Nichtweitergabe eines wichtigen Orakels haftbar gemacht werden (20) -, andrerseits werden Visionsberichte dadurch nicht selbst bekannt, sondern nur in der Fassung des jeweiligen Beamten. Man kann nicht davon ausgehen, daß dieser den jeweiligen Visionsbericht wortgetreu wiedergegeben hat, sondern nur in den seinem Aufgabengebiet entsprechenden Punkten. Die Visionsberichte haben hier daher einen eigenartig indirekten Charakter, in dem sowohl der Visionär - trotz der Form genügender Nennung im Brief -, als auch das Gesehene - trotz formaler Indizierung als Gesehenes (durch Traum, Gesicht, darauf hinweisender Einleitung) - deutlich in den Hintergrund gedrängt wird: Das hängt einmal damit zusammen, daß die geschilderte Vision aus zweiter Hand vermittelt ist und der Visionär mit seinem Ansehen als Gewährsmann genannt wird, aber dann keine Rolle mehr spielt; die Vision ist faktisch von ihm losgelöst und amtlich objektiviert worden; was hier in den Briefen vorliegt, sind also eigentlich keine Visionsberichte, sondern amtliche Vorgänge. Zum andern läßt sich, was im Prinzip auf denselben Objektivierungs-

---

(15) vgl. auch Koch, K., a. a. O., S. 59: "Der Name kann weggelassen werden, wenn die Identität durch die Tätigkeit als Muhhûm oder Āpilum an einem bestimmten Heiligtum eindeutig ist (wobei vorauszusetzen wäre, daß es an jedem Tempel nur einen Vertreter dieses Standes gibt)."

(16) vgl. Ellermeier, F., a. a. O., S. 222

(17) vgl. ebd.

(18) vgl. auch schon Ellermeier, F., ebd.

(19) vgl. Koch, K., a. a. O., S. 59/60

(20) vgl. Jeremias, Jörg, Kultprophetie und Gerichtsverkündigung in der späten Königszeit Israels, WMANT 35, Neukirchen-Vluyn 1970, S. 188

vorgang zurückzuführen ist, ein klarer Vorrang der gesprochenen Botschaft gegenüber dem Gesehenen feststellen, ja, es ist zumeist überhaupt nicht eine tatsächliche - außer der behaupteten - Verbindung zu Visionen zu erkennen; auch andere Prophetien, die sich nicht auf Visionen zurückführen, werden in den Briefen auf solche, kaum unterschiedene Weise übermittelt. Ich glaube nicht, daß man mit Koch daraus schließen darf, die Vision gehe mit der Audition zum wichtigeren Teil der geheimen Erfahrung über (21). Dagegen sprechen andrerseits wieder ausgeführte Visionsberichte wie etwa ARM X,10, ARM X,50 oder ARM X,100, worüber noch zu reden sein wird. Hier ist vielmehr das Interesse des Berichterstatters zu erkennen, das auf die Quintessenz der Botschaft gerichtet ist; er hat die Vision und auch die u.U. in ihr gesprochene Botschaft, die aber mit dem Visionsbild oder Visionsgeschehen in einem organischen Zusammenhang gestanden haben muß, in ihrem Sinngehalt erfaßt, wobei er selbst nicht mehr seine Weitervermittlung im Visionsbericht erfolgen läßt - das ist Aufgabe und Ausdrucksmöglichkeit des Visionärs -, sondern nur kurz den Rahmen des Visionsberichtes skizziert, falls ein solcher vorgelegen hat. Solche Skizzierungen gehen wohl über ein gewissenhaft genaues Berichten der Umstände hinaus und lassen deutlich die Autorität und Legitimationskraft von Visionsberichten durchscheinen.

In ganz anderer Weise gelangen Visionsberichte zur Weitergabe, wenn dies so geschieht, daß wohl nicht die protokollarische Atmosphäre einer Amtsstube den Hintergrund dabei bildet, sondern möglicherweise das Miterleben eines Visionsereignisses im Heiligtum. Beispielhaft dafür ist der Brief der Šibtu an Zimri-Lim (ARM X,10), in dem sie von einer Vision Kakkalîdes berichtet. Hier liegt zwar ein in gleicher Weise entwickeltes Interesse vor, möglichst genau und auf die Essenz ausgerichtet die geschilderte Vision weiterzugeben, aber dabei kommt die Vision nicht lediglich als der Information über besondere Begleitumstände dienender skizzierter Rahmen der dort herauszuhörenden Botschaft zum Tragen, sondern als Visionsbericht; wie weit hier Kakkalîde vielleicht selbst zu Wort gekommen ist, läßt sich schwer sagen. Es ist jedenfalls auffällig, eine wie große Rolle hier Einzelheiten des in der Vision Gesehenen spielen und wie konsequent das Visionsgeschehen strukturiert ist, so daß es fast das Bild eines liturgischen Vorgangs wiederzugeben scheint. Auch das Gesprochene in diesem Visionsbericht wird nicht vom Visionsgeschehen abgelöst betrachtet; es gehört plausibel da hinein (22), es wird von einer bestimmten Gruppe und einem be-

---

(21) vgl. Koch,K., a.a.O., S. 70

(22) Ganz anders etwa - um nur ein Beispiel anzuführen - liegt der Fall im Brief des Itūr-Asdu an Zimri-Lim (A 15); dort ist es für die Botschaft unerheblich, daß sie unter den im Visionsbericht hergestellten Randbedingungen des Tempels aufgetragen wurde; die Tem-

stimmten Standort aus gesprochen, die beide integrativer Bestandteil des Visionsgeschehens sind und auf diese Weise die einzelnen Teile der Vision - die Schiffe, die Ansammlung der Leute, und die Soldaten - erklären. Auch der Brief der Addu-Dūri an Zimri-Lim (ARM X, 50) läßt eine Vision selbst zur Geltung kommen; es handelt sich hier sogar um den seltenen Fall eines Selbstberichts. Ich bezweifle, ob Addu-Dūri hier gleich zwei Visionsberichte in einem Brief mitteilen wollte, wenn sich auch zwischen dem ersten Gesicht und dem zweiten deutlich eine Zäsur zeigen läßt, was aber bei den Mari-Visionen zumindest nicht außergewöhnlich ist, wenn man einmal hinter das schaut, was sich als Visionsbericht des Malik-Dagan aus dem Brief A 15 erheben läßt. Auch dort wird für den eigentlichen Auftrag des Gottes an den Propheten neu angesetzt, ohne daß dadurch aber ein beziehungsloses Nebeneinander von Gesichten die Folge wäre. Im vorliegenden Fall (ARM X, 50) spricht die Szene zunächst für sich; die Prophetin ist in das Visionsgeschehen integriert, sie läßt dieses auf sich wirken und reagiert darauf mit einer emotionalen Geste; hier bedarf es jedenfalls keines wichtigeren auditiven Teiles. Auch die zweite Visionsszene läßt das Gesprochene erst aus ihrem Zusammenhang deutlich werden: Zwei Persönlichkeiten aus dem Kult und ein nicht genauer bestimmter Ruf spielen darin eine Rolle: der Priester Dada, die als feindlich betrachtete Stimme und eine muḫḫūtum fügen mit den dazugehörigen Ortsangaben (Tempel)der Bēlet-ekallim und Tempel der Annunitum) das Bild der Szene, in der der Ruf nach Dagan, der Rat an Zimri-Lim, in Mari zu bleiben und die Aussicht darauf, daß die Göttin einmal wieder sprechen wird, überhaupt erst ihren Sinn erhalten. Beide Visionsszenen sind auf dieselbe Situation bezogen und gehören so zusammen in einen Visionsbericht (23). Eine eigene Art

---

(Fortsetzung 22) pelsituation trägt nichts zum Inhalt der Botschaft bei; sie ist auch ohne die Erwähnung des Tempels verständlich und schlüssig, sie wäre auch dann diese Botschaft. Eine andere Frage ist es, ob nicht die Verlegung des Gesprächs mit der Beauftragung in den Tempel eine legitimierende Funktion hat oder ob vielleicht bestimmte theologische Auffassungen, daß vielleicht der Gott an seinen Tempelbezirk gebunden war und nur dort seine Wirksamkeit entfalten konnte (zur letzten Vermutung vgl. Soden, W. Freiherr v., a. a. O., S. 401), vermutlich haben aber beide Motive ineinandergespielt.

(23) Ein gutes Kontrastbeispiel zu diesem Selbstbericht und zugleich eine Bestätigung für die These, daß Visionsberichte, die als Fremdberichte an den König weitergeleitet werden, in ihrer Eigenart nicht zum Zuge kommen - Ausnahme ist möglicherweise ARM X, 10 -, ist der als ARM X, 51 gekennzeichnete Brief der Addu-Dūri an Zimri-Lim; dieselbe Frau, die, wenn sie Gelegenheit hat, ihre eigene Vision als in das Gesehene integrierte Botschaft zu vermitteln,

von Selbstbericht stellt der Brief der Dannana an Zimri-Lim (ARM X, 100) dar. Hier geht es ja nicht um das Weitergeben einer Vision, wie in den anderen hier zusammengestellten Briefen, sondern um die Bitte, die geraubte Tochter zurückzuerhalten. Die Vision konnte Auskunft über den Verbleib der Tochter geben und über den Weg, wie sie diese zurückerhalten könne. Sie wird zu dem Zweck angeführt, um als Legitimationsgrundlage fungieren zu können. Die Briefschreiberin weiß also um die Autorität solcher Visionen und zitiert sich gewissermaßen selbst, um das Ziel ihrer Bitte zu erreichen, die nach diesem Orakel Dagans von Zimri-Lim schwerlich abgeschlagen werden kann. Damit entfernt sich dieser Visionsbericht aber von der direkten Aussprache des Selbstberichtes zu einer Art Referenz, die als Anlage zu einem mit eigener Zwecksetzung versehenem Schreiben beigefügt ist. Es ist daher fraglich, ob nach einer solchen Instrumentalisierung die Vision in ihrer ursprünglichen Ausgestaltung oder nur in ihrer auf den Zweck hin ausgerichteten Ausgestaltung in diesem Brief erwähnt wurde. Auf die letztere Vermutung weist immerhin die starke Pointierung des gesprochenen Orakels hin, das kaum auf irgendwelche Umstände von Gesehenem zurückgreift. Während wir also in ARM X, 10 einen Fremdbericht finden, der den entfalteten Visionsbericht auch über die die reine Botschaft betreffende Quintessenz hinaus selbst in seiner Eigenart zur Geltung kommen läßt, findet sich - umgekehrt - in ARM X, 100 ein Selbstbericht, in dem die Vision zur Durchsetzung eines Zieles benutzt wird und offenbar in ihrer ursprünglichen Ausgestaltung nicht mehr zu Wort kommt. Es ist also durchaus nicht allein davon abhängig, ob ein Selbst- oder ein Fremdbericht vorliegt, um einen Visionsbericht in seiner ursprünglichen Ausgestaltung greifbar zu haben, aber es scheint doch so der Regelfall zu sein, wie die oben angeführten Beobachtungen und Überlegungen gezeigt haben (24).

(Fortsetzung 23) gibt den Visionsbericht eines anderen unter Nennung des Namens und der Botschaft, sowie des Vermerks über die Offenbarungsform (Vision) weiter. Die einzige leise Andeutung, die die Vorgegebenheit eines Visionsberichtes hier vielleicht inhaltlich bestätigt, ist die knappe Bemerkung, daß Bēlet-bīri an den Priester Idin-ili herangetreten sei und zu ihm gesprochen habe; ob dieses Herantreten gesehen worden ist, bleibt unklar; selbst wenn das jedoch der Fall sein sollte, wird sich damit kaum das Visionsgeschehen erschöpft haben.

(24) Neben den genannten Berichten verweist Koch (vgl. a. a. O. , S. 76) noch auf folgende Berichte, die entweder einen Traum- oder einen Visionshinweis enthalten: den Selbstbericht Schibatums (ARM X, 94), den Selbstbericht Timlus (ARM X, 117) und den Brief des Nur-Sin über den āpilum des Adad (A 1121).

K. Koch geht in seiner sorgältigen form- und gattungskritischen Untersuchung der Mari-Briefe auch eigens auf die Vision und den bedeutungsvollen Traum ein (25). Nachdem er zunächst die vorliegenden Briefe in ihrer Struktur beschreibt und aus ihnen die Art des prophetischen Auftretens im Palast und im Tempel zu ermitteln sucht, gelangt er nach einer Reflexion über das, was sich an prophetischer Eigenrede in der Sendungserklärung und dem Schreibbefehl aus den Briefen eruieren läßt, zum Gehalt dessen, was in den Briefen an prophetischer Äußerung dargestellt ist: die göttliche Eingebung, die sich einmal als Mahnrede und Prophezeiung an König und Volk zeigt (26) mit den Untergattungen Königsorakel und Volksorakel (27) und zum anderen eben als Vision und bedeutungsvoller Traum, die als Schauung zusammengefaßt werden (28). Bei der Beschreibung dieser Schauung geht Koch nun so vor, daß er Bildteil und Audition sorgfältig voneinander trennt. "Bei einer Schauung steht stets ein Bildteil voran, der Wortteil folgt nach." (29) Was nun den Bildteil zunächst betrifft, so teilt er diesen in trempelbezogene und nichttempelbezogene Bilder, je nachdem, wohin das Visionsgeschehen jeweils verlagert ist (30). Dabei fällt natürlich auf, welch geringe Rolle den Andeutungen über das Gesehene zumeist zu entnehmen ist. Dies wird mit der überragenden Bedeutung der Audition gegenüber der Vision begründet. Diese Audition kann einmal in der Form eines innervisionären Gesprächs verlaufen - eine Traumfigur spricht mit einer anderen Traumfigur - (31), zum andern in der Form eines die Schauung überschreitenden Zwiegesprächs, wo der Visionär mit einer Traumfigur in Dialog tritt (32). Es wird dabei als möglich angesehen, daß die Vision direkt in die Gattung der Prophezeiung ausmünden kann, wenn nämlich die Rede einer Traumfigur die Form eines öffentlichen Orakels annimmt bzw. dazu übergeht (33). Aus diesen Beobachtungen heraus bekräftigt Koch

---

(25) vgl. Koch, K., a. a. O., S. 69-72

(26) vgl. Koch, K., a. a. O., S. 64

(27) vgl. Koch, K., a. a. O., S. 64/65: Königsorakel werden dabei als Gottesworte an Zimri-Lim, ebenso wie als Unheilssprüche gegen Fremdkönige und Fremstädte verstanden, Volksorakel richten sich an das Volk; beide werden wegen ihrer gleichen Struktur unter dem Terminus "Prophezeiung" zusammengefaßt.

(28) vgl. Koch, K., a. a. O., S. 69

(29) ebd.

(30) vgl. Koch, K., a. a. O., S. 70

(31) vgl. ebd.

(32) vgl. Koch, K., a. a. O., S. 71

(33) vgl. ebd.

noch einmal, "daß für die Leute von Mari der Wortteil der Höhepunkt von Vision und Traum war" (34). Erst sprachliche Mitteilungen machten das Bild oft verständlich, was dann aber doch dahingehend eingeschränkt wird, daß die Durchsichtigkeit der geschilderten Gesichte in den Mari-Briefen erstaunlich sei und daß sie ohne Verschlüsselungen auskämen (35). Auch Koch sieht die innere Zusammengehörigkeit von Wortteil und Bildteil, verallgemeinert diese jedoch für alle in den Briefen aufgefundenen Visionsberichte: "Eine besondere Erläuterung durch den Gott oder den Profeten oder gar einen Angelus interpres brauchen die Marischauungen ebensowenig wie die frühen alttestamentlichen Visionen." (36)

Dieser Ansicht Kochs kann, was die in den Briefen erkennbaren und ihnen zugrundeliegenden Visionsberichte betrifft, zugestimmt werden; es muß allerdings die Art der Übermittlung in Briefen aufgrund eines anzunehmenden Verwaltungsaktes (vgl. oben) dabei in Rechnung gestellt werden. Danach wäre dann zu fragen, ob diese Randbedingungen nicht weitgehend unberücksichtigt geblieben sind, wenn auf die in der Regel durchaus vorherrschende Redesituation so stark abgehoben wird, daß die Schauung nur mehr als ein schmückendes Detail und Begleitmedium für "besonders wichtige göttliche Kundgaben an den König" (37) in Erscheinung tritt. Es ist nämlich zu vermuten, daß die scharfe Trennung zwischen Vision und Audition mit dem entscheidenden Gewicht für die Audition erst dadurch künstlich eingerichtet wird, daß von den vorliegenden geschilderten Visionsberichten ohne Rücksicht auf ihre Entstehungssituation als weiterzuleitende amtliche Vorgänge ausgegangen wird. Deren Aufgabe ist es aber gar nicht, die Botschaft in Visionsberichten zu vermitteln, sondern bei der Weitergabe der amtlich interessierenden Botschaft gegebenenfalls die Zugrundelegung eines Offenbarungsempfangs durch Vision anzumerken. Dieser Sachverhalt wird im wesentlichen auch von Koch, insbesondere in seinen sehr genauen vorangehenden Darlegungen über die Form und die Vorstellung über die Situation, auf die die Mari-Briefe zurückgreifen, so gesehen (38), findet aber in der Beschreibung der Visionsberichte kaum Berücksichtigung. Immerhin hebt auch Koch die enge Zusammengehörigkeit von Bildteil und Wortteil hervor, ja, er spricht sogar von einem organischen Sichentwickeln des Wortteils aus dem Bildteil (39) und davon, daß der Wortteil "nie eine eigenständige

---

(34) ebd.

(35) vgl. ebd.

(36) Koch, K., a.a.O., S. 72

(37) ebd.

(38) vgl. Koch, K., a.a.O., S. 58-62

(39) vgl. Koch, K., a.a.O., S. 72

Deutung" (40) darstellt, die dem Bildteil hinzugefügt wird. Was aber zwingt dann dazu, Bildteil und Wortteil so rigoros voneinander zu trennen und dem Wortteil noch dazu die eigentliche Bedeutung zuzusprechen, zumal aus den von Beamten weitergeleiteten Visionsberichten wegen deren Inkompetenz bezüglich der Gestaltung von Visionsberichten - ihre Aufgabe bestand in der amtlichen Notiz darüber - kein Entwurf einer Schauung, sondern die essentielle Weitergabe von deren Botschaft zu erwarten ist und in Ausnahmefällen (für andere Fälle läßt sich Kochs Bemerkung über die organische Zusammengehörigkeit von Bildteil und Wortteil nämlich überhaupt nicht belegen), in denen ein Visionsbericht - sei es als Selbst- oder als Fremdbericht - tatsächlich selbst zu Wort kommt, sich die unterstellte Trennung von Wortteil und Bildteil nicht halten läßt? Außerdem: Was besagt eigentlich diese organische Zusammengehörigkeit, wenn ein Teil derart dominant ist, daß er auch gut ohne den anderen Teil auskommen könnte und nur noch als - doch wohl austauschbarer - Index für die Wichtigkeit der göttlichen Botschaft dient? Und schließlich: Was bewegt dazu, unter diesen Voraussetzungen Visionsberichte als eigene Gattung überhaupt noch beizubehalten? Sie sind als solche dann prinzipiell verzichtbar.

Es soll daher und auch aus den Gründen, die die oben analysierten Beobachtungen zu den Mari-Briefen nahelegten, daran festgehalten werden, daß Visionen bzw. Visionsberichte als eigenständige Gattung erkennbar sind und Gesehenes in ihnen die entscheidende Rolle insofern spielt, als es auch Gesprochenes einschließt, d. h. auch Gesprochenes führt sich auf bestimmte Situationen oder Gruppen zurück, die zuvor als Gesehenes vorgestellt worden sind oder auf diese Weise etwas als Gesehenes mit einer bestimmten Funktion im Visionsgeschehen vorstellt. Es kann weiterhin als gesichert angesehen werden, daß Visionsberichte in Mari offenbar eine hohe Legitimationskraft besaßen. Sie geben durch ihre Ausgestaltung Einblick in die Vermittlung der aufgetragenen Botschaft in ihrer Autorität bzw. lassen an dieser Vermittlung durch die Ausgestaltung des Gesehenen in seiner Autorität als Visionsbericht teilhaben. In ihnen stellt sich damit etwas anderes dar als lediglich die in Worte gefaßte Repetierung der Erinnerung an einen Traum. Sie sind in ihrer Unmittelbarkeit nicht wiederholbar und werden deshalb auch faktisch nicht wiederholt, sondern nur protokollarisch angemerkt. Was wiederholbar ist, ist die Quintessenz der Botschaft, die aber nicht mit einem Wortteil identifiziert werden darf; sie ist die amtlich verstandene und interessierende Quintessenz. Wo tatsächlich einmal ein Visionsbericht ausformuliert im Brief als Fremdbericht weitergegeben wird, wird einerseits das weitgehende zugelassene Zu-Wort-Kommen des Visionärs deutlich, indem versucht wird, genau dem entworfenen Visionsgeschehen zu entsprechen; andrerseits läßt sich der Nachbericht durch

(40) ebd.

jemand anderen nicht verleugnen: Das zeigt sich nicht nur in der Erzählform in der 3. Pers. Sing., sondern wahrscheinlich auch in der Stilisierung des Visionsgeschehens zu einem an liturgische Aufstellung und Wechselrede erinnernden Visionsbild. Wo jedoch ein Visionsbericht als Selbstbericht zum Ausdruck gelangt, da kann (wenn auch nicht immer und notwendigerweise - wie sich gezeigt hat -) sich der Bilder- und Geschehensreichtum erst voll entfalten, da erhalten auch Rede und Orakel und andeutende Zusage ihren Sinn erst aus dem zugrunde gelegten Visionsgeschehen in seinem Stillstand und seiner Bewegung, in der Trostlosigkeit seiner Leere und der bedrückenden Schwere seiner Drohung, aber auch in dem kurz durchblitzenden versöhnlichen Fingerzeig am Schluß. Hier spricht keine Kassandra ihr unverstandenes, tragisches Orakel, hier wird auch nicht Vergangenes memoriert und, aus irgendeinem Grund, in Visionsberichtsform gegossen, hier wird der Ernst der Bedrückung, die Hilflosigkeit der Leere, die ganze Angst der Drohung, aber auch das Quentlein Zuversicht in unmittelbar betreffender Autorität vermittelt, das heißt nicht - um es platt zu formulieren -, daß hier Panikmache betrieben würde, sondern eine Zeit oder Situation wird auf ihre Grundlagen hin interpretiert, ihre Fundamente werden abgeklopft, und sie klingen - für jedermann hörbar - hohl und brüchig. Vermittlung ereignet sich also nicht als eine von außen herangetragene, sondern als kommunikative Praxis und damit in der Verständigung über Handlungs- und Verhaltensmöglichkeiten und ihre Bedingungen; Modell dafür sind - wie schon die gattungskritischen Erörterungen zeigten und wie sich auch hier wieder abzeichnet, obwohl, um der Genauigkeit willen, auch für den soeben angesprochenen Visionsbericht die Briefsituation mit ihrem die unmittelbare Vermittlung bereits referierenden Charakter in Erinnerung gebracht werden muß - Visionsberichte. Diese stehen in Mari sehr intensiv mit dem Heiligtum einer Gottheit - meistens Dagans, aber auch Annunitums, Itur-Mers, Bēlet-ekallims, Adads u. a. - in Verbindung, indem sie sich entweder dort ereignen oder innervisionär dorthin verlegt werden. Sie werden aber nicht an das Kultpersonal gebunden - wenn auch die meisten Visionsberichte und überhaupt Prophetien mit ihnen in Verbindung gebracht werden (vermutlich stellen sie sich heute deshalb in der Überzahl dar, weil sie wegen ihrer die Öffentlichkeit des Staates betreffenden Relevanz am häufigsten in amtlichen Schreiben festgehalten wurden, was auch allgemein mit der Rolle der Heiligtümer in Zusammenhang gebracht werden muß) -, sondern werden auch "freien" Sehern und Propheten zugesprochen und von ihnen bzw. über sie überliefert (41).

---

(41) Der Terminus "'freie' Seher bzw. Propheten" ist der auch nicht ganz geglückte Versuch, den terminologisch für sehr fragwürdig gehaltenen Ausdruck "Laienprophet" abzulösen; es soll hier nicht etwa auf eine kultisch in irgendeiner Weise restringierte Prophetie gegenüber einer ungebundenen und so erst richtig zur Entfaltung gelangenden Prophetie abgehoben werden.

Der Sinn, in Visionsberichten zu reden, deutet sich damit hier in mehreren Aspekten an: Visionsberichte besitzen ein hohes Ansehen und eine ungeheure Legitimationskraft, die nicht nur auf ihr hohes Alter zurückzuführen ist - die in den Mari-Briefen überlieferten Visionsberichte oder ihre Erwähnungen lassen erkennen, daß hier nicht erste Versuche, sondern gang und gäbe gewordene und sicher auf eine lange Tradition zurückblickende Offenbarungsvermittlungen vorliegen -, sondern auch auf ihre engen Bindungen - seien sie nun von Kultpersonal oder von "freien" Propheten vermittelt - zum institutionalisierten Heiligtum einer Gottheit, wodurch offenbar die autorisierenden Randbegingungen für die als gültig anerkannte Botschaft festgelegt waren. Visionsberichte sind ferner in der Lage, die Bedingungsverhältnisse einer Zeit oder Situation sichtbar zu machen, und zwar nicht aufgrund der Publikation einer exklusiven oder geheimen Weisheit, sondern aufgrund eines Vermittlungsgeschehens, das in der Interpretation einer Zeit oder Situation auf ihre Bedingungsverhältnisse hin und die Verständigung darüber gerade nicht sich exklusiv verschließt, sondern sich öffentlich auslegt und auch dadurch legitimiert. Eine solche Publikation kann dort, wo sie greifbar wird, die Künstlichkeit eines so verbreitenden Referats gegenüber der unmittelbaren Visionsgestaltung nicht verbergen: angefangen von der amtlichen Objektivierung bis hin zum zwar einfühlsam nachempfundenen, aber doch in fast liturgischer Stilisierung von der Bewegung des Visionsgeschehens abgehobenen Fremdbericht, ja sogar (bei genauer Betrachtung) bis hin zum Selbstbericht, der im Brief die Vermittlung wiederholt, statt sie unmittelbar zu leisten. Visionsberichte meiden endlich nicht nur alle Esoterik, sondern suchen allgemeines Verständnis und allgemeine Zugänglichkeit. Sie lassen in ihrer Ausgestaltung am Visionsgeschehen teilhaben und beziehen damit in die Interpretation und deren Verständigungssuche mit ein; sie sind deshalb alles andere als Orakel ferner Zukunft; sie umgeben sich nicht mit der geheimnisvollen Bestimmtheit der Mantik, um die Rätselhaftigkeit gegenwärtiger Situationen und Zeitläufte zu durchdringen auf noch ausstehende Ereignisse, wohl aber suchen sie Perspektiven zu entwerfen - und insofern können sie nach vorn verweisen und z. B. Drohung sein -, die jedoch bezogen sind auf die Auseinandersetzung um die gegenwärtigen Verhältnisse, die ihr einziges Thema sind. Visionsberichte sind damit schließlich nicht austauschbar gegen andere Gattungen prophetischer Äußerung, die auch in Mari bekannt sind und verwendet werden. Sie sind daher nicht etwa als die geschickteste Weise anzusehen, einen bestimmten Inhalt zu vermitteln, der prinzipiell auch anders hätte vermittelt werden können. Mit aller Entschiedenheit muß dem möglichen Mißverständnis entgegengetreten werden, als sei die Gattung "Visionsbericht" eine gewählte Form, eine Art Verpackungsattrappe, die mit verschiedenem als geeignet betrachteten Inhalt gefüllt werden könne. Überhaupt ist es ja kein Zufall, daß es sich als schwierig erweist, Inhalte aus den Visionsberichten herauszulösen und Inhalt und Visionsbericht getrennt zu betrachten. Das hatten schon die Briefe schreibenden Beamten von Mari versucht, wenn sie ihre Meldung an den König machten, und was zurückblieb war weder die Form eines Visionsberichtes - sie war zu einer Aktennotiz verkümmert-, noch der Inhalt eines Visionsberichts: er war zu einer für die Belange, die der Beamte zu vertreten hatte, möglichst vollständigen und gewissenhaften Faktensammlung geworden. Visionsberichte sind auch in Mari als praktische Interpretationsmodelle adäquat gefaßt; dies impliziert, daß sie sich nicht auf einen Inhalt reduzieren lassen, sondern daß sie als Interpretationen einerseits sich selbst an den Gegebenheiten z. B. bestimmter Situationen orientieren und andrerseits Orientierung für die Gegebenheiten dieser Situationen sind: Weder durch die Gegebenheiten, noch durch die Orientierungsabsicht ist aber der Interpretationsvorgang im Vermittlungsprozeß z. B. der Visionsberichte tatsächlich gekennzeichnet; denn ihr Sinn wurde nicht in der Präsentierung von Inhalten gefunden, sondern in der Erarbeitung und Verständigung suchenden Vermittlung von Bedingungsverhältnissen einer Zeit, von ihren Ängsten, ihren Brüchen und Rissen, ihren Hoffnungen und Abgründen, ihrer Perspektive und der Richtung, die sie geht, ihrer Leere, ihrem Optimismus und ihrer Hybris, ihrer Vielgestaltigkeit und Einlinigkeit, und zwar unter die Gültigkeit und Wirksamkeit verbürgenden, legitimierenden Randbedingungen, die in Mari schon auf ein hohes Alter verwiesen und dort stets Verbindungen zum Heiligtum einer Gottheit erkennen ließen. Dabei hing einerseits die Legitimation nicht mit einer bestimmten Gottheit zusammen - das scheint als eigentlichen Legitimationsausweis die Bindung an das Heiligtum und nicht so sehr an die Gottheit nahezulegen -, andrerseits aber war immer eine Gottheit genannt, wenn auch verschiedentlich nur in der indirekten Form, daß es sich nämlich um das Heiligtum dieser oder jener Gottheit handelte, in dem sich das Visionsgeschehen ereignete.

Zieht man neben den genannten aus dem nordsyrischen Raum stammenden Prophetien weitere aus dem Akkadischen bekannt gewordene Prophetien noch heran (42), so kommt nur ein aufzugreifender Text für einen Vergleich eventuell in Frage. Es handelt sich um den von Grayson/Lambert herausgegebenen und auf sechs Quellen (43) gestützten Text B,

(42) vgl. Weidner, E. F., Texte - Wörter - Sachen, AfO 13, 1939/40, S. 230-237, insbes.: 5. Babylonische Prophezeiungen, S. 234-237; Grayson, A. K. /Lambert, W. G., Akkadian Prophecies, JCS 18, 1964, S. 7-30; Biggs, R. D., More Babylonian "Prophecies", Iraq 29, 1967, S. 117-132; Höffken, P., Heilszeiterwartungen im babylonischen Raum, Überlegungen im Anschluß an W 22 307. 7, WdO 9, 1977, S. 57-71

(43) Es handelt sich um die Fragmente K 7861, K 11357, K 11026, BM 33726, K 7204 und K 7127 (vgl. Grayson, A. K. /Lambert, W. G., a. a. O., S. 12; transkribierte Herausgabe mit Übersetzung und Kommentar: a. a. O., S. 16-19; Abbildung der Fragmente: a. a. O., S. 24/25)

der von Biggs mit Hilfe zweier zusätzlicher Fragmente (44) ergänzt und verbessert werden konnte. Von besonderem Interesse für unseren Zusammenhang sind dabei die Zeilen 1-7, wo zunächst ein Bild von etwas Aufgehendem oder Sich-Erhebendem - vielleicht einem Gestirn (45) - und von Ost nach West Vorüberziehendem entworfen wird, es ist ferner von einem Ruf oder Geräusch die Rede, auf den oder das die Menschen hören, von Boten, die Grüße zwischen Enlil und Anurabû austauschen, von dem Geräusch der sich öffnenden Himmelstore und von dem Befehl Anus an Enlil, Gerechtigkeit einzusetzen (Grayson/Lambert (46)) oder einen "mīšaru-act" (47) zu verkünden. Danach setzt der Text dann fort mit ausgedehnten Prophezeiungen über das, was dann geschehen wird. Unabhängig davon, daß es sich hier um einen neubabylonischen Text aus Nippur handelt (48), auch unabhängig davon, ob Sternkonstellationen das Eingreifen der Götter in die Geschichte mitbestimmen und so Heilszeiterwartungen hier ihre Beschreibung finden (49), fällt an diesem Textteil (Zeilen 1-7) der Entwurf einer Szene auf, die wie eine Art Liturgie den Rahmen des mīšaru-Akts festlegt; es ist auch der einzige Textteil, der von Biggs präsentisch, von Grayson/Lambert sogar im Präteritum übersetzt wird neben sonst ausschließlich futurisch übersetzten prophetischen Ankündigungen.

Hier findet sich zwar nicht durch eine Einleitung ein Hinweis auf Gesehenes - jedenfalls ist das im vorliegenden Text nicht erkennbar und eine solche Einleitung in der von Grayson/Lambert markierten vorangehenden Lücke (50) zu vermuten, scheitert wahrscheinlich an den eruierbaren Bruchstücken dieser Lücke, die von einem Edikt (51) reden

---

(44) Es handelt sich um die Fragmente 9 NT 21 und K 1849 (vgl. Biggs, R. D. , a. a. O. , S. 120; transkribierte Herausgabe mit Übersetzung, Kommentar und Abbildung von 9 NT 21: a. a. O. , S. 120-128)

(45) vgl. Biggs, R. D. , a. a. O. , S. 121

(46) vgl. Grayson, A. K. /Lambert, W. G. , a. a. O. , S. 17: "to establish justice"

(47) Biggs, R. D. , a. a. O. , S. 121; darunter versteht Biggs eine generelle Erleichterung aller Lebensnot, wenn die Heimatlosen zurückgesammelt werden, wenn es den Armen besser geht, wenn die Habseligkeiten der Armen gesichert sind vor dem Zugriff der Reichen, wenn die Beamten zu ihrem Amt zurückgekehrt sind und wenn die Verräter hingerichtet sind (vgl. Biggs, R. D. , a. a. O. , S. 118).

(48) vgl. Biggs, R. D. , a. a. O. , S. 118, Anm. 12

(49) vgl. die Diskussion bei Höffken, P. , a. a. O. , insbes. S. 60/61

(50) vgl. Grayson, A. K. /Lambert, W. G. , a. a. O. , S. 16 und 17

(51) vgl. ebd. , Zeile 2'

und in futurischer Form (52) verfaßt sind -, aber es wird, zumindest legt das die präteritale Fassung der Übersetzung bei Grayson/Lambert nahe, etwas Gesehenes berichtet; bei Biggs wird wenigstens ein Bild entworfen, wenn auch nicht auf ein solches zurückgeschaut wird. Auffällig ist, daß hier ein direkter Bericht vorliegt, es gibt jedenfalls keinen Anhaltspunkt dafür, daß er noch jemanden zitiert. Trotz der vorhandenen Lücken im Text - zur Diskussion stehen hier vor allem die Zeilen 1-7 - wird klar, daß hier eine Szene geschildert wird, in der - wie in einem protokollarischen Ablauf - bestimmte, erwartete Umstände und gepflogene Formen ihren Platz finden und den Rahmen zu konstituieren scheinen, in den die darauf in futurischer Form folgenden Ankündigungen (Grayson/Lambert: Zeile 8-32; Biggs: Zeile 8-39) hineingehören. Insofern unterscheidet sich der vorliegende Text schon von den Mari-Briefen, als nämlich der Entwurf und das Ausmalen einer offenbar himmlischen Szene, die Einzelverhältnisse und Einzelsituationen in ihrem Interesse an übergreifenden Zusammenhängen nicht mehr berücksichtigt, tragende Bedeutung für die folgende Ankündigung erhält, die ihrerseits ganz in die Zukunft verlegt ist und neue Verhältnisse zu setzen sucht.

Es muß allerdings noch einmal hervorgehoben werden, daß dieser Text in die Zeit der Neubabylonier, also etwa zwischen 620 und 550, gehört und damit erheblich jünger ist als die Amosvisionen, erst recht als die um 1700 anzusetzenden Mari-Briefe. Dennoch ist aber auch hier - ähnlich wie in den aus der amtlichen Briefsituation erklärbaren Visionsberichten aus Mari -, sieht man sich den Text genauer an, tatsächlich aufführbares Gesehenes kaum geschildert: am Anfang etwas, das von Ost nach West zieht (bei Biggs nicht einmal als faktisch Gesehenes, sondern als konditionaler Fall eines Gesehenen); jemand, der am Horizont nebeneinander einhergeht (bei Biggs ist es ein Schwefelfeuer, das neben etwas entlanggeht); über den Befehl Anus an Enlil wird nur berichtet, das Öffnen der Himmelstore wird nur gehört, ähnlich verhält es sich mit den Grüßen der Götterboten und mit dem Rufen oder dem Geräusch, das im Land gehört wurde bzw. wird. Auch hier liegt also kein unmittelbar mitgeteiltes Sehen vor, sondern vielleicht ein liturgisch vermitteltes.

Zusammenfassend läßt sich über die außerbiblischen Texte, die zum Vergleich mit Visionsberichten herangezogen wurden, sagen, daß sie - abgesehen von einer gewissen Häufung in Mari - insgesamt in prophetischen Texten zwar spärlich auftreten, aber auf eine lange Tradition zurückblicken können. Sie finden sich nicht als direkte Berichte, sondern immer als in einen anderen Kontext, hier jeweils den eines Briefes, eingebaute Berichte oder, falls der zuletzt genannte Text B sachgemäß hier mitberücksichtigt werden darf, im Kontext einer Liturgie. Der

---

(52) vgl. ebd., Zeilen 3' und 5'

Visionär äußert sich also - abgesehen von seltenen Ausnahmen, bei denen aber auch mindestens die Indirektheit der Briefsituation anzumerken war - nicht selbst und stellt sich dementsprechend auch nicht selbst vor. Die Funktion des Gesehenen erscheint von daher häufig untergeordnet und unselbständig und erweist ihre tatsächlich grundlegende Rolle erst nach der Analyse und In-Rechnung-Stellung der situativen Bedingungen, denen sie ihre Überlieferung verdankt. Es ist daher immer - falls vorliegend - Wert darauf gelegt worden, daß die Botschaft in einem Gesicht zuteil geworden ist. Wie schon oben gezeigt werden konnte, wurde dieser Offenbarungsform eine besondere Autorität zugeschrieben, sie scheint fast als Rechtfertigung zu dienen, ungefragt an den Vorgesetzten bzw. den König heranzutreten und Forderungen zu übermitteln. Dies mag auch daraus hervorgehen, daß in all den Briefen, die nicht durch Visionsbericht die fordernde Anrede legitimieren können, vom Briefschreiber am Ende Rücksichtnahme und Begütigungserklärungen angefügt werden, es sei denn, sie beinhalten gerade heilvolle Ankündigungen, oder es ist wegen eines verlorengegangenen Abschlusses eine solche Wendung nicht mehr exakt nachweisbar (53). Durch diese Beobachtungen wird die Ansicht über die legitimierende, Autorität darstellende und Achtung einflößende Rolle von Visionsberichten gestützt. Die Autorität kommt aber keineswegs einfach dem Visionär zu, obwohl er durch seine Ausgestaltung die legitimierenden Randbedingungen eines Visionsberichtes faktisch für sich reklamiert, auch nicht dem Berichterstatter, sondern der Botschaft, die sich auf die Rahmenbedingungen eines Visionsgeschehens zurückführen konnte und damit den Verständigungs- und Vermittlungsprozeß in Gang brachte. Der Berichterstatter jedoch legitimiert - das zeigt sich deutlich - damit lediglich seine Anrede und die weitergegebene göttliche Forderung, ansonsten legitimiert er sich halt auf andere Weise, z. B. mit Devotionsformeln.

Ganz anders war demgegenüber der genannte neubabylonische Text B zu beurteilen, der zweifellos Anklänge an Visionsberichte bietet, obwohl kein Berichterstatter oder Visionär erkennbar war. Es war in ihm von Gesehenem die Rede, aber auch hier stellte die Schilderung des Gesehenen gewissermaßen die Rahmenbedingungen her, unter denen die Ankündigungen ihren Ort haben, und auch diese Rahmenbedingungen waren häufig noch als auditiv wahrgenommene geschildert, selbst dann, wenn sich ihre Schilderung als Gesehenes geradezu anbot wie z. B. bei der Schilderung über das Öffnen der Himmelstore. Es scheint hier eher

(53) vgl. ARMT XIII, 23, zitiert bei Schult, H., a. a. O., S. 228/229; vgl. Ellermeier, F., a. a. O., S. 40-41; ARM XIII, 114, zitiert bei Schult, H., a. a. O., S. 231/232; vgl. Ellermeier, F., a. a. O., S. 46-49; A 2925, zitiert bei Ellermeier, F., a. a. O., S. 52; vgl. auch Fohrer, G., a. a. O., S. 227, 2. zit. Brief

ein "mythological report of celestial phenomena" (54) oder eine Liturgie oder ein Protokoll vorzuliegen, worin sich aber gleichzeitig - es handelt sich um den einzigen noch auffindbaren und zugänglichen Beleg (55) - das gebrochene Verhältnis zu Visionsberichten aus dem babylonischen Raum deutlich wird, obwohl andrerseits ihre Autorität anerkannt war.

Auch die biblischen Belege von Visionsberichten vor Amos sind recht sporadisch. Sieht man einmal von den Bileam-Sprüchen ab - es war von der Unterscheidung schon im Verlauf der gattungskritischen Betrachtungen die Rede -, so finden sich Hinweise auf Visionsberichte nur in der Geschichte von Micha ben Jimla (vgl. 1 Kön 22,17. 19-23) und im Elischa-Zyklus (vgl. 2 Kön 8,7-14). Was 1 Kön 22,17. 19-23 betrifft, so waren die hier angeführten Visionsberichte schon im Zusammenhang der literar- und formkritischen Erwägungen zu Am 9,1-4 durch ihre eigentümliche, für Visionsberichte ungewöhnliche Einleitung, die von Gesehenem in der 1. Pers. Sing. Qal berichtete, aufgefallen. Es hatte sich dann herausgestellt, daß diese Visionsberichte kompositorischer Bestandteil eines größeren, von einem Deuteronomisten erstellten Zusammenhangs mit einer bestimmten Absicht sind - wie in Anlehnung an Hossfeld/Meyer (vgl. oben) festgestellt werden konnte -, nämlich bekannte Prophetenanekdoten aus verschiedenen Überlieferungen in die Annalennotizen zu den Omriden einzufügen. Es war in diesen Überlegungen weiterhin angemerkt worden, daß die Visionsberichte nicht selbständig, sondern nur in einem Bericht begegneten, in dem auch eine Prophetengeschichte eine Rolle spielt, als deren integrale Bestandteile wiederum die beiden vorliegenden Visionsberichte zu verstehen seien.

Hinweis auf die nicht vorhandene Ursprünglichkeit der Formulierung der Visionsberichte war neben der Einsicht in den soeben aufgeführten Zusammenhang die für Visionsberichte nicht nur ungebräuchliche, sondern regelrecht unsachgemäße Einleitung der Visionsberichte (vgl. oben), die so nicht am Anfang eines Visionsberichtes ursprünglich gestanden haben kann und auch - umgekehrt - nicht den Verwendungsmöglichkeiten der hier gebrauchten Einleitung entspricht: Selbst da, wo die Formulierung gelegentlich in sehr späten Visionsberichten auftaucht, qualifiziert sie diese Visionsberichte nicht als solche, sondern übernimmt in ihnen andere Funktionen. In alten Visionsberichten, die Eingang in Prophetengeschichten - wie hier - aus der Omridenzeit gefunden haben, findet sie sich überhaupt nicht. Es muß also davon ausgegangen werden, daß hier über einen Visionsbericht berichtet wird, daß Berichterstatter und

---

(54) Biggs, R. D., a. a. O., S. 118

(55) Ägyptische Prophetien - wie sie etwa aus dem Reisebericht des Wen-Amon (vgl. ANET [2] 26b) bekannt sind - sind hier wegen der Unklarheit der Situation - vgl. vor allem: Herrmann, S., Prophetie in Israel und Ägypten, SVT IX, 1963, S. 47 bis 65 - außer acht gelassen.

Visionär durchaus nicht identisch sind, ja, daß der Visionär selbst nicht zu Wort kommt, weil ein anderer, späterer, der seine Prophetengeschichte für den Zusammenhang seiner Geschichtsdarstellung gebrauchen konnte, für ihn formuliert.

Ein wenig anders liegt der Fall in 2 Kön 8,7-14. Hier findet sich kein ausgeführter Visionsbericht, sondern nur zwei Andeutungen davon: Es geht hier um die Befragung des Elischa, die der erkrankte Benhadad, der König von Aram, durch Hasael durchführen läßt, um sich nach seinen Genesungs-Chancen zu erkundigen. Die Antwort Elischas darauf ist doppelzüngig: einerseits trägt er dem Hasael auf, seinem Herrn von der Aussicht auf Genesung zu berichten, andrerseits sagt er dem Hasael, daß er von Benhadads bevorstehendem Tod wisse und Jahwe habe ihn das sehen lassen (vgl. 2 Kön 8,10b). Hier geht also einmal der offizielle Auftrag über das für den König günstig lautende Orakel an den Boten und daneben wird inoffiziell, wie in einer verschwörerischen Nebenabsprache, das wahre Wissen des Propheten - ohne Auftrag zur Weitergabe - offenbart und mit dem Hinweis auf ein Gesicht legitimiert. Der Grund für diese Art der Orakel-Erteilung wird gleich darauf verständlich: Hasael selbst, der Bote, soll anstelle Benhadads König werden, und Elischa legitimiert sein Wissen wieder damit, daß ihn Jahwe dies habe sehen lassen (vgl. 2 Kön 8,$13b_b$). Beide durch Jahwe-Gesicht legitimierten Aussagen treffen dann - wie der weitere Zusammenhang zeigt (vgl. 2 Kön 8,$15a_b$.b) - tatsächlich ein. Auch hier spielen Visionsberichte keine direkte Rolle.

Es wird kein Visionsbericht geschildert - 2 Kön 12b darf nicht in dieser Weise mißverstanden werden, weil es keine Schilderung über Gesehenes ist (vgl. den Einsatz mit kī jādaʿti) -, sondern nur jeweils über eine Vision geredet und ihre Quintessenz in indirekter Rede wiedergegeben. Wieder kann also nicht von einem direkten Sichaussprechen eines Propheten in Visionsberichten die Rede sein. Wieder wird nur im Verlaufe einer Geschichte, in der Visionsberichte freilich eine wichtige Legitimationsfunktion haben, über Visionsberichte sich geäußert. Sie sind nicht eigentlich Legitimation für den Propheten - dessen Orakel kann durchaus in seiner offiziellen Version (aus welchen - möglicherweise taktischen - Gründen auch immer) falsch sein (vgl. 2 Kön 8,$10a_b$) -, sondern für die Autorität der Gesichte Jahwes, die sicheres Wissen über das, was eintreffen wird, verbürgen.

Kein anderes Beispiel, in dem Visionsberichte bei Propheten vor Amos eine Rolle gespielt hätten, läßt sich noch anführen. Auch hier, wie bei den genannten außerbiblischen Prophetien - vor allem in den durch die Mari-Briefe bekannt gewordenen -, läßt sich also festhalten, daß über Visionsberichte äußerst selten die Rede ist; sie haben aber dennoch eine offenbar allgemein akzeptierte, legitimierende Autorität (56). Dennoch

---

(56) Das wird auch durch den Zusammenhang von 1 Kön 22 bestätigt, in

ist es so, daß der Visionär ganz hinter die Botschaft zurücktritt. Nicht er selbst kommt zu Wort, sondern es wird über ihn berichtet, in der Elischa-Geschichte wird nicht einmal in dieser indirekten Weise der Visionsbericht selbst vorgestellt, sondern der Berichterstatter räumt dem so zitierten Visionär nur ein, zusammengefaßt das Ergebnis seiner Vision in indirekter Rede wiederzugeben, so daß wohl die Erwähnung einer Vision - es ist schwer zu entscheiden und für den Zusammenhang der vorliegenden Untersuchungen auch von sekundärer Bedeutung, ob nun ein oder zwei Visionen zugrundeliegen -, nicht aber diese selbst als Visionsbericht vorliegt. Die Instrumentalisierung von Visionsberichten - und wenn auch nur in der angedeuteten Form einer Vision - ist auch hier unverkennbar.

Visionsberichte sind also in ältesten Prophetien belegt. Ihre sparsame Verwendung mag auf ihre hohe Autorität und Legitimationskraft verweisen, die auch durch andere Anzeichen (vgl. oben) schon bestätigt wurde und gar nicht zunächst der Legitimation des Visionärs selbst, sondern seiner Botschaft dient, was daraus hervorgeht, daß nicht der Visionär selbst, wohl aber andere sich mit dem Hinweis auf einen Visionszusammenhang rechtfertigen. Sie sind weder auf Heils-, noch auf Unheilsbotschaften festgelegt. Ihr hohes Alter ist auch daraus zu erschließen, daß sie als Offenbarungsform nicht erklärt werden, sondern als bekannt vorausgesetzt werden; ja es ist nicht einmal erforderlich, Visionen genau zu schildern (Elischa) oder Visionsberichte im Kontext ihrer Botschaft so wiederzugeben, daß die Botschaft aus dem Duktus des Visionsberichtes schlüssig hervorgeht und nicht als von ihm verselbständigt - und damit nicht mehr eigentlich als die angesprochene Botschaft (ein Kürzel für das, was unter dem Sinn des Redens in Visionsberichten oben genannt war)- erscheint (Mari-Briefe) (57). Visionsberichte bzw. Visionen nehmen damit nahezu die Stelle dessen ein, was man heute als eine abstrakte Größe kennzeichnen könnte, d. h. ihre Erwähnung ersetzt ihre tatsächliche Explikation (58), es wird - genau

---

(Fortsetzung 56) dem trotz Mißachtung des Königs die in den Visionsberichten übermittelte Botschaft sich schließlich doch durchsetzt.

(57) Das gilt auch für 1 Kön 22,17. 19-23, die ja auch nicht das direkte Sich-Aussprechen eines Propheten - entgegen ihrem Anschein - im Visionsbericht sind, sondern für einen später erstellten Zusammenhang über frühere Ereignisse nacherzählte und in den Kontext der vorliegenden Erzählung hineinkomponierte Berichte sind.

(58) Dies muß wiederum auch für 1 Kön 22,17. 19-23 festgehalten werden, wenn auch hier Visionsberichte ausgeführt wurden, aber eben doch unter den oben genannten Voraussetzungen, was also nichts weiter zugrundelegt als die Berufung auf Visionsberichte, deren Einordnung und Nachgestaltung aber jemand anderem, aus einer anderen Zeit und mit einem anderen Interesse, überlassen geblieben ist.

besehen - über und nicht in Visionsberichten geredet, sie werden nur mehr angeführt, sie haben etwas Variables und Austauschbares an sich, das auch auf Dritte - z. B. den Berichterstatter in den Mari-Briefen - übertragbar ist.

b) Visionen, Vermittlung durch Worte und Gesten

"Unterschiedliche Gottheiten offenbaren sich in Mari in unterschiedlicher Weise, mit unterschiedlichen Offenbarungsmitteln, unterschiedlichen Offenbarungsempfängern."(58a) Dieses Resüme Noorts am Ende seiner Überlegungen zum Offenbarungsempfänger widerspricht nicht der hier zuvor genannten Feststellung über die prominente Stellung von Visionsberichten, und dies nicht nur in der außerbiblischen, sondern auch in der biblischen Tradition selbst. Er sucht in seinem Zusammenhang vielmehr, die Besonderheit von Offenbarungsempfängern in Frage zu stellen. Gleichzeitig wird für unsere Frage nach der Charakterisierung von Visionsberichten und ihrem Sitz im Leben hilfreich auf die Offenbarungsmannigfaltigkeit verwiesen. Einerseits scheint es durchaus notwendig zu sein, einmal kritisch in den eigenen Betrachtungen zurückzutreten und sich der einen unter den zahlreichen Äußerungsformen bewußt zu werden; und auch diese läßt sich nicht schematisch erfassen, wie bereits deutlich wurde. Andererseits stößt Noorts Resüme noch einmal, wie ich meine, von einer anderen Warte her, die Frage nach der Gestaltung von Visionsberichten und der dabei zugrundeliegenden Situation ihres Sinnes an, wie er ursprünglich gegeben war. Der Verweis auf die vielfältige Ausgestaltung empfangener Offenbarung scheint gerade auch Visionsberichten einen Spielraum zuzusprechen, der sie nur noch schwer in Kategorien fassen läßt, die dann schließlich geeignet wären, einen weiteren Beitrag zur Bestimmung ihres Sitzes im Leben zu leisten.
Das Begriffspaar "Vision-Audition" hatte sich jedenfalls als nicht zureichend für eine befriedigende Erklärung herausgestellt. Es setzte einen ausschließlich passiven Offenbarungsempfänger voraus, was sich aber schon aufgrund der bisherigen Überlegungen nicht mehr halten läßt; außerdem wird das Gewicht dabei der Audition zugesprochen, so daß die Eigenbedeutung der Vision in ihrer ungeteilten Vollständigkeit dadurch überspielt wird. Visionen werden unter Voraussetzung des passiven Offenbarungsempfangs allein Ausnahmesituationen zugeordnet, wie etwa der Ekstase oder dem Traum. Gleichzeitig gehört zu solchen Visionen dann der prophetische Charismatiker, der für solche Erfahrungen sensibilisiert ist.

Noorts Hinweis auf die generelle Unterschiedlichkeit von Personen und Mitteln bestätigen auch die Erfahrungen, die die vorangegangenen Über-

---

(58a) Noort, E., Untersuchungen zum Gottesbescheid in Mari, Die "Mariprophetie" in der alttestamentlichen Forschung, AOAT 202,

legungen zur Tradition von Visionsberichten deutlich gemacht haben, und dies nicht nur in Mari, sondern auch in anderen außerbiblischen und biblischen Literaturen. Festlegungen waren hier nicht möglich, wohl negative Abgrenzungen. Stellt man die Mannigfaltigkeit auch dieser Äußerungsform in Rechnung, so kann man Visionsberichte nicht an einem Sitz im Leben festmachen, indem man einen Ort für sie sucht im Kult oder in der persönlichen sozialen Herausstellung und Vereinsamung des Visionärs oder in sonstigen denkbaren Einordnungen in der Umwelt. Ebenso kann man einen solchen Sitz im Leben nicht an ein System bestimmter soziokultureller Bedingungen knüpfen. Viele Einordnungen sind möglich und die Anbindung an verschiedene soziokulturelle Rahmenbedingungen sind aus der Tradition bekannt. Nur die besondere Dignität und das relativ seltene Vorkommen sind gemeinsame Feststellungen bezüglich des Sitzes im Leben.

Auf diesem Hintergrund wird man nun überlegen müssen, ob nicht das Verständnis des Sitzes im Leben für die vorliegende Gattung erweitert werden muß, und zwar um den Gesichtspunkt, der die Art und Weise der Wirkung ins Auge faßt. Daran wiederum hängt ein langer Katalog von Fragen, worauf nämlich die Wirkung abzielte, in welcher Weise sie mit dem Berichterstatter von Visionen zusammenhing, wie sie für die Umwelt oder - falls es so etwas gab - im weitesten Sinne für das "Publikum" erfahrbar wurde, um nur die wichtigsten Probleme anzuschneiden.

Nun ist es zweifellos bemerkenswert, daß zwar gelegentlich - etwa in den Maribriefen oder in der vorklassischen Prophetie - von einer Verlegung der Vision in den nächtlichen Schlaf und in den Traum oder in einen besonderen Bewußtseinszustand während der Ruhe verlegt wird, von der Übertragung oder Vermittlung der Wirkung auf andere aber wird - soweit ich sehe - nirgendwo gesprochen. Überall sonst ist auch schon nicht von den Umständen der Begegnung der Vision die Rede; ebenso bei den ältesten Visionsberichten des Amos, die hier zur Betrachtung vorliegen, ist dies nicht der Fall. Es ist aber weiter zu fragen, ob nicht die Visionsberichte, die - wie oben schon erläutert - nicht selbst vorliegen, sondern über die im Rahmen einer Geschichte, eines Amtsvorganges oder unter ähnlichen Umständen, die die 3. Pers. Sing. des Redens über etwas voraussetzen, tatsächliche Begebenheiten zur Grundlage haben. Sie scheinen m. E. eher Stilisierungen zu sein, die zu Offenbarungsbegegnungen in Visionen gehören können; das wiederkehrende Schlafen im Heiligtum weist wohl darauf hin; die stereotypen Wendungen bei anderen- frühen oder späteren - Visionsberichten wären ein weiterer Anhaltspunkt dafür. Wie aber steht es mit der Vermittlung der Wirkung? Wie konkretisierte sich der in den vorangegangenen Über-

---

(Fortsetzung 58a) Kevelaer/Neukirchen-Vluyn 1977, S. 75

legungen gefundene Öffentlichkeitscharakter von Visionen? Darüber schweigen sich die Quellen - genau besehen - völlig aus. Fragt man nach den Gründen, so kann als Erklärung dafür dienen, daß dies so bekannt war, daß es müßig gewesen wäre, es eigens aufzuführen. Wäre die Vermittlung irgendwie besonders und selbstverständlich gewesen, dann wäre sie gewiß von den Amts-Berichterstattern in Mari überliefert worden; so aber muß angenommen werden, daß sie sowohl für sie wie für die übergeordnete Behörde bzw. für den König klar und vertraut war. So wurde es nicht eigens erwähnt, bis das Wissen darum im Verlaufe der Tradition tatsächlich verlorengegangen war. Eine weitere Erklärung, die die bisherige durchaus nicht auszuschließen braucht, wäre die, daß die Formen der Erarbeitung im Vermitteln derart vielfältig waren, daß sie faktisch auch gar nicht zu nennen waren. Als Argument dafür könnten die verschiedenen Formen und Inhaltsvoraussetzungen in den Visionsberichten oder - soweit darin noch sichtbar - in den Berichten über Visionsberichte angeführt werden. Wenn dies nicht, wie schon die zurückliegenden Überlegungen ergeben haben, auf ein vielseitig interessiertes literarisches Ausdrucksvermögen allein zurückzuführen ist und auch nicht auf eine predigende oder sonst gestaltete Weitergabe von schon Gewußtem, dann müssen verschiedene Erarbeitungs- und Vermittlungssituationen zugrundegelegt werden.

Es muß jedem klar sein, der darüber eine These wagt, wie solche Vermittlungsvorgänge denn nun vorzustellen seien, was der Tradition von Visionsberichten darüber noch abgerungen werden kann, wie relativ leicht angreifbar eine solche These sein wird, wenn auch im Verlaufe dieser Überlegungen einige der sich kritisch aufblähenden Segel gleich wieder gestrichen werden können. Dennoch muß hier ein solcher Versuch, der sich auch als Anregung zu möglichen Alternativ-Vorschlägen versteht, einmal gemacht werden. Ansonsten bliebe nur die theoretische, zumeist negativ abgrenzende Reflexion über Visionen als prophetischer Vermittlung.

In den gattungskritischen Betrachtungen waren Visionsberichte als praktische Modelle abgehoben worden von deskriptiven Nachzeichnungen. Sie waren insofern weder Abbildungen der Realität - auch nicht im übertragenen Sinne etwa zur Verdeutlichung verborgener oder übersehener Konturen -, noch auf die Zukunft gerichtete oder in sie hineinprojizierte Sinnbilder als Entwürfe der Realität. Was sie auszeichnete, war ihr Schöpfen aus und ihr Gestalten aufgrund von Erfahrungen, und das heißt, sie stießen in ihrer Ausgestaltung erst auf Erfahrungen, die für das Modell als solches charakteristisch wurden, sie erarbeiteten erst im auf Kommunikabilität angelegten Vermittlungsbemühen ihre Sichtweise der Realität, die dann für sie Gültigkeit und unmittelbare Wirksamkeit erlangte. Sie präsentierten sich damit als Modell der Gestaltung oder doch der Mitgestaltung der Realität aus einer Sicht, die sich auf Erfahrungen stützte und für sie sensibilisiert war, und deswegen waren sie ein Praxis- und kein Gedankenmodell, wobei für die

Praxis ihre eigene Intelligibilität in Rechnung gestellt wurde (58b), um sie andrerseits wieder vom pragmatischen Funktionieren abzuheben. Bringt man dies in Zusammenhang mit der hier vorliegenden Reflexion über den Sitz im Leben von Visionsberichten, so wie er hier in einem erweiterten Sinn verstanden wurde, in dem nämlich Art und Weise der Wirkung nicht mehr außer Betracht bleiben konnten, dann müssen Visionen in dem Kommunikationsfeld, das sie darstellen, vorgestellt werden als Ermöglichung des Gewinnens von Erfahrungen in Gruppen, die für solchen Erfahrungsaustausch offen sind, und für die die gewonnenen Erfahrungen unmittelbar wirksam und gültig sind, weil sie mitgestaltete Realität als mit eigenen Erfahrungen besetzte Sichtweise eröffnen.

Damit werden Visionen entschieden aus dem auch heute noch in bezug auf diese Gattung für selbstverständlich gehaltenen individuellen Bereich mit einem deutlichen Zug ins esoterisch Phantastische herausgenommen. Als Theologe kann ich mit Entrückungen und Verzückungen und Levitationen nichts anfangen (58c), und die vorliegende Analyse weist immer deutlicher darauf hin, daß sie auch nicht prophetischer Vermittlungsabsicht entsprach. Dieser kommt das durchaus phantasievolle, auch spielerisch experimentierende gemeinsame Erkunden von Erfahrungen und Entwerfen der unmittelbar betreffenden Sicht der Realität und des sich darin Zurechtfindens und Verhaltens eher nahe. Ein solcher Austausch kann darin gefunden werden, was man im weitesten Sinne unter einem Rollenspiel versteht. Dort wird ja auch nicht einfach etwas nachgespielt, sondern im Anknüpfen an vorgegebene Situationen zu neuen, phantasievollen, oft ruhig überzeichnenden, gelegentlich alternativen, auf jeden Fall aber e i g e n e n Erfahrungen und Sichtweisen gelangt. Solches Rollenspiel ist für die Anknüpfung an verschiedenste Situationen offen, natürlich auch am Heiligtum, und warum sollte es nicht auch im Kult seinen Platz haben, wobei eine Fixierung dort auf litrugische Begehungen sicher wieder zu eingeengt verstanden wäre. Es müssen Rollenspiele im weitesten Sinn sein, in allen Lebensbereichen möglich, die zur Gestaltung von Visionsberichten führen, wie sie hier verstanden wurden. Der Prophet kann dabei als Initiator angesehen werden, der über die verbale Verständigung hinaus immer schon mit seiner Umwelt in Kommunikation zu treten pflegte, wenn man etwa an Zeichenhandlungen, Symbolnamen für die eigenen Kinder und ähnliche Möglichkeiten mehr denkt. Visionen wären damit nicht nur gestaltete Worte, sondern

---

(58b) Vgl. dazu: Schupp, F., Auf dem Weg zu einer kritischen Theologie, Quaestiones disputatae 64, Freiburg/Br. 1974, S. 115ff

(58c) Damit sollen in keiner Weise mystische Erfahrungen in unserer christlichen Tradition vom Verständnis her ad absurdum geführt werden; diese gingen von anderen Voraussetzungen aus. Der Terminus "Vision" kann hier nur als Äquivokation gedeutet werden.

in mindestens dem gleichen Maße gestaltete Gesten, ein Verständnis, das später sicher zugunsten der literarischen Ausgestaltung verlorengegangen ist. Dies war aber in den Amosvisionen sicher noch lebendige Auffassung. Aufgabe des Propheten bei einem solchen schöpferisch-phantasievollen Erfahrungsaustausch im Rollenspiel war es dann noch, die vielfältigen, darin gemachten Erfahrungen in eine gemeinsame Form zu gießen und zu strukturieren, um sie nicht in zusammenhanglose Partikularität auseinanderfallen zu lassen.

Kein Politiker, kein verantwortlicher Mann der Wirtschaft, erst recht kein Geisteswissenschaftler oder gar Kulturschaffender kann es sich heute leisten, daß man ihm vorwirft, er sei ohne Visionen in seiner Arbeit. Man würde ihn damit als phantasielosen Pragmatiker und kurzsichtigen Technokraten, als an Modeströmungen gebundenen Scharlatan und engstirnigen Fachidioten charakterisieren. Zur Vision gehört Mut und Entdeckergeist und die Kraft, unsere Wirklichkeit aufgrund einer neu gewonnenen Sichtweise neu zu dimensionieren. Visionen sind trotz ihres verschütteten Anfangs bis heute mindestens dem Anspruch nach das Spiel der Möglichkeiten, das über situative Gegebenheiten hinaus zum eigenen Verständnisentwurf ermutigt. Ein Mensch mit Vision ist auch heute - stehe er nun an exponierter Stelle oder nicht - ein Mensch, dem man schöpferische Gestaltungskraft aufgrund originaler Erfahrungen zuspricht.

c) Visionsberichte in der Interpretation vom Heil und Unheil Israels

Wenn nun, gerade im Zusammenhang mit Überlegungen zu den Visionsberichten des Amos wohl durchgängig (59) die Ansicht vertreten wird, daß mit Amos etwas Neues einsetzt und dies gerade Begründung auch in den Visionsberichten findet, die als Selbstberichte nicht im Zusammenhang eines Fremdberichtes stehen und auch nicht eine Rolle in einem schon zuvor entworfenen Konzept spielen, dann bedarf eine solche Ansicht der Überprüfung auch von der Tradition der allgemeinen, nicht auf Visionsberichte allein beschränkten prophetischen Verkündigung her. Es muß vor allem gefragt werden, welche Einteilungen zunächst in der Lage sind, prophetische Verkündigung vorläufig grob zu charakterisie-

---

(59) Eine seltene Ausnahme ist in dieser Hinsicht Reventlow, der bei Amos keinen Neueinsatz der Prophetie sieht, sondern ihn von seiner Mittlerfunktion her, die er in ihrer doppelten Aufgabe als Segens- und Fluchvermittlung in kultischer Begehung interpretiert, als Repräsentant einer längst gepflogenen Prophetie her versteht (vgl. a.a.O., insbes.: S. 54/55;116) und dem Visionsbericht im besonderen "keine grundlegende Bedeutung im Gesamtrahmen der Verkündigung des Amos" (a.a.O., S. 30) zuspricht; dagegen vgl. vor allem Jeremias, Jörg, a.a.O., S. 179/180

ren, um von dort zur Klärung ihrer Beheimatung in der Tradition und ihrem Sitz im Leben zu gelangen und danach auf das speziellere Problem der Visionsberichte und ihrer Rolle in dieser prophetischen Verkündigung zurückzukommen. Die noch sehr am Formalen haftende Feststellung, es handle sich in den Visionsberichten bei Amos um Selbstberichte, bei denen das Neue in der Unmittelbarkeit des Aussprechens und Entwerfens liege, kann so nicht allein hinreichend sein, nachdem eine Durchsicht der Mari-Briefe durchaus ebenfalls Selbstberichte von Visionen bzw. Träumen antreffen ließ; allerdings war auch hier schon ein unterschiedlicher Hintergrund und - damit zusammenhängend - ein unterschiedlicher Anspruch auf Unmittelbarkeit (vgl. etwa ARM X,50 und ARM X,100) erkennbar geworden.

Als ein einfaches und auch sofort ins Auge springendes Unterscheidungskriterium wäre zunächst die Differenz von Heils- und Unheilsprophetie zu nennen. Beide werden allgemein nicht allein wegen ihres verschieden qualifizierten Inhalts, sondern auch wegen ihrer oft als verschieden vermuteten Herkunft einer jeweils eigenen Überlieferung und einem jeweils eigenen Sitz im Leben zugeordnet. Das gilt trotz der hier durchaus nicht übersehenen Überlegungen, die darauf hinauslaufen, außer der Heils- auch die Unheilsprophetie mit dem Kult und möglicherweise mit dem Königtum in Verbindung zu bringen, wenn dies nicht gerade - wie etwa bei Reventlow (op. cit.) oder Haldar (60) - zu einer faktischen Einebnung von Heils- und Unheilsprophetie führt; denn es wird zumindest eine unterschiedliche Bindung an den Kult oder gar eine kritische Distanzierung trotz Zugehörigkeit festgehalten. Während es jedoch als gesichert angesehen werden kann, daß die Heilsprophetie kultische Funktionen innehatte, die darauf ausgerichtet waren "Israel durch die von Jahwe autorisierte Ankündigung der Vernichtung seiner Feinde im Innern (und seiner Gegner von außen) den Heilszustand zu erhalten oder wieder zu verschaffen" (61), bleibt diese Funktion und Beheimatung für die Unheilsprophetie zunächst fraglich. Für Heilspropheten stand der prinzipielle Heilszustand Israels fest; sie identifizierten sich sehr stark affirmativ mit den israelitischen Heils- und Erwählungstraditionen und waren damit eo ipso auch in einer zumindest staatsstützenden Rolle anzutreffen. Nun wäre es gewiß unsachgemäß, die Unheilsprophetie aus genau entgegengesetzter Intention heraus zu verstehen, wie es ebenso fragwürdig ist - das konnte Jeremias überzeugend plausibel machen -, sie mit Haldar und Reventlow (vgl. oben) als eine der beiden Möglichkeiten prophetischer Mittlerfunktion zu interpretieren, wenn einerseits "von einer Gleichberechtigung beider Arten von Verkündigung bei ihnen

---

(60) vgl. Haldar, A., Associations of Cult Prophets among the Ancient Semites, Uppsala 1945

(61) Jeremias, Jörg, a.a.O., S. 180

(cf. : den Gerichtspropheten) keine Rede sein kann und... die kollektive Fluchverkündigung im Kult Israels wesenhaft nachprophetisch ist" (62) und andrerseits Unheilspropheten ihre Gerichtsworte gegen ganz Israel richten (63) und nicht lediglich gegen einzelne Rechtsbrecher oder einzelne Gruppen, die den Heilszustand aus seiner gepflegten Harmonie zu bringen drohten.

Heils- und Unheilspropheten werden so zunächst aus einem nicht überbrückbaren Gegensatz heraus erklärbar, zumal die Unheilspropheten sich zwar nicht gerade in eine - auch theologisch nicht legitim vertretbare - Opposition zu den israelitischen Heils- und Erwählungstraditionen setzten, ihre Botschaft aber auch nicht affirmativ aus ihnen herleiteten, sondern aus einer kritischen Distanz, die mit deren ursprünglichem Anspruch und in versöhnter Anpassung verlorengegangenem Sinn konfrontieren sollte. Zu diesem Zweck nahmen sie die alten Traditionen auf und interpretierten sie in ihrer umfassenden, auch Israel betreffenden Gültigkeit und Wirksamkeit, so daß sie aus Heils- und Erwählungsgewißheit in Gerichts- und Rechenschaftspostulate, ja, in Gerichts- und Verwerfungsgewißheit verfremdet wurden und umschlagen konnten. Der "Radikalismus" der Unheilsprophetie bestand damit in einer umfassenden Auslegung alter Heilstraditionen, die nicht lediglich aus ihrem inhaltlichen Ergebnis, sondern aus der aktuellen Gültigkeit und Wirksamkeit ihres Anspruchs ohne amtlich kategorisierende Verkürzung oder institutionell vorgegebene Festschreibung oder liturgisch rubrizierte Verfügtheit verstanden sein wollte. Diese Rückbindung Israels an den Anspruch und die in ihrer unbedingten Wirksamkeit und Gültigkeit aktualisierte Autorität der alten Heilstraditionen war - genau besehen - weder radikal, wenn dahinter eine einlinig zugespitzte und Umorientierung erzwingende Akribie-Leistung vermutet wird, noch besaß sie innovatorischen Charakter, wenn damit die Einführung neuer, nicht gekannter Heils- bzw. Unheilskategorien gemeint ist. Was sie unterschied von der längst zuvor bestehenden Heilsprophetie (64), war der Zweifel am grundsätzlich voraus-

---

(62) ebd.; mit Recht fragt Jeremias in diesem Zusammenhang, warum denn Jeremia nur knapp dem Tod entkam, warum Uria wegen seiner Botschaft sein Leben lassen mußte, warum Amos' Botschaft zur Anzeige durch einen Priester an den die Gerichtshoheit auch im Heiligtum ausübenden König gelangte und warum schließlich Jeremia ausgerechnet von Priestern und Propheten des Hochverrats angeklagt und beim König angezeigt wurde, weil er nicht das Heil des Volkes, sondern sein Unheil suche, wenn der Kult Israels für all diese Prophetenworte prinzipiell offenstand (vgl. ebd.)

(63) vgl. Jeremias, Jörg, a.a.O., S. 178;179;181;183 u.ö.

(64) vgl. Jeremias, Jörg, a.a.O., S. 176

gesetzten Heilszustand Israels zu ihrer Zeit. Worin sie sich nicht unterschied, war die gemeinsame Überzeugung, daß Rettung und Heil möglich waren, aber nicht ohne zuvor durch das Gericht hindurchgegangen zu sein: "Erst jenseits des Totalgerichts bricht der Rettungswille Jahwes durch, der einem neuen Israel eine neue Existenz schenkt." (65)

Das Gericht war damit nicht lediglich als eine Art Purgatorium zu betrachten, durch dessen Nichtidentität eine Vermittlung und positive Erarbeitung des alten Heilszustandes ermöglicht wurde, sondern als die Beendigung des alten Heilsverhältnisses mit Jahwe, zu dessen Aufrechterhaltung die Voraussetzungen bereits fehlten und verspielt waren. Die Konsequenz daraus war das Unheil und das Gericht, das als unausweichlich angesehen wurde, weil die Bedingungen zu seiner Verhinderung schon jetzt fehlten: Der alte Heilszustand hatte sich überlebt; die Berufung darauf war ein fataler Anachronismus, der seine Verlegenheit nur mühsam hinter Klage- und Versöhnungsriten im Kult und hinter Erfolg und Prosperität in Politik und Wirtschaft zu verbergen vermochte. Darin nämlich lag der eigentliche Radikalismus der Unheilspropheten, daß sie nicht allein von der Wurzel her eine Neu-Interpretation der alten Heilstraditionen leisteten und von dorther eine neue Verhältnisbestimmung zu diesen Heilstraditionen forderten, sondern daß sie entwurzelten, indem sie das Verhältnis als krank und irreparabel diagnostizierten und die Berufung auf die alten Heilstraditionen als illusorische und ignorante Sicherheiten kennzeichneten und ad absurdum führten: Indem sie diese Heilstraditionen nämlich in ihrem Ernst und ihrem Geltungsanspruch aufgriffen, wurden sie - konsequent in Rechnung gestellt - zur Unheils- und Gerichtsdrohung gegen Israel. Die Unheils- und Gerichtsgewißheit, die Einsicht in die verlorene Heilsgrundlage, deren traditionelle Garantien obsolet geworden waren, die Analyse der alten Heilstraditionen auf ihren umfassenden, Israel betreffenden und auch in Pflicht nehmenden Anspruch, welche mit dem irreversibel zerbrochenen Heilsverhältnis konfrontierte, die - geradezu in Umkehr der für selbstverständlich und fraglos gehaltenen Sicherheiten - Entschleierung des Heilsbewußtseins als Trug und Schein zur Beruhigung und als Alibi der eingerichteten und vollzogenen Praxis in ihrer permanenten und mechanisierten Korrekturbedürftigkeit und Korrekturfähigkeit, all dieses war wenig dazu angetan, ja verbot es regelrecht, der Unheilsprophetie eine kult- oder gar staatstragende Funktion zuzuerkennen, und sie verbot sich dieses auch von sich aus, wenngleich einzelne Unheilspropheten auch die Publizität des Heiligtums und der Festtage als Forum nutzten (66).

Demgegenüber geht die Heilsprophetie auf die ältere Tradition zurück.

---

(65) Jeremias, Jörg, a. a. O., S. 179; ob Amos von dieser Erwartung für ein zukünftiges Heil Israels auszunehmen ist - wie Jeremias meint -, wird im weiteren Verlauf der Untersuchung zu prüfen sein.

(66) vgl. auch Jeremias, Jörg, a. a. O., S. 183;191

Heilspropheten waren als Kultpropheten unentbehrlich für die Feststellung bzw. Wiederherstellung oder Erhaltung des Heilszustandes eines Staatswesens. So hielten sie Klage- und Versöhnungsliturgien ab und verkündeten zur Wiederherstellung des Heilszustandes Gericht und Unheil über einzelne Rechtsbrecher oder einzelne als schuldig gebranntmarkte Gruppen, oder sie wurden auch vor wichtigen politischen Unternehmungen gefragt: nicht wie in einem Hearing, in dem ihr politischer Sachverstand bezüglich eines bestimmten Fachproblems gefragt war, sondern in einer Art Rückversicherung, daß bestimmte Entscheidungen den Heilszustand des Staates nicht störten; ihnen wurde also eine Sensibilität in der Beurteilung des Heilszustandes und seiner möglichen Belastbarkeit zugesprochen, andrerseits war ihre Wirkung streng situationsgebunden (67), sie erarbeiteten keine grundsätzlichen Überlegungen zur etwaigen Infragestellung des Heilszustandes oder einer grundsätzlich neu zu orientierenden Einstellung dazu. Solche Überlegungen waren den Heilspropheten zutiefst unverständlich und fremd; das Heil war vorgegeben, an seiner Kontinuität - auch nach vorübergehendem Unheil - war nicht zu zweifeln, es konnte nicht grundsätzlich verlorengehen. Die Predigt der Unheilspropheten mußte auf diesem Hintergrund eher Kopfschütteln hervorrufen als ernsthafte Bekämpfung provozieren - obwohl auch dafür Beispiele angeführt werden können -, denn mit der Entwurzelung aus dem Heilszustand dachte sie das Unheil nicht vom Heil, von dessen Differenz her und sonderte daher auch nicht Schuldige aus, sondern sah diese als exemplarisch für die Gesamtlage (68) an, sie dachte vielmehr Unheil vom totalen Entzug des Heiles her, gewissermaßen als Abgrund ohne Rand, als Sturz ohne Halt: eine schier nicht nachvollziehbare Unverständlichkeit, nicht allein wegen der äußeren Indizien, die dagegen hätten angeführt werden können, sondern vor allem auch wegen der damit faktisch vollzogenen Leugnung der Lebensgrundlage schlechthin. Indessen gingen die Unheilspropheten ihrerseits zum Kampf gegen die Heilspropheten über (69). Sie warfen

---

(67) vgl. auch Jeremias, Jörg, a.a.O., S. 199: Mit dieser Situationsgebundenheit erklärt Jeremias auch, warum nicht die zu ihrer Zeit dominierenden Heilspropheten, sondern die in ihrer Zeit eher als Randerscheinungen zu charakterisierenden Unheilspropheten, die - in Aufnahme einer Formulierung Wolffs (Gesammelte Studien zum Alten Testament, ThB 22, München [2]1973, S. 211) - nicht für einen Tag, sondern zur immer neuen Verkündigung gedacht waren, sich in der Tradition schließlich behaupten konnten (vgl. ebd.).

(68) vgl. Jeremias, Jörg, a.a.O., S. 179

(69) vgl. auch Jeremias, Jörg, a.a.O., S. 192; er sieht vor allem im Kampf der Propheten Micha, Jeremia und Ezechiel das Problem von wahrer und falscher Prophetie ausgetragen, den einzelne visionäre Gestalten gegen ein institutionalisiertes Prophetentum geführt haben (vgl. ebd.).

ihnen vor, den Ernst der Lage zu verkennen oder - schärfer noch - sich und andere darüber hinwegzutäuschen, indem sie geschäftig an Symptomen kurierten, ob aus dem Opportunismus oder aus der verengten Perspektive, die ihnen jeweils aus ihrem Amt entstanden, wird dabei verschieden beurteilt.

Schon in Mari war die Prophetie - wie gezeigt werden konnte - immer in irgendeiner Weise mit dem Heiligtum verbunden. Das galt, was die literarische Gattung betraf, nicht nur für die in den oben angeführten Betrachtungen besonders hervorgehobenen Briefe, in denen Visionsberichte eine Rolle spielen, sondern auch für andere so überlieferte Prophetenworte aus Mari; das galt, was die Kennzeichnung der Gruppe anging, ebenso für Propheten, von denen nicht angenommen werden konnte oder regelrecht abzulehnen war, daß sie Kultbeamte waren. Dennoch weist die enge Verbindung mit dem Heiligtum auf einen kultischen Sitz der Prophetie, die in Mari - um die vorgestellten Kategorien hier zu verwenden - durchgängig als Heilsprophetie einzustufen ist: Sie ging grundsätzlich von einer gegebenen Heilssituation aus; ihre Unheilsdrohung richtete sich nicht gegen die Gesamtheit des Staatswesens; selbst wo in der Vision der Tempel leer, die Gottheit stumm und abwesend und die Situation insgesamt als bedrohlich, hoffnungslos und ohne Ausweg erschien, wurde das zugrunde gelegte Heilsverständnis auch hier nicht als restlos aufgehoben und zerstört, sondern nur als verstellt und behindert betrachtet, wenn immerhin ein zukünftiges Sprechen der Gottheit in Aussicht gestellt wurde. Wenn auch nicht alle in den Mari-Briefen erwähnten Propheten als Kultbeamte angesehen werden konnten, so ist es aber dennoch bemerkenswert, daß alle ihrer Erwähnung bzw. offiziellen Weiterleitung in amtlichen Schreiben an den König überhaupt ihre Überlieferung verdanken. Auch die nicht im Kult beamteten, "freien" Propheten verstanden sich offenbar aus einer systemstützenden Loyalität heraus, die sie in die Amtsstuben der Berichterstatter an den König führte; dieses grundlegende Interesse verband sie mit den Kultpropheten. Sie sind schon von daher, aber auch aus anderen, hier nicht näher zu entfaltenden Gründen von den israelitischen "freien" Propheten zu unterscheiden, obwohl auch sie als charismatische Gestalten angesprochen werden müssen, die nicht aufgrund einer Institutionalisierung, sondern kraft eigenen Sendungsbewußtseins ihrer prophetischen Aufgabe nachgingen (70).

---

(70) Damit soll nicht hier festgelegt werden, daß Institutionalisierung und Charisma einander etwa ausschließen - das kann in diesem Zusammenhang nicht breit entfaltet werden und überhaupt auch nicht Gegenstand der vorliegenden Überlegungen sein -, sondern es sollte unterschieden werden zwischen solchen Propheten, die gewissermaßen als anerkannte Fachleute fest in das gesellschaftliche Gefüge installiert waren und zunächst einmal von dorther ihre Autorität und wohl auch ihr Charisma bezogen haben - ich sehe aber keinen Grund, der auch dort eine eigenständige charismatische Begabung ausschlösse - und solchen Propheten, die nicht auf eine Funktion zurückgreifen, sondern allein auf ihr Charisma.

Auch in Israel ist das so verstandene Kultprophetentum erheblich älter als die "freie" Prophetie. Ihre Aufgabe ist oben skizziert worden, wie aber ist ihre Funktion konkret vorzustellen und welche Traditionen finden sich in ihr aufgenommen? Zunächst einmal ist das Kultprophetentum auch organisatorisch nicht als ein am Heiligtum fungierender homogener Block vorzustellen, sondern in einer der Vielfalt ihrer Aufgaben entsprechenden Polymorphie. Ausgegangen werden kann zunächst davon, daß die "primäre amtliche Rolle aller Propheten war..., als Mittler die Nöte, Sorgen und Fragen ihres Volkes vor Jahwe zu bringen und daraufhin seine Antworten, seinen Willen und Weg Israel mitzuteilen.... Um dieser ihrer Vollmacht willen wurden sie von einzelnen Gliedern ihres Volkes aufgesucht, und aus den mitgebrachten Gaben und Geschenken bezogen sie weithin ihren Lebensunterhalt (1. Sam 9, 6ff; 1. Kö. 14, 1ff; Mi 3, 5 u. ö.)." (71) Eine solche Jahwe-Befragung war nun so vorzustellen, daß die Auskunftsuchenden in das Haus des Propheten kamen, dessen Lage meist allgemein bekannt war; ebenso verhält es sich, wenn er auf der Durchreise war, dann sprach sich sein Aufenthaltsort offenbar sehr schnell herum, und man frequentierte ihn jeweils dort, wo er anzutreffen war. Diese Situation spricht zunächst kaum für eine Bindung der Propheten an ein Heiligtum (72), ja, sie läßt auch schwerlich Zusammenhänge mit Kultprophetie überhaupt - wie sie etwa durch den āpilum oder muhhûm bzw. durch die āpiltum oder muḫḫûtum in Mari vertreten war - erkennen. Allerdings hatten sie die offizielle Funktion, Israel als ganzes bei seiner Bitte in nationalen Notlagen im Gottesdienst zu vertreten (73). Hier dringt deutlich kultprophetische Funktion durch, indem sie das Heil reklamierten, das für sie wie für den Staat, in dessen Interesse sie eintraten - damit ist nicht einfach ein herrschaftsstabilisierendes Interesse gemeint (Elischa konnte durchaus konspirative und revolutionäre Aktivitäten entfalten) - ohne Frage feststehende Grundlage war. Verschiedene Texte lassen darauf schließen, daß sich Propheten organisierten und in Gruppen auftraten mit einem Propheten-Meister an der Spitze; solche möglicherweise in Gilden auftretenden Gruppen waren dann später - wie nach Jeremias exemplarisch 1 Kön 22 zeigt (74) - organisiertes Tempelprophetentum, auf dessen Dienste der König jederzeit zurückgreifen konnte und gingen schließlich in nachexilischer Zeit in den Reihen der Leviten auf, für welche Entwicklung nach Jeremias die Ersetzung des Begriffes "Prophet" aus 2 Kön 23, 2 durch den Begriff "Levit" in 2 Chr 34, 30 ein untrügliches Indiz ist (75). Auch dies läßt

---

(71) Jeremias, Jörg, a. a. O., S. 184

(72) vgl. ebd.

(73) vgl. ebd.

(74) vgl. Jeremias, Jörg, a. a. O., S. 187

(75) vgl. Jeremias, Jörg, a. a. O., S. 6/7; aber auch später S. 186

schon früh kultprophetische Tendenzen durchscheinen.

Nun ist aber nicht zu leichtfertig auf ein einlinig sich entwickelndes und sich schließlich wieder auflösendes Prophetentum zu schließen: Allzu komplex ist das Phänomen israelitischer Prophetie, wie sich schon durch ihre Verschiedenartigkeit in der klassischen Zeit klar zeigt, erst recht gilt das für die vorklassische Zeit wegen des kaum entwirrbaren Knäuels, "in dem sich etwa ein Sehertum, ein in Scharen auftretendes ekstatisches Nabitum, ein an den König gebundenes Hofprophetentum, ein genossenschaftlich organisiertes Prophetentum und verschiedene Übergangserscheinungen wenigstens notdürftig voneinander unterscheiden lassen" (76) und doch wieder verschlungen haben, so daß auch nach der Differenzierung der genannten Möglichkeiten keineswegs klare Verhältnisse geschaffen sind, ob nicht verschiedene Erscheinungen in institutionellem Zusammenhang miteinander standen, zumal - wie auch Jeremias einräumt - alle in irgendeiner Verbindung zu Heiligtümern zu denken waren. Wenn hier also von Kult- bzw. von Heilsprophetie die Rede war, so besteht mit Jeremias, Rad, Rendtorff, Plöger, Lindblom u. a. (77) Einigkeit darin, daß die verschiedenen Arten vorklassischer Prophetie jedenfalls nicht von einer einheitlichen kultischen Institution her erklärbar sind, wenn auch hier daran festgehalten werden soll, daß sie alle ein grundlegendes Interesse mindestens verband: das Heil Israels als selbstverständliche Lebensgrundlage ständig neu zu reklamieren, für seine Störungsfreiheit zu sorgen, indem Unheilsfaktoren isoliert und beseitigt wurden, indem Unheil durch Jahwe-Befragung zu vermeiden gesucht wurde, indem im Unheil die Heilsgrundlage immer wieder erinnert und durch Versöhnungsriten herbeizuführen getrachtet wurde; unabdingbar dafür waren die engere oder weitere Bindung an ein Heiligtum. In dieser Hinsicht scheinen sie mit den Mari-Propheten vergleichbar zu sein, obwohl deren Stellung - gab es nur einen muḫḫûm an einem Heiligtum, wie Koch (78) vermutet? wie war das Verhältnis zu den Priestern institutionalisiert, die ihrerseits auch prophetisch auftreten konnten? - ebenfalls unklar ist.

Was nun die Zeit der klassischen Schriftpropheten betrifft, so wird zwar nicht deutlicher, wie das Heilsprophetentum nun zu beurteilen ist, ob es als eine mehr zusammengefaßte Größe verstanden werden muß, oder ob nur die verschiedenen heilsprophetischen Bewegungen als bekannt vorausgesetzt werden, oder ob sie einfach klischiert werden, um eine leichtere und klarere Distanzierung von ihnen zu erreichen, all dies bleibt wegen der Selbstverständlichkeit des Lebens und der Auseinander-

---

(76) Jeremias, Jörg, a. a. O., S. 2/3

(77) vgl. Jeremias, Jörg, a. a. O., S. 3; insbes. auch ebd. Anm. 1

(78) vgl. Koch, K., a. a. O., S. 59

setzung damit schlichtweg dunkel. Als Argument für eine größere Pluralität könnte immerhin - trotz gelegentlicher Bekämpfung - das vielleicht prinzipiell wenigstens tolerierte, auch am Hof und am Heiligtum verkehrende Unheilsprophetentum angesehen werden; aber das muß hier eine vage Vermutung bleiben. Festzustehen scheint nur, daß die Heilspropheten und nicht die sich in der Tradition schließlich durchgesetzt habenden Unheilspropheten die Anerkennung der Zeitgenossen besaßen, und daß ihre Funktion und Stellung auch im Hinblick auf ihre gesellschaftliche Rolle in ihrer Unverzichtbarkeit plausibel gemacht werden konnte und akzeptiert wurde. Allerdings scheinen rasende Prophetenscharen zu dieser Zeit keine wichtige Bedeutung mehr gespielt zu haben. Gegen sie wird kaum Polemik laut, und gegenüber der in Raserei geratenen Prophetenschar, die noch den jungen Saul mitzureißen verstand und von der sogar das geflügelte Wort von Saul unter den Propheten stammt (1 Sam 10,10-13), wirkt z. B. die "Raserei" der Prophetenschar unter Führung Zidkijas vor Achab und Jehoschaphat in ihrem Ornat (1 Kön 22,10-12) doch sehr zivil konditioniert und ihrer Spontaneität beraubt: Da springt nicht unberechenbar und ergreifend ein begeisternder Geist zündend über, sondern er gebärdet sich nach Ausdruck suchend auf Verlangen. Tatsächlich von Bedeutung scheinen die am Tempel organisierten und für den König zur Verfügung stehenden Propheten gewesen zu sein, die wohl auch schon in der Zeit der vorklassischen Prophetie eine dominierende Rolle spielten, ähnlich wie auch die erheblich älteren Prallelgestalten aus Mari.

Betrachtet man einmal auf diesem Hintergrund erneut das, was sich über Visionsberichte ausmachen läßt, so wird deutlich, daß für Visionen nie der Versuch gemacht wird, sie in irgendeiner Weise kultisch zu institutionalisieren. Sie werden ernstgenommen und in ihrer Autorität und ihrem Gültigkeitsanspruch hoch geachtet. Ihnen wird eine besondere Gewißheit und eine tiefere Einsicht in die Zusammenhänge zugetraut, die Gegenstand ihres Sehens mit all den oben darüber aufgeführten Implikationen sind. Sie werden in ihrer Ausführung in Visionsberichten - mehr noch als Botenworte, die wiederholenden Charakter haben - in ihrer spontanen und originalen Verarbeitung und Auswertung der mit der Gottheit in Verbindung stehenden und ständig darauf zurückbezogenen Einsicht wie ein sich gegenseitig befruchtendes Ineinanderwirken von offenbarender Gottheit und auslegend-vermittelndem Propheten verstanden: Die Gottheit kommt in ihnen zwar nicht wörtlich - wie im Botenspruch -, dafür aber unmittelbarer, wenn auch nicht unvermittelt, sondern in einem Entwurf zu Wort, der unter Voraussetzung gemachter Erfahrungen und als Selbstverständlichkeiten zugrunde liegender Bedingungen diese problematisiert und neu zu orientieren sucht, der also selbst praktisch und richtungsweisend und schöpferisch analysierend (will sagen Vorgegebenes aufnehmend, ohne daran hängenzubleiben) und nicht analytisch-deskriptiv ist; aber sie werden nicht kultisch institutionalisiert (79). Das gilt für die israelitische Prophetie genauso wie auch schon für die Mari-Prophetie (vgl. die Hinweise in Anm. III/79).

Zunächst einmal werden Visionsberichte aus der vorklassischen Zeit sehr sparsam erwähnt (vgl. oben), sogar der Begriff mar'ā taucht nur selten auf. Valentin hat im Verlauf seiner Analyse von Num 12 festgestellt, daß sich die Singularform (80) neben Num 12,6b_b nur noch in Gen 46,2; 1 Sam 3,15; Dan 10,7f.16 findet, wobei außer in Gen 46,2 überall ein prophetischer Kontext vorliegt (81). Während die Belege in Dan für die zu führenden Überlegungen außer Betracht bleiben können, setzen die übrigen Vorkommen Nachtgesichte voraus (82); das gilt sowohl für den Erzvater Jakob, der im Nachtgesicht den Auftrag erhält, nach Ägypten zu ziehen (Gen 46,2ff), als auch für die Berufung des jungen Samuel, der während des Schlafes im Tempel von Schilo von Jahwe

---

(79) Die Tempelinkubation zur Erlangung von Traumoffenbarungen (Valentin, H., a.a.O., insbes. S. 737-740 - vgl. dazu Ehrlich, E.L., Der Traum im Alten Testament, BZAW 73, Berlin 1953) ist kein Gegenargument dafür, weil hier nicht von Visionen im angesprochenen Sinn die Rede ist und im AT aus oben schon genannten Gründen überhaupt Träume von Visionen unterschieden werden müssen. In Mari ist die Unterscheidung, wie ebenfalls schon oben angesprochen wurde, schwieriger, weil beide Weisen der Offenbarung parallelisiert werden, aber auch hier stellt sich z.B. der Traum der Dannana (ARM X,100), den sie im Heiligtum des Dagan geschaut hat und den sie offensichtlich dort gesucht hat, deutlich in seinem herbeigeführten und instrumentalisierten Charakter als vergleichsweise dürftig bezüglich der Schilderung des Gesehenen dar - von tatsächlich Gesehenem kann kaum die Rede sein -, wenn man ihn, der doch sogar in einem Selbstbericht überliefert ist, etwa dem eine Vision ausführenden Fremdbericht ARM X,10 oder auch dem Selbstbericht ARM X,50 gegenüberstellt. Die übrigen freilich bürokratisch formalisierten Visionsberichte lassen, obwohl sie sich alle in irgendeine Verbindung zum Heiligtum einer Gottheit bringen, keine vorangegangene Inkubation oder eine andere kultische Institutionalisierung erkennen.

(80) Die Pluralform findet sich in Ez 1,1;8,3;40,2; wegen der Schwierigkeiten, die sich aus einer teilweise abweichenden Punktation in Ez für verschiedene Sing.-Vorkommen ergibt - vgl. die Diskussion bei Valentin, a.a.O., insbes. S. 795/796 - und weil eine eingehende Berücksichtigung des Ez für das vorliegende Problem nichts weiter austrägt, soll darauf hier nicht näher eingegangen werden.

(81) vgl. Valentin, H., a.a.O., S. 794

(82) vgl. ebd.

dreimal angesprochen wird und den Auftrag zu einer Gerichtsankündigung an den Priester Eli (1 Sam 3) erhält; für Num 12,6b_b ist Entsprechendes zu vermuten, obwohl es nicht eindeutig auszumachen ist (83). Jedenfalls setzen auch andere Gottesmitteilungen die Form eines Traumes voraus, wenn in Gen 15,12.17 Abraham im Tiefschlaf seine Gotteserscheinung zuteil wird (84) oder Bileam zunächst übernachten läßt und dann die göttliche Auskunft in Aussicht stellt (85). Dennoch läßt die Nebeneinanderstellung von Träumen und Visionen, wie sie etwa in Num 12 vorliegt, deutlich erkennen, daß im Traum stärker "das Moment des Dunklen und Rätselhaften zum Ausdruck gebracht werden (konnte) als durch den Hinweis auf eine Vision" (86). Visionen beschreiben in typischer Form ein Medium prophetischer Offenbarung (87).

Es ist daher auch fraglich, ob in den soeben angeführten Stellen tatsächlich von Visionen die Rede ist. Zu viele Unklarheiten und schwer zu vereinbarende Vorstellungen laufen dabei ineinander. Warum wird immer wieder auf die Nacht als Zeitpunkt des Empfangs verwiesen? Warum wird andrerseits aber auch nicht expressis verbis von Träumen gesprochen? War die Nacht als günstig für Gesichte aller Art angesehen? Wie unterschied man - besonders als Berichterstatter darüber, aber auch als Gesichtsempfänger - zwischen Träumen und Visionen? Oder unterschied man vielleicht, zumindest als Berichterstatter, gar nicht die verschiedenen Arten von Gesichten - offenbar gehörten auch noch die Auditionen dazu, wie 1 Sam 3,1ff nahezulegen scheint (was "sieht" Samuel während der geschilderten Begebenheit denn schon!) - und kannte nur mehr vom Hörensagen, vermutlich auch aus alten, aber kaum mit konkreten Vorstellungen verbundenen und belebbaren Traditionen solche besonderen Formen der Offenbarung?

Gewiß deutet manches darauf hin, daß schon in der vorklassischen Prophetie, soweit sie heute erkennbar ist, Visionen bzw. Visionsberichte keinen tatsächlichen Sitz im Leben hatten. Es war zwar bekannt, daß es so etwas gab; sicher wußten älteste Überlieferungen davon zu berichten, und sicher kannte man die hohe Autorität dieser Offenbarungsweise, deren vermittelte Originalität in ihrem Ineinanderwirken von unmittelbarer göttlicher Offenbarung und vermittelnder prophetischer Auslegung ihren besonderen Anspruch auf direkte Gültigkeit und Wirksamkeit erinnern ließ. Aber es gab offenbar keine konkreten und aktuellen Anhaltspunkte, die auf lebendige Erfahrungen mit Visionen und Visionsberichten

---

(83) vgl. ebd.

(84) vgl. Valentin, H., a.a.O., S. 724

(85) vgl. ebd.

(86) Valentin, H., a.a.O., S. 742

(87) vgl. Valentin, H., a.a.O., S. 743

blicken konnten. Darauf weist nicht allein die schon oben vermerkte sporadische Erwähnung hin, sondern auch der sehr undifferenzierte Gebrauch - oder anders gewendet - der zu jener Zeit sehr undifferenzierte Sinn des Terminus für Vision, der auch Träume oder reine Auditionen mit abdecken konnte. Zudem hebt auch 1 Sam 3,1 die Seltenheit von Gesichten Jahwes hervor und stellt so einerseits deren besondere Bedeutung und andrerseits ihre Ungewöhnlichkeit heraus. Was dann in 1 Sam 3 folgt, ist ja in der Tat auch keine Vision, in der auf Gesehenes zurückgegriffen wird und läßt die gesamte Unklarheit und wohl auch Unsicherheit durchscheinen, mit der diese Offenbarungsweise reklamiert wurde: ihre Verbindung mit Nacht und Schlaf, ihre Verlegenheit um etwas Gesehenes und schließlich ihre Festlegung auf das "Ergebnis" der Offenbarung, die an eine auch in den Mari-Briefen schon angetroffene Tendenz erinnert, die Visionsberichte nur im Hinblick auf ihre Quintessenz zumeist wiedergibt und sie so fast als Auditionen erscheinen läßt, für die der Zusammenhang eines Visionsberichtes eher behauptet als plausibel gemacht wird. Möglicherweise spielt auch dies hier eine Rolle; das muß an dieser Stelle jedoch offengelassen werden. Ähnliches gilt für die anderen genannten Stellen.

Wenn aber in der vorklassischen Prophetie, auf deren Tradition - wie schon aufgewiesen wurde - in wichtigen und repräsentativen Ausprägungen die spätere kultische Heilsprophetie zurückgeführt werden konnte, Visionsberichte zwar ein hohes Ansehen genossen und in ihr auch erkennbar wurde, daß darin älteste Traditionen der Offenbarungsvermittlung angesprochen wurden, ohne daß - daher die vieldeutige, verschiedene Herleitungen zulassende, andrerseits auch wieder vorsichtige und unsichere (vgl. oben) Umschreibung - ein ursprünglicher Sitz im Leben noch benannt werden konnte, viel weniger aktuell ein solcher Sitz erkennbar werden konnte, dann kann festgestellt werden, daß diese alten, in der vorklassischen Prophetie verschütteten Offenbarungstraditionen durch die klassische Unheilsprophetie erst wieder ausgegraben wurden. Dies geschah nicht nur zu ihrer respektvollen, aber im Grunde unklaren, mehr andeutenden Aktualisierung, sondern um aufgrund ihrer erkannten Vermittlungsmöglichkeiten erneut zu einer Verkündigung des Gotteswillens zu gelangen, die in der Lage war, über bestehende Vorgegebenheiten hinaus bis hin zur In-Frage-Stellung der alten Heilstraditionen, ja, bis hin zum Antasten des Heilswillens Jahwes selbst als grundlegende Interpretation Orientierungsmodell und nicht bereits orientierte Deskription zu sein. Es ging also darum, die selbstverständlich vorausgesetzten Bedingungen des Verhältnisses Jahwe/Israel kritisch zu rekonstruieren und auf ihre Tragfähigkeit bzw. "Heils"fähigkeit zu überprüfen. Dabei kam es nicht allein darauf an, das vorgefundene Selbstverständnis Israels über die genannten Bedingungen einfach zu demontieren, aber es sollte auch ohne "dogmatische" Rücksichten, die zu Einengungen hätten führen können, ein neuer Entwurf gewagt werden, der das Verhältnis Jahwe/Israel auf eine solide Grundlage zu stellen vermochte. Damit ist nicht gemeint, daß die Heilspropheten und die, die ihrem Urteil folgten und ihre Voraussetzungen teilten, etwa von ihrem naiven Optimismus zu einem realistischen Verständnis geführt werden müßten. Wenn man schon mit diesen Kategorien arbeitet, dann wäre eher die Heilsprophetie als die realistische Weise der Interpretation anzusehen, deren Funktion ja nicht als eine begütigende und glättende Verschleierung mißverstanden werden darf, sondern als ein ständig neuer Versuch gesehen werden muß, über Kompromisse und Versöhnungen mit der faktisch gelebten Wirklichkeit Heil - und was heißt das denn anders als eine zu bejahende und den eigenen Lebensdispositionen prinzipiell günstige Grundlage, auf der ein jeweiliges Leben überhaupt nur gedeihen und gelingen kann? - zu erstreiten. Hierin liegt der Realismus, der faktisch Lebensmöglichkeiten in Rechnung stellt und sie positiv - d.h. ausgehend von der Selbstverständlichkeit, daß in der Tat Menschen oder hier genauer Israel unter der Voraussetzung und in dem Glauben ihr Leben gestalten, daß dessen Basis nicht grundsätzlich verquer und zuwiderlaufend und jedem Gelingen abträglich ist - zu bestimmen sucht. Dazu gehört der Optimismus, der sich solcher Basis jedenfalls nicht prinzipiell entzogen sieht, sondern von ihr zunächst einmal ausgeht, ohne naiv genannt werden zu können.

Wie fremd erscheint demgegenüber doch die These von der verlorenen Grundlage, dem aufgehobenen Jahwe-Verhältnis, dem hereingebrochenen Unheil! Ist sie nicht eine negative Utopie, die sich nicht an den überlieferten, sich sicher immer wieder bewährt habenden und wohl auch im täglichen Lebensvollzug hier und da gemachten Erfahrungen der Sicherheit und Geborgenheit, des Gelingens und der sich eröffnenden Möglichkeiten und Perspektiven orientiert, sondern programmatisch gleich an ihren Beginn die Botschaft vom Heulen und vom Ende, von der Vernichtung und von der Hoffnungslosigkeit gesetzt hat? Sie wäre es meines Erachtens in der Tat, wenn sie aus dieser Unheilsbotschaft wie aus einer direkten inhaltlichen Herleitung zu verstehen ist, ohne die Vermittlungsform dieser Botschaft weiter in Rechnung stellen zu müssen. Es ist ja immerhin zu beachten, daß die so gekennzeichnete Unheilsbotschaft vom Jammer und vom Ende in nicht wieder übertroffener Schärfe nicht in irgendeinem Spruch, sondern in den Visionsberichten des Amos formuliert worden ist.

Damit aber ist in zugespitzter Weise die Frage nach Visionen bzw. Visionsberichten wieder gestellt. Wenn auch die Untersuchungen von Visionsberichten in der vorklassischen Prophetie wie auf eine elastische Barriere der Indirektheit und Mehrdeutigkeit gestoßen waren, die auf eine Verschüttung und aktuelle Ungebräuchlichkeit des Vermittlungsmediums "Vision" bzw. "Visionsbericht" wiesen, so war doch klar geworden, daß Visionen nur selten und auch schwierig greifbar wurden - das Reden über Visionen erinnerte teilweise an das Ausgerichtetsein auf sprachlich zusammenfaßbare Quintessenzen in den Mari-Briefen, bei dem von der Gattung "Vision" bzw. "Visionsbericht" meistens nicht mehr übrig blieb, als die Behauptung ihres Rahmens - und daß sie nicht, dies galt schon für die Mari-Visionen, aus irgendeiner Institutionalisierung heraus verständlich waren, obwohl Propheten immer in einer engeren oder weiteren Beziehung zu einem Heiligtum und auch zum Königtum standen. Dies alles deutet darauf hin, daß Visionen, was ihren Sitz im Leben betraf, durch eine große Ungebundenheit und nicht festlegbare Freiheit ausgezeichnet waren. Sie waren nicht - und das muß vor allem gegen Reventlow (vgl. oben) betont werden: auch nicht liturgisch - in irgendeiner Weise planbar, vorhersehbar oder einrichtbar. Daraus darf aber andrerseits auch nicht der Schluß gezogen werden, Visionen seien dem Privatbereich gar als geheime Offenbarungen oder Ähnliches zuzuschreiben, sie sind - wie sich gezeigt hat - auf Öffentlichkeit und Verständigung hin angelegt und als persönlich fixierte Eröffnungen in ihrer Kommunikabilität verkannt. Wenn hier von der Hervorhebung der Freiheit der Visionen die Rede war, dann war damit einerseits auf ihre jeder Institutionalisierung und situativ-überschaubaren Abgrenzung widersprechender Losgelöstheit abgehoben und andrerseits alle Willkür des Ausdrucks und der Phantasie ausgeschlossen. Visionen bzw. Visionsberichte waren erarbeitete Vermittlungsmodelle, die in ihrer Zeit auf Verständnis gewonnener und auf Jahwe bezogener Einsichten abzielten. Visionen waren auf diese Weise keine fertigen Bild- oder dargebotenen Geschehensabläufe, die nachzuerzählen oder einfach direkt weiterzuleiten Aufgabe des Visionärs war - damit wäre nicht einmal ausgeschlossen, daß dem Visionär dessen eigener Visionsbericht unklar geblieben sein konnte -, sondern mußten gestaltet und entworfen werden. Dieser Wille zur Gestaltung und zum Entwurf vertrug sich, auch über das hinaus, was die Form betraf, nicht mit der Reproduktion und - wenn auch modifizierten - Neuauflage von Vorgegebenem oder mit der Bindung an bereits bestehende Interpretationsmuster. Auch darin bestand die Freiheit der Visionsberichte, daß sie nämlich ihre Interpretation lösten von allen Sicherungen und Selbstverständlichkeiten und diese erst einmal problematisierten.

Es ist sicher kein Zufall, daß sich aus der vorklassischen Prophetie und im Grunde genommen auch aus Mari trotz häufigerer Erwähnung über Visionen so wenig erheben ließ - hier wurde unter Voraussetzungen interpretiert, die zumindest nicht den vertretbaren und selbstverständlichen Heils-Rahmen sprengten, in dem Lebensgestaltung sinnvollerweise überhaupt nur möglich ist -, aber es war doch so viel klar geworden, daß ihre besondere Autorität und das hohe Alter ihrer Tradition durchsichtig wurde. Es ist jedoch sicher ebenso kein Zufall, daß genau mit dem Einsetzen der klassischen Unheilsprophetie Visionsberichte deutlich wieder hervortraten, zur eigenen Aussprache gelangten und zum eigentlichen Träger des entscheidend Neuen in der Interpretation, nämlich der Unheilsbotschaft, geworden sind. Nun wäre es gewiß kurzschlüssig, Visionsberichte mit Unheilsprophetie in unmittelbaren Zusammenhang bringen oder sie gar daraus erklären zu wollen; schon in der vorklassischen Prophetie und bereits in Mari, ja - wie erschlossen werden konnte - längst vor der aus Mari bekannt gewordenen Prophetie gab es Visionsberichte, auch ohne Unheilszusammenhänge voraussetzen zu müssen. Man wird allerdings nicht fehlgehen, wenn man den Akzent auf das Neue und Nichtgekannte der Unheilsprophetie legt. Hier wird das grundsätzliche und entwurzelnde Unheil als Kategorie in die Interpretation des Verhältnisses Jahwe/Israel eingebracht und damit eine neue Dimension aufgerissen. Die Interpretation kann jetzt nicht mehr - sei sie auch noch so pessimistisch und bedrohlich - allein von der prinzipiellen Gewißheit des Heiles aus geführt werden, sondern es ist jetzt auch das Unheil, der radikale Entzug des Heiles für Israel als ganzes und nicht nur für bestimmte ausgrenzbare Gruppen - bei deren zu erwartendem Unheil handelt es sich ja nicht tatsächlich um einen Heilsentzug, sondern (eher eine soziale Sanktion) um eine Absonderung von der als ganze im Heil verbleibenden Heilsgemeinschaft - in Rechnung zu stellen.

Es ist meines Erachtens äußerst zweifelhaft, daraus zu folgern, die Unheilsprophetie habe sich von der Heilsprophetie in der Weise distanziert, daß sie jegliches Heil und damit jegliche Hoffnung auf eine tragfähige Basis gelingender und sinnvoller Lebensmöglichkeiten als illusorische Sicherheit oder gar als Beruhigung und Verschleierung der wahren Verhältnisse ablehnte. Was sie geleistet hat, ist die Einführung einer neuen Kategorie in die Diskussion um das Jahwe-Verhältnis zu seinem Volk, die Erweiterung und Dimensionierung der Interpretationen der alten Heils- und Erwählungstraditionen, das In-Rechnung-Stellen und das Ernstnehmen dieser alten Heilstraditionen in ihrer umfassenden Gültigkeit und Wirksamkeit: auch in ihrer Forderung an Israel. Aufgrund dessen hat die Unheilsprophetie nicht das Heil Israels oder die Bedeutung und Geltung der alten Heilstraditionen geleugnet, sie hat sie nur aus einer neuen Perspektive, nämlich der des Unheils, der ernstgenommenen Entwurzelung aus den sicher geglaubten Heils- und positiven (Gelingen und Gedeihen nicht von Grund auf durchkreuzenden) Lebensbezügen, zu verstehen gesucht. So treibt sie ihre Interpretation über den Rand der für selbstverständlich gehaltenen Grundlage hinaus, wagt den Ausgriff in das Unbekannte, das Halt und Sicherheit Entbehrende, ja, in das Verquere und Zuwiderlaufende aller Lebens- und Gestaltungsmöglichkeiten und erschließt so eine Dimension, die die Interpretation des Verhältnisses Jahwe/Israel bis zum Zerreißen in neue, bisher nicht gesehene Zusammenhänge streckt und das Heil Israels, seinen gewissermaßen ererbten Anspruch darauf und sein gelassenes Zurückblicken auf die alten Heils- und Erwählungstraditionen mit dem Unheil Israels kontrastiert.

Wer demnach meint, die Unheilsprophetie, besonders ihr nicht abzustreitender scharfer, an die Grenze der Unwiderruflichen und nicht mehr Umkehrbaren rührender Einsatz bei Amos, proklamiere den Jammer und das Ende für ganz Israel, der - das muß gegen J. Jeremias (vgl. Anm. III/65) u. v. a. festgehalten werden - berücksichtigt nur die eine Hälfte der Unheilsbotschaft, die zwar gegen ganz Israel gerichtet ist, aber auch bei Amos, davon wird noch zu handeln sein, vom

Mitleiden Jahwes, von seiner Solidarität und Heilsbereitschaft zu berichten weiß. Wenn nun gezeigt werden konnte, daß es die Visionsberichte waren, die zu Beginn der Unheilsprophetie Träger der unerhört neuen Interpretation des Verhältnisses Jahwe/Israel waren, so kann unter Voraussetzung der schon gewonnenen Einsichten über Visionsberichte vor allem ihrer Freiheit und Ungebundenheit, ja, ihrer sich jeder Vorgegebenheit verweigernden Art der Interpretation davon ausgegangen werden, daß der Sinn, in Visionsberichten zu reden, dort zum Ausdruck kam, wo das Verhältnis Jahwe/Israel und seine reklamierten Grundlagen in neuer, bisher nicht erschlossener Weise zur Interpretation gelangten. Solche Erweiterungen und Strukturierungen der interpretierend gesuchten Verhältnisbestimmung Israels zu Jahwe gab es - heute nicht mehr genau im Neuen und Ungekannten ihrer umfassender und entfalteter geleisteten Verständnismöglichkeit erkennbar - auch in der vorklassischen Prophetie und gewiß schon in Mari, obwohl dort erst religionsgeschichtliche Forschung, falls sich in dieser Hinsicht überhaupt noch etwas ausmachen läßt, klären müßte, worin denn der Fortschritt gegenüber dem vorangegangenen Verständnis besteht und was zur Neuorientierung des vorliegenden Verständnisses beigetragen hat; das kann hier aber nicht Gegenstand der Untersuchung sein. Es scheint sich jedoch deutlich abzuzeichnen, daß die unklare, teils auch vorsichtige und unsichere Rede von Visionsberichten vor der klassischen Unheilsprophetie auf diese verschütteten Zusammenhänge ihrer Interpretations- und Orientierungsabsicht verwies, die wohl deshalb verschüttet waren, weil sie nicht eine sich durchhaltende oder von Regelmäßigkeit und Festlegung gekennzeichnete Linie repräsentierten, sondern gerade ihren Sitz im Leben in der hier und da auf verschiedene Weise erfaßten Einsicht eines Propheten hatten und damit neue Möglichkeiten und Perspektiven der Interpretation der Traditionen und Grundlegungen eröffneten, auf die sich eine jeweilige Zeit zurückführen konnte, von der sie ihre Impulse und die Rechtfertigung ihres Handelns und ihrer Entwürfe bezog (88).

Man wird daher nicht von einem feststehenden und objektiv fixierbaren Sitz im Leben im hier angesprochenen Verständnis ausgehen dürfen, weil dieser sich aufgrund verschiedener zugrunde gelegter Erfahrungen

---

(88) Über die Frage, in welcher Art - im Heiligtum, am Schreibtisch, in der Predigt oder bei noch anderer Gelegenheit - dieser Sitz im Leben seinen konkreten Niederschlag gefunden hat, muß nähere Auskunft von den Überlegungen erwartet werden, die die Frage nach der Stellung der Visionsberichte im Amosbuch zum Gegenstand haben. Diese Frage muß auf die Visionsberichte des Amos festgelegt werden, weil sie für verschiedene Propheten oder gar Zeiten sicher verschiedene Lösungen zuläßt, wenngleich einige wohl auch generell ausschließbar sind, was erst zu erweisen sein wird.

und Voraussetzungen in seinen Rahmenbedingungen als veränderbar darstellte. Wenn Visionsberichte damit auch nicht in einem typischen soziokulturellen Zusammenhang festgemacht werden konnten - die Feststellung, sie verwiesen stets auf einen prophetischen Kontext und besäßen dort einen besonders ehrwürdigen Rang, erscheint allein als nicht befriedigend und vermag auch keine Konsequenzen für das Reden in Visionsberichten aufzuzeigen -, so waren sie doch durch den für sie typischen, sich in der Tradition der Visionsberichte durchhaltenden Ort und durch ihre Funktion in einer jeweiligen prophetischen Verkündigung typisierbar gewesen.

4. Vom Sinn prophetischer Vermittlung in Visionsberichten - Die kritische Revision des Heilsverständnisses Israels durch die Einführung des Unheilsverständnisses bei Amos -

Auf dem Hintergrund der vorangegangenen Überlegungen kann davon ausgegangen werden, daß die Visionsberichte des Amos, die zu Beginn der Unheilsprophetie Träger des eigentlichen Neuen in der Interpretation des Verhältnisses Jahwe/Israel und der ihm zugrunde gelegten Heils- und Erwählungstraditionen waren, den Sinn ihres Redens und Gestaltens in eigener, nicht durch traditionelle Bindungen, wohl aber durch traditionelle Freizügigkeit - im oben entfalteten Verständnis - und hohe Autorität charakterisierten Weise selbst definieren. Es ist ja schon beachtenswert, wie hier mit einem Bild eingesetzt wird, das aus dem Überraschungseffekt der Gegensätzlichkeit lebt, und das auf verschiedenen Ebenen der Betrachtung: Einerseits wird hier die Winzigkeit des Details in ihrer zerstäubenden Zahllosigkeit und ihrer verwirrenden Unübersehbarkeit ausgemalt, andrerseits die kompakte Macht und Stoßkraft ihrer zusammengefaßten und sich in den Rahmen und die Komposition eines Bildes fügenden Partikularität. Einerseits wird die ungeheure Bewegung und geschäftige Aktivität, die erregende Betriebsamkeit und punktuelle Vielseitigkeit, andrerseits die auf ein Ziel ausgerichtete oder mindestens in einem Ergebnis festlegbare Tätigkeit, die einlinige, fast blockhafte Art ihres Vorgehens, vorgestellt (89). Einerseits spielt die Aktivität, das Durcheinander und Nebeneinander, die gesamte Farbigkeit und Plastizität von lebendigem Geschehen in seiner vielgestaltigen Ausprägung eine wichtige Rolle, andrerseits lassen sich - vgl. die oben angeführten Überlegungen zum Bildcharakter der hier vorliegenden Zitate des Gesehenen - all diese verschiedenen und ungezählten Aktivitäten zusammenfassen in ein dafür charakteristisches Bild, ohne daß durch die Bewegung starr oder die legionhafte Winzigkeit gigantisch vereinheitlicht würde: Sie sind wie die tanzenden und doch in ein Bild strukturierten zahllosen Farbtupfer pointillistischer Gestaltungskraft, die die Vielseitigkeit und räumliche Ausschreitung ihrer Bewegung als Bild nicht verleugnen kann: eine Vexiertechnik, die zusammenfügt, zerstreut, anders zusammenfügt und so auch den Blickwinkel in die Gestaltung der Bewegung miteinbezieht. Keine ins Gigantische vergrößerte Heuschrecke könnte den Sinn ihrer Drohung umfassender, gründlicher und auch

(89) Damit soll hier jetzt nicht die Wichtigkeit des Frühjahrs-Graswuchses und die dementsprechend große Bedrohung durch die im Bild genannten Heuschrecken, worüber ohnehin - soweit ich sehe - nahezu vollständige Einhelligkeit besteht, (vgl. bes. die Kommentare, aber auch die zahlreiche übrige Literatur) abermals wiederholt werden; dies wird als bekannt vorausgesetzt.

schärfer fassen, als dieses Heer von unberechenbar verstreuter, arbeitsteiliger Zerstörungspotenz.

Blickt man von hier aus einmal herüber zum zweiten Visionsbericht, so wird in ihm durch das Zitat des Gesehenen - soweit es sich rekonstruieren läßt - die Vielgestaltigkeit, prinzipielle Ungreifbarkeit und bewegte Ruhelosigkeit, die schon das Bild des ersten Visionsberichtes prägten, in der Schilderung des Feuers (90) wieder erkennbar. Dennoch erscheint sie als Parallele - vielleicht liegt das auch an der schwierigen Rekonstruierbarkeit des vorliegenden Textes - in einer eigentümlichen Abhebung vom Bild mit den Heuschrecken. Vor allem, was dort die Partikularität der zahllosen Menge zu einem Symbol der unberechenbaren, aber systematischen und auch ins Detail gehenden Zerstörungsdrohung werden ließ, wirkt hier demgegenüber zunächst plakativ: Eine Feuersbrunst zerstört alles, keine Besonderheit oder Originalität scheint in der Gestaltung des Visionsbildes hier seinen Ausdruck zu finden; es wird darauf jedoch zurückzukommen sein. Übereinstimmend, ja, untereinander verbindend, werden die Auswirkungen des Gesehenen im zerstörerischen Fressen (vgl. die semantische Analyse) gesehen. Wie schon oben festgestellt werden konnte, (vgl. die Interpretation zum Verständnis der Visionsbilder in den gattungskritischen Betrachtungen), tragen diese Schilderungen der Wirkung dazu bei, die Visionsbilder in ihrem drohenden Charakter dadurch verständlich zu machen, daß sie sie als zur Ruhe gelangte Geste zwischen vollzogener und in Aussicht gestellter Zerstörung interpretieren. Heuschrecken wie Feuer werden gleichermaßen als verschlingende, nicht gelten lassende Größe gesehen, die, indem sie die Lebensgrundlage als solche anzutasten vermögen (vgl. die Ausführungen über das Kraut der Erde, die große Urflut und die Ackerflur in der semantischen Analyse), die Visionsbilder in ihrem Gehalt als lebensbedrohend, ja, als Entzug der Lebensbasis schlechthin und das heißt im Kontext der bisherigen Überlegungen: als Unheil vorstellen.

Im Unheil, das zeigen die hier zur Diskussion stehenden Visionsberichte in den Darstellungen ihrer Bilder, stehen nicht Lebensinhalte zur Disposition, sondern Lebensgrundlagen, und zwar elementare Lebensgrundlagen: Es kommt auf das Kraut an, auf die Ackerflur und auf die wasserspendende große Urflut, die zudem als eine Art Weltkonstituante - im ersten Visionsbericht muß eine Entsprechung dazu genannt worden sein (vgl. die Literar- und die Formkritik, insbes. die semantische

---

(90) Auch hier soll die sich allgemein durchgesetzt habende Ansicht, es sei damit die alles ausdörrende, wie ein Brand über dem Land und seinen Wasserreserven liegende Gluthitze zum Ausdruck gebracht - auch Wolffs "Feuerregen" weicht da im Prinzip kaum ab -, zunächst nicht angetastet werden; dafür sei ebenso auf die Kommentare verwiesen.

Analyse und die Struktur-Analyse), die im vorliegenden Text verlorengegangen ist - in noch weitergehendem Sinn gewissermaßen den Rahmen und die Basis dieser Lebensgrundlagen bildet. Das Unheil wird hier im Verschlingen der Lebensmöglichkeiten gesehen, wobei in kargen Zügen nur die notwendigsten Bedingungen dazu angedeutet sind: das Kraut der Erde als Nahrung, die zugeteilte Feldflur als wirtschaftlicher und auch politischer Bezugsrahmen gewissermaßen als Erwerbsquelle und Selbstbehauptungsanspruch, die große Urflut als wasserspendende, vor allem aber - mit anderen - den Boden bildende Konstituante, in dem die vorher genannten Bedingungen überhaupt erst wurzeln können, und bereits hier setzt die Entwurzelung an. Das Unheil ist damit nicht als eine Verdunkelung verstanden, die vorüberzieht, die zwar äußerst einschneidende Konsequenzen mit sich führen kann, aber die das Ganze der Welt in ihrem Gefüge nicht betrifft, vielmehr reicht es bis hier hinab und belegt auch diese Basis mit seinem Beschlag.

Im weiteren Verlauf nun bringt der Berichterstatter erstmals - sieht man von der auf einer anderen Ebene liegenden und den Visionszyklus als ganzen betreffenden allgemeinen Einleitung ab - sich selbst ins Spiel. In der Form einer Fürbitte an Jahwe reklamiert er zunächst die alten Heilstraditionen, die den Bestand Israels selbstverständlich voraussetzen, nach der vorangegangenen Drohung aber auch gleichzeitig als gefährdet ansehen. Die Frage ist daher gleichermaßen rhetorisch, wie erstaunt und überrascht zu verstehen: Sie ist unter den alten (Heils-) Voraussetzungen formuliert, stellt aber bereits die neuen Unheilsbedingungen in Rechnung. Sie relativiert damit nicht das Unheil, indem sie gleichzeitig das Heil erinnert und erstaunt zugrunde legt, sondern interpretiert es umfassend und von Grund auf und gegen ganz Israel gerichtet: hier muß das "Jakob" des ersten Visionsberichtspaares mit dem "Israel" des zweiten Visionsberichtspaares - wie schon die semantische Analyse zeigen konnte - parallelisiert werden. Die vorangehende Aufforderung zum Einhalt und zum Aufhören, mit der der Einsatz in das oben (vgl. die Gattungskritik) festgestellte Struktur-Schema der Fürbitte gleistet wird, die ihrerseits wiederum gerade in dieser Form als Interpretation des Gesehenen verständlich gemacht werden konnte, ist dazu kein Gegenargument. Sie ist im Zusammenhang zu sehen mit der in dieser Weise als Fürbitte strukturierten Berichterstatter-Interpretation, die das gesehene Unheil auszudeuten und zu vermitteln sucht. Dazu aber genügt es nicht, in der Gestaltung der Vision das Unheil auszumalen, die Gründlichkeit seiner Vernichtung und die Gier seines Verschlingens aller Möglichkeiten des Gedeihens und Gelingens vor Augen zu führen - dies muß als abstraktes und fremdes Drohgebaren angesichts vorliegenden Heilsoptimismus' und faktisch gefundener und realisierter Lebensmöglichkeiten auch dort im Grunde genommen unverstanden bleiben, wo es vielleicht akzeptiert oder zumindest nicht gleich verworfen wird -, sondern es muß ausgegangen werden vom Zweifel und von der ungläubigen In-Frage-Stellung und damit notwendigerweise auch von dem Widerstand gegen den Verlust dessen, was als selbstverständlich überlieferte Heilsvorstellung und als unabdingbares Fundament aller sinnvollen und nicht von vornherein durchkreuzten Lebensgestaltung nun als entzogen verstanden werden soll. Die Berichterstatter-Interpretation versucht gerade in ihrem Protest und all ihrer Empörung, diese Vermittlung zu leisten, indem sie die, an die sie gerichtet ist, in ihrer Auflehnung und ihrem notwendigen Widerstand abholt, sich dort, in der Krise, mit ihnen solidarisiert und so Unheil anders denn nur als einen defizienten Modus des Heils, sondern es vielmehr in seiner unabhängigen, nicht herleitbaren und schon gar nicht einfach kontrastierbaren "Selbständigkeit" zu erfassen und in Rechnung zu stellen.

Dabei ist die Interpretation in sich nicht einlinig, ein kompakter Argumentationsblock, sondern sehr einfühlsam gestaltet: Nach der zunächst eindringlich flehenden, in ihrer Spontaneität auch schroffen Aufforderung an Jahwe, die fast wie ein reflexartiges Abwehren des erschreckend Neuen und Bedrohlichen das beiseitezustoßen sucht, was deswegen dennoch Drohung bleibt, folgt die Frage, die wieder Ruhe und argumentierende Ordnung in das unausgeglichene, eher instinktive Zurückweisen zu bringen trachtet. Sie besinnt sich auf die alten Heilstraditionen und klammert sich an sie und reklamiert den Bestand Jakobs, der einerseits offensichtlich für nicht hinterfragbar gehalten wird, andrerseits aber faktisch zur Disposition gestellt ist und schließlich doch bereits einen bemerkenswerten Schritt auf dem Weg zum Verständnis und zur Akzeptierung der vermittelten Drohung des Unheils im oben entfalteten Sinn darstellt: Es wird nur auf den blanken Bestand abgehoben - eine äußerste Reduzierung des Anspruchs der alten Heils- und Erwählungstraditionen -, wie auch die Bedrohung sich gar nicht erst bei Applikationen aufgehalten hatte, sondern sofort an die Wurzel überhaupt gegriffen hatte.

Schließlich mündet die Berichterstatter-Interpretation in einen begründenden Satz, der nicht so sehr die Folgerichtigkeit des Angedrohten oder Ähnliches ansprechen will, sondern auf einen affektiven Aspekt abhebt: Es wird nicht der zu erhaltende Bestand Jakobs begründet, es wird auch nicht begründet, warum das angedrohte Unheil den Bestand Jakobs antastet, es wird im Grunde genommen vor dem Unheil und seiner Totalität resigniert, indem nichts dagegengesetzt, sondern - ein eigenartiges Umschlagen der Interpretation - auf die Kleinheit Jakobs verwiesen wird. Das hier verwendete qāṭōn läßt kaum - wie es sich syntaktisch zunächst darstellt - auf eine bloße Feststellung schließen, die die Kleinheit Jakobs von seiner Ausdehnung her thematisieren will (obwohl das terminologisch nicht ausgeschlossen ist), denn es müßte dann tatsächlich gefragt werden, wie eine solche Feststellung in den vorliegenden Zusammenhang paßt: etwa um den gesehenen Aufwand als zu umfangreich gegenüber der Kleinheit Jakobs anzumerken, ein Verlegenheitsargument also, wie es oft in aussichtsloser Lage zur Hand ist, ohne daß von ihm sehr viel Wirkung erhofft oder ihm sehr viel Beachtung beigemessen wird, eine Art letzter Seidenfaden, der noch einmal aufgenommen werden soll? Betrachtet man den bisherigen Gang der Berichterstatter-Interpretation, dann scheint es näherzuliegen, von dem Bedeutungsumfeld dessen auszugehen, was unter der hier angesprochenen Kleinheit verstanden ist. Man stößt dabei sehr schnell auf den engen Spielraum, der für die Ausdeutung noch zugelassen wird: Der verwendete Terminus, der die Kleinheit zum Ausdruck bringt, wird fast immer in einem übertragenen, das Kleine meist nicht ausschließlich von seiner Ausdehnung her verstehenden Sinn gebraucht; seltene Ausnahmen sind Gen 1,16; 1 Sam 2,19; 1 Kön 8,64; Jes 54,7; er steht sonst häufig in Antithese zu "groß" und meint dann "allesamt" oder "jeder" oder "alles" (vgl. Gen 19,11; 1 Sam 5,9;20,2;30,2.19; 1 Kön 22,31; 2 Kön 23,2;25,26; Jer 8,10;42,1.8;44,12; Am 6,11; Hi 3,19; 2 Chr 15, 13; 18, 30); oft findet er sich aber - und darin sind auch schon viele der genannten Antithesen miteingeschlossen - in den Bedeutungen "gering, jung, unerfahren", wobei die Bedeutung "gering" die beiden genannten anderen Bedeutungen - bis auf wenige Ausnahmen, in denen es um Rechtsangelegenheiten geht (vgl. Ex 18,22.26) - mitdefinieren kann, was jedoch nicht umgekehrt gilt (vgl. Gen 42,13.15.20.32. 34;43,29;44,2.12.23.26(2x);48,19; Ri 1,13;3,9;9,5; 1 Sam 15,17; 20,35; 1 Kön 3,7; 2 Kön 5,14; Jes 11,6;60,22; Jer 49,15; Ob 2; 2 Chr 21, 17; 22,1). (91) In dieser Bedeutung wird er zweifellos auch in Am 7.2.5 angetroffen, und es wird damit die Hilfsbedürftigkeit und Schwäche Jakobs reklamiert und so auf die Initiierung einer Fürsorge- und Pflegeaktivität abgehoben.

Damit setzt der begründende Aussagesatz in der Tendenz das fort, was in der vorangegangenen Frage, die den Bestand Jakobs betraf, auf ihre Weise zum Ausdruck kam, die dann jedoch gerade aufgrund der Erinnerungen der alten Heilstraditionen ins Leere gestoßen war und diese auf das Minimum des bloßen Bestandes reduzierte: Hier, in der vorliegenden "Begründung", ist längst klar geworden, daß das Heil nicht herleitbar und das Unheil nicht abwendbar ist, wie dies noch die reflexhafte Abwehrgeste des Imperativs zu Beginn der Berichterstatter-Interpretation versuchte. Es wird daher auch gar kein Versuch - weder zur einen, noch zur anderen Seite hin - unternommen, um begründend das gesehene drohende Unheil in irgendeiner Weise als ungerechtfertigt oder gar unrechtmäßig zurückzuweisen, sondern es wird die Kleinheit, die Sorgebedürftigkeit und unerfahrende Schwäche Jakobs in den Vordergrund gestellt und damit faktisch - sicher nicht einer Strategie entsprechend -

(91) Gelegentlich wird noch - für den vorliegenden Zusammenhang ist das jedoch belanglos - in Verbindung mit einer Negation im Sinne von "nicht das mindeste" (vgl. 1 Sam 22,15;25,36) ein negatives Gegenstück zur - "klein und groß" parallelisierenden - positiven All-Aussage verwendet.

auf einen Fürsorge-Affekt abgezielt. Mit großem Einfühlungsvermögen und sensibler psychologischer Fertigkeit wird hier die Vermittlung des gesehenen Unheils in der Ausdeutung dieses Unheils geleistet, indem in der Gestaltung der Vision der Berichterstatter durch sein Eingehen auf die Situation und vorgegebene Verständnislage derer, an die er sich richtet und mit denen er sich solidarisiert, die verschiedenen Phasen des Protestes und die Nuancierungen seiner Durchführung nachzeichnet. Dabei wird auf knappstem Raum in variationsreicher Virtuosität zunächst die teils unwillige, teils alarmierte Abwehrhandlung mit der argumentativen, zunächst mit Gründen aufwartenden, daher ungläubig-triumphierend wirkenden, schließlich aber doch resignierenden Frage und ferner mit der "Begründung" zusammengestellt, die aber tatsächlich eine fürsorgemotivierende Geste ist, ein die Kleinheit und Hilflosigkeit herausstellendes, auch die Preisgegebenheit selbst bloßlegendes Resignieren, das so zur instinktiven Hilfe herausfordert, ohne jedoch etwa zielgerecht darauf hinzuarbeiten.

Wenn irgendwo in den vorliegenden Visionsberichten von "Erlebnissen" die Rede sein kann oder ihnen eine Rolle zuzusprechen ist, dann an dieser Stelle, aber nicht als Erlebnisschilderung, sondern als Vermittlungsbemühen des Propheten, indem er nach Verständigung über das unerhört Neue des angedrohten Unheils sucht und zu diesem Zweck einfühlsam psychologisierend die, die er anspricht, da abholt, wo sie gerade sind. Dazu gehört nicht nur eine Analyse des Standortes, sondern auch eine Analyse der Reaktionen und Verhaltensweisen, die die Ablösung zum Neuen, Nichtgekannten, gar zum Unheil mitbedingen; insofern diese in der Interpretation nachgezeichnet werden, kann auf diese indirekte Weise auch von Erlebnisausdruck hier gesprochen werden. Die Berichterstatter-Interpretation zeigt damit auch gleichzeitig, daß es hier nicht nur um das Bekanntmachen mit einem abstrakten Unheil gegen Israel geht; indem versucht wird, aufgrund des so analysierten Verhaltens und der Reaktionen das Neue der Botschaft zu vermitteln, wird klar, daß jeder einzelne hier angesprochen ist, und die Gültigkeit und Wirksamkeit der Drohung nicht in die Allgemeinheit verschoben werden kann: Sie richtet sich zwar gegen ganz Israel, aber sie betrifft jeden einzelnen.

Die Vision (92), wie sie bis hierher gestaltet wurde, zeigte in ihrem Vermittlungsbemühen zunächst das Bild des Unheils, seine Drohung und seine umfassende, ins Kleinste gehende und an die Wurzel greifende Aktivität. Danach suchte sie dieses Unheil verständlich zu machen,

---

(92) Gemeint ist die Vision, die in der Parallelität des ersten Visionsberichtspaares ihren Ausdruck gefunden hat. Damit soll keineswegs die Eigenständigkeit beider Visionsberichte nivelliert werden, es soll hier jedoch auf die erst aus der Parallelität ganz verstehbare Visionsgestaltung abgehoben werden.

indem sie ausgehend von der analysierten Reaktion, die eine Analyse des Standortes - will sagen der durch Tradition und begegnender Umwelt geprägten, auf das Vertrauen in deren Grundlagen gestützten Geborgenheit und eine den Optimismus grundsätzlich günstiger und nicht entgegenlaufender Lebensmöglichkeiten abdeckende Erwartung - implizierte, sich mit der zu erwartenden Verhaltensweise solidarisierte und es in der Form des Fürbittgebetes auf eine gemeinsame Verständigungsbasis hin interpretierte. Der Gang dieses Verständigungsprozesses kann nicht beim Fürbittgebet abbrechen, ohne unvollständig zu sein, zumal dieses natürlich nicht an die gerichtet war, mit denen Verständigung gesucht wurde, sondern an Jahwe, auf den auch schon das Gesehene des Visionsbildes bezogen worden war: Im Fürbittgebet an Jahwe drückte sich die ängstliche Abwehr, die unsichere, teils reklamierende, teils resignierende, jedenfalls aber Sicherheiten zur Disposition stellende Frage und die Preisgegebenheit und Hilfsbedürftigkeit freilegende und zur Fürsorge motivierende Resignation aus und vermittelte so, in gewissermaßen authentischer Interpretation, das Verständnis des Neuen, das das Unheil ist und das nicht allein kognitiv, sondern auch affektiv erfaßt werden muß, denn es beeinflußt über das Wissen um das Unheil hinaus auch die Haltung dazu, verlangt Stellungnahme und ändert die Geborgenheit des Standortes im oben entfalteten Sinn. Dieses Fürbittgebet erfordert eine Antwort Jahwes. Sie ist knapp und von apodiktischer Bestimmtheit und gibt zu erkennen, daß das Unheil - wie es gesehen und interpretiert worden ist - nicht sein wird.

Liegt hier also eine Erhörung des Fürbittgebetes vor? - Die dazwischengeschobene Bemerkung, die Jahwes Antwort schon vorgreifend interpretiert, scheint zunächst darauf hinzudeuten. Aber bereits ein genauerer Blick auf diese Interpretation lehrt, daß hier mit Behutsamkeit und Vorbedacht das versucht wurde, verständlich zu machen, was hier - in den Visionsberichten - als Jahwe-Rede zu Ausdruck und Form gelangte: Nicht ohne Grund wurde hier die Antwort Jahwes als eine durch ein nḥm (ni) bestimmte interpretiert. Es wird dadurch - vgl. die semantische Analyse - nicht so sehr auf ein Bereuen oder Umkehren abgehoben, als vielmehr auf ein Mitleiden im ursprünglichen Sinn der Bedeutung, also auf eine Solidarisierung mit dem Leid und im Unheil. Es ist nicht jene mitleidige Herablassung, die rührselig nach Hilfe nicht zuletzt auch zur Wiederherstellung des eigenen gerührten Gleichgewichts sucht, sondern es ist das Mitleiden der Empörung, der Unsicherheit und der Resignation im Unheil. Danach spricht sich hier nicht die Antwort auf eine plausible Fürbitte aus mit einsichtigen Argumentationen und Appellen, auch nicht ein einfaches Hilfsbedürfnis, sondern ein vertieftes Verständnis dessen, was in der vorliegenden ausgestalteten Vision als Unheil interpretiert wurde und verständlich werden sollte. Jahwe verhängt dieses Unheil nicht einfach oder droht es an, läßt es in all seinen Aspekten und seiner umfassenden und vielseitigen Zerstörungspotenz ausdeuten und über die Angst hinaus bis zur verzweifelten Resignation verständlich machen, um sich dann im Schmelzpunkt der Verzweiflung gnädig umzuwenden und zu vergeben und abzulassen. Die Jahwe-Antwort - das lehrt die darauf vorgreifende Interpretation - ist keine Antwort auf die vorangehenden Imperative des Fürbittgebetes, die ihrerseits aus der psychologisierenden Interpretation des Fürbittgebetes als Vermittlungsbemühen verständlich gemacht werden konnten, sie geht vielmehr zurück auf eine mitleidende Solidarität im Unheil, eine Solidarität, die sich ins Unheil begeben hat und dort ihr nicht vergebendes und nicht sich Einhalt gebieten lassendes, sondern ihr mitleidendes, ihr vom Verständnis des Unheils geprägtes "Nicht soll es sein" spricht.

Damit wird das Unheil nicht entschärft oder verwässert - nirgendwo findet sich ein Hinweis auf ein Vergeben oder einen Einhalt -, es wird aber in einer neuen Dimension erschlossen: Das Unheil schlägt zwar Israel als ganzes und es trifft jeden, aber auch Jahwe kann sich von ihm betreffen lassen, kann solidarisch werden mit den im Unheil Leidenden und Resignierten, kann - soweit darf aufgrund der hier vorliegenden Ausgestaltung der Vision gegangen werden - das Unheil in der Verständnissuche seiner Auswirkung mit-leiden; Unheil bleibt damit in seiner ungemischten Schärfe bestehen, aber es wird aus seinem Abgrund heraus das Verständnis möglich, daß es nicht sein soll, daß auch anderes, nämlich Heil, sein könnte. Unheil wird auf diese Weise durch die Kennzeichnung Jahwes, die auf seine "Erfahrung" damit, sein solidarisches Betreffenlassen und Mitleiden hin interpretiert wird, als etwas, das nicht sein soll, in seiner Negativ-Qualität, seiner verqueren, allen Lebens- und Gestaltungsmöglichkeiten zuwiderlaufenden und die Geborgenheit einer für Initiativen und Entwürfe wenigstens prinzipiell optimistisch beurteilbaren Basis entziehenden Verweigerung verständlich. - Eine Banalität? - Nicht, wenn berücksichtigt wird, daß hier erstmals versucht wird, das Verhältnis Jahwe/Israel ohne Reklamation der alten Heilstraditionen oder unter Voraussetzung einer grundsätzlich günstigen Heilsbasis zu verstehen; und auch nicht, wenn bedacht wird, daß damit eine neue Verstehensdimension im Selbstverständnis Israels aufgetan war. Das Unheil ist durch das "Nicht soll es sein" Jahwes mitdefiniert, und es kommt gleichzeitig eine Ahnung des Heils darin zur Sprache, eine Ahnung, daß das aus der "erfahrenen" Solidarität Jahwes entsprungene Urteil von dem, was nicht sein soll, seinen Sinn in der Interpretation auf seinen alternativen Charakter hin findet: auf das, was sein soll, auf Bejahendes und nicht Entgegenwirkendes.

Die hier gestaltete Vision darf meines Erachtens nicht zu optimistisch interpretiert werden. Sie schildert kein happy end, nachdem der Prophet sich Jahwe fürbittend entgegengestellt hat (93), sie versucht vielmehr,

---

(93) Diese häufig wiederholte Ansicht setzt eine szenische Dramtik mit einem günstigen Richterspruch nach vorangegangenen Verhandlungen aufgrund vorangegangenen unheilvollen Drohens voraus. Es ist

das Unheil als das grundlegend Neue in der Interpretation des Verhältnisses Jahwe/Israel und in der kritisch revidierten Interpretation der alten Heilstraditionen verstehen zu lehren. Dabei wird das Unheil nicht in seiner Abhängigkeit oder Ableitbarkeit vom Heil gesehen, sondern in seiner Eigenständigkeit und seinem umfassenden, alles durchdringenden Anspruch hervorgehoben. Dnach wird es in seiner Auswirkung und seinem ungekannt Neuen dadurch zu vermitteln gesucht, daß die, für die die Unheilsbotschaft formuliert wird, in das Vermittlungsgeschehen miteinbezogen werden, indem sich der Prophet mit ihnen solidarisiert und so psychologisierend einfühlsam die gemeinsame Lage in Form eines Fürbittgebetes reflektiert. Schließlich wird Jahwe aufgrund des vorangegangenen Fürbittgebetes in die Gestaltung der Vision eingeschaltet. Auch er wird aus einer Solidarität mit den Adressaten verstanden, aber nicht, um das Verständnis des Unheils durch Eingehen auf die vorgegebene Verständnislage erst zu vermitteln, sondern um aus dem vermittelten Unheil zum "erfahrenen" Verständnis des Unheils zu gelangen, zu seiner grundsätzlichen Negativ-Qualifizierung - Jahwe hat sich von ihm im Mitleiden betreffen lassen -, daß es nicht sein soll und der dahinter erahnten Vorstellung vom Heil, von dem, was sein soll. So stellt sich die hier ausgestaltete Vision als Interpretations- und Vermittlungsgeschehen eines neuen, mit den überlieferten Kategorien und Schemata nicht mehr auskommenden, diese vielmehr kritisch reflektierenden Verständnisses vom Heil dar. Dieses lehrt einerseits das Unheil als umfassendes und grundsätzliches verstehen, vermittelt also überhaupt erst einmal das Neue und Ungekannte, auch das Radikale des Gemeinten, seine von empörter Zurückweisung bis zu verzweifelter Resignation in allen Nuancierungen variierende Auswirkung. Andrerseits versucht es, mit Hilfe dieser neuen Verständniskategorie das Heil, seine alten reklamierten Traditionen, seine Bedingungen im Verhältnis Jahwe/Israel, nicht mechanisch - von seiner prinzipiellen Vorgegebenheit her -, sondern ohne diese Vorgegebenheit von seinem

---

(Fortsetzung 93) damit ein anderes Visionsverständnis zugrunde gelegt als das hier vertretene, bei dem - soweit ich sehe - jedenfalls der Sinn des Redens in Visionsberichten ungeklärt bleibt und sie als eine schwierig zu fassende Variante der Offenbarung in eine merkwürdig passive, prinzipiell unzugängliche Erlebniskategorie gefaßt werden; dies führte (vgl. die gattungskritischen Überlegungen) auch zu sprachlichen Schwierigkeiten, weil das Verhältnis und die Umstände von Gesehenem, Erörtertem und dementiertem Gesehenen nicht verständlich gemacht werden konnte und die Frage nach dem Sinn von abgewendetem Drohenden im nachträglichen Bericht, auch was den Offenbarungscharakter - vor allem im Hinblick auf seinen Zweck - betrifft, nicht beantwortbar erschien. Demgegenüber wurde hier von der aktiven Gestaltung von Visionen und ihrem Interpretations- und Vermittlungssinn ausgegangen.

Entzug, von der Alternative zu allen schließlich doch wieder bergenden und auch positiv vereinnahmenden Sicherheiten, vom Unheil als neuer Verstehensdimension her in kritischer Revision, die nicht auf den gesteckten Rahmen und gesicherten Grund traditioneller Heilsgewißheit zurückgreifen kann, zu interpretieren. Diese Interpretation ist nicht einfach eine Begründung oder Erklärung der Hoffnungslosigkeit und des Unheils, sie ist aber ebenso nicht lediglich eine interessante, neue Aspekte des Heils erschließende Hypothese des Unheils, sondern sie begibt sich in das Verständnis und die Erfahrung des Unheils hinab, um von dort zur kritischen Aufnahme der Diskussion um das Verhältnis Jahwe/Israel zu gelangen. Aber sie weiß auch vom Heil und kann daher nicht als Desavouierung der alten Heilstraditionen verstanden werden, an deren Stelle nun die Gewißheit des Unheils getreten ist, denn dieses soll nicht sein.

Anders scheint sich demgegenüber die Gestaltung der Vision im zweiten Visionsberichtspaar darzustellen. Schon äußerlich unterscheidend sind die ausgestalteten Bilder nicht schon auf ihre Aktivität und Vielseitigkeit interpretierbar, sondern sie stellen sich als eher flächige Skizzen dar, durchaus zunächst nicht drohend, wenn auch schon deutungsbedürftig und unklar. Beide Bilder werden daher im nächsten Schritt nach einer Aufforderung seitens Jahwes (Interpretationsformel) durch den Berichterstatter interpretiert. Dabei fällt auf, daß die Interpretation stets so verläuft, daß sie das, was das Gesehene jeweils näher in seiner Eigenart hervorhob, nennt und das, was in allgemeinerer Weise das Gesehene mitgestaltete, fortläßt. So wird eine gesehene "Zinn-Mauer" auf "Zinn" hin interpretiert und ein gesehener "Obst-Korb" auf "Obst"; nicht die Mauer, die auch anders begegnen kann und auch nicht der Korb, der ebenfalls anderweitig verwendbar und so vorstellbar ist, finden in der Interpretation Beachtung, sondern erst die Qualifizierungen, die die Mauer zu einer Zinn-Mauer und den Korb zu einem Obst-Korb machen.

Diese Art der Interpretation war oben (vgl. insbes. die Struktur-Analyse) eine konzentrierende Interpretation genannt worden. Es geht ihr nicht so sehr um ein Verständnis des vorgestellten Bildes insgesamt, seiner Bezüge und Einordnungen - die knappe Vorstellung scheint eine solche Ausdeutung auch kaum zu erlauben -, als vielmehr um eine Hervorhebung bestimmter Qualifizierungen des Gesehenen. Diese werden nun - das wurde bereits ausführlich im Vorangegangenen erläutert - von Jahwe in der abschließenden Rede assoziativ aufgenommen und interpretativ verarbeitet: "Zinn" wird aufgrund der Klangassoziation im Hebräischen zu "Jammer", und "Obst" wird aufgrund derselben Voraussetzung zu "Ende". "Jammer" und "Ende" werden damit zu Schlüsselbegriffen in der Ausgestaltung der vorliegenden Vision. Sie korrespondieren klangassoziativ der Berichterstatter-Interpretation, die die vorgestellten Bilder gewissermaßen auf ihr Spezifikum konzentriert hatte. Im Rückblick zeigt sich jedoch, daß sie ihr auch inhaltlich korrespondieren: "Zinn" wird mit "Jammer" assoziiert; es ist das Metall der Waffen, das Jammer bringt, und von hier aus erschließt sich auch das zunächst so unzugängliche Bild von der Zinn-Mauer, das eine Kriegsschar darstellt, die dicht an dicht, Schild neben Schild und mit einer unübersehbaren Menge vor allem von Waffen heranrückt und so wie eine Mauer wirkt; die Entlehnung des Wortes aus dem Assyrischen (vgl. die semantische Analyse) läßt die Drohung zudem noch als real und - trotz wirtschaftlicher Prosperität und politischer Machtentfaltung - betreffend erscheinen: Das allmähliche Erstarken der Assyrer dürfte kaum verborgen geblieben sein. In ähnlicher Weise läßt sich auch die inhaltlich-assoziierende Korrespondenz dort nachvollziehen, wo klangassoziativ von "Obst" auf "Ende" hin interpretiert wird: Das Bild des Obst-Korbes wird von hier aus als ein Symbol des Gereiften und zum Abschluß Gekommenen verständlich. Das Ende im Bild einer Sammlung im Korb, einer Nachlese, läßt einen abrupten Zusammenbruch oder die notvolle Bedrängnis in Jammer und Waffen - wie sie noch zuvor der dritte Visionsbericht in Erscheinung treten ließ - vermissen, und es wird auf einmal klar, daß das Ende, wenn es gekommen ist, gar nicht die Katastrophe ist, für die es nach der vorangegangenen Interpretation des Unheils gehalten werden konnte. Es wird dargestellt in einem Bild der Ruhe und des Friedens: ein Korb mit Obst, die Idylle eines Stillebens. Was für ein Bild! Nach den Bildern des Unheils und der Vernichtung, nach dem heerhaften fressenden Ansturm der Heuschrecken, nach der Zerstörungskraft der Feuersbrunst und der drohend sichtbaren Zinn-Mauer militärischer Machtentfaltung wird hier nun ein Korb mit Obst präsentiert, und es wird durch ihn gerade nicht das Aufatmen des vorübergezogenen und gut überstandenen Unheils suggeriert, sondern das an seine Grenzen und an sein Äußerstes gelangte Unheil dargestellt, und dieses ist nicht mehr das tobende Unheil der vorangehenden Interpretation, es ist vielmehr ein zur Ruhe gekommenes Unheil, nicht eine bleierne Friedhofsstille, aber ein Ende ohne die Spuren des Jammers und der Vernichtung des Unheils, ein in das Idyll eines Stillebens romantisiertes Ende.

Damit zeigt auch die hier ausgestaltete Vision ihr Bemühen, Unheil in seinem umfassenden Anspruch zu interpretieren und zu vermitteln. Aber es wird nicht einfach das neu aufgelegt, was in den ersten beiden Visionsberichten schon durchgeführt worden ist, sondern es wird das Unheil in neuen Aspekten bis an seine Grenze hin auszudeuten und verständlich zu machen gesucht. Gerade dieses zweite Visionsberichtspaar wird ja allgemein so ausgelegt, daß es gegenüber der Intention des ersten Visionsberichtspaares kein Heil mehr zuläßt und mit der Botschaft vom Ende im tiefsten Unheil verbleibt, aus dem kein Weg mehr weist. Daran ist zweifellos richtig, daß - wie sich herausgestellt hat - die Unheilsgewißheit des ersten Visionsberichtspaares durchaus vom Heil weiß, indem sie nämlich das Unheil auch auf seine Negativ-Qualität hin interpretiert und so vermittelt. Dagegen findet sich im vorliegenden Visionsberichtspaar nichts dergleichen. Hier wird das Unheil allein aus sich heraus verstanden und auf seine geradezu klassischen Verständnis- und

Vermittlungskategorien, den Jammer und das Ende, hin interpretiert, und am Schluß beider Visionsberichte steht das Wort vom Nicht-mehr-Vorübergehen Jahwes, also vom umfassenden, nicht umkehrbaren Unheil. Dabei wird sehr schnell deutlich, daß das ʿōd hier nicht dieselbe oder eine vergleichbare Funktion haben kann wie das gam hīʾ im ersten Visionsberichtspaar. Dieses hatte nämlich ein synonymes Ineinanderfallen der Ausgestaltung beider Visionsberichte verhindert, die Parallele als Parallele offengehalten und das Weiterschreiten des Parallelismus und damit seine Kennzeichnung als synthetischen Parallelismus mitbestimmt; es fand sich daher selbstverständlich nur im zweiten Visionsbericht.

Was nun das ʿōd im zweiten Visionsberichtspaar betrifft, so ist ja zunächst einmal auffällig, daß es in beiden Visionsberichten vorkommt und die Wendung damit in gewisser Hinsicht als stereotyp erscheinen läßt. Interpretiert man das ʿōd im dritten Visionsbericht als weiterschreitende Absetzung vom ersten Visionsberichtspaar, so gerät man in die Schwierigkeit, es im vierten Visionsbericht mit Blick auf den dritten Visionsbericht genauso interpretieren zu müssen; dies aber läßt die Stereotypie der nun in einheitlichem, überhaupt nicht untereinander abgehobenem Unisono vorliegenden Wendung nicht zu. Ist die differenzierende Funktion des ʿōd im vierten Visionsbericht zum dritten Visionsbericht nicht gegeben, so darf sie auch nicht im dritten Visionsbericht mit bezug auf das erste Visionsberichtspaar vorausgesetzt werden. Eine solche Interpretation wäre notwendig willkürlich, weil sie bei offenbar gleichem Befund verschieden argumentieren müßte. Zudem ist nicht recht einsehbar, inwiefern das Wort vom Nicht-mehr-Vorübergehen Jahwes in seinem sich interpretierend ganz auf das Unheil einlassenden Sinn, der keine Umkehr ins Auge faßt, sondern sich ausschließlich in das Verständnis des Unheils vertieft - er berücksichtigt dabei also auch keinen, wenn auch noch so vage durchscheinenden Alternativ-Ansatz - aus einer weiterschreitenden Distanz zur Kennzeichnung des Unheils als eines, das nicht sein soll, zu verstehen ist. Zwar wird in beiden Fällen Unheil in verschiedenen Aspekten interpretiert und zu vermitteln gesucht, aber auch unter einem verschiedenen Charakterisierungs-Interesse, das es zumindest sehr erschwert, eine weiterschreitende Abhebung des zweiten Visionsberichtspaares vorauszusetzen, welches dann in dieser Intention zusammen betrachtet werden müßte.

Plausibler und auch - wie noch in den folgenden Überlegungen zu zeigen sein wird - dem Interpretations- und Vermittlungsgeschehen der Ausgestaltung der hier zur Rede stehenden Vision eher entsprechend scheint mir ein Verständnis des ʿōd zu sein, das nicht auf eine Absetzung dieser Visionsberichte von den vorangegangenen zielt, sondern auf eine durchaus vertiefende und absetzend weiterschreitende Interpretation des in der Vision bis dahin zu verstehen gegebenen und zu vermitteln gesuchten Unheils. Dies entspricht auch der Vorgehensweise in der Interpretation der hier ausgestalteten Vision im Unterschied zu der im ersten Visionsberichtspaar ablesbaren; dort war ja die Deutung des Unheils unter verschiedenen Rücksichten immer wieder angesetzt worden; die Vorstellung seiner Auswirkung, die Vermittlung seines Verständnisses unter Aufnahme der vorgegebenen Verständnisbedingungen und die Charakterisierung des Unheils in seiner Negativ-Qualität mit all den genannten Implikationen, alles dieses hatte im ersten Visionsberichtspaar die gesamten Überlegungen und Bemühungen um die Interpretation des Unheils zentriert, wenngleich es nicht sachgemäß wäre, nun das Unheil hier als ein von verschiedenen Seiten definiertes zu betrachten. Hier - im zweiten Visionsberichtspaar - dagegen wird schrittweise in das Verständnis des Unheils eingeführt: Von einem Bild, das zunächst in seiner spotartigen Knappheit und Zusammenhanglosigkeit kaum eine direkte Ausdeutung zuläßt, wird der Ball weitergegeben zu einer konzentrierenden, das augenfällige Spezifikum des Gesehenen hervorhebenden Interpretation, die wiederum schließlich - zunächst in klangassoziativer Aufnahme sofort erfaßbar, dann aber auch in inhaltlicher Assoziation erkennbar - auf die das Unheil in klassischer Weise kennzeichnenden Kategorien des Jammers und des Endes hin interpretiert wird. Von hier aus erst - darin zeigte der genannte Deutungskomplex seine Geschlossenheit - wurde über ein Zurückverfolgen des bis dahin vorangeschrittenen Interpretationsganges der Sinn des jeweiligen Visionsbildes verständlich, das seinerseits wieder zur genaueren Bestimmung dessen beitragen konnte, was als Unheil im Jammer und im Ende deutlich geworden war. Dabei mußte noch die Parallelisierung der beiden Visionsberichte beachtet werden, die das Unheil hier auch in seiner Bandbreite zwischen dem notvollen Jammer kriegerischer Verwüstung und Grausamkeit und der Ruhe des Endes darstellte. So vollzog sich nicht nur in jedem einzelnen der beiden vorliegenden Visionsberichte ein Vermittlungsgeschehen, das vom Bild ausgehend immer weiter in ein Verständnis des Unheils eindrang, von dort zurückwirkte auf ein vertieftes Erfassen des Visionsbildes und dieses dann wieder für eine genauere Charakterisierung der vermittelten Auswirkungen des Unheils fruchtbar machte, sondern dieses Vermittlungsgeschehen verband neben der zunächst ins Auge springenden Parallelität der Strukturteile diese Visionsberichte zu einem im synthetischen, sich fortbestimmenden Parallelismus stehenden Visionsberichtspaar und machte den Sinn der im Parallelismus festgelegten Struktur aus der inneren Logik ihres Vermittlungsgeschehens heraus verständlich.

In einiger Absetzung von diesem durch seine vielfältigen Bezüge geschlossenen, gewissermaßen in ein Erfassen des Unheils einführenden Deutungskomplexes muß die folgende Rede vom Nicht-mehr-Vorübergehen Jahwes gesehen werden. Nachdem der komplizierte Zusammenhang der Vermittlung des Unheils als Jammer und Ende aufgrund des Verständnisses der Visionsbilder in ihrem jeweiligen Charakter ausgedeutet und in gewisser Weise auch bündig in einem sich gegenseitig abstützenden Gefüge erklärt werden konnte - ein durch Weiterschreiten und tiefer Eindringen, aber auch durch Rückwirkung und Neuvermittlung gekennzeichnetes Interpretationsgeschehen -, wird hier ein neuer, nicht in die Abrundung des entfalteten Verständnisses einpaßbarer Gehalt dessen sichtbar, was den Sinn des umfassenden Unheils mitbestimmt und was ihn als nicht definitiv greifbar offenhält. Es wird noch einmal angesetzt und weitergeführt, was schon in den vorangegangenen Betrachtungen als Unheil zur visionären Ausgestaltung und Vermittlung gelangt war. Jahwe will nicht mehr vorübergehen: Dies ist zunächst eine überraschende Aussage nach dem, was an entfalteten Überlegungen zum Unheil schon zu vermitteln gesucht wurde. In der Regel wird hier wieder das Vorstellungsmodell von Jahwe als Richter vorausgesetzt, das in dieser abschließenden Äußerung Jahwes dessen Ankündigung sieht, nicht mehr zu verschonen. (94) Nun begegnet aber ʿbr (Qal) normalerweise in einer anderen Bedeutung, nämlich dem strafenden Vorübergehen Gottes (Ex 12,12.23; Am 5,17 (95)) oder auch dem Vorüberziehen Gottes "bei der Theophanie" (96), also das strafende oder sich in seinem Glanz und seiner Macht entfaltende Verweilen und geschichtlich wirksamen und erfahrbaren Begegnen Jahwes. Dieses wird nicht mehr sein. Damit kommt Jahwe gerade nicht, um zu strafen, aber er verweilt und begegnet auch nicht mehr. Das Unheil wird damit bis an seine letzte Konsequenz interpretiert. Es wird freilich nicht von einem Abwenden oder Entzug Jahwes gesprochen; das Unheil wird nicht als gottlos vermittelt - Jahwe spielt in der Interpretation des Unheils, das zeigten schon die Erörterungen zum ersten Visionsberichtspaar, eine durchaus entscheidende Rolle -, weithin war seine Vermittlung überhaupt nur unter Einbeziehung Jahwes möglich. Aber Jahwe ist fern geworden: Er geht nicht mehr vorüber, seine Aktivität ist nicht mehr spürbar.

Die eigentümlich taktierende Deutung des Unheils an dieser Stelle will ebensowenig definieren, wie das schon aus der Jahwe-Rede im ersten Visionsberichtspaar ersichtlich wurde: Dort ließ die Charakterisierung

---

(94) Meines Wissens zuletzt so übernommen bei Stähli, H. P., ʿbr (Umschrift von mir) ʿbr vorüber-, hinübergehen, in: Jenni, E. /Westermann, C., THAT, Bd. II, Sp. 200-204, vgl. insbes. Sp. 204, obwohl ʿbr als Terminus der Vergebung im Hifil steht, und auch dort "nur ein unvollkommenes und nicht verbreitetes Bild für Vergebung" (Stamm, J. J., Erlösen und Vergeben im AT, 1940, 72, zit. nach Stähli, H. P., ebd.) kennzeichnet und ʿbr (Qal) in dieser Bedeutung sonst nicht gefunden wird; Mi 7,18; Prov 19,11, die Stähli (ebd.) anführt, meinen nicht "verschonen", sondern "über etwas hinwegsehen" und haben - wie dort selbst festgestellt wird - ʿāwōn zum Objekt.

(95) vgl. auch Stähli, H. P., ebd.

(96) Stähli, H. P., a. a. O., Sp. 203; zu weiteren Bedeutungen des theologischen Sprachgebrauchs (Voranziehen im Heiligen Krieg; Hindurchschreiten durch die zerteilten Stücke beim Bundesschluß) vgl. Stähli, H. P., a. a. O., insbes. Sp. 204

des Unheils die Ahnung des Heils zu, gab zu erkennen, daß sie von mehr als vom interpretierten und vermittelten Unheil, sondern darüberhinaus vom Heil wußte; hier - im zweiten Visionsberichtspaar - weist die Charakterisierung weiter ins Unheil, läßt die Ahnung vom tieferen Unheil zu und deutet auf eine Spur, die ebenfalls ein darüberhinausgehendes Wissen - diesmal vom Unheil - sichtbar werden läßt, die sich aber schließlich verliert und nach vorn verweist. Das Wort vom Nicht-mehr-Vorübergehen Jahwes ist nicht nur eine Interpretation des Unheils, sondern auch eine Reflexion über die begonnene Deutung des Unheils. Sie weist voraus auf die notwendige weitere kritische Interpretation des Heilsverständnisses Israels, die nicht dogmatisch-traditionell ihre Basis schon gefunden hat, sondern diese erst noch sucht und erstreiten muß mittels einer Interpretation des Verhältnisses Jahwe/Israel von einem zu erarbeitenden und zu vermittelnden Verständnis des Unheils aus; dieses wird umfassend und nicht lediglich als defizienter Modus des Heils verstanden. Dabei wird das Unheil aus dem polaren Spannungsverhältnis des ersten Visionsberichtspaares, in dem das Unheil kritisch und mit dem Wissen um Heil eingeführt wird und des zweiten Visionsberichtspaares, in dem das Unheil immer weiter vertiefend und mit dem Wissen um seine erst angesetzte und nicht ausgelotete Interpretation verstanden wird, durchaus nicht in einer flächigen und plakativen, gewissermaßen fest umrissenen und abschließend definierten Weise, sondern in der Eigenart seines strukturierbaren und doch nicht herleitbaren Verhältnisses zum Heil gedeutet. Andrerseits war es in seinem nicht ausgeschöpften, erst anhebenden Charakter und seinem in weitere Dimensionen hinabweisenden und Heil völlig ausschließenden Sinn gefaßt: In dieser polaren Spannung war sein alles durchdringender Anspruch Gegenstand der Interpretation.

Wenn von hier aus auf das Verständnis des ʿōd zurückgekommen werden darf, so muß es unter den Bedingungen des Neuansatzes nach einem sich in einem durch vielfältige Bezüge sehr geschlossenen Komplex der Unheilsvermittlung verstanden werden. Es unterstellt nicht die Möglichkeit eines Vorübergehens Jahwes unter den Bedingungen der bisher geleisteten Unheils-Interpretation, sondern es wird hier - entsprechend der ohnehin im zweiten Visionsberichtspaar angetroffenen Vermittlungs- und Interpretationsweise, Zug um Zug tiefer in das Verständnis des Unheils zu gelangen - neu angesetzt, um das Verständnis weiterzutreiben und im Wort vom Nicht-mehr-Vorübergehen einerseits unter einem weiterführenden Aspekt das Unheil zu charakterisieren und andrerseits die Charakteristik nach vorn hin offen zu halten und sie so als einen Beginn des Redens vom Unheil zu kennzeichnen. Dieses Reden vom Unheil impliziert nicht die Ablehnung der Rede vom Heil, es ist vielmehr der Versuch einer kritischen Revision des alten Heilsverständnisses. Auch in der späteren Unheilsprophetie werden die Heilspropheten nicht wegen ihrer Rede vom Heil, sondern wegen der unkritisch-dogmatischen Sicherheit im Heil kritisiert. Genau darin besteht aber auch die Auseinandersetzung der gesamten vorangegangenen Amos-Sprüche - eine genaue Analyse müßte da selbstverständlich differenzieren, was im Rahmen dieser Arbeit nicht mehr geklärt werden kann -, die sich nämlich nicht eigentlich gegen hybride Anmaßung und satte Schwelgerei richtet, das mag immer wieder ein Anstoß gewesen sein, sondern gegen die Sicherheit, die vom grundsätzlichen Heil wußte und sich darauf berief, ja, darauf pochte, die im Grunde keiner Theologie und auch keiner Orientierung mehr bedurfte, deren Blick anachronistisch zurückgewandt war, ohne die Notwendigkeit, die alten Heilstraditionen gegenwartskritisch zu vermitteln und so zu einem tatsächlichen, in seiner Gültigkeit und Wirksamkeit jetzt verpflichtenden und orientierenden, Verständnis des behaupteten Verhältnisses Jahwe/Israel zu gelangen.

Die vielbeschworene und oft genug als der eigentliche Sinn der Botschaft des Amos hervorgehobene Sozialkritik erweist sich damit aber auch nicht lediglich als ein Anstoß, der für die Unheilsprophetie nicht mehr als ein Exempel abgibt - dieser Eindruck sollte hier nicht mit den vorangegangenen Überlegungen erweckt werden -, aber sie ist auch nicht der Ausgangspunkt, der den Tenor der entfalteten Theologie vom Unheil bestimmt. Das Unheil ist also nicht die Folge sozialer Mangelerscheinungen und kultischer Abschleifungen, es ist überhaupt nicht Strafe für Vergehen: Es könnte dann nur, wie in der Heilsprophetie auch schon, einzelne Ausgesonderte treffen. Ist Unheil aber dadurch gekennzeichnet, daß es ganz Israel betrifft, dann ist es nicht als strafende Reaktion zu verstehen, die notwendig undifferenziert sein müßte, sondern als Interpretament im Heilsverständnis Israels, das der Erweiterung und Vertiefung bedurfte, wollte es nicht fundamentalistisch verflachen und in reaktionärem Anachronismus den Anspruch der alten Heilstraditionen dadurch verwässern, daß ihnen die kritische Vermittlung mit der jeweils gelebten Gegenwart verweigert wurde, wenn Heil doch schon den grundsätzlichen Optimismus jeweiliger Lebens- und Entfaltungsmöglichkeiten implizierte. Ohne diese kritische Vermittlung oder gar in ihrer Verweigerung bleibt das Verständnis vom Heil nostalgisch und seine praktische Durchsetzung bedeutet den Versuch, unter allen Umständen in für bewährt gehaltenen Modellen von Gestern nach-zuleben und nach-zugestalten und den Verzicht auf den Entwurf eigener Lebens- und Gestaltungsmodelle. Die Angst vor der kritischen Revision, die alles Bewährte zu zerstören und zu vergiften droht - ein erstaunlich zäh bis in die Gegenwart sich durchhaltendes Abwehrargument -, ist verräterisch und läßt ihr Interesse am Bestand und der Aufrechterhaltung alter Sicherheiten und Privilegien erkennen, wenn auch dabei nicht selbst gelebt und gestaltet, sondern nur nach-gelebt und nach-gestaltet wird: Nicht umsonst wird die Interpretation, die eine neue Dimension und ein mit der faktisch gelebten Gegenwart vermitteltes Verständnis dessen aufschließen will, worauf sich ja nur alle ohnehin berufen, wenn sie das Heil reklamieren, am besten und deutlichsten mit der Kategorie des Unheils verständlich, obwohl damit nicht das Heil, wohl aber Verhärtungen und Privilegien aufgebrochen werden. Dieses Neue führen Visionsberichte, die die

Vermittlung mit gelebter Praxis zu sein beanspruchen, als revidiertes Traditionsverständnis ein: Sie sind darin ein Stück Ideologiekritik an den stabilisierten Sicherheiten auch bestehender sozialer und politischer Machtstrukturen.

Es ist daher kein Zufall, daß die Visionsberichte am Schluß des Amosbuches stehen. Mit Rudolph (97) u. a. kann angenommen werden, daß der Visionsberichtskomplex in seiner erkennbaren Selbständigkeit nicht im eigentlichen Sinn zur Verkündigung des Amos gehört. Diese hat im Spruchmaterial ihren Niederschlag gefunden. Ich glaube aber aufgrund der vorangegangenen Überlegungen auch nicht, daß sie lediglich ein Rechtfertigungsinteresse nach der Ausweisung aus Behtel hatten (98); vielmehr muß vermutet werden, daß sie neben der Rechtfertigung des eigenen Auftretens auch den Versuch darstellen - daraus wird ihr Vermittlungsinteresse verständlich -, die neu aufgestoßene Dimension in der Interpretation des Heils nachvollziehbar, ja mitvollziehbar zu machen. Zu diesem Zweck werden Visionen gestaltet; diese Gestaltung ist das Ergebnis einer wohldurchdachten Ausarbeitung und nicht eines spontan geäußerten, sich visionär überwältigt verstehenden Einfalls, wenngleich die Spontaneität davon unberührt bleiben kann und ihre schöpferische Phantasie dabei zur Entfaltung gebracht wird. Das Heraushebende an diesen Visionen ist es, daß in ihrer Ausgestaltung Neues, Nichtgekanntes, aber dennoch gegenwartskritisch Aufgearbeitetes zu Ausdruck und Form gelangt. Ihre redaktionelle Einordnung am Schluß des Amosbuches läßt ein Verständnis davon noch durchdringen: Waren diese Visionen für ihre Zeit Modell kritischer Praxis, so sind sie nach Zusammenstellung der Botschaft im Spruchmaterial als ein Vermächtnis des Amos angesehen, das die Botschaft nicht als eine relativ zusammenhanglose Gerichts- und Unheilsbotschaft erscheinen läßt, sondern als eine Botschaft mit Vision, die Anspruch auf Gültigkeit und Wirksamkeit auch über ihre Zeit hinaus erhebt, indem sie ein Modell kritischer Praxis erstellt.

---

(97) vgl. Rudolph, W., a. a. O., S. 101

(98) vgl. ebd.

5. Prophet und Vision - Eine Nachlese

Werden die Visionsberichte bzw. die Prophetie, die sie bestimmen, aber mit einem solchen geschichtlichen Anspruch belegt, daß sie von einem späteren Redaktor als Vermächtnis des Propheten angesehen werden, in dem sich nicht nur der Wille weiterzuwirken ausdrückt, sondern auch die Sorge um die adäquate Pflege der "Hinterlassenschaft", dann erhebt sich über die Frage nach dem Verhältnis zu den vorangegangenen Sprüchen hinaus noch einmal das Problem der Herausstellung des spezifisch Prophetischen gegenüber anderen Weisen der Interpretation geschichtlicher Vorgänge und ihrer Einordnung. Beide Komplexe waren schon oben angesprochen worden und müssen hier nun auf dem Hintergrund dessen, was über die Funktion von Visionen sichtbar wurde, noch einmal zur Diskussion gestellt werden.

In dem Abschnitt über Bild und Vision war davon die Rede, daß Visionen in ihrem Bildcharakter die prophetische Rede als ganze bestimmen, ja, es wurde sogar soweit gegangen, Prophetie grundsätzlich als visionär festzulegen. Wie aber lassen sich dann Visionsberichte von anderen prophetischen Äußerungen absetzen, bzw. in welchem Verhältnis stehen sie zu ihnen? Wenn die hier vorliegenden Visionsberichte des Amos später als ein Vermächtnis verstanden werden konnten, dann ist darin zweifellos Entscheidendes von ihrer ursprünglichen Intention festgehalten, die ja nicht die direkte Auseinandersetzung in der öffentlichen Rede oder überhaupt den öffentlichen Auftritt sucht, wenngleich sie auf Öffentlichkeit durchaus abzielt, sondern die praktisch orientieren will, indem sie nicht Vorgegebenes beschreibt, sondern Neues eröffnet, vor allem ein neues Verständnis alter Selbstverständlichkeiten und Sicherheiten. Hier wird im Grundsatz gesprochen, ohne Einzelheiten ins Auge zu fassen. Darunter leidet durchaus nicht die Bildhaftigkeit, es wird kein theoretischer Traktat oder ein Grundlagenprogramm daraus, vielmehr ist es so, wie gezeigt werden konnte, daß in den Visionsberichten selbst die Bewegung und die Wirkung der verschiedenen Kräfte zum Austrag kommt, die dann erst die konkrete Auseinandersetzung im Alltag der Verkündigung bestimmt.

Wenn etwa Amos in einem groß angelegten Strophengedicht - literarkritische Einzelheiten brauchen hier nicht zu interessieren - das Gericht Jahwes gegen die Völker und Israel verkündet, dann geht er auf Einzelheiten der angesammelten Schuld ein, greift in die Geschichte zurück und nennt Ereignisse, die zum Anstoß werden für die Strafandrohung. Dabei läßt sich hier nicht einmal eine gewisse Stilisierung verhehlen, die sich nicht allein aus dem äußerlich am ehesten ins Auge springenden zyklischen Aufbau ergibt - dieser ist erst als die Folge anzusehen -, sondern vor allem auch aus dem exemplarischen Charakter der herausgegriffenen und angeprangerten Untaten. Dennoch findet hier Auseinandersetzung statt, die einen bestimmten konkreten Faden verfolgt. Sie steht mit den Visionen in einem Austauschverhältnis, in dem die Gerichtsansage gegen die Völker ihren Sinn im Rahmen der Interpretation des Unheils in den Visionsberichten findet und die Visionen die Ausgestaltung ihrer Unheils-Interpretation auch auf den Aspekt der Abrechnung mit den Völkern hin entfalten. Dabei darf freilich nicht ein Verständnis Jahwes als Weltherrn und Völkerfürsten im Sinne der nachexilischen Prophetie hier zugrunde gelegt werden, wohl aber das Bewußtsein, daß die Interpretation vom Unheil nicht allein interne Gültigkeit besitzt, sondern auch, daß Israel als ein - wenn auch herausgehobenes - Volk unter anderen Völkern in einem umfassenden Sinn die Unheils-Interpretation einerseits in gewisser Weise internationalisiert, andrerseits aber ganz auf Israel abgestellt; denn es geht um das Verhältnis Jahwe/Israel, noch nicht um das zu den Völkern, zudem auch Israel sich nicht lediglich als ein Volk unter den Völkern verstand: Auf Israel ist hier abgezielt, womit dieses als theologische Größe insgesamt gemeint ist - auf literarische Schwierigkeiten zwischen den voneinander abgesetzten Strophen über Juda und Israel braucht hier nicht eingegangen zu werden -, und es bleibt auch Gegenstand der übrigen öffentlichen Einlassungen des Propheten.

Dies gilt in gleichem Maße für die Sprüche, die nun nicht mehr einen zunächst allgemeinen, wenn auch durchaus am greifbar Konkreten orientierten, aber doch exemplarisch stilisierten Einstieg in die Gerichtspredigt suchen. Sie lassen sich nun ein auf den Tagesstreit, sprechen jetzt Israel nicht mehr allein als theologische, sondern auch als politische Größe an, verlieren damit gewiß das Umgreifende und Bestimmende der Unheils-Interpretation, verkürzen andrerseits aber die Distanz zu den faktischen sozialen und politischen Gegebenheiten, ja, sie packen direkt zu und betreffen so hautnah. In ihnen wird gegen die Gewalttaten in Samaria, gegen die Bedrückung und die Genußsucht zu Lasten der Unterprivilegierten Front gemacht. Sie gehen gegen findige Wirtschaftsbetrüger genauso vor wie gegen gelangweilte Luxusweibchen, gegen ungerechte Richter genauso wie gegen formelhaft heuchlerische Kultbeamte, die freiwillige Gaben ausrufen. Hier wird also Stück um Stück erfahrene und erlittene Unterdrückung und Ungerechtigkeit zur Sprache gebracht, und das nicht allgemein oder exemplarisch, sondern in direktem Zugriff, ins Partikuläre gehend und nicht nur als Angriff auf die jeweilige Tat, sondern auch auf den Täter. Die Sprüche erwecken dadurch ohne Frage den Eindruck der Zusammenhanglosigkeit und aphoristischen Vereinzelung, wenngleich aus ihnen andrerseits auch wieder eine gemeinsame Kritiklinie sichtbar wird, die "in allen Bereichen, die Jahwe seinem Volk einst durch den Exodus als Bereiche des Lebens geschenkt hatte" (99), ihre Wirkung deutlich werden läßt, und zwar "in der Gesellschaft ('ihr lebt, indem ihr euch gegenseitig

---

(99) Weimar, P. /Zenger, E., Exodus, Geschichten und Geschichte der Befreiung Israels, Stuttgart 1975, S. 145

auffreßt'; vgl. 2,6-8), im Gottesdienst ('ihr liebt die Kultopfer, weil ihr Menschen als eure Opfer gewohnt seid!'; vgl. 4,4f) und im Glauben ('eure Geschichte ist kein Impuls für neues Handeln, sondern Bestätigung eurer satten Selbstherrlichkeit!'; vgl. 6,1)." (100)

Diese Kritik des Amos mündet nach Weimar/Zenger dann aus in die Verkündigung eines "Anti-Exodus" (101), der als "Protest gegen die Perversion des Exodus" (102) die gegenwärtige, nur nach-gelebte und nach rückwärts gewandte Praxis in ihrer Verhärtung und ihrem Beharren auf einmal gewonnene Positionen problematisiert und sie in ihrer faktischen Ungerechtigkeit und unsozialen Grausamkeit darstellt. So wird über die Uminterpretation der für fest geschrieben gehaltenen Sicherheiten in Unheilskategorien deren Garantie-Anspruch interpretiert, indem darauf verwiesen wird, daß Exodus nicht beruhigte Aufzählung vergangener Heilszusagen meint, nicht die komfortable Basis religiöser und gesellschaftlicher Privilegierung, auch nicht die eifrige Erhaltung des heilvollen Status quo - theologisch ein Unding - und der Einrichtung darin und schon gar nicht die Reklamationsmöglichkeit und das insistierende Pochen auf Heilstraditionen, sondern die Berufung auf den Exodus wird ihre Privilegierung erklären müssen, ohne schamrot zu werden gegenüber denen, an denen der Exodus auch in Israel offenbar vorbeigegangen ist. Sie wird die festgeschriebenen Heilstraditionen aus der Vitrine holen müssen, um sie über die selbstzufriedene Betrachtung des Sammlers hinaus mit den Aufgaben und der gestellten Verantwortung in der Gegenwart zu vermitteln. Und sie wird schließlich zu erinnern haben, daß Exodus auch in der Vergangenheit nicht Ankunft und Niederlassen war, sondern Aufbruch und Verlassen, daß darin das Wagnis und die Phantasie steckten, schöpferisch praktisch die Gegenwart zu gestalten, und zwar aus der Forderung der Zukunft und nicht im manierierten Ausbau der Vergangenheit. Im gleichen Maße wie Aufbruch ist Exodus ein Abschiednehmen zu stets neuem Entwurf und ständig neuer Vermittlung. Sein Charakter ist daher der einer durchgängigen Verlegenheit, die der jeweils gegebenen Wirklichkeit ihre Möglichkeiten ablauscht und die sensibel ist gegen alle gefügte Einrichtung, welche nicht mehr versteht, Abschied zu nehmen, und die deshalb ihre Freiheit pervertiert zur Freiheit der Erwählten, der Privilegierten und der Sicheren.

Genau an diesem Punkt nun löst sich die Frage nach dem Differenzierenden der Visionen. Wenn nämlich die Sprüche oder - grob gesagt - die ins Einzelne gehende Auseinandersetzung nicht im Partikulären

---

(100) ebd.

(101) ebd.; zur Interpretation von 7,8;8,2 vgl. allerdings das in der vorliegenden Arbeit abweichende Verständnis.

(102) Weimer,P./Zenger,E., a.a.O., S.146

verbleibt, sondern auch eine durchgehend zu verfolgende Linie aufzeigt, die sich als Problematisierung eines festgesetzten und habhaft gewordenen Exodusverständnisses charakterisieren läßt und von dort zur Kritik der vorgefundenen Lebenspraxis ansetzt, die ihr eigenes Modell museal überlebt hat, dann geht es ja nicht darum, moralisierend die Verschlagenheit und angepaßte Bequemlichkeit zu brandmarken, sondern an ihren Auswirkungen, ihrer menschlichen Grausamkeit und rücksichtslosen Beanspruchung der Exodus-Freiheit über die Köpfe derjenigen hinweg, die für das volle Ausleben dieser Freiheit gebraucht werden, der niedergetretenen Geringen genauso wie der entrechteten Armen und ausgenutzten Dirnen, den zum rostigen Stillstand verkommenen Exodus vor Augen zu führen. Dies ist nicht allein möglich durch die an verschiedenen Enden aufgenommene Kritik an gegebenen Verhältnissen, sondern bedarf der positiven Inauguration des Modells einer neuen Praxis. Von diesem Modell her bezieht die Kritik an einzelnen Taten und Tätern, die ja auch dort, wo sie so massiert wie hier auftritt, notwendig selektiv sein muß, überhaupt erst ihre Unzufriedenheit und ihren umfassenden Anspruch, und nach hierhin versammelt sie die Konsequenzen für die sich daher ereignende Neuorientierung. Wenn es stimmt, was sich oben aus der Interpretation der Bildvisionen und von dort der Visionen überhaupt ergeben hat, daß Visionen durch und durch Bilder sind, die nicht Widerspiegelung alter Praxis und gegebener Verhältnisse sind, sondern Ausstrahlungskraft besitzen zu schöpferisch-phantasievollem Neuaufbruch, dann sind Visionen das Modell des ständig um die Festlegung seiner Praxis verlegenen Exodus schlechthin. In ihnen ereignet sich nicht der Streit des Alltags um konkret erfahrene Ungerechtigkeiten und brutale Durchsetzungen für legitim und verheißen gehaltener Ansprüche - dies geschieht in der Predigt, die in den Sprüchen ihren vielfältigen Ausdruck gefunden hat -, in ihnen ereignet sich vielmehr die positive Vermittlung der alten Heilszusagen im kritischen aus dem Vorgriff auf die Zukunft gewonnenen Entwurf für die Gegenwart, der der Gegenwart eine Chance für die Wirksamkeit der alten Heilszusagen läßt und sie nicht restaurativ nach vorn hin verschließt: ohne Perspektive der Tradition, sondern in distanzlos-traditionalistischer Fixierung.
Auf eine knappe Formel gebracht sind Visionen daher das positive Vermittlungsmodell kritischer Praxis, von der her die Kritik an den Auswirkungen der alten, für Garantien des Status quo gehaltenen Heilszusagen überhaupt erst ihre Legitimation und ihren Sinn erhalten, wollen sie nicht als Nörgeleien eines notorischen Querulanten an diesem und an jenem in die Zusammenhanglosigkeit auseinanderfallen. Die durchgängige Linie beziehen die Kritiken nicht aus den angeprangerten Verfehlungen, sondern aus einer besseren Vorstellung, der diese Verfehlungen verquer laufen. Ein solcher Entwurf ist da, wo er zur Ausgestaltung gelangt, die Vermittlung prophetischen Praxisverständnisses par excellence. In der ihm eigenen Kommunikabilität als Bild mit alledem, was dies an Auseinandersetzung, lebendigem Austausch, überschießender Perspektive und Problematisierung impliziert (vgl. oben "Vision und Bild"), läßt er

teilhaben an der Vermittlung der alten Heilstraditionen mit stets veränderten und in ihrer Veränderbarkeit durchschauten Gegebenheiten und bezieht in dieses Vermittlungsgeschehen ein auch da, wo die Einzelkritik der Gerichtspredigt nicht zu treffen vermag. Wo ein solcher Entwurf nicht zur Ausgestaltung gelangt, muß er deutlich werden aus dem, was hier als die gemeinsame Linie in der Verkündigung herausgestellt worden war.

Eine prophetische Predigt ohne Vision ist keine prophetische Predigt; sie läßt sich ein in den Tagesstreit und verliert sich darin. Von daher beziehen die Aussprüche prophetischer Predigt auch in ihrer knappsten Diktion ihre umfassende Gültigkeit und vermögen auch theologisch komplexe Gebilde wie in einem Schlaglicht zu erhellen. Die Vermittlung der Visionen ist keine gepredigte Vermittlung, sie verlangt, daß auf sie eingegangen wird. Sie eröffnet ein neues Verständnis des Heils - hier über die Interpretation des Unheils - und sucht in ihrer Bildhaftigkeit in das je Neue ihres Verständnisses einzubeziehen. Entfaltet die Predigt eine Dynamik nach außen, indem sie sich in die zupackende Auseinandersetzung mit den Auswirkungen einer festgefahrenen Exodus"freiheit" begibt, so können die Visionen in ihrer Dynamik nach innen verstanden werden, indem sie wie in einen Strudel in das Verständnis und die Interpretation in der Gegenwart zu vermittelnder und für sie aus der Zukunft orientierter Praxis hineinzieht. Dies ist der wichtigere Part in der Unheilsinterpretation des Amos. Wenn er auch nicht verkündet ist, so ist er doch auf eine breitere Wirkung hin angelegt, der nicht mit dem Hinweis zu entkommen ist, als Täter nicht in einer bestimmten Tat angesprochen zu sein. Andrerseits bezieht die einzelne Gerichtspredigt hierher ihr "Konzept", wodurch im einzelnen umfassende theologische Komplexe zur Sprache kommen. Auch dies war gemeint, als das spezifisch Prophetische vom Visionären her bestimmt wurde.

Es braucht jetzt nicht mehr im einzelnen auf die Unterscheidung zu anderen Literaturen eingegangen zu werden, die auch Geschichte in ihrer Deutung mit der Gegenwart zu vermitteln suchen. Hier wird in großen Linien das Heilsgeschehen erzählend ausgestaltet; es werden die Traditionslinien nachgezogen und ineinanderkomponiert, die das Verständnis einer Zeit bestimmen. Auch darin liegen Kritik und Auseinandersetzung mit der jeweiligen Zeit, aber sie geschieht nicht im direkten Ausspruch und auch nicht in der Auseinandersetzung mit konkreten Auswirkungen. Prophetische Kritik zeichnet nicht in Entwicklungslinien, sondern punktuell-selektiv und in überraschender Umfassendheit aus dem Vorgriff auf die Zukunft. Sie erhellt von ihrem jeweiligen Standpunkt aus ganze theologische Komplexe. In ihrer ausschnittweisen Ausdeutung ist sie daher aphoristisch und nicht fragmentarisch, und sie lebt vom Bild ihrer Vision als praktischem Vermittlungsmodell, aus dem nicht nur die Kritik der Unheilspredigt schöpft, sondern das in ihrer Anlage auf Öffentlichkeit hin in seinen Anspruch einbezieht, der sich aus der Zukunft herleitet und die alten Heilstraditionen mit der Gegenwart zu vermitteln sucht. Darin liegt die Perspektive, die die alten Heilstraditionen in der prophetischen Interpretation erhalten - auch dann, wenn sie als Unheilsinterpretation zur Vermittlung gelangen. Prophetie und Vision gehören zusammen wie Prophetie und Vermittlung, aber ihre Vermittlung lebt aus dem Bewußtsein der Vorläufigkeit in einer jeweiligen Gegenwart, in der sie sich aus dem Vorgriff auf die Zukunft versteht und damit aus der Freiheit des Aufbruchs.

LITERATURVERZEICHNIS

Albert, E., Einige Bemerkungen zu Amos, ZAW 33, 1913
Albright, W. F., Von der Steinzeit zum Christentum, Bern 1949
Alt, A., Die Deutung der Weltgeschichte im AT, ZThK 56, 1959
Alt, A., Kleine Schriften zur Geschichte des Volkes Israel, Bd. I ²1959; II ³1964; III (hrsg. v. Noth) ²1968
Amsler, S., Amos, in: Jacob, E./Keller, C. A./Amsler, S., Osée Joel Amos Abdias Jonas, CAT XIa, 1969, S. 157-247
Amsler, S., hjh sein, in: Jenni/Westermann (Hrsg.), THAT I, S. 477-486
Arenhoevel, D./Deissler, A./Vogtle, A. (Hrsg.), Die Bibel, Die Heilige Schrift des Alten und Neuen Bundes, Deutsche Ausgabe mit den Erläuterungen der Jerusalemer Bibel, Freiburg/Basel/Wien ⁵1973
Arietti, J. A., The Vocabulary of Septuagint Amos, JBL 93, 1974
Bach, R., Gottesrecht und weltliches Recht bei Amos, Festschrift G. Dehn, 1957, S. 23-34
Balla, E., Die Droh- und Scheltworte des Amos, Leipzig 1926
Balla, E., Die Botschaft der Propheten, Tübingen 1958
Barr, J., Bibelexegese und moderne Semantik, München 1965
Bartczek, G., Die Visionsberichte des Amos - Literarische Analyse und theologische Interpretation -, Diss. Münster 1977
Baumgärtel, F., Die Formel n^{e}'um jahwe, ZAW 73, 1961
Baumgärtel, F., Zu den Gottesnamen in den Büchern Jeremia und Ezechiel, in: Rudolph-Festschrift 1961, S. 9ff
Baumgärtner, K./Steger, H., Funk-Kolleg Sprache, 2 Bde., Eine Einführung in die moderne Linguistik, Bd. 1 Frankfurt/M. ³1974; Bd. 2 Frankfurt/M. ²1973
Baur, G., Der Prophet Amos erklärt, 1847
Beek, M. A., Amos. Lochem 1947
Beek, M. A., Geschichte Israels, Stuttgart 1961
Berg, W., Die sogenannten Hymnenfragmente im Amosbuch, Europäische Hochschulschriften XXIII, 45, Bern 1974
Beuken, W. A. M., Haggai-Sacharja 1-8, Studien zur Überlieferungsgeschichte der frühnachexilischen Prophetie, Assen 1967
Beyer, K., Althebräische Grammatik, Göttingen 1969
Bezold, C., Babylonisch-Assyrisches Glossar, Heidelberg 1926
Bič, M., Der Prophet Amos - ein Haepatoskopos VT 1, 1951, S. 293-296
Biggs, R. D., More Babylonian "Prophecies", Iraq 29, 1967, S. 117-132
Boecker, H. J., Redeformen des Rechtslebens im Alten Testament, Neukirchen 1964
Botterweck, G. J., Zur Authentizität des Buches Amos, BZ NF 2, 1958, S. 161-176

Bright, J., Geschichte Israels, Düsseldorf 1966
Brockelmann, C., Hebräische Syntax, Neukirchen 1956
Brunet, G., La vision de l'étain; reinterpretation d'Amos VII 7-9, VT 16, 1966, S. 387-395
Budde, K., Zur Geschichte des Buches Amos, Festschrift für Julius Wellhausen, BZAW 27, 1914
Budde, K., Eine folgenschwere Redaktion des Zwölfprophetenbuches, ZAW 39, 1921
Budde, K., Zu Text und Auslegung des Buches Amos, JBL 43, 1924; JBL 44, 1925, S. 63-122
Buhl, Fr., Einige textkritische Bemerkungen zu den kleinen Propheten, ZAW 5, 1885
Caspari, W., Wer hat die Aussprüche des Propheten Amos gesammelt? NkZ 25, 1914
Chomsky, N., Aspekte der Syntax-Theorie, Frankfurt/M. 1973
Condamin, A., Le prétendu 'fil à plomb' de la vision d'Amos, Rb 1900
Cramer, K., Amos, Versuch einer theologischen Interpretation, Stuttgart 1930
Crenshaw, The Influence of the Wise upon Amos, ZAW 79, 1967
Cripps, R. S., A critical and exegetical commentary on the book of Amos, London 1929, ^{2}1955
Davies, The Yahwistic Tradition in the Eighth-Century Prophets, StOTPr 1950, S. 27-51
Dietrich, G./Wolf, D. A., Sachworterklärungen, in: Schreiner, J. (Hrsg.), Einführung in die Methoden der biblischen Exegese, Würzburg 1971, S. 311-329
Duhm, B., Die Theologie der Propheten, Bonn 1875
Duhm, B., Die zwölf Propheten, Tübingen 1910
Duhm, B., Anmerkungen zu den Zwölf Propheten, Gießen 1911
Duhm, B., Israels Propheten, Tübingen ^{2}1922
Dürr, L., Altorientalisches Recht bei Amos und Hosea, BZ 23, 1935/36
Eberharter, A., Die soziale und politische Wirksamkeit des atl. Prophetentums, Salzburg 1924
Ehrlich, A. B., Randglossen zur Hebräischen Bibel, Bd. V, 1912
Ehrlich, E. L., Der Traum im Alten Testament, BZAW 73, Berlin 1953
Ehrlich, E. L., Geschichte Israels, Berlin 1958
Eißfeldt, O., Israelitisch-jüdische Religionsgeschichte und alttestamentliche Theologie, ZAW 44, 1926
Eißfeldt, O., The Prophetic Literature, OTMSt 1951, S. 115-161
Eißfeldt, O., Einleitung in das Alte Testament unter Einschluß der Apokryphen und Pseudepigraphen sowie der apokryphen- und pseudepigraphenartigen Qumran-Schriften, Tübingen ^{2}1956
Elhorst, H. J., De Prophetie van Amos, Leiden 1903
Ellermeier, F., Prophetie in Mari und Israel, ThOrAr 1, Herzberg 1968
Elliger, K., Prophet und Politik, ZAW 53, 1935
Elliger, K., Das Buch der zwölf Kleinen Propheten, Freiburg 1950

Elliger, K. /Rudolph, W. (Hrsg.), Biblia Hebraica Stuttgartensia (BHS), 15 Bde., Stuttgart 1968-1976
Everson, A. J., The Day of Yahweh as Historical Event, Diss. Union in Virginia 1969, Order No. 75-13, 855, Dissertation Abstracts International 35, 1974/75
Everson, J. A., The Days of Yahweh, JBL 93, 1974
Ewald, H., Die Propheten des Alten Bundes, 3 Bde. 1867/68
Fey, R., Amos und Jesaja, WM 12, 1963, (Neukirchen)
Fohrer, G., Die symbolischen Handlungen der Propheten, Zürich 1953
Fohrer, G., Zehn Jahre Literatur zur alttestamentlichen Prophetie, 1951-1960, ThRu NF 28, 1962; vorangegangene Überblicke: ThRu 18, 1950; ThRu 20, 1952, S. 193-271. 295-361; ThRu 19, 1951, S. 277-346; ThRu NF 40, 1975, S. 193-209
Fohrer, G., Studien zur alttestamentlichen Prophetie (1949-65), BZAW 99, Berlin 1967
Fohrer, G., Geschichte der israelitischen Religion, Berlin 1969
Fohrer, G. /Hoffmann, H. W. /Huber, F. /Markert, L. /Wanke, G., Exegese des Alten Testaments, Heidelberg 1973
Fohrer, G., Die Propheten des Alten Testaments, 7 Bde., Gütersloh 1974-77
Füglister, N., Für Jahwe begeistert - Künder des Wortes, Wort und Botschaft, Würzburg 1967
Galling, K., Biblisches Reallexikon, Tübingen 1937
Galling, K., (Hrsg.), Textbuch zur Geschichte Israels, Tübingen 1950
Galling, K., (Hrsg.), Die Religion in Geschichte und Gegenwart, (RGG) I-VI, ^{3}1957-^{3}1965
Gaster, Th., Notes on the Minor Prophets, JThSt 39, 1937
Gerlemann, G., Jis'rā'el Israel, in: Jenni/Westermann (Hrsg.), THAT I, Sp. 782-785
Gese, H., Kleine Beiträge zum Verständnis des Amosbuches, VT 12, 1962, S. 417-438
Gesenius, W. /Buhl, F., Hebräisches und aramäisches Handwörterbuch über das Alte Testament, Leipzig 1878, ^{17}1915
Gesenius, W. /Kautzsch, E. /Bergsträsser, G., Hebräische Grammatik, Hildesheim 1962, Nachdruck v. Leipzig ^{29}1918
Grayson, A. K. /Lambert, W. G., Akkadian Prophecies, JCS 18, 1964, S. 7-30
Gressmann, H., Die Schriften des AT in Auswahl, 2. Abt. 1. Bd. Die älteste Geschichtsschreibung und Prophetie Israels (von Samuel bis Amos und Hosea), Göttingen ^{2}1921
Gressmann, H., Altorientalische Texte zum Alten Testament, Berlin ^{2}1926
Grollenberg, L. H., Bildatlas zur Bibel, Gütersloh ^{4}1962
Gunkel, H., Einleitungen, Die großen Propheten, hrsg. v. D. H. Schmidt, Göttingen 1923
Gunkel, H., Die israelitische Literatur, in: Kultur und Gegenwart I, 7: Orientalische Literatur, Leipzig 1925, Unveränd. fotomech. Nachdr.: Darmstadt 1963

Gunneweg, A. H. J., Geschichte Israels bis Bar Kochba, Theologische Wissenschaft Bd. 2, Stuttgart 1972
Gunneweg, A. H. J., Mündliche und schriftliche Tradition der vorexilischen Prophetenbücher als Problem der neueren Prophetenforschung, FRLANT 73, Göttingen 1973
Hänel, J., Das Erkennen Gottes bei den Schriftpropheten, BWAT N. F. 4, Berlin/Stuttgart/Leipzig 1923
Haeussermann, F., Wortempfang und Symbol in der atl. Prophetie, BZAW 58, Gießen 1932
Haldar, A., Associations of Cult Prophets among the Ancient Semites, Uppsala 1945
Halévy, J., Le livre d'Amos, Rsém 11, 1903; Rsém 12, 1904
Hammershaimb, E., Amos, Kopenhagen 1958
Hamp, V. /Stenzel, M. /Kürzinger, J., (Hrsg.), Pattloch-Bibel- Die Heilige Schrift, Aschaffenburg [16]1964
Harper, W. R., A critical and exegetical commentary on Amos and Hosea, Edingburgh 1910
Heinisch, P., Geschichte des AT, Bonn 1950
Herntrich, V., Amos, der Prophet Gottes, Wege in die Bibel, Heft 4, Göttingen 1941
Herntrich, V., Das Berufungsbewußtsein des Amos, CuW 9, 1933, S. 161-176
Herrmann, S., Prophetie in Israel und Ägypten, SVT IX, 1963, S. 47-65
Hetzberg, H. W., Die prophetische Kritik am Kult ThLZ 75, 1950, Sp. 219-226
Heschel, A. J., The Prophets, New York 1962
Hesse, F., Wurzelt die prophetische Gerichtsrede im israelitischen Kult? ZAW 65, 1953, S. 45-53
Hillers, D. R., Amos 7,4 and Ancient Parallels, CBQ 26, 1964, S. 221-225
Hitzig, F., Die zwölf kleinen Propheten, Leipzig [3]1863
Höffken, P., Heilszeiterwartungen im altbabylonischen Raum, Überlegungen im Anschluß an W 22 307. 7, WdO 9, 1977, S. 57-71
Hoffmann, G., Versuche zu Amos, ZAW 3, 1883, S. 87-126
Holladay, Once more 'ᵃnak = 'tin', Amos VII, 7-8, VT 20, 1970
Hollenberg/Budde, Hebräisches Schulbuch (Hrsg. v. Baumgartner), Basel/Stuttgart [25]1967
Hölscher, G., Die Propheten, Untersuchungen zur Religionsgeschichte Israels, Gießen 1914
Horst, F., Die Doxologien im Amosbuch, ZAW 47, 1929, S. 45-54;
Horst, F., Die Visionsschilderungen der alttestamentlichen Propheten, EvTh 20, 1960, S. 193-205
Hossfeld, F. L. /Meyer, I., Prophet gegen Prophet, Eine Analyse der alttestamentlichen Texte zum Thema: Wahre und falsche Propheten, Biblische Beiträge 9, (hrsg. v. W. Baier u. O. Keel), Einsiedeln 1973
Jenni, E., Die politischen Voraussagen der Propheten, Zürich 1956
Jenni, E., Die alttestamentliche Prophetie, Theol. Stud. 67, Zürich 1962

Jenni, E./Westermann, C., Theologisches Handwörterbuch zum Alten Testament (THAT), 2 Bde., München/Zürich 1971-76

Jepsen, A., Nabi. Soziologische Studien zur alttestamentlichen Literatur und Religionsgeschichte, München 1934

Jepsen, A., Kleine Beiträge zum Zwölfprophetenbuch, ZAW 56,1938; ZAW 57,1939; ZAW 61,1945/48

Jepsen, A./Hanhart, R., Untersuchungen zur israelitischen Chronologie, Berlin 1964

Jeremias, Chr., Die Nachtgesichte des Sacharja, Untersuchungen zu ihrer Stellung im Zusammenhang der Visionsberichte im Alten Testament und zu ihrem Bildmaterial, Göttingen 1977

Jeremias, Jörg, Kultprophetie und Gerichtsverkündigung in der späten Königszeit Israels, WMANT 35, Neukirchen-Vluyn 1970

Junker, H., Prophet und Seher in Israel, 1927

Junker, H., Amos und die "opferlose Mosezeit", ThGl 27, 1935

Junker, H., Text und Bedeutung der Vision Amos, 7,7-9, Bb 17, 1936, S. 359-364

Kaiser, O., Einleitung in das Alte Testament, Gütersloh [2]1970

Kamlah, W./Lorenzen, P., Logische Propädeutik - Vorschule des vernünftigen Redens, Mannheim/Wien/Zürich 1967

Kapelrud, A. S., Central Ideas in Amos, Oslo SNVAO II 1956, [2]1961

Kapelrud, A. S., Cult and Prophetic Words, StTh 4 (1950) 1951/52, S. 5-12

Kapelrud, A. S., New Ideas in Amos, SVT 15, 1966

Kittel, R., (Hrsg.), Biblia Hebraica (BHK), Stuttgart 1937

Koch, K., Was ist Formgeschichte?, Neukirchen 1964

Koch, K. u.a., Amos, Untersucht mit den Methoden einer strukturalen Formgeschichte, Teil 1: Programm u. Analyse; Teil 2: Synthese; Teil 3: Schlüssel, AOAT 30, Kevelaer/Neukirchen-Vluyn 1976

Koch, K., Die Briefe "prophetischen" Inhalts aus Mari, Bemerkungen zu Gattung und Sitz im Leben, UF 4, 1972, S. 53-77

Köhler, L., Amos, Zürich 1917, [2]1920

Köhler, L., Amos-Forschungen von 1917-1932, Theol. Rundschau 4, 1932

Köhler, L.,/Baumgartner, W., Lexicon in Veteris Testamenti Libros, Leiden 1958

Köhler, L./Baumgartner, W., Supplementum ad Lexicon in Veteris Testamenti Libros, Leiden 1958

Krämer/Rendtorff/Meyer/Friedrich, Art.: prophǽtæs (Umschrift von mir) ThW VI, S. 781ff

Kraus, H.J., Prophetie und Politik, Theol. Existenz heute, NF 36, München 1952

Kraus, H.J., Die prophetische Botschaft gegen das soziale Unrecht Israels, EvTh 15, 1955, S. 295-307

Kraus, H.J., Hören und Sehen in der althebräischen Tradition, Stud Gen 19, 1966, S. 115-123

Krenkel, M., Zur Kritik und Exegese der kleinen Propheten, ZwTh 9, 1866, S. 266-281
Kuhl, C., Israels Propheten, München 1956
Kutal, B., Libri prophetarum Amos et Abdiae, Olmütz 1933
Labuschagne, C. J., qr' rufen, in: Jenni/Westermann (Hrsg.), THAT II, Sp. 666-674
Landsberger, B., Tin and Lead: The Adventures of two Vocables, JNES 24, 1965, S. 285-296
Lang, F., Das Feuer im Sprachgebrauch der Bibel, dargestellt auf dem Hintergrund der Feuervorstellungen in der Umwelt, Diss. Tübingen 1950 (ungedr.)
Laughlin, J. C. H., A Study of the Motif of Holy Fire in the Old Testament, Diss. Southern Baptist Theological Seminary 1975, OrderNo. 75-14,958, Dissertation Abstracts International 356-A/357A 36, 1975/76
Lehming, S., Erwägungen zu Amos, ZThK 55, 1958, S. 145-169
Limburg, J., Amos 7:4: A Judgement with Fire? CBQ 35, 1973, S. 346-349
Limburg, J., The Root rīb (Umschrift von mir) and the Prophetic Lawsuit Speeches, JBL 88, 1969, S. 291-304
Lindblom, J., Die literarische Gattung der prophetischen Literatur, Eine literaturgeschichtliche Untersuchung zum Alten Testament, Uppsala 1924
Lindblom, J., Die Gesichte der Propheten, Versuch einer Klassifizierung, Stud Theol (Riga) 1, 1935
Lindblom, J., Die Religion der Propheten und die Mystik, ZAW NF 16, 1939, S. 65-74
Lindblom, J., Gibt es eine Eschatologie bei den alttestamentlichen Propheten?, StTh 6, 1953, S. 79-114
Lindblom, J., Prophecy in Ancient Israel, Oxford 1962
Lippl, J./Theis, J., Die zwölf kleinen Propheten, Bonn 1937
Lisowski, G., Konkordanz zum Hebräischen AT, Stuttgart ^{2}1958
Löhr, M., Untersuchungen zum Buche Amos, BZAW 4, 1901
Long, B. O., Reports of Visions among the Prophets JBL 95, 1976, S. 353-365
Lorenzen, P./Schwemmer, O., Konstruktive Logik, Ethik und Wissenschaftstheorie, Mannheim 1973
Maag, V., Text, Wortschatz und Begriffswelt des Buches Amos, Leiden 1951
Mackenzie, The Plumb-Line (Amos 7,8), Exp T 60, 1949, S. 159
Malamat, A., Prophetic Revelations in New Documents from Mari in the Bible, SVT XV, 1966, S. 207-227
Mandelkern, S., Veteris Testamenti Concordantiae Hebraicae atque Chaldaicae, 2 Bde., Graz 1955
Markert, L./Wanke, G., Die Propheteninterpretation, Anfragen und Überlegungen, KuD 22, 1976, S. 191-220
Marsh, J., Amos and Micah, London 1959

Marti, K., Dodekapropheton, Kurzer Hand-Commentar zum Alten Testament 20/1, Tübingen/Leipzig 1903
Mays, J. L., Amos, A Commentary, Philadelphia/Pennsylvania 1969
Meissner, B., Babylonien und Assyrien I, Heidelberg 1920
Menge, H. /Güthling, Enzyklopädisches Wörterbuch der griechischen und deutschen Sprache Bd. I, Berlin/München 18 1964
Metzger, M., Grundriß der Geschichte Israels, Neukirchen 1963
Meyer, R., Hebräische Grammatik, Bd. I-IV, Berlin/New York, 3 1966-1972
Miller, P. D., Fire in the Mythology of Canaan and Israel, CBQ 27, 1965, S. 256-261
Miller, P. D., God the Warrior, Int 19, 1965
Mowinckel, S., "The Spirit" and the "Word" in the Pre-Exilic Reforming Prophets, JBL 53, 1934, S. 199-227
Mowinckel, S., Ecstatic Experience and Rational Elaboration in the Old Testament Prophecy, Acta Or. 10, 1935, S. 264-91
Mowinckel, S., Die Erkenntnis bei den alttestamentlichen Propheten, Oslo 1941
Mühlmann, Lateinisch-deutsches Wörterbuch, Stuttgart 45 1949
Münderlein, G., Kriterien wahrer und falscher Propheten. Entstehung und Bedeutung im Alten Testament, Europäische Hochschulschriften XXIII, Bern 1974
Negev, A. /Rehork, J., Archäologisches Lexikon zur Bibel, München/Wien/Zürich 1972
Noort, E., Untersuchungen zum Gottesbescheid in Mari, Die "Mariprophetie" in der alttestamentlichen Forschung, AOAT 202, Kevelaer 1977
Noth, M., Geschichte Israels, Göttingen 4 1959
Noth, M., Geschichte und Gotteswort im AT, 1949, 2 1960
Nötscher, F., Die Gerechtigkeit Gottes bei den vorexilischen Propheten, At Abh. VI,1, 1915
Nötscher, F., Zwölfprophetenbuch oder Kleine Propheten, Die Heilige Schrift in deutscher Übersetzung, Echter-Bibel 4, Das Alte Testament, hrsg. v. F. Nötscher, Würzburg 1948
Nötscher, F., Prophetie im Umkreis des alten Israel, BZ NF 10, 1966
Nowack, W., Lehrbuch der hebräischen Archäologie I, Privat- und Staatsalterthümer, Freiburg/Leipzig 1894
Nowack, W., Die kleinen Propheten 2 1903
Nowack, W., Amos und Hosea, Religionsgeschichtliche Volksbücher, II. Reihe, 9. Heft, Tübingen 1908
Nowack, W., Die kleinen Propheten, HKAT III/4, Göttingen 1922
Oberhuber, K., Zur Syntax des Richterbuches. Der einfache Nominalsatz und die sogenannte nominale Apposition, VT 3, 1953, S. 2-45
Oettli, S., Amos und Hosea, zwei Zeugen gegen die Anwendung der Evolutionstheorie auf die Religion Israels, 1901
Oort, De profet Amos, ThT 14, 1880, S. 114-159

Osswald, E., Urform und Auslegung im masoretischen Amostext. Ein Beitrag zur Kritik an der neueren traditionsgeschichtlichen Methode, Jena 1951
Osswald, E., Falsche Prophetie im Alten Testament, Tübingen 1962
Oullette, J., Le mur d'étain dans Amos VII, 7-9, Revue Biblique 80, 1973, S. 321-331
Peisker, C. H., Hebräische Wortkunde, Göttingen 1967
Petschenig, M. /Skutsch, F., Der kleine Stowasser, Lateinisch-deutsches Schulwörterbuch, München 1967
Plöger, E., Priester und Prophet, ZAW 63, 1951
Power, E., Note to Amos 7,1 Bb 8, 1927
Prätorius, F., Zum Texte des Amos, ZAW 34, 1914
Pritchard, J. B. (Hrsg.), Ancient Near Eastern Texts Relating to the Old Testament (ANET), Princeton ^{2}1955
Procksch, O., Geschichtsbetrachtung bei den vorexilischen Propheten 1902
Rad, G. v., Die falschen Propheten, ZAW 51, 1933, S. 109-120
Rad, G. v., The Origin of the Concept of the Day of Yahweh, JSS 4, 1959
Rad, G. v., Theologie des Alten Testaments, Bd. II: Die Theologie der prophetischen Überlieferungen Israels, München 1968; Bd. I: Die Theologie der geschichtlichen Überlieferungen Israels, München 1969
Rahlfs, A. (Hrsg.), Septuaginta, 2 Bde., Bd. I: Leges et historiae, Stuttgart 1935; Bd. II: Libri poetici et prophetici, Stuttgart 1935
Reicke, B. /Rost, L., Biblisch-Historisches Handwörterbuch, 3 Bde., Göttingen 1962-66
Rendtorff, R., Erwägungen zur Frühgeschichte des Prophetismus in Israel, ZThK 59, 1962
Rendtorff, R., Botenformel und Botenspruch, ZAW 74, 1962
Rendtorff, R., Literarkritik und Traditionsgeschichte, EvTh 27, 1967
Reventlow, H. Graf, Prophetenamt und Mittleramt, ZThK 58, 1961, S. 269-284
Reventlow, H. Graf, Das Amt des Propheten bei Amos, FRLANT 80, Göttingen 1962
Reventlow, H. Graf, Liturgie und prophetisches Ich bei Jeremia, Gütersloh 1963
Ricciotti, G., Geschichte Israels, 2 Bde., Wien 1955
Richter, G., Erläuterungen zu dunkeln Stellen in den Kleinen Propheten, BF Chr Th 18, 3/4, 1914
Richter, W., Exegese als Literaturwissenschaft, Entwurf einer alttestamentlichen Literatur, Theorie und Methodologie, Göttingen 1971
Richter, W., Traditionsgeschichtliche Untersuchungen zum Richterbuch, BBB 18, Bonn 1973
Riedel, W., Alttestamentliche Untersuchungen I, Leipzig 1902
Rießler, P., Die kleinen Propheten oder das Zwölfprophetenbuch nach dem Urtext übersetzt und erklärt, Rottenburg a. N. 1911
Rinaldi, G., Due note ad Amos, Riv Stud Or 28, 1953, S. 149-52

Ringgren, H., Literarkritik, Formgeschichte, Überlieferungsgeschichte, Erwägungen zur Methodenfrage der alttestamentlichen Exegese, Th L Z 91, 1966
Robert, A./Feuillet, Einleitung in die Heilige Schrift, Freiburg ²1966
Robinson, Th. H., Neuere Propheten-Forschung, Th Ru 3, 1931, S. 75-103
Robinson, Th. H., Hosea bis Micha, in: Robinson, Th. H./Horst, F. Die zwölf Kleinen Propheten, HAT 14, Tübingen ³1964
Rössler, O., Rezension v. Heinrich Wagner: Das Verbum in den Sprachen der britischen Inseln. Ein Beitrag zur geographischen Typologie des Verbums, ZCPh 28, 1960
Rössler, O., Eine bisher unerkannte Tempusform im Althebräischen, ZDMG 111, 1961
Rössler, O., Die Präfixkonjugation Qal der Verba I^{ae} Nûn im Althebräischen und das Problem der sogenannten Tempora, ZAW 74, 1962, S. 125-141
Rowley, H. H., Was Amos a Nabi? Festschrift für Otto Eißfeld 1947, S. 191-198
Rowley, H. H. (Hrsg.), Atlas zur Bibel, Wuppertal ⁴1972
Rudolph, W., Gott und Mensch bei Amos, Bemerkungen zu Weisers Amosbuch, in: Imago Dei, Beiträge zur theologischen Anthropologie (Hrsg. H. Bornkamm); Festschrift für Gustav Krüger, Gießen 1932, S. 19-31
Rudolph, W., Jeremia, HAT 12, Tübingen ³1968
Rudolph, W., Joel-Amos-Obadja-Jona, KAT XIII/2, Gütersloh 1971
Sauermann, O., Amos, der Prophet der sozialen Gerechtigkeit, Der Seelsorger 24, 1954
Scharbert, J., Heilsmittler im Alten Testament und im Alten Orient. - Quaestiones Disputatae 23/24, Freiburg 1964
Scharbert, J., Die Propheten Israels bis 700 v. Chr., Köln 1965
Scharbert, J., Einführung in die Heilige Schrift, Aschaffenburg ³1965
Schedl, C., Geschichte des AT, Innsbruch 1962
Schmidt, H., Der Prophet Amos, Sechs Vorlesungen an einem Kriegshochschulkurs, Tübingen 1917
Schmidt, H., Die Herkunft des Propheten Amos, Festschrift für K. Budde, 1920
Schmidt, H. H., Art. ʼaeraeṣ Erde, Land in: Jenni/Westermann, THAT I, Sp. 228-236
Schmidt, S. J., Texttheorie, Problem einer Linguistik der sprachlichen Kommunikation, München 1973
Schmidt, W. H., Die deuteronomistische Redaktion des Amosbuches - Zu den theologischen Unterschieden zwischen dem Prophetenwort -, ZAW 77, 1965, S. 168-192
Schmidt, W. H., Zukunftsgewißheit und Gegenwartskritik, Grundzüge prophetischer Verkündigung, Neukirchen-Vluyn 1973
Schmidt, W. H., Art. jṣr formen, in: Jenni/Westermann (Hrsg.), THAT I, Sp. 761-765

Schreiner, J. (Hrsg.), Wort und Botschaft, Eine theologische und kritische Einführung in die Probleme des Alten Testaments, Würzburg 1967
Schreiner, J. (Hrsg.), Einführung in die Methoden der biblischen Exegese, Würzburg 1971
Schreiner, J., Formen und Gattungen im Alten Testament, in: Schreiner, J. (Hrsg.), Einführung in die Methoden der biblischen Exegese, Würzburg 1971, S. 194-231
Schult, H., Vier weitere Mari-Briefe prophetischen Inhalts, ZDPV 82, 1966, S. 228-232
Schunck, Strukturlinien in der Entwicklung der Vorstellung vom "Tag Jahwes", VT 14, 1964
Schupp, F., Auf dem Weg zu einer kritischen Theologie, Quaestiones disputatae 64, Freiburg/Br. 1974
Seierstad, I. P., Erlebnis und Gehorsam beim Propheten Amos, ZAW 52, 1934, S. 22-41
Seierstad, I. P., Offenbarungserlebnisse der Propheten Amos, Jesaja und Jeremia, SNVAO II, Oslo 1946
Sellin, E., Das Zwölfprophetenbuch übersetzt und erklärt, Leipzig 1929/30
Sellin, E., Drei umstrittene Stellen des Amosbuches, ZDPV 52, 1929
Sievers, E., Alttestamentliche Miszellen II-X, BSG 57, 1905; BSG 59, 1907, Bericht d. phil.-hist. Klasse d. königl. sächsischen Gesellschaft d. Wissenschaft zu Leipzig
Sievers, E./Guthe, H., Amos metrisch bearbeitet, Abh. d. kgl. sächs. Gesellschaft der Wissenschaften, phil.-hist. Kl. XXIII, 3, 1907
Sister, M., Die Typen der prophetischen Visionen in der Bibel, MGWJ NF 42, 1934, S. 399-430
Smend, R., Das Nein des Amos, Ev Theol. 23, 1963
Soden, W. Freiherr v., Das altbabylonische Briefarchiv von Mari. Ein Überblick, WdO 1, 1950, S. 187-204
Soden, W. Freiherr v., Verkündigung des Gotteswillens durch prophetisches Wort in den altbabylonischen Briefen aus Mari, WdO 1,5, 1950, S. 397-403
Soden, W. Freiherr v., Akkadisches Handwörterbuch, Wiesbaden 1965
Speier, S., Bemerkungen zu Amos, VT 3, 1953, S. 305-310
Stade, B., Biblische Theologie des Alten Testaments
Stähli, H.-P., br vorüber-, hinübergehen, in: Jenni/Westermann (Hrsg.), THAT II, Sp. 200-204
Staerk, W., Zur alttestamentlichen Literarkritik, Grundsätzliches und Methodisches, ZAW 42, 1924
Stamm, J. J., slh vergeben, in: Jenni/Westermann (Hrsg.), THAT II, Sp. 150-160
Stevenson, Three Prophetic Voices, Studies in Joel, Amos and Hosea, London 1971
Stoebe, H. J., Grenzen der Literarkritik im Alten Testament, Th Z 18, 1962

Stoebe, H.J., nhm trösten, in: Jenni/Westermann (Hrsg.), THAT II, Sp. 59-66
Szabó, Textual Problems in Amos and Hosea, VT 25, 1975
Valentin, H., AARON, Eine Studie zur vor-priesterlichen Aaron-Überlieferung, masch. Diss., Münster 1976
Vawter, B., Mahner und Künder, Die Propheten Israels vor dem Exil, Salzburg 1963
Vetter, D., Seherspruch und Segensschilderung, Ausdrucksabsichten und sprachliche Verwirklichungen in den Bileam-Sprüchen von Numeri 23 und 24, CThM 4, Stuttgart 1974
Vetter, D., hzh schauen, in: Jenni/Westermann (Hrsg.), THAT I, Sp. 533-537
Vetter, D., n^{e}' um Ausspruch, in: Jenni/Westermann (Hrsg.), THAT II, Sp. 1-3
Vetter, D., r'h sehen, in: Jenni/Westermann (Hrsg.), THAT II, Sp. 692-701
Volz, P., Rezension von Elhorst, H.J., De profetie van Amos, ThLZ 25, 1900, Sp. 289-292
Volz, P., Die radikale Ablehnung der Kultreligion durch die alttestamentlichen Propheten, ZSTh 14, 1937, S. 63-85
Volz, P., Prophetengestalten des Alten Testaments, Stuttgart 1938
Vriezen, Prophecy and Eschatology, SVT I, 1953, S. 199-229
Watts, J.D.W., The Origin of the Book of Amos, Exp T 66, 1954/55, S. 109-112
Watts, J.D.W., Vision and Prophecy in Amos, Leiden 1958
Wanke, G., hōj (Umschrift von mir) und 'ōj (Umschrift von mir), ZAW 78, 1966
Wehmeier, G., The Theme 'Blessing for the Nations' in the Promise to the Patriarchs and in Prophetical Literature, Bangalore Theological Forum 6, 1974, S. 1-13
Weidner, E.F., Texte-Wörter-Sachen, AfO 13, 1939/1940, S. 230-237
Weimar, P./Zenger, E., Exodus, Geschichten und Geschichte der Befreiung Israels, Stuttgart 1975
Weiser, A., Die Profetie des Amos, BZAW 53, Gießen 1929
Weiser, A., Das Buch der zwölf kleinen Propheten I, Die Propheten Hosea, Joel, Amos, Obadja, Jona, Micha, Übersetzt und erklärt, ATD 24, Göttingen 1949
Wellhausen, J., Die kleinen Propheten übersetzt und erklärt, Berlin ^{3}1898, ^{4}1963
Westermann, C., Die Mari-Briefe und die Prophetie in Israel, in: ders., Forschung am AT, München 1964, S. 171-188
Westermann, C., Grundformen prophetischer Rede, München ^{2}1964, ^{4}1971
Westermann, C., t^{e}hom Flut, in: Jenni/Westermann (Hrsg.), THAT II, Sp. 1026-1031
Wolfe, R.E., The Editing of the Book of the Twelve, ZAW 53, 1935

Wolff, H. W., Die Begründungen der prophetischen Heils- und Unheilssprüche, ZAW 52, 1934
Wolff, H. W., Das Thema "Umkehr" in der alttestamentlichen Prophetie, ZThK 1951, S. 129-148
Wolff, H. W., Das Geschichtsverständnis der alttestamentlichen Prophetie, EvTh 20, 1960
Wolff, H. W., Frieden ohne Ende, Bibl. Stud. 35, Neukirchen 1962
Wolff, H. W., Amos' geistige Heimat, WMANT 18, Neukirchen 1964
Wolff, H. W., Das Kerygma des deuteronomistischen Geschichtswerkes, ZAW 73, 1961, S. 171-186, auch in: ders., Gesammelte Studien zum AT, ThB 22, München 1964
Wolff, H. W., Das Alte Testament und das Problem der existenzialen Interpretation, EvTh 23, 1963, S. 1-17, auch in: ders., Gesammelte Studien zum AT, ThB 22, München 1964
Wolff, H. W., Gesammelte Studien zum Alten Testament - Sonderdruck des Anhangs -, ThB 22, München ^{2}1973
Wolff, H. W., Dodekapropheton, Joel/Amos, BK XIV/2, Neukirchen-Vluyn 1969
Wolff, H. W., Jahwe und die Götter in der alttestamentlichen Prophetie, EvTh 29, 1969, S. 397-416, auch in: ders., Gesammelte Studien zum Alten Testament, ThB 22, München ^{2}1973, (Sonderdruck des Anhangs), S. 418-441
Würthwein, E., Amos-Studien, ZAW 62, 1949/50, S. 10-52
Würthwein, E., Der Ursprung der prophetischen Gerichtsrede, ZThK 49, 1952
Würthwein, E., Der Text des Alten Testaments, Stuttgart ^{4}1973
Zenger, E., Ein Beispiel exegetischer Methoden aus dem Alten Testament, in: Schreiner, J. (Hrsg.), Einführung in die Methoden der biblischen Exegese, Würzburg 1971, S. 97-148
Ziegler, J., Studien zur Verwertung der Septuaginta im Zwölfprophetenbuch, ZAW 60, 1944
Zimmerli, W., Ezechiel, BK XIII, Neukirchen-Vluyn 1969
Zimmerli, W., Grundriß der alttestamentlichen Theologie, Stuttgart/Berlin/Köln/Mainz 1972
Zürcher Bibel - Die Heilige Schrift, Berlin 1963